Auxiliando a humanidade a encontrar a Verdade

Mecanismos Cósmicos de A a Z
O Amor do Pai

Aprendendo com Ramatís

© 2014 – Conhecimento Editorial Ltda

Mecanismos Cósmicos de A a Z
O Amor do Pai

Aprendendo com Ramatís

Coletânea de textos psicografados por
Hercílio Maes
Organizado por Sidnei Carvalho

Todos os direitos desta edição reservados à
CONHECIMENTO EDITORIAL LTDA.
Rua Prof. Paulo Chaves, 276 - Vila Teixeira Marques
CEP 13480-970 – Limeira – SP
Fone/Fax: 19 3451-5440
www.edconhecimento.com.br
vendas@edconhecimento.com.br

Nos termos da lei que resguarda os direitos autorais, é proibida a reprodução total ou parcial, de qualquer forma ou por qualquer meio – eletrônico ou mecânico, inclusive por processos xerográficos, de fotocópia e de gravação –, sem permissão, por escrito, do editor.

Organização: Sidnei Carvalho
Edição de texto: Margareth Rose Fonseca Carvalho
Projeto gráfico: Sérgio Carvalho
Ilustração da capa: Banco de imagens
ISBN 978-65-5727-072-1 – 3ª Edição - 2020
• Impresso no Brasil • Presita en Brazilo
Produzido no departamento gráfico da

CONHECIMENTO EDITORIAL LTDA
e-mail: conhecimento@edconhecimento.com.br

Dados Internacionais de Catalogação na Publicação (CIP)
Angélica Ilacqua CRB-8 / 7057

Ramatís (Espírito)
Mecanismos Cósmicos de A a Z - o amor do Pai / Ramatís ; coletânea de textos psicografados por Hercílio Maes e Norberto Peixoto; organizado por Sidnei Carvalho – 3ª edição – Limeira, SP: Editora do Conhecimento, 2020.
452 p. (Aprendendo com Ramatís)

ISBN 978-65-5727-072-1

1. Espiritismo 2. Lei de Ação e Reação 3. Mediunidade 4. Psicografia 5. Ramatís (espírito) I. Título II Maes, Hercílio, 1913-1993. III Carvalho, Sidnei. IV Série.

20   CDD – 133.93

Índice para catálogo sistemático:
1. Mensagens psicografadas : Espiritismo 133.93

Mecanismos Cósmicos de A a Z
O Amor do Pai
Aprendendo com Ramatís

Coletânea de textos psicografados por
Hercílio Maes
Organizado por Sidnei Carvalho

3ª edição — 2020

EDITORA DO
CONHECIMENTO

Agradeço a Deus, a Jesus, a Maria e suas falanges, o apoio e o amparo em todos os momentos da caminhada, impelindo-nos ao autoburilamento e à busca da Luz Divina que existe em nós.

A Ramatís, Navarana, Abel Monsenhor, Bezerra de Menezes, Asthar Sheran e toda equipe da Fraternidade da Cruz e do Triângulo, bem como da Grande Frota Interestelar, pela confiança depositada e pelo apoio em todos os momentos de nossa humilde tarefa de "Unificação no amor".

À minha esposa Cida e aos meus filhos Júnior, Fabiana, Ariane, Rogério, à minha mãe Minervina e ao meu irmão Sergio Soares Carvalho, sempre presentes em nossas labutas espirituais, dando-nos força para que continuemos incansavelmente a nossa tarefa dentro do movimento de transição planetária, ora em andamento neste planeta.

Sumário

O Livro dos Espíritos 13
As Causas Primárias 13
Capítulo I – Deus 13
Palavras do médium 17
Prefácio 19
Um velho amigo 23
A dor e o traje nupcial 26
A força da palavra – maledicência 27
A mente – o homem é o que pensa 27
Abortadeiras e abortados – laços cármicos 28
Abortadores – sofrimentos no Além 29
Abortados – vinganças obsessivas 30
Aborto – atenuantes e agravantes 31
Aborto – encarnação de adversários 32
Acaso não existe – lei cármica 33
Ação do trabalho – mola propulsora 35
Acumuladores e condensadores – bruxaria 35
Administração cósmica – fichas cármicas 37
Administração sideral – disciplina 37
Afinidade e sintonia – companhias espirituais 37
"Afinidade eletiva" e influências espirituais 38
Água fluidificada – medicação energética 39
Água fluidificada – transmissão de energia pura . 39
Ajuste planetário – "Juízo final" 41
Alimentação carnívora e consciência culpada 42
Alimentação e instinto animal 43
Alimentação nos mundos superiores 44
Alvo do espírito – a felicidade 45
Amor – forma de felicidade 46
Amor crístico – matar o "homem velho" 47
Amor incondicional – defesa do espírito 48
Amuletos e talismãs – acumuladores de força 48
Angústia sexual x amor verdadeiro 49
Animais – corpos coletivos e evolução 50
Animais – curso de instintividade global psíquica 50
Animais e -grupo 51
Anjo x arcanjo – diferença 52
Anjos e arcanjos – governo oculto 53
Anjos e demônios – arquétipos 54
Arcanjo – esquema evolutivo normal 54

Arruda e guiné-pipi – "barômetro e transformador".55
Arruda e guiné-Pipi – "barômetro e transformador"
II 56
Astrologia – calendário sideral 56
Astrologia – ciência cósmica 57
Atmosfera magnética viscosa – feitiçaria 58
Ato sexual – atividade dos chacras 59
Ato sexual – função divina 59
Ato sexual – porta da reencarnação 61
"Aum" – mantra universal 61
Aura – policromia individual 62
Aura do homem carnívoro – exudação etéreo-astral.. 62
Aura humana e enfeitiçamento 63
"Aura perispírita" – cunho permanente 64
Aura planetária – radioatividade cósmica 65
Aura terráquea e atuação angélica 66
Aura terrestre – prejuízo à vegetação 67
Auras benéficas e maléficas 67
Autoconscientização e mérito humano 68
Autocura e magnetismo superior 69
Auto-enfeitiçamento – reverberação 70
"Balão cativo" – espírito na carne 72
"Base fluídica" e doenças humanas 73
Batismo – compromisso espiritual 74
Batismo e lava-pés – detonadores psíquicos 74
Bem e mal – fases evolutivas 75
Bênção – invocação divina 76
Benzedores – transformadores vivos 77
Benzimento – mecânismo 78
Benzimento – mecânismo II 78
Benzimento – mecânismo III 79
Brasil – fenômenos mediúnicos 79
"Buscai e achareis" – preexistência de tudo 80
Bússola de segurança física e psíquica – a dor 81
Cabelos humanos e aura eletromagnética 82
Caçadores – direito à vida 83
Caminhada cósmica e dor 83
Caminho, verdade, vida – arcanjos do Senhor 84
"Canecos vivos" e alcóolatras do Além 85
Carga fluídica deletéria – "tanque de lágrimas" 86

7

Carnivorismo – magnetismo deletério.............. 87
Carnivorismo e adensamento áurico.............. 88
Casamento – disciplina e controle da procriação. 89
Castidade e evolução 90
Castidade pura e espiritualidade................ 91
Castigo divino x sabedoria e bondade do Pai 91
Catalizador da luz crística – Jesus de Nazaré 92
Causas ocultas das doenças 92
"Cavalo selvagem" – corpo de carne (crianças).... 93
Centro espírita – imunização contra as Trevas.... 94
Cérebro físico x perispírito – funções............. 94
Cérebro físico x perispiritual – sonhos............. 96
Chacra básico ou kundalíneo.................... 97
Chacra cardíaco – amor........................ 97
Chacra coronário – regente dos demais - II 98
Chacra esplênico e prana...................... 99
Chacra frontal – visão e intuição 100
Chacra gástrico ou umbilical................... 100
Chacra laríngeo – a fala....................... 103
Chacras – vórtices energéticos.................. 104
Chacras e energetização humana................ 105
Charcos astralinos – bênção divina.............. 105
Charcos astralinos – purgação perispíritual....... 106
Cientificismo do carma........................ 107
Cientistas – feiticeiros oficiais.................. 108
"Cimento" da evolução – prana.................. 108
"Cisco magnético" e "Fim dos tempos"............. 109
Clarividência – centros etéricos 110
Colheita cármica............................. 110
Comando das trevas – processos obsessivos 112
Conduta evangélica – defesa contra bruxaria..... 112
Consciência cósmica e processo de "Re-Ligare". 113
Consciência cósmica e trabalho 114
Consciência cósmica e unidade................. 115
Consciência divina x consciência humana 115
Consciência espiritual – peregrinação do espírito 117
Cooperação e educação – lei do cosmo 118
Cores – influência oculta 118
Cores – realidade etérica...................... 119
Cores áuricas – personalidades................. 120
Cores dos pensamentos – identificam natureza.. 120
Corpo astral e alcóolatras desencarnados 121
Corpo etéreo-astral – configuração semelhante.. 122
Corpo físico – abafador da memória transcendental 123
Corrente mediúnica e luzes áuricas.............. 124
Crianças e o desenvolvimento mediúnico.......... 125
Crime infamante – o aborto.................... 126
Cristo e Jesus – "transformadores divinos"........ 126
Cristo planetário e sensibilidade psíquica 127
Cristo Solar – aura radiante 128

Cristos planetários – hierarquia cósmica 129
Cromoterapia – influência mental, astral e física 130
"Cunho permanente" – característica da alma.... 131
Curso para a família universal – o lar............ 132
Cursos de desobsessão no Além................. 132
Decantação astral – benefício para a alma........ 134
Descida de avatares e engenheiros siderais....... 135
"Desejo central" – faca de dois gumes............. 135
Desencarnação – não milagre.................. 136
Desencarnação – "troca de roupa"............... 137
Desencarnação e carnivorismo – metabolismo astral. 138
Desenvolvimento da vontade – libertação do espírito 139
Desequilíbrio eletromagnético – a dor............ 139
Desobsessão – técnica e amor.................. 140
Despotas e tiranos – consequências reencarnatórias 141
Destino e causalidade......................... 142
Determinações cármicas e evolutivas – esquemas.. 143
Determinismo planetário e "grande plano"......... 144
Deus – alfa e ômega de tudo e de todos........... 144
Deus – sentimento universal................... 145
Deus e a consciência do homem 146
Deva Maior x Deva Menor – comandos sidéreos 146
Devas – governo do Cosmo.................... 147
Dhâranâ – mecanismo interno.................. 149
Dinâmica gestacional e corpo astral 149
Diversidade humana e crescimento espiritual.... 150
"Dívida cármica" e angelização dos brutos........ 151
Doenças congênitas e perispírito 152
Doenças congênitas e reencarnação.............. 153
Doentes e o enfeitiçamento.................... 153
Dor e adesão ao ritmo do amor................. 154
Dor e sofrimento – técnicas pedagógicas 155
Doses homeopáticas – mais energia............. 155
Duplo etérico e carnivorismo................... 156
Duplo etérico – "corpo vital".................... 157
Duplo etérico – "corpo vital" II................. 158
Duplo etérico e desencarnação................. 158
Duplo etérico – "fio de ligação"................. 159
Duplo etérico – funções....................... 160
Duplo etérico e obsessões..................... 160
Ectoplasma – desmaterializações e materializações. 164
Ectoplasma – plasma psíquico 165
Educação espiritual – veteranos e "calouros"..... 166
Efeito x causa – homem x Deus................. 167
Egoísmo – base do altruísmo................... 167
Egoísmo – base do altruísmo II................. 169
Egrégora – forma mental coletiva............... 169
Eletricidade biológica – processos de feitiçaria.. 170
Emoções desequilibradas – proteção do duplo etéri-

co 171
Encarnação – manifestação do espírito............... 172
Encarnações de inimigos – projetos.................. 173
Encarnações e individualidade definitiva........... 174
Endereço vibratório e lei de afinidade 174
Energia sexual – força propulsora e criadora 175
Energias primárias – interiores.......................... 175
Engendramento cármico – reencontros............... 176
Engenheiros siderais – planejamento cósmico ... 176
Engenheiros siderais – prepostos de Deus.......... 177
Epidemias e imunidade – força espiritual........... 179
Era da matéria x Era do espírito........................ 179
"Escada de Jacó" – os sete mundos 180
Esforço pessoal e subida evolutiva 182
Espiritismo – libertador de consciências............ 182
Espírito – preexistente e sobrevivente................ 183
Espírito da astronomia – a astrologia................. 184
Esquecimento do passado – piedade divina....... 185
Esquema único – do átomo ao arcanjo............... 186
Estruturas orgânicas e nível evolutivo 186
Éter cósmico – registro psicométrico 187
Éter cósmico e a unidade 187
Eutanásia – decisão tresloucada........................ 188
Eutanásia – prolongamento da vida 188
Eutanásia – prolongamento da dor 190
Evangelho – código moral definitivo.................. 190
Evangelho – lei do Cosmo 191
Evangelho – tratado de medicina espiritual........ 192
Evangelho não condena – ilumina os caminhos. 193
Evolução dos animais e alma-grupo 194
Evolução e o amor pelos animais 195
Expansão da consciência e o trabalho............... 196
Expansão da consciência humana e sectarismos 196
Falanges de umbanda e defesas dos centros espíritas 197
Família carnal – ensejo divino 197
Família carnal x família universal...................... 198
Família humana – conjunto de almas 199
Fatalismo divino e amor avatárico..................... 199
Fazedores de guerra – inferno íntimo................ 200
Fé – detonador psíquico/curas 201
Fé, intuição e ciência.. 202
Fé – convicção interna...................................... 203
Feitiçaria – função retificadora 204
Feitiço – magia negra 204
Feitiço coletivo e elemental cancerígeno............ 205
Feitiço verbal – a força do verbo....................... 206
Filtro divino – Cristo 206
Fluído mórbido específico – justiça divina......... 207
Fogo etérico – purificação espiritual 208
Força sexual – luz ou trevas 208

Força sexual e castidade.................................... 209
Forças internas – curadoras............................... 210
Forças solares – prana, fohat, kundalini 211
Formação da consciência – acúmulo de experiências 211
Formas-pensamento – influência........................ 212
Formas-pensamento e ondas mentais 213
"Forma-pensamento" – vida temporária.............. 214
Fótons perispirituais – defesas........................... 215
Frequência vibratória e evolução 215
Frutas – cobertura magnética dos órgãos 216
Gestação – coordenação energética do perispírito . 218
Graduação do psiquismo cósmico e consciência
humana... 219
Grande plano – engenheiros siderais 220
Governo do Universo e os orixás....................... 221
Habitat dos espíritos da natureza....................... 223
Harmonia e equilíbrio cósmico – lei do karma.. 223
Hierarquia cósmica – arcanjos 224
Higiene astral – banho de luz............................ 225
Hipnotismo e duplo etérico 225
Homeopatia – evolução das terapias 226
Homossexualismo – inversão reencarnatória..... 226
Homossexualismo – inversão reencarnatória II. 227
Idade sideral e evolução 229
Idade sideral e mediunidade.............................. 229
Identidade sideral – luz interna 230
Ideoplastia perispiritual – poder mental 232
Ideoplastia perispiritual no Além 232
Idiomas no Astral – diversificação..................... 233
Imantação divina – transitoriedade do mal 233
Imantação magnética – mundo de Mamon........ 234
Imantação magnética – sofrimento dos desencarna-
dos 235
Imortalidade e conscientização.......................... 236
Impacto do feitiço – reverberação..................... 237
Impacto mental e astralino – quebranto 237
Impactos pré-reencarnatórios e teorias de Freud 239
Incensos – purificação astral 240
Individualização espiritual do homem 241
Influência da mente no corpo humano 241
Influências espirituais – luz e trevas 242
Iniciação à luz do dia – mestre moderno 244
Iniciação à luz do dia – prática do amor 245
Inspiração do Alto – objetivos éticos 246
Intensidade da dor e pensamentos..................... 246
Intercâmbio de espíritos entre os mundos 247
Intuição – sentir Deus 248
Intuição Pura – "a voz do silêncio".................... 249
Jesus e o jejum... 250
Kama - Manas – desejo e mente........................ 252

Mecanismos Cósmicos de A a Z

Karma – causa e efeito 253
Karma – educação, não punição 253
Karma – eutanásia – suicídio 254
Karma – feitiço volta contra o feiticeiro 255
Karma – lei cósmica 255
Karma – processo científico para a alforria espiritual 257
Karma – reajuste – educação 257
Karma – reajuste para a vida eterna 258
Karma – reeducação espiritual 259
Karma – reeducação espiritual II 259
Karma da Terra – libertação 259
Karma e a falta de filhos 260
Karma e instrutores da humanidade 261
Karma e livre-arbítrio 262
Karma e vivência atual 262
Karma planetário – matança de animais 263
Kundalini – "fogo serpentino" 265
Kundalini – prejuízo do carnivorismo 265
Kundalini e desenvolvimento moral 266
Labor – fundamento das coisas sublimes 268
Laboratórios planetários e libertação humana... 269
Lapidário do tempo – esmeril da dor 269
Lar terrestre – planejamento reencarnatório...... 270
"Lavagem" perispiritual – a dor 270
Lei cármica – reguladora da causa e efeito 271
Lei de ação e reação 272
Lei de correspondência vibratória e a língua humana 272
Lei dos contrários – caminho para a evolução... 273
Lei do trabalho – dinamiza contextura espiritual.. 274
Lei Suprema – consequências dos desvios 274
Leitura do perispírito – natureza psíquica 275
Lembranças dos sonhos e perispírito 276
Ligações energéticas – pais e filhos 277
Liturgias – libertação da matéria 278
Livre arbítrio – relatividade 278
Livre-arbítrio e aprendizado 279
O Livro dos médiuns – segurança doutrinária... 279
Lobisomem – ideoplastia perispiritual 280
Logos da Terra – caminho, verdade e vida........ 282
Logos Solar – imanente em todo sistema 282
Lugares ermos – "assombrações" 283
Luxúria e lascívia – efeitos cármicos 284
Luxúria è lascívia – efeitos cármicos II 285
Luz cósmica de Deus e libertação da animalidade 287
Luz crística – eclosão endógena 288
Luz íntima – força desintegradora 288
Mal – fase provisória na evolução 290
Mal e sofrimento – transitórios 291

Mandato mediúnico – mediunidade de prova.... 292
Manifestações do amor – aspectos 293
Mantras – ação etéreo-astral 294
Mantras – palavras mágicas 294
Mantras – palavras sagradas 295
Manvantara – dia e noite de Brahma 296
"Manvantara" – prazo para a ascensão 298
Manvataras e fraternidade cósmica 298
"Mata-borrão vivo" – corpo físico 299
Mau olhado – descarga fluídica 300
"Maya" – libertação necessária 301
Mediador plástico – perispírito 302
Médium de prova e duplo etérico 303
Mediunidade – apanágio de todas as criaturas.. 304
Mediunidade – patrimônio do espírito 305
Mediunidade – recurso de emergência 306
Mediunidade e carnivorismo 307
Mefistófeles – degrau evolutivo 308
Mensageiros angélicos – "redução vibratória".... 308
Mente – fonte energética 309
Mente – usina energética 310
Mente cósmica – manifestação no homem......... 311
Mente espiritual, instintiva e intelectual –........ 312
futuro, passado e presente 312
Mente espiritual x intelecto x mente instintiva.. 312
Mente evangelizada – remove "sombras" 313
Mente instintiva – acervo espiritual 314
Mercúrio e campos magnéticos da vida oculta .. 316
Metamorfose espiritual – rasgar o véu maternal 317
Mimetismo – proteção divina 317
"Mini-Deus" – o ser humano 318
Missa – elevação espiritual 319
Moléstias – alma enferma 319
Morte física – descerra o "Véu de Ísis" 320
Morte física – processo libertatório 320
Movimentos ascensionais e mente divina........ 321
"Multiplicador de frequência" – o amor 322
Música – canais cósmicos sonoros 323
Música – físico, emocional, espiritual e mental.. 323
Música – linguagem universal 324
Música sacra – emoções e sentimentos espirituais. 324
Mútua obsessão – círculo vicioso 325
Novas consciências – mesmas oportunidade...... 327
Número 7 e número 12 328
Objetos de feitiçaria – núcleos de energia condensada 329
Objetos de feitiço – condensadores 329
Objetos enfeitiçados – estações receptoras 330
Ondas mentais – coagulação etéreo-astral 330
Organismo carnal – "fio terra" para toxinas psíqui-

10   Ramatís

cas.. 331
Orgãos físicos – matrizes perispirituais............ 333
Pai – Filho – Espírito Santo........................ 335
Palavras – consequências no corpo físico......... 336
Palavras boas ou más – efeitos no perispírito.... 336
Passe – transfusão energética...................... 337
"Pecados"e virtudes – energias afins.............. 338
Pedagogia espiritual e evolução humana.......... 338
Pensamento – gênese do feitiço.................... 339
Pensamento – matéria quintessenciada............ 340
Pensamento – real como o ar....................... 341
Perfectibilidade humana –........................... 341
consciência livre, desimantada...................... 341
Perispírito – complexo metabolismo transcendental.. 342
Perispírito – corpo imortal.......................... 343
Perispírito – corpo mental e corpo astral.......... 344
Perispírito – ferramenta divina..................... 345
Perispírito – veste indestrutível.................... 346
"Píteiras vivas" – mecânismo........................ 348
Plano cósmico – harmonia universal............... 349
Plantas – influência solares, lunares e astrológicas...349
Plantas lunares e solares............................ 350
Plasticidade perispiritual – aspectos variados.... 351
Poder mental – modela destinos.................... 351
Poder mental – porta do "céu" ou do "inferno"... 352
"Ponto hipnótico" – fascinações/obsessão......... 353
"Ponto hipnótico" e mecanismo obsessivo......... 353
"Porta estreita" – caminho para a felicidade...... 354
Praga e maldição – forças destruidoras............ 355
Prana – "Eletricidade biológica".................... 356
Prana – "Sopro da vida"............................. 357
Prana e a escala cromosófica....................... 358
Práticas católicas – dinamização da vontade..... 359
Prece – efeitos sublimes............................. 360
Prece – efeitos sublimes II.......................... 360
Prece – recurso divino............................... 361
Prece por moribundos – banho de amor........... 362
Presença de Deus – consciência paulatina........ 362
Pretos velhos – Bandeirantes da luz................ 363
Processo evolutivo – caminho comum............. 363
Procriação – Função cósmica....................... 364
Profetas – duas ordens diferentes.................. 365
Profetas – sensibilidade aguçada................... 365
Programa sideral – padagogia crística............. 366
Proteção oculta – sobrevivência das espécies..... 367
Psicometria – leitura das auras..................... 368
Psicometria – meditação e autodomínio........... 368
Psicometria, radiestesia e "akasha"................. 369
Psique total – causas ocultas das doenças........ 370
Psiquismo diretor e alma grupo.................... 370

Psiquismo e espírito – diferenças................... 371
Pulsação harmônica do Criador – carma.......... 372
Purgatório – vida na Terra........................... 373
Purificaçao áurica – evangelização................. 373
Purificação perispiritual – "túnica nupcial"....... 374
Qualidade espiritual da Terra – ciclos.............. 376
Quarentena mental e processo gestacional........ 377
Quebranto – benzimento da touca da criança.... 378
Quebranto – descarga fluídica...................... 378
Quebranto e benzimento – mecânismos científicos..379
Queima do carma e purgatório...................... 380
Queimar carma – virtudes........................... 381
Queima de pólvora – saneia a aura................. 382
Quiromância – ciência das mãos................... 382
Raças humanas – ensejos educativos............... 384
Radiestesia – emanações magnéticas............... 384
Radioatividade – aura – feitiço no rastro.......... 385
Recordações de existências passadas............... 387
Reencarnação – bendita redenção.................. 387
Reencarnação – benzimento – fé................... 388
Reencarnação – graduação angélica............... 389
Reencarnação – lições necessárias................. 389
Reencarnação – minuciosa preparação............ 390
Reencarnação – redução perispiritual.............. 390
Reencarnação – restrição provisória............... 391
Reencarnação – terapêutica divina................. 392
Reencarnações – atuação no espírito.............. 392
Regiões trevosas – falsos diabos.................... 393
Regras do Evangelho – síntese cósmica........... 394
Reino de Deus x mundo de Mamon................ 395
Reinos da Natureza – consciência instintiva diretora. 396
Reinos da Natureza – interligação.................. 396
Religação – consciência de Deus................... 397
Religião – ansiedade divina......................... 397
Religiões – processo inato........................... 398
Reminiscências espirituais – subconsciente....... 399
Renovação do Universo – lei de "Renascimento
Cósmico".. 399
Renovação mental e emotiva – curas............... 400
"Repastos vivos"– "médiuns"das trevas............ 400
Repastos vivos e "desejos dos trevosos".......... 402
Respiração do Criador – Manvantara............... 403
Retrogradação do espírito – impossível............ 404
Revelação progressiva x síntese cristã............. 405
Ritmo setenário – cor e música..................... 405
Rituais – desenvolvimento metódico............... 406
Ritual de enfeitiçamento e desmancho............. 407
Sapo – condensador bioelétrico na feitiçaria..... 409
Sapos – endereços vibratórios...................... 410
Saúde – postura mental e emocional............... 410

Mecanismos Cósmicos de A a Z   11

Saúde e enfermidade – harmonização x desarmonização 411
Segunda vinda do Cristo e a transição planetária .. 412
Sentimentos amorosos – aura benéfica e protetora 413
Sentir Deus – internamente 413
Sinfonias – espetáculos feéricos 414
Subconsciente – complexo de culpa 415
Sutilidades psíquicas – brechas para obsessores 415
Tabaco – terapêutica psíquica 417
Talismãs e amuletos – magnetismo 418
Técnicos em desencarnes – necessidade de preces. 418
"Tempos chegados" – purificação planetária 419
Tendências hereditárias e instinto da carne 419
Teratologia – cerceamento do suícida 420
Teratologia – mecanismo perispiritual 420
Terceira idade – doenças libertadoras 421
Terra de cemitério e bruxaria 422
Tonalidades áuricas – retrato anímico 423
Trabalho – atividade redentora 424
Trabalho – processo de desenvolvimento 425
Trabalho – processo dinâmico da evolução 427
Trama cármica das encarnações – afinidades 428
Transformações da humanidade e Intuição Pura 429
Transformadores vivos – conciências arcangélicas. 429
Transmigrações de espíritos – rotina cósmica.... 430
Tratamentos dolorosos e reforma íntima 430
Treinamento do homem-espírito – o jejum 431

Tribunal Divino, consciência e o 432
julgamento da direita e da esquerda 432
Trindade – aspecto trifásico de Deus 433
Trindade – aspectos do divino 434
"Usina viva"de energias – o ser humano 436
Valioso veículo do espírito – perispírito 437
Vampirismo – proteção 437
Vampirismo etílico – mecanismo 438
Vampiros do Além – desejo e corpo astral 439
Vampiros e chacras 439
Vegetais – influência lunar 440
Vegetais – propriedades curativas 441
Vegetal – energia e luz 442
Vegetarianismo e espiritualização 442
Veículo do espírito – a mente 443
Ventura do reino de Deus – libertação 444
Verbo de Deus – a vida 444
"Veteranos" do Astral inferior – obsessores 445
Viagem astral e percepção espiritual 445
Vícios – escravidão no Astral 446
Vida – transformações contínuas 446
Vida etérea, astral, mental e espiritual 447
Vida na Terra – experiência 448
Virtudes, pecados e defesas áuricas 449
Zoantropia – alcóolatras do Além 450
Zona protetora – aura humana equilibrada 451

12   Ramatís

O Livro dos Espíritos
As Causas Primárias
Capítulo I – Deus

1. Deus e o infinito

1. Que é Deus?

- *Deus é a inteligência suprema, causa primária de todas as coisas.*[1]

2. Que devemos entender por infinito?

- *O que não tem começo nem fim: o desconhecido; tudo o que é desconhecido é infinito.*

3. Poderíamos dizer que Deus é o infinito?

- *Definição incompleta. Pobreza da linguagem dos homens, que é insuficiente para definir as coisas que estão além da sua inteligência.*

Deus é infinito nas suas perfeições, mas o infinito é uma abstração. Dizer que Deus é o *infinito* é tomar o atributo pela coisa em si; é definir uma coisa que não se conhece a partir de outra igualmente desconhecida.

2. Provas da existência de Deus

4. Onde podemos encontrar a prova da existência de Deus?

- *Num axioma que aplicais às vossas ciências: Não há efeito sem causa. Procurai a causa de tudo o que não é obra do homem e vossa razão vos responderá.*

---

1 O texto em itálico que se segue às perguntas é a transcrição exata da resposta dada pelos espíritos. Quanto às notas e explicações acrescentadas pelo autor, utilizou-se ouro tipo de letra para evitar qualquer possibilidade de confundi-las com as respostas.

Para crer em Deus, basta voltar o olhar para as boas ações da Criação. O Universo existe; logo, tem uma causa. Duvidar da existência de Deus seria negar que todo o efeito tem uma causa, e supor que o nada tenha conseguido criar alguma coisa.

5. Que conclusão se pode tirar do sentimento intuitivo da existência de Deus que todos os homens trazem em si?

- A de que Deus existe, pois de onde lhes viria esse sentimento se nada tivesse por base? Continua sendo uma decorrência do princípio de que não há efeito sem causa.

6. O sentimento íntimo da existência de Deus que temos em nós não seria obra da educação e fruto de ideias adquiridas?

- Se assim fosse, por que vossos selvagens teriam esse sentimento?

Se o sentimento da existência de um ser supremo fosse apenas produto da educação, Ele não seria universal e, como as noções científicas, só existiria naqueles que tivessem tido a oportunidade de receber tal ensinamento.

7. Poderíamos encontrar nas propriedades intrínsecas da matéria a causa primária da formação das coisas?

- Mas, qual seria então a causa dessas propriedades? É sempre necesssário uma causa primária.

Atribuir a formação primária das coisas às propriedades intrínsecas da matéria seria tomar o efeito pela causa, pois essas propriedades também são um efeito que deve ter uma causa.

8. Que pensar da opinião que atribui a formação primária a uma combinação casual da matéria, ou, melhor dizendo, ao acaso?

- Outro absurdo! Que homem de bom senso pode considerar o acaso um ser inteligente? E, aliás, que é o acaso? Nada.

A harmonia que rege as forças do Universo evidencia combinações e propósitos determinados, e, por isso mesmo, revela um poder inteligente. Atribuir a formação primária ao acaso seria um disparate, pois o acaso é cego e não pode produzir os efeitos que a inteligência produz. Um acaso inteligente deixaria de ser acaso.

9. Onde se vê, na causa primária, uma inteligência suprema e superior a todas as inteligências?

- Tendes um provérbio que diz: Pela obra se reconhece o autor. Pois bem, considerai a obra e procurai o autor. É o orgu-

lho que gera a incredulidade. O homem orgulhoso não admite nada acima dele, por isso proclama-se espírito forte. Pobre ser que um sopro de Deus pode abater!

Julga-se o poder de uma inteligência pelas suas obras; como nenhum ser humano consegue criar o que a natureza produz, a causa primária é, portanto, uma inteligência superior à humanidade. Sejam quais forem os prodígios realizados pela inteligência humana, ela também tem uma causa, e quanto maior for o que ela realize, maior ainda deve ser a causa primária. Não importa o nome pelo qual o homem a designe, a causa primária de todas as coisas é uma inteligência superior a ele.

3. Atributos da Divindade

10. O homem pode compreender a natureza íntima de Deus?

- *Não; esta é uma faculdade que não possui.*

11. Um dia será permitido ao homem compreender o mistério da Divindade?

- *Quando seu espírito não estiver mais obscurecido pela matéria e, por sua perfeição, tiver se aproximado de Deus, então ele o verá e o compreenderá.*

A inferioridade das faculdades do homem não lhe permite compreender a natureza íntima de Deus. Na infância da humanidade, o homem muitas vezes o confunde com a criatura, cujas imperfeições lhe atribui; mas, à medida que o senso moral nele se desenvolve, seu pensamento compreende melhor a essência das coisas e ele faz de Deus uma ideia mais justa e mais coerente com o raciocínio correto, embora ainda incompleto.

12. Se não podemos compreender a natureza íntima de Deus, podemos ter ideia de algumas das Suas perfeições?

- *Sim, de algumas. O homem as compreende melhor à medida que ele se eleva acima da matéria; ele as percebe pelo pensamento.*

13. Quando dizemos que Deus é eterno, infinito, imutável, imaterial, único, onipotente, supremamente justo e bom, não temos uma ideia completa dos Seus atributos?

- *Do vosso ponto de vista, sim, porque julgais abranger tudo. Sabei, porém, que há coisas além da inteligência do mais inteligente dos homens, e que vossa linguagem, limitada às vossas ideias e sensações, não tem palavras para definir. Na verdade, a razão vos diz que Deus deve possuir essas perfeições em grau supremo, pois se Lhe faltasse uma única, ou se não chegasse a um grau infinito, não seria superior a tudo e, consequentemente, não seria Deus. Para situar-Se acima de todas as coisas, Deus não pode estar exposto a algum revés e nem ter qualquer das imperfeições que a imaginação possa conceber.*

Deus é *eterno*; se tivesse tido um princípio, teria saído do nada, ou então também teria sido criado por um ser anterior. É assim que, de ser em ser, remontamos ao infinito e à eternidade.

É *imutável*; se estivesse sujeito a mudanças, as leis que regem o Universo não teriam qualquer estabilidade.

É *imaterial*, o que significa que Sua natureza difere de tudo o que chamamos matéria; caso contrário não seria imutável, pois estaria sujeito às transformações da matéria.

É *único*; se houvesse vários deuses, não haveria unidade de desígnios, nem unidade de mando na ordenação do Universo.

É *onipotente*, porque é único. Se não detivesse o supremo poder, haveria algo mais poderoso, ou tão poderoso quanto Ele; não teria criado todas as coisas, e as que não tivesse criado seriam obra de um outro deus.

É *supremamente justo e bom*. A sabedoria providencial das leis divinas se revela tanto nas menores como nas maiores coisas, e essa sabedoria não permite que se duvide da Sua justiça nem da Sua bondade.[2]

---

2 Extraído de *O Livro dos Espíritos*, de Allan Kardec, **EDITORA DO CONHECIMENTO**, 1ª edição.

Palavras do médium

Demonstrar aos nossos irmãos de caminhada o infinito amor de nosso Pai, bem como o carinho e o esmero com que Ele garante aos Seus filhos a possibilidade de crescimento e felicidade é uma tarefa que nos proporciona imensa alegria, pois entender os mecanismos cósmicos que regem o Universo é compreender o próprio Deus, e evoluir é entender cada vez mais o Seu amor. Por isso, quanto mais nos afinamos com as leis cósmicas, maior é a nossa evolução e, consequentemente, maior será a nossa felicidade, conforme nos assegura o irmão Ramatís ao afirmar: "Evoluir é entender Deus".

Essa certeza nos impele ao estudo e à meditação sobre as verdades que esse sábio amigo espiritual nos traz há mais de 60 anos, por meio de conhecimentos arrebanhados por ele em muitas encarnações na Terra e em incontáveis mundos e que, de forma inovadora, mostra peculiaridades das Leis Divinas até então guardadas a "sete chaves" nos templos de iniciação do passado, auxiliando-nos a ter uma percepção mais clara dos passos que precisamos dar para nos ajustar ao ritmo altruísta que rege a vida em todas as formas em que ela se apresenta no Cosmo. Assim, podemos caminhar em consonância com a sabedoria sideral, chegando cada vez mais perto da felicidade que tanto almejamos.

Desde o momento em que tivemos contato com as propostas de Ramatís, nos maravilhamos com o holismo de seus posicionamentos e com a profundidade dos conceitos emitidos em seus livros, nos quais sobejam orientações constantes de várias escolas filosóficas e religiosas, tais como o hinduísmo, o taoísmo, o budismo, o esoterismo, a yoga, a teosofia, o rosacrucianismo, a umbanda, o espiritismo, e outros mais, que fazem de sua obra um verdadeiro *vade-mecum* da Espiritualidade, enchendo nossas almas com a esperança de que muitos irmãos possam também, como nós um dia, se beneficiar desse cabedal de ensinamentos e empreender sua transformação moral, libertando finalmente o poder divino que é apanágio de todos os filhos, como dádiva do Pai.

Conhecendo o caminho chegaremos mais cedo ao objetivo da grande epopeia do espírito imortal, que é a conquista da iluminação, como arcanjo sideral, e o consequente engajamento no trabalho incansavelmente de socorro aos irmãos que vêm atrás nos caminhos da evolução, necessitados de amor e paz em suas vidas.

Ao organizar mais esta coletânea, nossa intenção foi colocar à disposição dos leitores as "pérolas de Ramatís", a fim de que elas possam balizar a tarefa de cada um dentro de sua busca de entendimento sobre os porquês da vida e os caminhos que se precisa trilhar para alcançar a iluminação, nesse importante momento de reformulação que exige de nós um posicionamento firme em relação à vida e principalmente à necessidade de uma convivência fraterna e solidária com nossos semelhantes. Ao utilizar as amorosas orientações de Ramatís, com certeza ficaremos mais firmes e equilibrados, tornando-nos auxiliares do Cristo Planetário na tarefa de nossa própria transformação e da humanidade de forma geral.

Nossa esperança é de que unidos em torno do amor de Jesus, e aproveitando os mecanismos cósmicos que foram engendrados por Deus para a nossa felicidade, delineados de forma clara e racional por Ramatís, possamos nos tornar verdadeiramente "um só rebanho, para um só pastor", conforme preconizou o Nazareno em Sua estada entre nós, pois unidos conseguiremos modificar a categoria de nosso planeta e fazer brilhar na Terra o Reino de Deus, aguardado desde eras passsadas.

Boa leitura, e acima de tudo bom estudo a todos que entrarem em contato com esta benfazeja coletânea. E que Ramatís possa conduzir o leitor pelos caminhos da Luz.

Sidnei Carvalho
São Paulo, 8 de setembro de 2013

Prefácio

Amados amigos:

Deus é amor eterno, pano de fundo de tudo que existiu, existe e existirá, força suprema a iluminar aqueles que criou para habitar as múltiplas dimensões em que se desdobra a Sua infinita solicitude para com os componentes da família universal, tão decantada pelos sábios de todos os tempos que conseguiram penetrar no mistério de Seu amor e demonstrar à humanidade a beleza e a matematicidade do funcionamento do Cosmo.

Sim, queridos leitores, é fato que quanto mais avançamos na Luz, adentrando os arcanos da constituição e funcionamento da vida, mais nos maravilhamos com o imenso desvelo com que o Criador trata Suas criaturas; mais nos emocionamos e nos alegramos ao perceber que inexistem meios de mensurar a imensa engrenagem cósmica que conspira para que Seus filhos possam alcançar a felicidade, ansiosamente almejada por todos os seres.

Buscadores incansáveis do saber, é maravilhoso poder entender o carinho e o zelo do Criador para com as Suas criaturas, consubstanciado nos "mecanismos cósmicos" que Ele engendrou, para alavancar a caminhada do espírito imortal pelas infinitas estradas que logra adentrar em suas experiências, com vistas a desenvolver a consciência cósmica e cumprir os propósitos para os quais foi criado, ou seja, tornar-se um condutor de humanidades, auxiliando o Pai a guiar os filhos menores que palmilham os caminhos que levam à perfeição e à consequente felicidade que esse estado permite à criatura.

Esse é o destino traçado por Deus para Seus queridos filhos vivenciarem em toda a sua plenitude a fraternidade e a solidariedade, ou melhor: o amor. Mas para que isso seja possível, é fundamental que se conheça os meandros das Leis Divinas que delimitam a vida, em todas as suas nuances, nas várias dimensões que compõem os universos.

Conforme já vos disse outras vezes, não é possível ao aluno alcançar o nível universitário sem que antes tenha cursado os níveis básicos de ensino. De maneira que o estudo das Leis de Deus e seu funcionamento no dia a dia é importantíssimo para que as criaturas possam se harmonizar com o ritmo luminoso da vida, valorizando a oportunidade concedida pelo Altíssimo, e auxiliar os companheiros que buscam o mesmo objetivo, os quais muitas vezes ainda não conseguem compreender o significado correto de estar vivendo nos incontáveis mundos que permeiam o Cosmo, escolas benditas que oferecem a chance da arcangelização a todos aqueles que se dispuserem a empreender sua transformação moral, com base no Evangelho ensinado e magistralmente exemplificado por Jesus.

Portanto, aprender sobre as técnicas divinas, os esquemas sidéreos, as engrenagens cósmicas, as forças ocultas que atuam no decorrer da vida, é uma vantagem que as criaturas conquistam, já que é possível, a partir daí, compreender melhor os mecanismos cósmicos que regem a sua caminhada e o processo de desenvolvimento do qual elas são partícipes, permitindo assim a otimização de sua evolução. Isso pode modificar completamente a forma pela qual o ser humano vê as coisas e os seres que com ele caminham na busca do entendimento sobre o "mistério da vida". Essa assimilação é crucial para que se consiga um pouco mais de equilíbrio e harmonia, pois, percebendo a justeza dos desígnios divinos e a inteligência perfeita existente no âmago de todos os fenômenos que ocorrem nos universos, a resignação, a paciência, a esperança e a alegria passam a fazer parte da vida do buscador que conseguiu perceber a maravilha do amor do Criador pelas Suas criaturas.

É emocionante adentrar o "pórtico da iniciação" e ir percebendo que todo o Universo conspira para a felicidade das

20   Ramatís

criaturas de Deus, os espíritos imortais. As galáxias, constelações, planetas, asteróides, estrelas, cometas, mares, a natureza, maravilhosos panoramas policrômicos de indescritível beleza e sabedoria, as luzes do Cosmo, enfim, tudo que existe foi idealizado e criado com vistas a conceder aos irmãos da "família universal" a chance luminosa do autoburilamento e da conquista da felicidade que disso resultam, como já vos disse alhures. Por isso, uma obra como esta, que desvenda em parte a realidade dos movimentos ascensionais que levam o espírito do átomo ao arcanjo e que chega na hora exata em que a humanidade da Terra busca entender a vida e se debate ante o início das "dores e ranger de dentes", adquire uma grande importância, pois pode ajudar o homem a perceber a luz que permanece latente em tudo e em todos e que precisa brilhar para auxiliar o habitante da Terra a se situar melhor perante os mecanismos que invisivelmente regem o seu viver.

Ao derramarmos o conhecimento milenar do Oriente para os leitores, nosso escopo é o de propiciar a muitos esse entendimento e, consequentemente, multiplicar o número daqueles que estarão preparados para amparar os desesperados e confusos que vicejarão pela Terra nos momentos apocalípticos que se aproximam cada vez mais e que exigirão conhecimento e entendimento da razão de tudo que estará ocorrendo com a humanidade, no severo exame da esquerda e da direita do Cristo.

Por esse motivo, nossa esperança de que a humilde colaboração que deixamos nestas linhas possa auxiliá-lo a compreender que uma poeira que esvoaça, como que perdida na imensidão do Cosmo, tem um objetivo útil, ou seja, o menor fenômeno que possais perceber na vida tem sempre como objetivo a vossa felicidade. Entender isso é o grande desafio que Deus lança para Seus filhos; perceber Seu infinito amor e Sua eterna solicitude é a tarefa de cada um, para o seu próprio bem. Dessa forma, nosso desejo sincero é de que as elucidações trazidas do Além possam auxiliar muitos irmãos a adentrarem o portal de Luz que esta obra pode representar para todos que com ela entrarem em contato.

Quiçá, ao folhear estas páginas, as criaturas possam ficar mais fortes e alegres perante a vida, ante o conhecimento e entendimento das luminosas engrenagens idealizadas por Deus para auxiliar Seus filhos a alcançarem os níveis superiores de evolução, nos quais a perfeita assimilação sobre o funcionamento de Suas Leis permite a eles um viver tranquilo e harmonioso, como um dia ocorrerá normalmente neste planeta.

Sigamos juntos; procuremos nos instruir, a fim de conseguir instruir nossos companheiros de estrada, lembrando sempre que a melhor forma de auxiliar aqueles que amamos é por meio do exemplo, aproveitando o conhecimento dos "mecanismos cósmicos" para viver de forma que nossa vida seja um paradigma para aqueles que ainda não compreenderam a máxima "Meu Reino não é deste mundo", e que é importantíssimo "Procurar primeiramente o Reino de Deus e sua Justiça, porque o resto vem por acréscimo!".

Essa é a postura natural daquele que compreende profundamente a estrutura perfeita e amorosa existente nas obras de Deus. Esperamos que este compêndio possa representar Luz para muitos e que, de posse da compreensão de que tudo que Deus realiza o faz com o único objetivo de garantir a felicidade de Seus filhos, possamos então direcionar ainda mais a nossa vida rumo à "religação" consciente com Ele, vivendo o grandioso amor entre o Criador e a criatura, a ponto de exclamarmos um dia: "Eu e o Pai somos um e as obras que faço, é o Pai em mim quem as faz!", como Jesus o fez.

Muita Paz! Muita Luz!

Ramatís
9 de novembro de 2013

Um velho amigo

Como é bom falar com vocês por meio deste "Correio do Além", que graças à infinita misericórdia divina possibilita a este espírito devedor, ainda incipiente nas lides cósmicas, apresentar o seu humilde parecer sobre o novo trabalho que Ramatís, querido companheiro de tantas eras, entrega à humanidade da Terra, a fim de que ela compreenda melhor como é tratada com esmero por Deus, que não descura dos mínimos detalhes da sua infinita caminhada, em busca da iluminação.

Quantas e quantas vezes me vi, quando encarnado e mesmo depois, já na vida do Infinito, meditando e refletindo sobre a perfeição da vida, olhando os astros, os sóis, as estrelas, as galáxias no macrocosmo, e também os micróbios, bactérias, os infinitamente pequenos do microcosmo. E me pergunto sobre a causa primária de tudo isso, sobre a perfeição que vou encontrando nos mais simples fenômenos que observo na minha eterna posição de perquiridor da vida, de buscador do conhecimento que sempre persegui avidamente durante meu caminhar e que continuo a buscar agora na posição de "morto", como dizem na carne. Estou "morto", mas não para o desejo de entender o amor que nosso Pai dedica aos Seus amados filhinhos, para a ventura de planar pelo Cosmo como arcanjo sideral a Seu serviço.

Por isso, quando uma obra como esta vem a lume para nos esclarecer sobre os mecanismos cósmicos que regem a vida, nossa alegria é grandiosa. Daqui temos uma visão muito mais ampla sobre o comportamento da humanidade e, por isso mesmo, sabemos que o conhecimento esotérico sobre a vida e o entendimento mais profundo sobre os porquês das coisas modificam a forma de viver de muitos e muitos irmãos, os quais, na maioria das vezes, permanecem no erro mais por ignorância dos verdadeiros caminhos e normas cósmicas engendradas pelo Criador para harmonia da vida, do que por maldade ou vontade de trilhar os caminhos de escuridão que ainda vicejam na Terra.

Hoje, amigos, percebemos melhor a grandiosa visão da vida que Jesus traz em Sua bagagem, oriunda de Sua experiência reencarnatória em mundos que já se tornaram poeira cósmica, há bilhões de anos, e de Seu grandioso amor pela humanidade, quando nos deixou o grande conselho: "Conhecereis e verdade e a verdade vos libertará!".

A grande realidade universal é a de que, na medida em que vamos entendendo os "mecanismos" que regem nossos caminhos, nos adaptamos ao ritmo altruísta e amoroso da vida e, automaticamente, nos tornamos pessoas melhores para nós mesmos e para aqueles que trilham conosco as estradas dos mundos idealizados por Deus para a nossa felicidade.

Dessa forma, uma obra que deslinda os meandros do funcionamento das Leis Divinas nos oferece uma possibilidade importante de crescer como gente, como filhos em busca do Pai, e assim cumprir nosso papel na engrenagem sidérea que nos leva ao arcanjo galáxico, destino certeiro de cada um, oriundo do incomensurável amor que nosso Pai Maior proporciona a cada ser criado por Ele.

Não existe outra forma de crescer, evoluir e tornar-se um auxiliar da vida e dos nossos irmãos a não ser amar e colocar esse amor em prática, por meio da caridade. Mas para ajudar, é necessário entender os caminhos, os mecânismos e os atalhos existentes no complexo panorama em que consiste a vida.

Estudar *Mecanismos Cósmicos*, em uma coletânea de *A a Z*, é uma tarefa prazeirosa para aquele que quer se aprimorar e melhor servir a Deus na pessoa de seus irmãos de caminhada. Analisar os porquês e buscar a compreensão de tudo que influi nas situações vividas pelo Princípio Inteligente, no seu afã de ser feliz, é fundamental, nesta hora em que os acontecimentos apocalípticos se precipitam e exigem uma postura firme, decidida e ao mesmo tempo amorosa por parte dos homens, particularmente por aqueles que pretendem ser os arautos do amor a iluminar a estrada de seus irmãos de jornada.

Que possamos aproveitar esta coletânea que representa também o amor de Ramatís, amigo e companheiro de milênios, que com muito carinho e coragem nos trouxe esses conhecimentos, apresentados aqui de forma simples e inteligível, expungidos das fastidiosas e complexas posturas iniciáticas de outrora, de fórmulas cabalísticas e rituais complexos, facilitando, assim, a todos os buscadores o acesso a uma nova forma de ver e entender Deus e suas complexas e amorosas leis.

Que este humilde livro possa ajudar muitos companheiros a fortalecerem sua fé na bondade e misericórdia do Criador e ajustarem seus passos de acordo com os luminosos mecânismos que regem o Cosmo, a fim de que juntos possamos construir a "Nova Terra" e o "Novo Céu", cantados em verso e prosa pelos iluminados que pisaram neste planeta que nos acolhe.

Muita Paz!

H.
10 de novembro de 2013

A

A dor e o traje nupcial

Não nos cabe amá-la e nem a desejá-la, porquanto, ela é fruto da nossa invigilância e pode-se dizer que, em nosso primarismo, não a podemos evitar, mas tão-somente suportá-la com resignação. Embora a dor e o sofrimento pareçam, num exame apressado, desmentir a sabedoria divina, têm sido glorificados pelas mais nobres vivências messiânicas e realizações espirituais no mundo. Muitas vezes, as belezas que nos inebriam os sentidos na Terra são frutos da dor e do sofrimento de artistas como Beethoven, surdo; Chopin, tuberculoso; Schumann, perturbado mentalmente; e, ainda, citaríamos Sócrates, Paulo de Tarso e Gandhi sacrificados pelo amor, pela liberdade e pela paz humana. Giordano Bruno, Savonarola e Miguel Servet, queimados pela verdade e liberdade de opinião. Francisco de Assis glorificou a pobreza e Jesus transformou a cruz infamante num dos símbolos da libertação espiritual.

Os brutos, coléricos, tiranos, invejosos, pérfidos, debochados, corruptos e corruptores, criminosos, toda a escória social têm, na dor, a lixívia corrosiva dos resíduos animalescos, alvejando a vestimenta perispiritual até torná-la transparente à luz divina interna, transformando-a nos trajes nupciais, que lhes permitem tomar parte no banquete de paz e alegria, entre os espíritos superiores ou puros. (Obra: *Sob a Luz do Espiritismo*, 1ª edição, p. 15)

A força da palavra – maledicência

O homem é um espírito ou núcleo espiritual, que centraliza em si todos os tipos de forças imanentes aos diversos planos de vida. O corpo físico é a vestimenta transitória de menos importância no conjunto do homem, pois a energia que ali se condensa na forma de matéria, força, incessantemente, a fuga e libertação para retornar ao seu plano original. Essa energia, aprisionada em todas as formas do mundo, produz na sua exsudação permanente as diversas auras, que se compõem das radiações dos objetos e seres. É a polarização resultante do impulso centrífugo da energia condensada, tentando readquirir a sua vivência normal ou estado de absoluta liberdade.

Quando o espírito pensa, ele agita todos os campos de forças que baixaram vibratoriamente até atingirem o seu perispírito e o corpo físico; assim projeta em todas as direções energias benfeitoras ou malévolas, criadoras ou destrutivas, segundo a natureza dos seus pensamentos e sentimentos. A palavra, portanto, é a manifestação sonora, para o mundo exterior, do sentimento ou pensamento gerado no plano oculto do ser. Deste modo, além dela constituir força duradoura, ainda incorpora no seu trajeto as demais energias benéficas ou maléficas que, no seu curso, ativa e desperta nas criaturas interessadas no mesmo assunto.

Aliás, é tão sutil e influente a palavra, que certas pessoas, devido a um sentido oculto, chegam a pressentir quando alguém fala mal delas, e as deixa alertas contra algum perigo iminente.

Ademais, as palavras ainda conduzem algo do cunho particular ou psicológico da característica individual do seu autor, quando são forjadas por sentimentos censuráveis contra outrem. (Obra: *Magia de Redenção*, 11ª edição, p. 51)

A mente – o homem é o que pensa

A mente é o principal meio de ação do espírito sobre as formas ocultas ou visíveis da matéria; é responsável por todas as criações e metamorfoses da vida. Há muitos séculos, já se citava, na Terra, o sábio aforismo hindu: "o homem se converte naquilo que pensa"; equivalente, também, ao conceito ocidental de que "O homem é o produto do que pensa". O poder, ou a energia mental própria de todo espírito, serve para realizar seus objetivos, de conformidade com as aspirações da consciência. É um reflexo do poder do pensamento emanado da Mente Divina, manifestado através dos espíritos imortais.

O espírito do homem aciona, pelo pensamento, a energia sutilíssima da mente e atua, de imediato, através do duplo etérico, no corpo físico, onde cessa o impulso gerado no mundo oculto. Sob o processo mental, produzem-se modificações incessantes nas relações do indivíduo com o ambiente e as pessoas. Em consequência, o homem é o resultado exato do seu pensamento, porque a mente é o seu guia, em qualquer plano da vida. A mente, enfim, é a usina da inteligência, do progresso moral, físico, científico, artístico ou espiritual. É a base da felicidade ou da desventura, da saúde ou da doença, do sucesso ou da fracasso. A atitude mental pessimista do ser estigmatiza-lhe, nas faces, o temor, o desânimo ou a velhice prematura, enquanto os pensamentos otimistas dão juventude ao rosto velho, coragem ao fraco e desanuviam os aspectos desagradáveis. Através das diversas vidas físicas, o espírito educa e aprende a governar suas forças mentais, até plasmar sua forma angélica e usufruir a Ventura Eterna.

O homem pensa pela mente, sente pelo astral e age pelo físico. Sofre, por conseguinte, o bem ou mal que pensar, pois, há pensamentos destruidores e há pensamentos construtivos. O pensamento, sendo imaterial, possui um poder maior do que as realidades físicas. E deve conhecer, tanto quanto possível, a ação e o mecanismo da mente, a fim de governá-la como senhor, e não, ser seu escravo. (Obra: *Sob a Luz do Espiritismo*, 1ª edição, p. 140)

Abortadeiras e abortados – laços cármicos

No caso das mães abortadeiras e enquadradas nos princípios corretivos da Lei do Carma, tanto elas, como os espíritos frustrados pelo aborto, terão de desamarrar entre si os elos cármicos encadeados desde o passado, e substituírem os laços enfermiços do ódio, pelos sentimentos sublimes do Amor. Como, no caso do aborto, o ódio mais se avivou pela recusa do espírito materno em receber no seu regaço carnal a alma adversa, é da Lei de Ação e Reação, que o mesmo compromisso malogrado há de se repetir, tantas vezes quantas forem precisas para se concretizar a liquidação do débito pretérito, até surgir a paz definitiva entre os litigantes. Só resta uma solução redentora para a alma que se negar a fornecer um organismo carnal para qualquer espírito antipático – é retornar ao ponto de partida, onde traiu o evento benfeitor, e reiniciar a sua tarefa inacabada, até ocorrer a sua renovação espiritual, sob a Lei do Amor.

A única maneira razoável e aconselhável de a mãe livrar-se da obsessora perseguição espiritual do "ex-filho" abortado é aprisioná-lo, novamente, na jaula de ossos e nervos de um corpo gerado em suas entranhas. Ao dar-lhe a vida física, ela também se livra do seu ódio vingativo e lhe cerceia a liberdade perigosa no mundo oculto. É da Lei do Carma que a mãe abortadeira, jamais, se livra de novamente se tornar o vaso materno para gerar o corpo do mesmo espírito frustrado pelo aborto. Repetimos: "A semeadura é livre, mas a colheita é obrigatória", ao que se deve acrescentar a sibilina advertência de Jesus, ao afirmar que "o homem deverá pagar até o último ceitil". (Obra: *Sob a Luz do Espiritismo*, 1ª edição, p. 136)

Abortadores – sofrimentos no Além

Esses pais precisam saber que nenhum dos mais trágicos escritores do vosso mundo poderia descrever o pavor e a alucinação que se apoderam dos pais infelizes que, dominados pelo ódio, repudiam ou matam os seus filhos na Terra. Quando retornam ao Além, transformam-se em verdadeiros "trapos vivos" nas mãos dos exacerbados verdugos e adversários que imprudentemente eliminaram dos seus lares terrenos. As mulheres que às vezes se deixam dominar por sentimentos súbitos de repulsa e revolta para com os filhos nascituros, e que se socorrem dos tradicionais inimigos da vida, ou "fazedores de anjos", para expulsá-los através do aborto premeditado, ignoram que um pavoroso inferno de sofrimento as espera quando, após a desencarnação, caírem desamparadas sob o guante dos espíritos tenebrosos aos quais negaram um corpo já em gestação.

Não vos é possível imaginar a cólera, o ressentimento, a revolta e o ódio que se apoderam desses espíritos, quando reagem contra as criaturas que lhes impediram a gestação do corpo amigo e tão precisado para olvidar o passado acusador, que ferreteia incessantemente as suas memórias subvertidas. Depois dessa desilusão, só lhes move um desejo feroz: cercar de todas as humilhações possíveis e enfermidades cruciantes aqueles que lhes negaram o benefício de um corpo físico, apressando-lhes também a desencarnação, a fim de mais breve torná-los vítimas das mais cruéis vinganças.

Por isso, se muitos filhos deformados, cruéis ou retardados mentais merecerem a prova cármica de nascer em lares de pais adversos, os progenitores precisam se conformar com o acontecimento desfavorável, pois estão colhendo na prole antipática o fruto das sementes hostis e maldosas que semearam em encarnações passadas. (Obra: *A Vida Além da Sepultura*, 12ª edição, p. 368)

Abortados – vinganças obsessivas

Os espíritos bastante agravados pelos delitos do passado e que tentam o renascimento para a devida reconciliação com os adversários de outrora, necessitando nascer disformes ou retardados mentais, vêem-se muito reduzidos nas suas possibilidades de êxito e de acolhida favorável na família terrena. Aqueles que já se beneficiam com a presença do remorso na consciência aviltada, submetem-se, amargurados, à tentativa – de pouco êxito – de sobreviverem no lar dos seus inimigos pregressos aos quais se ligam pelos laços do ódio inconformável. Dominados por indescritível angústia, importa-lhes unicamente ajustarem-se a um corpo de carne, no qual possam olvidar a incessante recordação cruciante dos seus crimes, pois que, na memória etérica liberta no Mundo Astral, os segundos já vividos mais lhes parecem séculos de horror e desespero.

Então, aceitam qualquer encarnação disforme, da carne, para renascer na matéria, ou os pais mais odiosos da Terra para criá-los; basta-lhes o bálsamo do esquecimento das vilezas pretéritas, concedido na forma de corpo físico. Quando pela impiedade ou hostilidade criminosa, os progenitores adversos os devolvem novamente para as misérias do Mundo Astral inferior, expulsando-os do corpo de carne tão implorado para a redenção espiritual, são bem raros os espíritos que se conformam com esse acontecimento odioso.

Sentindo recrudescer o ódio mal dissimulado sob as cinzas do próprio interesse, tornam-se almas desatinadas e lançam-se raivosamente sobre os seus ex-progenitores, perseguindo-os implacavelmente até à hora da sua desencarnação, quando então os esperam, à beira do túmulo, como enfurecidos demônios sem a menor parcela de piedade. (Obra: *A Vida Além da Sepultura*, 12ª edição, p. 367)

Aborto – atenuantes e agravantes

Naturalmente, pois, sempre é um infanticídio, e está escrito: "Não matarás". Porém, as leis humanas são reflexos das espirituais e, se examinarmos os códigos legais, vamos encontrar as circunstâncias atenuantes e agravantes e mesmo o termo "por justa causa". São agravantes os motivos fúteis: a estética materna, o controle da natalidade e o temor da não-aceitação do grupo social.

Podemos considerar como atenuantes o fato de certas culturas não admitirem os deslizes de seus componentes femininos, e o caso de suicídios diante das pressões psicológicas. Ainda poderíamos citar os casos de senhoras casadas que, por contingências da vida prevaricam, e o nascimento do fruto do descuido ocasionaria um rompimento familiar, com graves consequências à prole e ao outro cônjuge.

É admissível o aborto terapêutico, quando a gestação não tem condições de chegar ao fim, porque a doença materna é mortal, e a única maneira de salvar, pelo menos a mãe, é o aborto. Também incluiríamos, com alguma ressalva, os casos de fetos anormais, cuja patologia não lhes permitiria viver, e estão prejudicando a saúde da mãe, pondo em risco sua vida.

Muitas vezes, na espiritualidade, fazemos projetos corajosos e sublimes, entretanto, no retorno à carne, velhos vícios, medos, emoções e paixões ainda não dominados afloram e nos levam a deslizes. Mas, se as leis humanas são sábias e justas em cada época evolutiva, procuremos visualizar a divina que, além de ser justa e equânime, é tolerante e bondosa com nosso primarismo espiritual. Evidentemente, não deve ser acusada e condenada a mãe que se submete ao aborto terapêutico, – intervenção cirúrgica que procura salvá-la, embora deva sacrificar o filho nascituro. Sob tal condição, deve sobreviver a mãe, em cujo corpo a natureza trabalhou mais tempo e já assumiu inúmeras obrigações e vínculos de responsabilidade na existência física. Ademais, o que identifica e caracteriza profundamente a culpa das mulheres, quando malogram propositadamente o nascimento de um ser, é a sua decisão íntima de abortar, no sentido de se ver livre do filho intruso em crescimento no seu ventre. No caso do aborto pela intervenção médica e com o objetivo de salvar a gestante, é claro não ter a própria mãe a intenção de praticar tal ato frustrante e, comumente, ela ainda sofre a dor de perder o filho aguardado com extremo afeto e ansiedade. (Obra: *Sob a Luz do Espiritismo*, 1ª edição, pp. 116-117)

Aborto – encarnação de adversários

A preocupação imensa de evitar a deformação do corpo perecível costuma criar situações deprimentes para o espírito reencarnante, o qual desce à Terra sob compromisso que a futura mãe assumiu ainda no Espaço. Inúmeras vezes, espíritos endividados, desejando fugir à causticidade da própria consciência, aceitam reencarne entre as suas vítimas ou algozes, para um entendimento e aproximação, na escola do lar terreno. No entanto, assim que a gestante sente o fluido hostil daquele com quem ela ainda não se ajusta e se dispõe a romper o compromisso íntimo e sagrado, recorrendo ao aborto, essa disposição mental, ao acentuar-se no pensamento materno, vai-se infiltrando, qual veneno aguçado, na intimidade do reencarnante; e este, muitas vezes, para garantir a sua materialização, não trepida em esgotar a futura mãe, a fim de fazer sobreviver o seu corpo. E se a gestante não modifica o seu pensamento daninho e adverso, meditando sempre na expulsão do intruso que lhe povoa a mente, é possível ir até a desencarnação na hora da "délivrance". O temor de não nascer leva o espírito reencarnante a proteger o seu casulo de carne sob qualquer condição, mesmo extraindo completamente o "tônus vital" da gestante, ficando esta com menores probabilidades de êxito na sobrevivência após o parto. E se, efetivamente, o aborto for consumado, dificilmente a abortante escapará, para o resto da existência física, dos mais acerbos sofrimentos na esfera genital. A alma que ela desprendeu, compulsoriamente, ser-lhe-á terrível fantasma de todos os momentos de debilidade psíquica, com a agravante de esperá-la, à beira do túmulo, para a desforra definitiva. (Obra: *A Vida no Planeta Marte e os Discos Voadores*, 17ª edição, p. 89)

Acaso não existe – lei cármica

Nenhum acaso rege o destino das coisas; é a lei do Carma que tudo coordena, ajusta e opera, intervindo tanto nos fenômenos sutis do mundo microscópico, como na vastidão imensurável do macrocosmo. Ela tem por único objetivo dirigir o aperfeiçoamento incessante de todas as coisas e seres, de há muito já previsto nos grandes planos que fundamentam a harmonia da Criação.

As vossas condições psíquicas ou físicas, aí na Terra, decorrem exatamente do engendramento das causas cármicas que já efetuastes noutras vidas; se atualmente usufruís alegria, paz e ventura, apenas gozais o efeito cármico das boas sementes lançadas alhures; se vos dominam a dor, a amargura, e as vicissitudes repontam em vossa existência, não culpeis a Deus, nem a qualquer "destino" injusto e fatídico inventado por alguém pois, de qualquer modo, só estareis ceifando o resultado do plantio descuidoso do passado! As regras inflexíveis de que "a semeadura é livre mas a colheita é obrigatória", e a de que "a cada um será dado conforme as suas obras", não abrem exceções a quem quer que seja, mas ajustam todas as criaturas à disciplina coletiva tão necessária ao equilíbrio e harmonia da humanidade do vosso orbe. (Obra: *Fisiologia da Alma*, 13ª edição, pp. 257-258)

Mecanismos Cósmicos de A a Z

Ramatís

Ação do trabalho – mola propulsora

A capacidade do espírito tanto se desenvolve na meticulosidade do relojoeiro, como na administração de um império industrial, onde o homem copia a figura de um deusinho operando na forma. Num extremo afina-se o espírito manejando o cinzel de Benevenuto Cellini; noutro, um chinês escreve o "padre-nosso" num grão de arroz; e mais além, modificam-se os seus lances criadores, envergando o traje carnal de um Rockfeller, Henry Ford ou Da Vinci. Fundamentalmente, é o "trabalho" que atua, na forma de ação, dinamismo, que exercita o espírito e desperta os recursos do futuro anjo criador.

A matéria é simples "ponto de apoio", meio plástico de que se serve o espírito para materializar a sua ação laboriosa, ascensional e de experimentação dinâmica. Até na morte, que é dissolução, é ainda o trabalho evolutivo. No seio silencioso da terra, a bolota é presa do impulso dinâmico; deixa a ação dominar em si mesma e entrega-se confiante ao dinamismo do trabalho que a subjuga, pois dessa atividade surge o recurso criador. A semente então priva-se do gozo prematuro, que lhe seria de pouca duração na sua pequenez vegetal. Prefere, então, aceitar o convite dinâmico do "trabalho", na sua intimidade, para expandir-se na configuração e no potencial seivoso. Emerge a flor da terra e absorve, faminta, a luz solar, e refresca-se, voluptuosa, sob a linfa descida das nuvens. O seu divino mistério se revela, graças a ação do trabalho; a bolota singela, inimiga da ociosidade e indiferente ao prazer efêmero, transforma-se no gigantesco e majestoso carvalho, sob cuja fronde os pássaros e as próprias feras repousam na sombra amiga. (Obra: *A Vida no Planeta Marte e os Discos Voadores*, 17ª edição, pp. 496-497)

Acumuladores e condensadores – bruxaria

No processo de enfeitiçamento firmado na matéria, o mais importante não é a configuração ou a forma das coisas e dos objetos em uso malévolo, mas a natureza do seu conteúdo energético, que os sustentam no cenário da matéria. Assim, quaisquer corpos ou coisas podem ser transformados em "acumuladores" ou "condensadores" de força maléfica, e servir de base na bruxaria independentemente de sua constituição física. Importa que sejam de cobre, ferro, alumínio, níquel, chumbo, prata, ouro etc., mas que estejam fortemente impregnados das emanações pessoais da vítima.[1] Daí, o motivo de encontrar-se no processo de enfeitiçamento medalhas, moedas, agulhas, abotoaduras, brincos, canivetes, chaves, correntes, braceletes, anéis, emblemas, distintivos ou piteiras, que firmam as energias do reino mineral; grãos de milho e habitualmente cereais, certos tipos de palhas, ervas tóxicas, raízes de odor agreste, raspas de madeira de boa condutibilidade elétrica, como o cedro, olmo ou álamo, que durante as tempestades atraem com mais facilidade os raios e coriscos, os quais representam as forças do reino vegetal; cabelos, sangue, urina, resíduos humanos, ossos de defunto, sebo, penas arrancadas de aves ou crina de animal, que asseguram o vínculo dinâmico do reino animal!

Na Caldéia e no Egito, os antigos feiticeiros conseguiam firmar feitiços completamente indestrutíveis no rasto das criaturas, quando obtinham das vítimas lágrimas vertidas em momentos de desespero ou roupas femininas, do período catamenial. Ainda hoje, costuma-se usar tocos de cigarros, pentes, escovas ou peças de roupas impregnadas do calor, magnetismo e dos eflúvios emanados do corpo etérico da vítima. Os mais entendidos potencializam o trabalho maléfico com fotografias, miniaturas de bonecos de cera. Os condensadores então funcionam como multiplicadores de frequência mórbida, captando energias de baixo teor vibratório e projetando-as sobre o local ou pessoa visada no processo enfeitiçante. Daí, também os feiticeiros mais abalizados preferirem as coisas que tenham estado em ambientes enfermiços e contatos fúnebres, como fragmentos de mortalha e apetrechos de caixões de defunto, os quais estão impregnados das auras de sofrimento, desespero, medo ou depressão psíquica de irradiação mórbida. (Obra: *Magia de Redenção*, 11ª edição, pp. 94-96)

---

[1] Vide o capítulo desta obra "O Enfeitiçamento através de Metais Organogênicos".

Administração cósmica – fichas cármicas

Não deveis estranhar a existência dessa administração, salvo se vos esquecestes do que Jesus disse: "O que ligardes na Terra será ligado nos céus, e o que desligardes na Terra também será desligado nos céus". Nada ocorre no vosso mundo, que não tenha aqui as suas raízes fundamentais; seja o fato mais insignificante, seja a consequência mais ampla. Os Mestres Espirituais vos acompanham, desde os primeiros bruxuleios da consciência individual, por meio de "fichas cármicas" de vossas existências. A desordem e a indisciplina podem causar confusões em vossos meios materiais, mas nos organismos diretores de vossas existências espirituais a ordem e a harmonia são elementos permanentes. (Obra: *Mensagens do Astral*, 13ª edição, p. 117)

Administração sideral – disciplina

A mais eficiente organização dos homens ainda é um simples arremedo da mais singela disciplina determinada pela Administração Sideral dos orbes, sistemas solares e das galáxias do Cosmo. O "acaso" não existe nas obras criadas por Deus! O aforismo popular de que "não cai um fio de cabelo do homem, sem que Deus não saiba", explica o fato de todos os fenômenos da Vida submeterem-se à disciplina de leis inteligentes da criação do Universo. Se a "queda de um fio de cabelo" não se faz por acaso, é impossível imaginarmos a complexidade, a extensão dos esquemas, detalhes e planos elaborados há bilhões e bilhões de anos, pelo Alto, a fim de prever e disciplinar a descida dos Instrutores Espirituais à Terra, no momento exato da necessidade de progresso e redenção dos encarnados. (Obra: *O Sublime Peregrino*, 16ª edição, p. 42)

Afinidade e sintonia – companhias espirituais

Indubitavelmente a presença e a assistência dos bons espíritos nas sessões espíritas dependem muitíssimo das intenções e dos objetivos das pessoas que se propõem ao intercâmbio com o mundo invisível. Mas, também, é certo que todas as criaturas já vivem acompanhadas pelas almas que lhes são afins a todos os seus atos e pensamentos. Assim, os homens regrados e generosos também simpatizam e atraem as boas companhias do "lado de cá", cujas almas, quando em vida física, já viviam afastadas das paixões degradantes e dos vícios perniciosos. No entanto, os maldosos, corruptos ou viciados, transformam-se em focos de atração dos espíritos gozadores, maquiavélicos e mal-intencionados.

Deste modo, quando as pessoas reúnem-se em torno da mesa espírita ou mesmo no terreiro para o intercâmbio com o mundo oculto, elas já definem, de antemão, quais serão as entidades ou os companheiros espirituais que lhes farão companhias nos labores mediúnicos. Em verdade, durante a sessão mediúnica os encarnados ouvem diretamente as opiniões, sugestões e roteiros que, em geral, já recebem pela via intuitiva e são inspirados através da mente ou do coração durante a vida cotidiana.

Em consequência, não é a mesa nem o terreiro que fundamentam o tipo da presença espiritual ou da comunicação das almas desencarnadas, mas sim a própria conduta e os hábitos dos seus componentes é que asseguram a "qualidade" dos espíritos presentes. (Obra: *Elucidações do Além*, 11ª edição, pp. 38-39)

"Afinidade eletiva" e influências espirituais

Não podemos modificar a realidade da vida criada por Deus desde o início da humanidade, e que obedece ao seguinte princípio imutável: "os homens bons atraem os bons espíritos e os homens maus atraem os maus espíritos". Essas relações exercem-se através da "afinidade eletiva", que é responsável pela atração e harmonia entre os astros, tanto quanto rege a simpatia entre as substâncias e o amor entre os homens.

Em face de tal premissa, que regula a afeição, a atração ou o entendimento entre todas as coisas da obra criada por Deus, só existe oportunidade para os encarnados sofrerem a má atuação dos espíritos desencarnados quando também perdem o senso diretivo do seu comando espiritual na matéria, para cedê-lo a outrem mal-intencionado. Sem dúvida, isso só acontece para aqueles que se afastam dos ensinamentos crísticos da vida superior, os quais foram divulgados e apregoados a todos os povos por instrutores adequados a cada raça, índole psicológica e até senso artístico.

Ninguém pode alegar ignorância disso, pois Deus atendeu a todos os homens de conformidade com suas características espirituais, costumes e raça.

Hermes, no Egito, Antúlio, na Atlântida, Buda, na Ásia, Zoroastro, na Pérsia, Crisna e Rama, na Índia, Confúcio, na China, Pitágoras, na Grécia, e o inconfundível Jesus, na Hebréia, foram os mensageiros divinos que esclareceram aos homens quais os princípios que transformam a criatura animalizada no cidadão angélico da moradia celestial. Eles fixaram as bases ou elaboraram os estatutos definitivos da caminhada humana pela senda evolutiva em busca da Verdade. (Obra: *Mediunismo*, 13ª edição, p. 45)

Água fluidificada – medicação energética

A água fluidificada é a medicina ideal para os espíritas e médiuns receitistas, pois, embora seja destinada a fins terapêuticos, sua aplicação não deve ser censurada pelos médicos, pois não infringe as posturas do Código Penal do mundo e sua prescrição não constitui prática ilegal de medicina. Quando a água é fluidificada por médiuns ou pessoas de físico e psiquismo sadios, ela se potencializa extraordinariamente no seu energismo etérico natural, tornando-se um medicamento salutar, capaz de revitalizar os órgãos físicos debilitados e restabelecer as funções orgânicas comprometidas.

A água é elemento energético e ótimo veículo para transmitir fluidos benéficos ao organismo humano. Ela é sensível aos princípios radioativos emanados do Sol e também ao magnetismo áurico do perispírito humano.[2] (Obra: *Mediunidade de Cura*, 12ª edição, p. 99)

2 Nota do revisor: Ainda como elucidação quanto aos benefícios da água magnetizada, transcrevemos o que diz o esclarecido espírito Emmanuel: – "A água é um dos elementos mais receptivos da Terra e no qual a medicação do Céu pode ser impressa através de recursos substanciais de assistência ao corpo e à alma.

Água fluidificada – transmissão de energia pura

Sabem os médicos que a eliminação dos sintomas enfermiços do corpo físico nem sempre significa a cura da moléstia, porquanto neutralizar os efeitos mórbidos não induz à extinção da sua causa. No entanto, essas drogas excitantes, antiespasmódicas, dilatadoras, sedativas ou térmicas, embora benfeitoras na eliminação de sintomas dolorosos, são compostas, geralmente, de tintura de vegetais agressivos, minerais cáusticos, substâncias tóxicas extraídas de insetos e répteis e que, se fossem ministradas na sua forma química natural, causariam a morte imediata. Essa é a grande diferença entre a água fluidificada e a medicação medicinal. Enquanto a primeira é energia pura transmitida através dum veículo inofensivo, como é a água comum, a segunda, embora ofereça também proveitoso energismo para o campo magnético do homem, utiliza substâncias nocivas, que obrigam o perispírito a uma exaustiva reação de defesa contra a sua toxidez. Enquanto tais drogas ou medicamentos extinguem sintomas enfermiços do corpo carnal, o seu eterismo oculto e desconhecido da ciência comum ataca o perispírito, porque esse eterismo origina-se do duplo etérico de minerais, vegetais, insetos e répteis do mundo astral primário, próprio dos reinos inferiores do orbe.

A água é, pois, naturalmente um bom "condutor" de eletricidade, e que depois de fluidificada ainda eleva o seu padrão energético comum para um nível vibratório superior. Assim operam-se verdadeiros milagres[3] pelo seu uso terapêutico ade-

A prece intercessória, como veículo de bondade, emite irradiações de fluidos que, por enquanto, são invisíveis aos olhos humanos e escapam à análise das vossas pesquisas comuns.

A água recebe-nos a influenciação ativa de força magnética e princípios terapêuticos que aliviam e sustentam, que ajudam e curam.

A rogativa que flui do imo d'alma e a linfa que procede do coração da Terra, unidas na função do bem, operam milagres. Quando o Mestre advertiu que o doador de um simples copo de água ofertado em nome de sua memória, fazia jus à sua bênção, Ele reporta-se ao valor real da providência, a benefício do corpo e do espírito, sempre que estejam enfermiços.

Se desejas, portanto, o concurso dos Amigos espirituais na solução de tuas necessidades fisiopsíquicas ou nos problemas de saúde e equilíbrio dos companheiros, coloca o teu recipiente de água cristalina, à frente de tuas orações, espera e confia. O orvalho do Plano Divino magnetizará o líquido com raios de amor, em forma de bênçãos, e estarás então consagrando o sublime ensinamento do copo de água pura, abençoado nos Céus".

3 Nota do revisor: Como exemplo e prova de tais "milagres", obtidos mediante a

quado, igual ao passe mediúnico ou magnético que, aplicado por médiuns ou pessoas de fé viva e sadios, transforma-se em veículo de energias benéficas para a contextura atômica do corpo físico. (Obra: *Mediunidade de Cura*, 12ª edição, pp. 101-103)

Ajuste planetário – "Juízo final"

As épocas de "Juízo Final" têm também por função ajustar a substância planetária para se tornar melhor "habitat" e, consequentemente, requerem seleção de almas com melhor padrão, necessário para as sucessivas reencarnações em moradia aperfeiçoada. É um mecanismo previsto pela Suprema Lei e rigorosamente coordenado e dirigido pelos que são designados para criar em nome de Deus; ultrapassa o entendimento humano e a matemática das leis científicas. Conforme já vos explicamos,

aplicação de água fluidificada e passes magnéticos, Ramatís nos permitiu deixar consignado nesta obra o seguinte fato: Há muitos anos, um casal de nossa amizade se lastimava e se considerava infeliz porque, tendo-se consorciado havia seis anos, ainda não tinham obtido a graça de lhes nascer um filho.

Inconformados com a dita provação, o marido decidiu levar a esposa a um médico especialista, a fim de ser identificada a causa e adotarem as providências adequadas. Então, feito o exame ginecológico, ficou constatado que, além do distúrbio específico causador da omissão e escassez do fluxo mensal, a infecundidade era devida a um atrofiamento das trompas uterinas, por anomalia congênita. E o médico aconselhou o recurso de uma intervenção cirúrgica. Ficou marcado o dia em que deveria ser efetuada a operação.

Aconteceu, no entanto, que dito casal, tomando conhecimento de um caso idêntico, cuja operação não dera o resultado previsto, ficou receoso e desistiu da intervenção cirúrgica.

Nessa emergência, lembraram-se de vir ao nosso encontro solicitar que fizéssemos uma "consulta aos espíritos". Em face da angústia que os dominava, decidimos fazer a dita consulta. E a resposta foi a seguinte: "Durante vinte dias aplicar passes magnéticos (resolutivos e de dispersão), no baixo-ventre; e em seguida, uma lavagem interna, com um litro de água fria fluidificada. Após esse tratamento, a paciente ficará curada e em condições de conceber".

O tratamento prescrito foi efetuado rigorosamente. Porém, decorridos três meses, o esposo, ao certificar que a mulher estava com o ventre inchado, ficou bastante apreensivo e atribuiu o caso a uma inflamação interna produzida (segundo sua convicção) pelas lavagens de água fria. E, então, lamentava haver concordado com semelhante tratamento.

Tendo sido informado dessa nova angústia doméstica, decidimos ir a sua casa para dizer-lhe apenas o seguinte: "Meu irmão": o guia ou espírito que formulou o tratamento asseverou, conforme dissemos, que "após vinte dias, sua esposa ficaria em condições de conceber". Por conseguinte, a fim de identificar a causa dessa "inchação" ventral, aconselho que a leve a um médico ginecologista.

Assim se fez; e o diagnóstico foi o seguinte: "Sua esposa está grávida!" Efetivamente, no prazo certo nasceu o primeiro filho; e nos cinco anos seguintes nasceram mais cinco. Porém, infelizmente, logo a seguir, a dita senhora enviuvou. E como era pobre, teve de travar grande luta para manter-se com os seis filhos.

Mecanismos Cósmicos de A a Z   41

trata-se de planos elaborados pelos Construtores Siderais, em sintonia com o "Grande Plano" mentalizado pelo Criador. Como os planetas são corpos poderosos, ou seja, campos de energia concentrada que toma a forma material, obedecem tacitamente às leis de progresso energético, que lhes aprimora a substância, ajustando-os, paulatinamente, à evolução harmônica do sistema a que pertencem. As humanidades que lhes estão conjugadas – como gozam do livre arbítrio de realizar a sua felicidade quando bem lhes aprouver – é que raramente atingem a sua perfeita renovação dentro da perfeita conexão "espírito-matéria". Essa negligência da alma requer, então, dos Mentores do orbe, periódicas separações entre o "joio" e o "trigo", os bons e os maus, as "ovelhas e os lobos" ou, ainda, os da "direita" e os da "esquerda" do Cristo. (Obra: *Mensagens do Astral*, 13ª edição, p. 117)

Alimentação carnívora e consciência culpada

A culpa começa exatamente onde também começa a consciência quando já pode distinguir o justo do injusto e o certo do errado. Deus não condena suas criaturas, nem as pune por seguirem diretrizes tradicionais e que lhes parecem mais certas; não existe, na realidade, nenhuma instituição divina destinada a punir o homem, pois é a sua própria consciência que o acusa, quando desperta e percebe os seus equívocos ante a Lei da Harmonia e da Beleza Cósmica. Já vos dissemos que, quando o selvagem devora o seu irmão, para matar a fome e herdar-lhe as qualidades guerreiras, trata-se de um espírito sem culpa e sem malícia perante a Suprema Lei do Alto. A sua consciência não é capaz de extrair ilações morais ou verificar qual o caráter superior ou inferior da alimentação vegetal ou carnívora. Mas o homem que sabe implorar piedade e clamar por Deus, em suas dores; que distingue a desgraça da ventura; que aprecia o conforto da família e se comove diante da ternura alheia; que derrama lágrimas compungidas diante da tragédia do próximo ou de novelas melodramáticas; que possui sensibilidade psíquica para anotar a beleza da cor, da luz e da alegria; que se horroriza com a guerra e censura o crime, teme a morte, a dor e a desgraça; que distingue o criminoso do santo, o ignorante do sábio, o velho do moço, a saúde da enfermidade, o veneno do bálsamo, a igreja do prostíbulo, o bem do mal, esse homem também há de compreender o equívoco da matança dos pássaros e da multiplicação incessante dos matadouros, charqueadas, frigoríficos e açougues sangrentos. E será um delinquente perante a Lei de Deus se, depois dessa consciência desperta, ainda persistir no erro que já é condenado no subjetivismo da alma e que desmente um Ideal Superior!

Se o selvagem devora o naco de carne sangrenta do inimigo, o faz atendendo à fome e à idéia de que Tupã quer os seus guerreiros plenos de energias e de heroísmos; mas o civilizado que mata, retalha, coze e usa a sua esclarecida inteligência para melhorar o molho e acertar a pimenta e a cebola sobre as vísceras do irmão menor, vive em contradição com a prescrição da Lei Suprema. De modo algum pode ele alegar a ignorância dessa lei, quando a galinha é torcida em seu pescoço e o boi traumatizado no choque da nuca; quando o porco e o carneiro tombam com a garganta dilacerada; quando a malvadez humana ferve os crustáceos vivos, embebeda o peru para "amaciar a carne" ou então satura o suíno de sal para melhorar o chouriço feito de sangue coagulado. (Obra: *Fisiologia da Alma*, 13ª edição, pp. 36-37)

Alimentação e instinto animal

O homem terrestre ainda ignora que a alimentação influi de modo positivo no seu temperamento instintivo animal. As raças muito extrovertidas, como os árabes, preferem alimentos excessivamente condimentados; outras, fortemente sexuais, também devotam-se a uma alimentação de quimismo predominantemente afrodisíaco.

Em consequência, se os condimentos excitam o temperamento até à belicosidade incontrolável, e os afrodisíacos sensualizam fortemente, é óbvio que os homens introvertidos, calmos e menos sexuais são avessos a tais substâncias. Assim, os iogues, iniciados, mentores e instrutores espiritualistas, também não se nutrem com vísceras e pratos repugnantes do carnivorismo! Enquanto Gandhi satisfazia-se com o leite de cabra, Buda com uma xícara de arroz e Jesus com bolinhos de mel, Átila, Gêngis Khan, Tamerlão e Aníbal, com seus bárbaros soldados, alimentavam-se com os mais repugnantes rebotalhos sangrentos, numa competição grotesca com as feras!

A palidez e a figura dos jejuadores são uma imagem inofensiva e de aspecto transcendental, cujos olhos tranquilos são desprovidos do desejo animal violento ante a própria fraqueza do corpo! O costume secular de algumas seitas religiosas, trapistas, nazarênicas, apostólicas ou iogues jejuarem sob férrea disciplina, trata-se de um excelente treino para o "homem-espírito", aplacando assim a própria força instintiva e sensual do "homem-carne"!

Aliás, seria um sarcasmo à própria "Lei de Afinidade Espiritual" o anjo alimentado a carne de porco, ou o santo chupando os dedos engordurados pelas vísceras sangrentas de seus irmãos inferiores![4] (Obra: *A Vida Humana e o Espírito Imortal*, 11ª edição, pp. 105-106)

Alimentação nos mundos superiores

Sabeis que o corpo humano é apenas uma conglomerado de matéria ilusória, em que um número inconcebível de espaços vazios, interatômicos, predomina sobre uma quantidade microscópica de massa realmente absoluta. Se pudésseis comprimir todos os espaços vazios que existem na intimidade do corpo físico, até que ele se tornasse o que em ciência se denomina "pasta nuclear", reduzi-lo-íeis a uma pitada de pó microscópico, que seria a massa real existente. O organismo humano é maravilhosa rede de energia, sustentada por um gênio cósmico. O homem é espírito aderido ao pó visível aos olhos da carne; na realidade, é mais nítido, dinâmico, verdadeiro e potencial no seu "habitat" espiritual, livre do pó enganador. Vós ingerís gran-

---

4 Conforme explicam as escolas ocultistas do Oriente, o cérebro do homem se aperfeiçoa qualitativamente pelo uso das próprias energias que forem poupadas na continência sexual e na redução digestiva. A alimentação frugal torna o homem mais capacitado para pensar, porque sobejam energias poupadas pela menor produção de saliva, sucos gástricos, fermentos pancreáticos, bílis e o trabalho de drenação renal e ação intestinal excretora. É de senso-comum que os glutões ou homens excessivamente gordos, além de pesados e arfantes pelo consumo demasiado de energias nas operações incessantes de comer e digerir, ainda sentem dificuldades no pensar e são pouco propensos para qualquer tarefa de ordem artística ou mental.

de quantidade de massa material, na forma de lauta alimentação, atendendo mais às contrações espasmódicas do organismo, do que mesmo à sua necessidade magnético-vital. O corpo, em verdade, só assimila o "quantum" de que necessita para suster a forma aparente, pelo qual excreta quase toda a quota ingerida. Nos planetas mais evoluídos, a alimentação é quase toda à base de sucos, que penetram na organização viva, alguns até pelo fenômeno comum da osmose e absolutamente sem excreção. Neles, as almas apuradas sabem alimentar-se, em grande parte, através dos elementos etéricos e magnéticos hauridos do Sol e do ambiente, inclusive o energismo prânico do oxigênio da atmosfera. (Obra: *Fisiologia da Alma*, 13ª edição, pp. 50-51)

Alvo do espírito – a felicidade

Qual é o supremo alvo do espírito determinado por Deus na sua ascese espiritual? Sem dúvida, é a Felicidade; gozo inefável, plenitude de sonhos, ideais e emoções concretizados em realizações venturosas! Mas o caminho deve ser percorrido pelo candidato, sem causar prejuízo ao próximo nessa caminhada em busca do seu Bem! É a única fórmula capaz de conduzir o homem à ventura sideral sem perturbar alguém; o Amor é o combustível vital de Deus e o alimento seivoso da alma!

Em consequência, o homem é espírito mais autêntico na sua manifestação religiosa, quando revela a sua natureza divina e amorosa! O próprio vocábulo "religião", originário do verbo latino "re-ligare", entendido no sentido comum de religação da criatura ao Criador, também é eletivo ao vocábulo Amor, pois o homem só pode religar-se a Deus pelos atos sublimes e favores amorosos ao próximo! O culto religioso, quer seja realizado através de ritos primitivos, ou manifesto pelos cerimoniais luxuosos, em reverência às imagens dos santos e profetas dos templos modernos, sob o incenso odorante e a decoração das flores, também é sempre uma forma do homem amar a Deus, porque o Amor é a própria essência da Divindade!

Só o homem bom, justo e amoroso, compreende o estranho mistério de que é preciso primeiramente esquecer-se de si mesmo e doar-se incondicionalmente ao bem alheio, se quiser

ser feliz. No entanto, o homem comum e ainda escravo da animalidade, só entende a felicidade pela posse e o gozo exclusivo de bens até a saturação pessoal. Assim, o homem revela o seu sentimento religioso de modo autêntico quando, independente de frequentar templos, igrejas e organizações espiritualistas, ele ama o próximo tanto quanto a si mesmo! Se Deus é Amor, e o seu amor irradia-se pela intimidade de todos os filhos, a criatura só pode "religar-se" a Deus através da incessante atividade de amar o próximo!

Quando o homem transborda de amor pelo próximo, ele amplia a sua consciência e abrange maior área de Deus, porque o amor do indivíduo em direção a outrem é como a luz que aumenta de potencial pela maior capacidade da lâmpada! (Obra: *A Vida Humana e o Espírito Imortal*, 11ª edição, pp. 269-270)

Amor – forma de felicidade

Sob a inspiração e a regência legislativa dos preceitos evangélicos, todos os problemas desagradáveis, trágicos e desventurados do mundo seriam definitivamente resolvidos com sabedoria, tolerância, amor e confiança mútua. Toda atividade criminosa, exploradora e separatista da personalidade humana, que por força de interesses pessoais chega até à perversidade de matar e pilhar, seria completamente extinta sob a norma incondicional do "Ama o próximo como a ti mesmo" ou "Faze aos outros o que queres que te façam". O Amor preceituado, exaltado e vivido por Jesus e retratado no Evangelho extinguirá também os fanatismos, sectarismos e as discussões e lutas religiosas, que são frutos das interpretações bíblicas bizantinas e pessoais de sacerdotes, ou líderes religiosos, que ainda não compreendem a própria máxima de Paulo: "A letra mata e o espírito vivifica".

Sob a propaganda exclusiva do Amor, em vez de códigos, dogmas e postulados sectaristas religiosos, desapareceriam as divergências religiosas e os povos confraternizar-se-iam num mesmo rebanho e obedientes a um só pastor. Por isso, Jesus é o Mestre da eterna sabedoria, e o Evangelho jamais há de requerer a providência de se modificar o seu conteúdo elucidativo espiritual. Até o homem tolo sabe e sente que em qualquer posição geográfica da Terra, ou na imensidão cósmica, "Só o Amor salva o homem!", conforme conceituou o inolvidável Jesus. O amor que o Evangelho proclama significa a própria lei regente e orientadora do passado e do futuro do homem. É o catalisador da própria frequência normal do homem superior, seja qual for a sua constituição biológica ou morfológica, quer ele viva na face da Terra, de Júpiter, Arcturo ou Sirius. Sob todas as configurações morfológicas, por mais excêntricas ou extemporâneas e, também, no âmago de todos os povos e todas as raças, palpita sempre o espírito eterno criado por Deus, que é o amor; por este motivo, só o amor sublima. Ele é como o sangue na fisiologia do organismo; tudo irriga, tudo nutre e, consequentemente, o amor é o sustentáculo do Universo. Amor puro, integral e incondicional, dispensa qualquer discussão ou análise, porque não é uma virtude ou concessão ocasional a cargo da legislação divina, mas é a essência da manifestação criadora do próprio Espírito e a norma fundamental e superior da própria vida. (Obra: *O Evangelho à Luz do Cosmo*, 10ª edição, pp. 117-118)

Amor crístico – matar o "homem velho"

Considerando-se que "só pelo amor se salva o homem" e que o Cristo Planetário é o campo, a síntese e o reservatório pulsátil do Amor Puro, ninguém poderá chegar a Deus, lograr a perfeição ou a ventura eterna, sem primeiramente passar pelo "caminho" do Amor absoluto. O Amor Crístico só se manifesta depois que o "homem velho" livra-se dos seus instintos animalescos e vai manso e passivo ao holocausto da cruz do amor desinteressado, e ressuscita na figura do "homem novo" cristificado, assim como a semente perde a sua velha forma egocêntrica no seio da terra, para ressurgir em seguida na "figura nova" da árvore.

A personalidade humana, tão ciosa dos seus direitos e valores relativos a um mundo transitório, então deve desaparecer ou extinguir-se pela absoluta renúncia a qualquer afirmação, interesse ou especulação no mundo de César. O "homem velho", caldeado pela linhagem animal e apegado aos bens do mundo da carne, deve morrer e desintegrar a belicosidade que lhe é peculiar, pela própria agressividade destruidora do mundo físico. (Obra: *O Evangelho à Luz do Cosmo*, 10ª edição, pp. 175-176)

Amor incondicional – defesa do espírito

O homem ainda precisa socorrer-se dos recursos prosaicos e defensivos do mundo oculto ou através das forças da Natureza, a fim de manter-se algo equilibrado na sua existência tão contraditória. A vivência incondicional e incessante da criatura submissa ao esquema libertador do Evangelho do Cristo supera a capacidade defensiva do mais prodigioso talismã do mundo! O homem não atrai fluidos maléficos sobre si, desde que mantenha o pensamento limpo e fraterno sobre a irmã sensual que passa, o cidadão que erra, o vizinho que incomoda, o patrão que explora, o governo que se corrompe, o sacerdote que avilta a igreja, o companheiro que prevarica, ou os espíritos atrasados, que escondem a sua desventura no esgar mentiroso da farsa circense! Indiscutivelmente, o amor incondicional é o estado de espírito que sustenta e defende o ser humano contra as mais diabólicas ofensivas do mundo oculto! O homem cristificado, paradoxalmente, pode ser um ateu, e, no entanto, apesar de ele descrer de Deus, pode viver exatamente como "deseja" Deus!...

Mas o homem que pode dispensar todas essas coisas do mundo, e, também, todos os recursos das criaturas que se devotam a servir à humanidade, livre de superstições, crendices, benzimentos, amuletos, religiões, doutrinações ou proteções ocultas, sem dúvida, esse homem também não precisa mais encarnar-se nos mundos planetários, porque é ele um cidadão autêntico do Céu! (Obra: *Magia de Redenção*, 11ª edição, pp. 183-184)

Amuletos e talismãs – acumuladores de força

Sem dúvida, um singelo frasco de mercúrio junto ao corpo é de pouca eficiência, caso o seu portador continue a produzir maus pensamentos e sentimentos ruinosos ao próximo![5]

---

5 Como a homeopatia é um campo de energia dinamizada de certa substância, erva ou tóxico, os médicos homeopatas têm observado que se curam mais rapidamente as pessoas que costumam carregar junto ao corpo as doses em uso. Aliás, todas as coisas e seres produzem eflúvios e ondas eletromagnéticas havendo combinações

Conforme a lei de que "os semelhantes atraem os semelhantes", os maus pensamentos atraem maus pensamentos. No entanto, os antigos magos não eram apenas cientistas conhecedores de todas as leis e forças do mundo oculto, mas seriam ótimos psicólogos e psiquiatras na atualidade. Os seus talismãs e amuletos funcionavam como verdadeiros acumuladores de forças magnéticas, não só imunizando o campo áurico do indivíduo, como ainda captavam ou dispersavam os fluidos projetados contra o perispírito humano. A pessoa convicta de possuir poderoso amuleto, que a livrava das ofensas fluídicas inimigas, também se revigorava psiquicamente, tal qual o homem moderno sente-se mais seguro, quando atravessa região inóspita, de arma à cinta! (Obra: *Magia de Redenção*, 11ª edição, pp. 175-176)

Angústia sexual x amor verdadeiro

A angústia sexual, responsável pela multiplicidade de aspectos patológicos de ordem neurótica e emotiva, não será solucionada sob a frieza de comprimidos, injeções ou tisanas de qualquer espécie; só o amor espiritualizado, manifesto e vivo, sob a inspiração sadia da conduta evangélica, conseguirá a terapêutica tão desejada no plano sexual. Jamais podereis encontrar aquele "amor ideal", tão desejado, no íntimo da humanidade, algo de santificante, que transcende as formas comuns, grosseiras, da vida humana, através do excesso das aberrações sexuais. O instinto satisfeito pode dar-vos transitória sensação de paz, na letárgica condição que advém após as trocas genésicas, mas o amor verdadeiro só o conseguireis quando o fizerdes independer das relações efêmeras da carne.

Acima do sexo definido pela biologia do vosso mundo, palpita a alma eterna e repleta de ansiedades afetivas e duradouras, cuja angústia aumenta tanto quanto as frustrações contínuas na troca de sensações grosseiras. Os sonhos etéreos que flutuam em torno de vossos espíritos sedentos de afeto e de compreensão, impregnam-se de vibrações grosseiras, aviltam-se e definham, se os tentais resumir na precariedade

---

salutares ou enfermiças, o que nos induz a pesquisar atentamente a propalada "superstição" dos amuletos e talismãs. Não é difícil a ciência encontrar neles, no futuro, algum fundamento científico!

Mecanismos Cósmicos de A a Z   49

de uma sensação oriunda dum breve encontro carnal. Procurar o equilíbrio psíquico através do ajuste sexual é, na realidade, terapêutica do vosso mundo; porém, no plano do espírito, essa concepção é comparável ao recurso de iludir o pássaro aflito ou ansioso por liberdade, prendendo-o numa gaiola. (Obra: *A Vida no Planeta Marte e os Discos Voadores*, 17ª edição, p. 84)

Animais – corpos coletivos e evolução

Alhures já vos temos dito que os peixes, os mariscos e os crustáceos são "corpos coletivos", correspondentes a um só "espírito-grupo", que lhes dirige o instinto e gera-lhes uma reação única e igual em toda a espécie. Um peixe, fora d'água ou dentro dela, manifesta sempre a mesma reação, igual e exclusiva, de todos os demais peixes do mesmo tipo. Entre milhões de peixes iguais, não conseguireis distinguir uma única reação diferente no conjunto. No entanto, inúmeras outras espécies animais já revelam princípios de consciência; podem ser domesticadas e realizar tarefas distintas entre si. O boi, o suíno, o cão, o gato, o macaco, o carneiro, o cavalo, o elefante, o camelo, já revelam certo entendimento consciencial a parte, em relação às várias funções que são chamados a exercer. Eles requerem, cada vez mais, a vossa atenção e auxílio, a fim de se afirmarem num sentimento evolutivo para outros planetas, nos quais as suas raças poderão alcançar melhor desenvolvimento, no comando de organismos mais adequados às suas características. Quando o seu psiquismo se credenciar para o comando de cérebros humanos, as suas constituições psicoastrais poderão então retornar ao vosso globo e operar na linha evolutiva do homem terrícola. Eis o motivo por que Jesus nunca sugeriu aos seus discípulos que praticassem a caça ou a matança doméstica, mas aconselhou-os a que lançassem as redes ao mar. (Obra: *Fisiologia da Alma*, 13ª edição, p. 57)

Animais – curso de instintividade global psíquica

Só depois que os animais ultimam todas as experiências determinadas e coordenadas pela sua "alma-grupo" é que,

50   Ramatís

então, se verificam as primeiras oscilações ou características individuais, as quais delineiam ou esboçam alguma individualização à parte. Sob tal progresso psíquico, já é possível observar-se alguma ação ou reação mais individualizada, em qualquer componente da mesma espécie. Encerrado o curso de instintividade global psíquica, regida pela alma-grupo de certa espécie do reino animal, então se iniciam as primeiras fragmentações ou diferenciações psíquicas no animal ou na ave, o que pode ser desde um princípio de paixão, simpatia ou antipatia, que discrepa dos demais membros do conjunto.[6] (Obra: *O Evangelho à Luz do Cosmo*, 10ª edição, p. 102)

Animais e -grupo

O mineral dorme, o vegetal sonha, o animal sente, o homem desperta e o anjo vive! O animal selvagem, individualmente, só possui o corpo etérico e o físico, pois o seu corpo astral ainda é um fragmento informe do corpo astral coletivo do "espírito-grupo" que dirige a espécie.

Assim, o lobo, o tigre, a cobra e o peixe são apenas partes etéreo-físicas da alma-grupo da mesma espécie, porém ligadas ou vinculadas a um só corpo astral e coordenador do tipo animal. Por isso, os animais das espécies selvagens nascem, crescem, vivem e reagem de um só modo instintivo, igual e semelhante em todos os seus componentes, porque eles também obedecem a um só comando psíquico diretor. Poderíamos comparar o Espírito-Grupo das espécies animais ao Sol quando ilumina o oceano e sua luz incide em cada gota, sem fragmentar-se individualmente. (Obra: *Magia de Redenção*, 11ª edição, pp. 108-109)

---

6 Extraído do cap. I, "A Evolução da Vida e da Forma", de C. Jinaradasa, da obra *Fundamentos da Teosofia*: "Da mesma maneira que um organismo individual é uma unidade num grupo mais vasto, também a vida que se oculta no íntimo desse organismo faz parte de uma alma-grupo. Por trás dos organismos do reino vegetal há a alma-grupo vegetal, reservatório indestrutível das forças vitais que se tornam de mais a mais complexas, edificando formas vegetais. Cada uma das unidades de vida dessa alma-grupo, quando aparece na Terra num organismo, vem provida da soma total de experiências adquiridas por toda a alma-grupo com a construção dos organismos precedentes. Cada unidade, pela morte do organismo, volta à alma-grupo e lhe traz, como contribuição, o que adquiriu em capacidade de reagir, conforme os métodos novos, às excitações exteriores. Verifica-se o mesmo no reino animal; cada espécie, cada gênero, cada família tem o seu compartimento especial na alma-grupo coletiva".

Anjo x arcanjo – diferença

Um anjo, como é a graduação de Jesus, é uma entidade espiritual que ainda pode recompor a sua "matriz perispiritual", de modo a vincular-se a um organismo carnal, através da gestação no ventre materno. Aliás, a própria Bíblia retrata essa possibilidade de os anjos ainda renascerem na matéria, quando há necessidade evolutiva dele ou de uma humanidade, conforme simboliza a parábola dos sete degraus da escada de Jacó, onde os anjos sobem e descem no simbolismo das reencarnações. Mas um arcanjo não pode mais vestir a roupagem carnal, porque a sua frequência espiritual ultrapassa o campo de qualquer atividade num corpo físico. O Logos ou Cristo é o Arcanjo que já abandonou, em definitivo, todos os veículos intermediários dos campos vibratórios de menor frequência que lhe facultariam a ação no mundo material. Seriam precisos alguns milênios do calendário terreno, a fim de um arcanjo conseguir modelar novamente o conjunto perispiritual suficiente para o vincular à vida física. Sem dúvida, o imenso desgaste que seria despendido para o êxito de tal realização não compensaria a eleição de um arcanjo para cumprir uma tarefa incomum e libertadora dos humanos. Isso representa o próprio princípio de economia cósmica, pois a Técnica Sideral jamais cria dispêndios e onera o campo energético de modo insensato ou improdutivo. O arcanjo não mobiliza forças cósmicas para realizar um trabalho que outras entidades podem fazer com o mesmo sucesso e menor desgaste, uma vez que se trata de um campo de atividade menos importante.

O termo arcanjo define a nomenclatura sideral do espírito completamente liberado das contingências encarnatórias, o qual já esgotou a tradicional "onda de vida", tão conhecida dos mestres orientais e capaz de facultar o ajuste "psicofísico" do mundo espiritual à matéria. Em sua intimidade sideral extinguiu-se a convenção das formas limitadas, a idéia de nascer, ou morrer fisicamente, pois ele pulsa absolutamente fora do tempo e do espaço. O Arcanjo já é, realmente, um estado de espírito venturoso e duradouro, um "realizado" em definitivo, que usufrui de um êxtase ou "samadhi" eterno e ilimitado. O metabolismo do Arcanjo é Amor Puro, como um sublime condensador do Amor de Deus, o qual se renova e se rejubila pela incompreensível e incessante doação de si mesmo a outrem.[7] (Obra: *O Evangelho à Luz do Cosmo*, 10ª edição, pp. 161-162)

Anjos e arcanjos – governo oculto

Ambos os planetas estão sob a jurisdição do Arcanjo Solar do vosso sistema. Os orbes representam moradas provisórias, corpos esféricos de "energia condensada"; e a luz desses anjos embebe, infiltra-se, alimenta os mundos materiais, ativando-lhes as entranhas e agindo nas almas que gravitam na sua zona de atração magnética. Em certas épocas psicológicas, como sucedeu no advento de Jesus de Nazaré, o anjo planetário inicia uma descida vibratória, um esforço sacrificial de redução em sua potencialidade espiritual a fim de atingir a vibração que possibilite seu reencarne no campo físico. Os poderes excepcionais de suas energias cósmicas se condensam para "menor diâmetro esférico" e se projetam na figura humana, embora permaneça o anjo planetário em "estado potencial". A "descida vibratória" dessa sublime entidade, permite maior contato de sua luz com o corpo do orbe e seus habitantes. Sob divino processo cósmico, essa vibração muito alta, logra o êxito de uma conexão íntima em relativa afinidade com o teor vibratório do planeta onde atua. É o esponsalício divino resultante de um ato de "cientificismo cósmico", pois não existe o milagre, mas a consecução de leis imutáveis. A humanidade mergulhada nas sombras do instinto inferior, recebe, então, a fusão de luz, provinda da "descida vibratória" do seu anjo planetário, o qual se torna o "Salvador do homem". No sacrifício de baixar a sua vibração cósmica, assume a figura de um "redentor planetário", descendo ao encontro daqueles que estão a maior distância moral de Deus. E o "Salvador" ainda efetua um labor mais impressionante, pois ratifica a sua gloriosa missão, tornando-se, também, um "elo" do Arcanjo Solar, cuja aura alimentando o sistema conste-

---

7 Assim como a planta humilde fincada na terra germina e, na sua maturidade, abre-se em flores odoríferas e atraentes sem qualquer exigência ou compensação, apenas movida por um oculto instinto de amor, o Arcanjo é o Amor permanente, que mais se vitaliza quanto mais ama. (N. de Ramatís.)

lar, é manifestação direta da assistência do Criador.

E Jesus, o anjo descido para a salvação do vosso orbe, definiu esse acontecimento grandioso, quando vos disse: "Eu sou o Salvador do mundo", "Eu sou o Caminho, a Verdade e a Vida", "Ninguém vai ao Pai senão por mim"! (Obra: *A Vida no Planeta Marte e os Discos Voadores*, 17ª edição, p. 504)

Anjos e demônios – arquétipos

Deus não criou nenhum inferno destinado especialmente para castigar seus filhos pecadores, pois isso seria incompatível com a magnanimidade e sabedoria divinas. Mas a idéia foi gerada no cérebro humano por força do sofrimento do próprio espírito, nas suas romagens de retificação espiritual pelo Espaço. O inferno teológico das velhas oleogravuras hebraicas é um produto lendário e tradicional criado pela fantasia dos homens. Obedecendo ao próprio condicionamento da vida humana, os sacerdotes criaram o céu para estimular as virtudes; e o inferno para reduzir os pecados. Toda beleza, bondade e pureza humanas serviram para compor a figura atraente do anjo; e toda maldade, perfídia, sadismo e feiúra humanas formaram os atributos da figura atemorizante de Satanás. O anjo é o produto do melhor imaginado pelo homem, e o diabo o pior. (Obra: *A Missão do Espiritismo*, 11ª edição, pp. 72-73)

Arcanjo – esquema evolutivo normal

A evolução é fruto de uma operação espontânea, um impulso ascendente, que existe no seio da própria centelha por força de sua origem. À medida que se consolida o núcleo consciencial ainda no mundo do Espírito, a tendência expansiva dessa consciência primária é de abranger todas as coisas e formas e, por esse motivo, ela não estaciona, num dado momento, no limiar da fenomenologia física, mas impregna-as impelida pelo impulso criador de Deus. Assim, o mais insignificante átomo de consciência espiritual criado no seio do Cosmo, jamais poderá cercear o ímpeto divino que o aciona para o aperfeiçoamento, e, consequentemente, para a própria condição angélica. Isso

Ramatís

é fruto da legislação global do Universo, que se exprime pela igualdade, sem quaisquer privilégios ou diferenciações na escalonada do Espírito em busca de sua eterna ventura. Todo arcanjo já foi homem; todo homem será arcanjo – essa é a Lei. Aliás, a importância da vida e o aperfeiçoamento do Espírito não reside na organização provisória e usada para despertar a sua consciência; mas, sim, no autodesenvolvimento que pode ser alcançado habitando a Terra ou o Espaço. Não há milagres nem subterfúgios da parte de Deus; nenhuma entidade espiritual, malgrado ser um Logos Solar, poderá ensinar, orientar ou alimentar humanidades encarnadas, caso não se trate de uma consciência absolutamente experimentada naquilo que pretende realizar. Não havendo graças imerecidas, nem privilégios divinos, obviamente, os arcanjos também fizeram a sua escalonada sideral sob o mesmo processo extensível a todas as criaturas em seu eterno e infindável aperfeiçoamento. (Obra: *O Evangelho à Luz do Cosmo*, 10ª edição, p. 163)

Arruda e guiné-pipi – "barômetro e transformador"

Enquanto a arruda funciona como um barômetro vegetal, a guiné-pipi é o transformador vegetal, pois absorve os fluidos deletérios do meio ambiente e em troca exala eflúvios salutares. A guiné-pipi realiza, no plano do psiquismo vegetal, a mesma operação que é própria das plantas no campo físico, quando elas absorvem o anidrido carbônico e exsudam o oxigênio puro![8]

A existência de plantas cuja seiva, tóxicos ou vapores gasosos podem causar distúrbios psíquicos no ser humano, descontrolando-lhe o comando mental e emotivo, induz-nos a crer na existência do seu extraordinário potencial oculto ainda mais poderoso. A arruda e a guiné-pipi, portanto, além de suas qualidades vegetais físicas e até medicamentosas, ainda funcionam no plano psíquico como barômetro e transformador vegetal. Sua natureza tão generosa Deus pôs a serviço incon-

---

8 N. do Médium: – Quando criança, lembro-me que minha mãe havia plantado arruda, por várias vezes, rente à nossa casa recém-mudada e a planta não vingava. Então, a conselho de certa vizinha, ali também foi plantado um pé de guiné-pipi para purificar o ambiente. E a arruda logo vingou, cresceu e se enfolhou, dando flores amarelas e de vistosas corolas.

dicional do homem tão cético! (Obra: *Magia de Redenção*, 11ª edição, pp. 218-219)

Arruda e guiné-Pipi – "barômetro e transformador" II

A arruda é sensível à presença de fluidos no ambiente, revelando-os sadios, quando ela se mantém ereta e vivaz, ou anotando-os como deletérios, coercitivos e impuros, se ela se abate e se extingue, pela dissociação que sofre no seu campo vital, sob a projeção de vibrações cáusticas do ambiente. É, na realidade, uma espécie de barômetro vegetal que identifica todas as emanações fluídicas em torno, mesmo as humanas. E quanto a uma outra espécie exótica, a "guiné-pipi", apresenta a delicada função de ser transformador ambiental, absorvendo os fluidos deletérios e exalando-os, depois, já depurados das saturações nocivas. Tornamos a repetir-vos, no entanto, que assim como a simples presença de vegetais como a arruda não pode servir-vos de proteção e defensiva, a "guiné-pipi", mesmo que a planteis às centenas, em torno de vós, não conseguirá purificar o ambiente desde que o vosso governo mental esteja afastado do Cristo. Todos os recursos da natureza são abençoados por Deus, na tarefa de socorro à criatura enfraquecida, no campo espiritual, mas é necessário que esse socorro encontre a disposição decidida de uma cobertura absolutamente evangélica, para neutralizar os efeitos perniciosos do astral inferior. (Obra: *A Vida no Planeta Marte e os Discos Voadores*, 17ª edição, p. 318)

Astrologia – calendário sideral

A ciência acadêmica zomba dos acontecimentos previstos nos esquemas zodiacais, mas ainda ignora o mecanismo que disciplina o processo astrológico. Até a Idade Média a Astrologia foi considerada uma Ciência; no entanto, quando o Clero se apoderou de suas bases científicas e as deixou misturar-se com as lendas miraculosas tão comuns às fórmulas das religiões em crescimento, então ela se deturpou no seu verdadeiro sentido e interpretação. A Astrologia, em verdade, é o espírito da Astronomia, que se manifesta pela sua influência fluídica e magnética na composição de signos, situações de astros e conjunções planetárias. Aliás, não nos referimos ao comércio de horóscopos a domicílio, que assinalam os dias favoráveis para os "bons negócios" ou os dias aziagos para os seus consulentes, em concorrência com a "buena dicha" dos ciganos. Ela é o calendário sideral, cujos "signos" significam os dias comuns, sucedendo-se no mesmo ritmo limitativo e semelhante à marcação da folhinha humana; as conjunções, no entanto, seriam as datas excepcionais, os marcos mais importantes e menos frequentes. A Astrologia, como um calendário sideral, que limita um "tempo" dentro do mesmo ciclo de Criação e dissolução do Cosmo material, facilita aos Diretores do Sistema Solar prever o momento em que se efetuam as modificações da estrutura dos orbes e os eventos evolutivos ou expiativos de suas humanidades. (Obra: *O Sublime Peregrino*, 16ª edição, p. 68)

Astrologia – ciência cósmica

Embora a astrologia não seja levada a sério, pelo academismo do vosso mundo, inúmeras descobertas e acontecimentos, tanto nas esferas científicas e econômicas quanto no terreno social, provocando excitações bélicas na coletividade, podem ser influenciados pelos astros. Quando de sua regência vigorosa no século XIX, Saturno – considerado astrologicamente um planeta que favorece as ciências positivas – influiu para um extraordinário recrudescimento de conquistas no campo da Química e da Mecânica, quando se desenvolveram acentuadamente os mercados de produtos químicos, de instrumentos agrários e de maquinaria, de toda espécie. É certo que, posteriormente, continuaram a progredir e aumentar tais mercados, embora Saturno se tivesse afastado em sua influência astrológica. No entanto, é indiscutível que em sua ascendência astrológica sobre o vosso orbe é que ocorreu o grande desenvolvimento das ciências que ele protege e desenvolve. Os astrólogos criteriosos, que quiserem dar-se a um pouco de trabalho, poderão provar-vos que as pesquisas e os êxitos no campo atômico, com a utilização do urânio e da composição do plutônio, realizaram-se justamente na época de influência dos planetas Urano e Plutão, mesmo que por "coincidência"...

Embora não sejam ainda perfeitamente exatas as correlações astrológicas da "aura astral" de Plutão, descoberto há pouco tempo, nós, espíritos desencarnados, temos constatado que o plutônio, na realidade, é elemento basicamente vibratório na astralidade do planeta que lhe deu o nome. (Obra: *Mensagens do Astral*, 13ª edição, pp. 132-133)

Atmosfera magnética viscosa – feitiçaria

Assim como o lodo é alimento seivoso para as coletividades microbianas patogênicas, a atmosfera magnética viscosa,[9] que resulta da presença de condensadores enfeitiçados, transforma-se em excelente campo alimentício para as larvas, embriões, bacilos e vibriões psíquicos oriundos do mundo invisível aos acanhados sentidos humanos. Multidões famélicas e colônias microscópicas de larvas e microrganismos em torturada agitação buscam vorazmente as zonas de "depressão magnética" em torno dos enfeitiçados, para o seu sustento mórbido. Baixam, paulatinamente, do campo imponderável condensando-se em formas gradativas intermediárias, até alcançarem o plano físico, onde a ciência humana, depois, os pressente na forma de "vírus" e "ultravírus" e demais probabilidades patogênicas, responsabilizando-os por inúmeras enfermidades, principalmente na patologia cancerosa.

A ação transformadora dos objetos enfeitiçados inverte os pólos de frequência e o dinamismo natural da energia em liberdade, degradando-a para uma condição realmente viscosa, decomposta e deteriorada. Essa viscosidade, como lençol denso de magnetismo, torna-se o elemento intermediário, ou revelador, a fim de as coletividades vorazes e destruidoras fazerem o seu "descenso" vibratório para o campo material. Elas, então, gradativamente, ingressam pela cortina desse magnetismo pegajoso exsudado da aura do enfeitiçado, convergindo para o seu metabolismo fisiológico e criando-lhe estados enfermiços de origem imponderável e dificílimo de se identificarem pelos

---

9 N. de Ramatís: – O termo "atmosfera magnética viscosa", aparentemente excêntrico, define, realmente, no perispírito, uma condição semelhante ao que ocorre com o corpo físico, quando é envolto pelo lodo úmido e pegajoso a se infiltrar pelos poros de modo desagradável. Os enfeitiçados sob forte carga maléfica quase sempre acusam em si a sensação mortificante de gelidez, viscosidade ou então aridez na pele.

mais abalizados exames médicos. (Obra: *Magia de Redenção*, 11ª edição, pp. 41-42)

Ato sexual – atividade dos chacras

Na hora do enlace sexual físico, a esposa e o esposo são apenas dois "campos magnéticos" de pólos opostos e atrativos, cujas forças criadoras, que emanam do mundo animal instintivo, também se fundem às energias captadas dos planos angélicos e estimulantes da ascese espiritual humana. Essas energias sublimes irrigam o perispírito do homem e da mulher na hora sexual, pois se acasalam em misterioso esponsalício na zona e no plexo solar e abdominal, onde o chakra umbilical controla os automatismos genésicos criadores e desata o esquema do renascimento. Nesse encontro criador, todos os demais "chakras" ou centros de forças etéricos, distribuídos à periferia do "duplo-etérico", revitalizam-se entre si[10] pelo fluxo energético que desce do mundo psíquico e impregna qualitativamente o mundo instintivo da carne.

Afora de simples "objeto-sensação", a mulher é poderosa antena viva captando o magnetismo superior que flui do mundo oculto durante a relação sexual, operando o milagre da união com as forças inferiores que sobem do mundo animalizado. O desconhecimento desse acontecimento energético durante o intercâmbio genésico transforma o homem num incessante procurador do gozo ou prazer exclusivamente físico, ignorando que, acima de tudo, o ato sexual é uma atividade com a finalidade precípua de esculturar na carne humana a configuração de outro ser credenciado pelos mesmos direitos de vivência e proteção. (Obra: *A Vida Humana e o Espírito Imortal*, 11ª edição, p. 53)

Ato sexual – função divina

É de senso comum que Deus não estatuiu o ato sexual como uma prática deprimente e capaz de rebaixar o ser humano quando precisa cumprir os seus deveres procriativos. É fun-

---

10 Vide a obra *Elucidações do Além*, de Ramatís, **EDITORA DO CONHECIMENTO**, bastante explicativa do duplo-etérico e centros de forças conhecidos por chakras.

ção técnica importantíssima para a continuidade da vida física nos orbes planetários, ensejando o acasalamento das forças criadoras do mundo espiritual com as energias instintivas do mundo da carne. Não é função impura ou censurável, quando desempenhada com esse objetivo nobre. Constitui-se, pois, no processo prodigioso que materializa e plasma na face do planeta a vida em todas as suas manifestações animais, ensejando a instrumentação de que o espírito necessita para apurar o seu raciocínio e entendimento espiritual. Não há dúvida de que o mais certo, perante as leis de alta espiritualidade, seria a relação sexual exercida somente em função procriadora, nas épocas devidamente apropriadas para o êxito da nova vida.

No entanto, o temperamento instintivo dos homens terrenos, ainda instável no limiar da vida animal e do mundo angélico, acicata-os à procura de gozos às vezes insaciáveis e os escraviza às paixões violentas, transformando o ato sexual numa fonte contínua de prazeres que retarda a ventura espiritual. O comportamento sexual do homem terreno ainda é muito aberrativo e desatinado, em face de sua incapacidade para governar o seu instinto animal inferior, mormente se se levar em conta que o animal, entidade primitiva, é um fiel seguidor das leis da procriação. Narra-vos a história o paradoxo de espíritos lúcidos, geniais e boníssimos, que desceram ao nível mais degradante da escala sexual, sem poder dominar a força primitiva do instinto animal desgovernado.

Mas não se pode condená-los por isso, pois mesmo as almas com certa prevalência espiritual sobre o físico, na sua atividade incomum na propagação dos valores superiores, por vezes são apanhadas de surpresa pela força inflamante da carne, que já supunham superada. Mesmo para o santo descido das alturas do Paraíso, Jesus lançou a sua imorredoura recomendação: "Orai e Vigiai". Embora os vícios ou as paixões residam na própria alma e se projetem no cenário físico através da carne, a vida exige que o espírito comande a matéria, em cujo trabalho nem sempre consegue lograr o êxito espiritual desejado. Algumas almas de grau superior perturbam-se no trato com o potencial vigoroso das forças sexuais, embora depois sofram terrivelmente em sua consciência já desperta e se mostrem desapontadas para consigo mesmas. Lembram a hipótese de um homem que, vestindo um traje branco e precisando descer à mina de carvão, contamina-se pelo pó de carvão toda vez que se descuida. (Obra: *Mediunismo*, 13ª edição, pp. 209-210)

Ato sexual – porta da reencarnação

Se o mecanismo sexual da concepção da vida humana é considerado um processo inferior, isso não é culpa de Deus, que o criou para a manifestação do ser, na matéria. A responsabilidade é do homem que o transforma num processo para satisfação de suas paixões aviltantes. Embora se considere a supremacia espiritual incomum de Jesus, nem por isso ele precisaria derrogar as leis imutáveis da Vida e alterar o processo da genética humana, para encarnar-se no seio da humanidade. Tanto o anjo quanto o espírito inferior, só podem ingressar na carne terrícola através da porta do ato sexual, que não é nada aviltante, mas apenas um processo estabelecido por Deus para o advento do homem. Qualquer outra explicação ou escusa não passa de fantasia ou arranjo subjetivo, incapaz de encobrir a verdade. Conforme já dissemos anteriormente, enquanto o espírito primitivo se encarna instintivamente arrastado para o ventre materno, Jesus, devido à sua natureza excepcional, despendeu um milênio do calendário humano, na sua descida espiritual, a fim de acasalar-se à carne. Obviamente, não seria o modo de ele nascer na carne, o que, realmente, lhe comprovaria a supremacia espiritual, mas, acima de tudo, o imenso sacrifício para ele atingir a matéria e a sua morte heróica e serena, em holocausto à humanidade pecadora. (Obra: *O Sublime Peregrino*, 16ª edição, pp. 127-128)

"Aum" – mantra universal

Há "mantras" universais, cujos sons e vibrações identificam a mesma idéia-mater em toda a face do orbe. É o caso do vocábulo "AUM", que se pronuncia mais propriamente "OM", pois é um "mantra" poderoso em qualquer latitude geográfica. No seu ritmo iniciático, é a representação universal da própria idéia de Deus, a Unidade, o Absoluto! Na sua expressão idiomática elevada do mundo, ele tem por função associar, tanto quanto possível, na sua repercussão vibratória, o "máximo" sensível do espírito do homem da essência eterna e infinita de Deus! Os monges brancos do Himalaia, criaturas condicionadas a uma vivência sublime, frugais e vegetarianos, cuja glândula pineal funciona ativamente na comunicação sadia com o mundo espiritual, quando recitam o "mantra""AUM" alcançam tal "clímax" vibratório, que se sentem imersos no plano edênico! (Obra: *Magia de Redenção*, 11ª edição, p. 65)

Aura – policromia individual

Os clarividentes da Terra sabem que todos os seres humanos são revestidos de auras, cuja intensidade e cores, claras ou escuras, dependem fundamentalmente do seu grau espiritual. O homem devotado exclusivamente ao ódio e à vingança, possui uma aura negra, que o circunda como um manto de trevas; enquanto almas do quilate de um Jesus apresentam uma aura branca, lirial e imaculada. Entre esses dois extremos há uma infinidade de matizes que correspondem aos vários temperamentos espirituais existentes. É uma nuvem luminosa, ovóide, que envolve e interpenetra o homem. Quando Jesus se transfigurou no monte Tabor, Ele tornou visível a Luz imensurável e deslumbrante de Sua aura. Todo o sentimento que predomina e caldeia o psiquismo humano produz um padrão vibratório, que forma a cor base, reconhecida facilmente pelos clarividentes. Essa é a cor principal da aura, pois existem outros matizes que podem aparecer e desaparecer, acidentalmente, produzidos pelas emoções acidentais mas que não formam o temperamento invariável ou característico do indivíduo. (Obra: *A Vida no Planeta Marte e os Discos Voadores*, 17ª edição, pp. 278-279)

Aura do homem carnívoro – exudação etéreo-astral

Os espíritas e demais estudiosos da alma sabem que todas as coisas e seres são portadores de um veículo etéreo-astral, o qual absorve as energias ambientais e expele as que são gastas nas trocas afins aos seus tipos psíquicos ou físicos.

Quando ingeris retalhos de carne de porco, absorveis também sua parte astral inferior e que adere à coagulação do sangue; essa energia astral desregrada e pantanosa é agressiva e nauseante nos planos etéricos; assim que os sucos gástricos decompõem a carne física no estômago humano, liberta-se, então, esse visco astral, repelente e pernicioso. Sob a lei de atração e correspondência vibratória nos mesmos planos, a substância gomosa, que é exsudada pela carne digerida no estômago, incorpora-se, então, ao corpo etéreo-astral do homem e abaixa as vibrações de sua aura, colando-se à delicada fisiologia etérica invisível, à semelhança de pesada cerração oleosa e adstringente. O astral albuminoso do porco, que também é ingerido com o "delicioso petisco" assado, transforma-se em densa cortina fluídica no campo áurico do homem demasiadamente carnívoro. Deste modo, dificulta-se o processo normal de assistência espiritual daqui, pois os Espíritos Guias já não conseguem atravessar a barreira viscosa do baixo magnetismo, a fim de formularem a intuição orientadora aos seus pupilos carnívoros. A aura se apresenta suja das emanações do astral inferior e ofuscante, que se exsuda da carne do suíno.

Os homens glutônicos e excessivamente afeiçoados à carne de porco afirmam-se dotados de invejável vigor sexual, enquanto que as criaturas exclusivamente vegetarianas são algo empalidecidas, letárgicas e distanciadas da virilidade costumeira do mundo das paixões humanas. Esse fato comprova que o aumento da nutrição de carne acarreta também o aumento da sensação de ordem mais primitiva. Mas, em sentido oposto, a preferência pela alimentação vegetariana é poderoso auxiliar para o espírito se libertar do jugo material. (Obra: *Fisiologia da Alma*, 13ª edição, pp. 41-42)

Aura humana e enfeitiçamento

Toda movimentação de energias para fins destrutivos é um ato de enfeitiçamento. O ser humano absorve e esparge energias radiantes em todas as faixas vibratórias do Cosmo; no plano físico, em forma de calor ou eletricidade animal; no etérico, na espécie de forças imponderáveis vitalizantes impregnadas de éter-físico e químico, projetadas pelo duplo etérico. O pensamento propaga ondas mentais, que agem e reagem noutros seres, afetando-lhes o caráter da vontade e do temperamento. Funcionando como usina criadora de forças em todos os campos da vida oculta, o homem também é um receptor e transformador energético absorvendo e transformando a carga que recebe de fora, devolvendo-a depois conforme a sua mentalidade moral e emotiva. Há uma interpenetração incessante entre todas as criaturas, que se processa através de suas expressões mentais, etéricas e elétricas. Nada existe completamente separado, pois tudo é interligado por imensurável rede de vibrações, que pulsam conforme as influências e reações recíprocas entre os homens. A mente humana, portanto, assemelha-se a poderosa estação receptora e emissora, criando em torno do homem uma atmosfera boa ou má, a qual varia de acordo com a sua conduta e os seus pensamentos. O metabolismo nas trocas áuricas faz-se por afinidade eletiva ou em simpatia com as vibrações provindas de forças mentais, astrais, etéricas ou eletromagnéticas emitidas por outros seres, pois a mente humana vibra em absoluta sintonia com a natureza substancial das energias que lhe vêm do exterior. Assim como um copo de água é veículo conveniente para dissolver mortífera gota de veneno, a mente humana debilitada pela desarmonia psíquica pode tornar-se propícia a disseminar o tóxico magnético do enfeitiçamento. (Obra: *Magia de Redenção*, 11ª edição, pp. 142-143)

"Aura perispíritica" – cunho permanente

Examinando o perispírito de cada alma, cuja consciência vem se elaborando na noite dos tempos, os mestres espirituais conhecem a sua virtude ou o seu pecado milenário fundamental, bastando-lhes verificar o "cunho permanente" que se forma na aura perispirítica, cujo diagnóstico dependerá do tom da cor e intensidade de luz, natureza da temperatura e tipo de magnetismo odorante, isto é, repulsivo, balsâmico ou irritante. Examinando outros fragmentos de cores, reflexos luminosos e variações magnéticas de menor importância, conseguem eles também esquadrinhar as demais variações mentais e emotivas, que se produzem acidentalmente na aura do examinando, como produto de sentimentos ou ansiedades transitórias, que ainda não conseguiram causar modificações no caráter espiritual. (Obra: *A Sobrevivência do Espírito*, 8ª edição, pp. 282-283)

Aura planetária – radioatividade cósmica

Cada planeta, seja a Terra, Marte ou Saturno, apesar de sua massa densa e obscura é, também, energia luminosa e translúcida, que se condensa e extravasa em radiação chamada "aura". Todo orbe que trafega no Infinito, além de sua luz, cor material que lhe é própria, possui outra luz que se expande de sua intimidade, a qual é perceptível só aos clarividentes reencarnados ou aos espíritos de maior sensibilidade cósmica. Assim como o átomo é minúsculo sistema de planetas eletrônicos, em torno de um núcleo "microssolar", dotado de energia ainda física e também de uma aura radioativa, a Terra faz parte de um sistema idêntico, porém macrocósmico, que é regido pelo Sol. Isto justifica o conceito de que "o que está em cima está embaixo" e o "assim é o macrocosmo, assim é o microcosmo". Como o átomo também é luminoso, de refulgência só perceptível no campo etérico ou astral da visão interna, todos os seres ou coisas do vosso mundo são portadores de "auras radioativas", que se compõem da soma de todos os átomos radioativos que palpitam na intimidade da substância. A Terra, consequentemente, possui a sua gigantesca aura radioativa, que lhe ultrapassa a configuração física e a própria atmosfera de ar, a aura que é a soma de todas as auras microscópicas e radiantes dos átomos existentes nas múltiplas formas da matéria. À proporção que as coisas e os seres se purificam intimamente, os "átomos luminosos-etéricos" vão predominando e sobrepondo-se na massa compacta que conceituais de "matéria". No conceito científico de que matéria é "energia condensada", também podeis conceber uma "luz etérica condensada", de frequência vibratória além de vossos sentidos comuns, e que se constitui pelos "átomos etéricos" que compunham a energia em liberdade. Assim que a substância, que compõe os seres e as coisas, se vai refinando, despojando-se

Mecanismos Cósmicos de A a Z

dos invólucros densos e obstruentes, essa "luz aprisionada" ou "luz etérica acumulada" também se vai polarizando em torno, visível já aos clarividentes e às criaturas que atuam psiquicamente além das fronteiras comuns do plano físico. (Obra: *A Vida no Planeta Marte e os Discos Voadore*, 17ª edição, pp. 71-72)

Aura terráquea e atuação angélica

Nesse turbilhão ruidoso e heterogêneo das metrópoles da Terra, em que, devido ao estado primário evolutivo de sua humanidade, predominam em sua superfície as contendas políticas, as guerras fratricidas, as competições comerciais, a cupidez de posse ou o desejo animal, forma-se o manto vigoroso e denso dos fluidos nocivos exalados prodigamente pelo astral inferior. E o orbe é envolto por uma aura suja e oleosa, no seio de cuja cerração astral as almas benfeitoras movem-se dificultosamente para abrir clareiras de luz aos terrícolas ainda entontecidos pelas paixões carnais.

Mas, em face de o Espírito de Deus palpitar na intimidade de todas as coisas e seres de Sua Criação, também no seio das paixões mais nocivas e entre as dores mais acerbas permanece a Luz Sublime em contínua expansão centrífuga e transfusão angélica. No futuro, a Terra também será vestida com uma aura refulgente, divina cabeleira de luz a substituir-lhe o manto de fluidos densos e tristes do presente.

Eis porque é suficiente a atuação de um punhado de anjos que permanecem servindo ao mundo físico, quais falenas irisadas de luz munificente, para então neutralizar a ação deletéria de milhares de espíritos diabólicos, desintegrando pelos fótons siderais, os lençóis microbianos do astral inferior e proporcionando novos ensejos de progresso espiritual ao homem terreno. São essas almas abnegadas a divina esperança do Alto para firmar na matéria os fundamentos da nova humanidade, pois elas vivem em todas as camadas e operam no seio de todo labor humano. Despertam consciências perturbadas, orientam vontades débeis, higienizam os ambientes enfermos e se constituem no convite incessante para a vida angélica e para o homem libertar-se da escola rude da matéria.

Toda criatura é luminescente centelha espiritual do Criador, abafada pela veste pesada dos fluidos primitivos, mas é sempre também a própria ponte espiritual ligando os abismos da animalidade com as colinas refulgentes da angelitude. Sem dúvida, enquanto a alma ainda vive mergulhada no mar de fluidos asfixiantes da vida inferior, ela ainda exige os mais heróicos esforços das entidades sublimes, que tanto desejam intuí-la para o Bem, como ajudá-la a libertar-se o mais cedo possível do jugo satânico simbolizado pelas paixões animais. (Obra: *Mediunismo*, 13ª edição, pp. 94-95)

Aura terrestre – prejuízo à vegetação

Sendo a atmosfera uma espécie de condensador onde se acumulam e agitam as expressões mentais da consciência do indivíduo e da coletividade, no vosso mundo atual, essa massa ou lençol de fluidos é de teor infeccioso ou nocivo; e, como decorrência, suas radiações magnéticas são absorvidas também pelos vegetais e frutas; especialmente, pelos que estão plantados perto das cidades fervilhantes de movimento.

O fenômeno resulta da compressão "mental e magnética" que a aura refletora do vosso orbe devolve para o solo. E esses impactos incessantes dos pensamentos de baixa frequência vibratória, emitidos pela mente do homem, refletem-se na vegetação, inoculando-lhe toxinas que são prejudiciais aos seres humanos. Daí, as epidemias de etiologia desconhecida que se estão manifestando em certas zonas, na forma de neblinas e fluidos de radiações nocivas. (Obra: *A Vida no Planeta Marte e os Discos Voadores*, 17ª edição, p. 315)

Auras benéficas e maléficas

Inúmeros minerais disseminados pela circulação sanguínea podem exercer função benéfica ou maléfica, conforme o ascendente biológico do indivíduo, pois tanto reagem contra os impactos radioativos do mundo exterior, como podem sintonizar-se aos mesmos, produzindo a saturação ou sedimentação sanguínea, dando origem a certas doenças imprevistas.

Mas é no plano oculto e imponderável que essa ação se exerce com mais vigor, pois o magnetismo ou fluido vital do homem existe nos objetos, vegetais, frutos e minerais que o cercam. Em torno de todas as coisas do mundo material, permanece uma certa aura radiante, magnética e invisível à visão comum. É tão evidente a aura exalada das coisas e seres, que os sensitivos podem sentir e distinguir, de olhos vendados, a natureza do ambiente de um matadouro, pela irradiação tétrica ali gerada no massacre dos animais, como a atmosfera de uma igreja, cujo suave magnetismo evola-se das orações e devoções à Divindade. Tudo isso nos revela e confirma a existência das auras boas ou más, benéficas ou maléficas, saudáveis ou enfermiças, ternas ou agressivas, vitalizantes ou debilitantes, que se evolam dos seres e das coisas do mundo. São auras que ainda podem ser alteradas, reforçadas ou violentadas por outras cargas de magnetismo bom ou mau, irradiado de objetos preparados como são os amuletos e talismãs! (Obra: *Magia de Redenção*, 11ª edição, pp. 178-179)

Autoconscientização e mérito humano

Qual seria o valor do homem, criado por Deus para ser feliz por toda a eternidade, caso ele mesmo não fosse o autor de sua própria "conscientização"? Apesar do protesto justificável, de que não há mérito, nem valor na criatura sofrer, para depois ser venturosa, muito pior seria se ela fosse um produto automatizado e elaborado mecanicamente em série. É a auto-realização, a transformação preliminar, garantia de um futuro venturoso, quando o espírito sentir, conscientemente, os seus poderes criativos e a possibilidade de plasmar nas formas do mundo toda a intuição superior, como poesia, arte e imaginação sublime. Não importa se o homem, em princípio, confunde as quinquilharias dos mundos físicos transitórios com valores autênticos de sua futura felicidade. O certo é que ele jamais se perderá nos labirintos educativos das vidas materiais, porque o seu destino glorioso é a angelitude e a luz que o guia queima no próprio combustível de sua centelha interna. Sem dúvida, precisa crer e confiar na pedagogia traçada pelo Criador, cujo resumo o ser possui em sua própria intimidade espiritual, na síntese microcósmica do "reino divino". (Obra: *O Evangelho à Luz do Cosmo*, 10ª edição, p. 64)

Autocura e magnetismo superior

Aliás, o conhecimento moderno da própria ciência acadêmica demonstra que o ser humano pode despertar e acumular forças vitais em si mesmo, quando confia e submete-se incondicionalmente a uma vontade insuperável, que o convence de curá-lo de todos os seus males. É o que acontece muito comumente com certos enfermos que procuram a fonte milagrosa de Lourdes, pois incendiados por uma fé que lhes ativa todo o cosmo orgânico-vital logram curas surpreendentes, que são fruto de sua própria mobilização energética. No entanto, outros, menos graves, mas vacilantes e pessimistas, escravos da incerteza espiritual que cerceia o fluxo vital de sua reserva corporal, voltam sem obter resultado algum.

Quando Jesus assinalava a confiança nos olhos súplices dos enfermos, envolvia-os com as ondas do seu mais profundo amor, ativando-lhes a germinação de forças magnéticas através das próprias palavras e gestos com que os atendia e, à semelhança de misterioso turbilhão, fazia eclodir poderosos fluidos no mundo interior dos infelizes enfermos. Sob os gritos de júbilo desatavam-se os músculos rígidos ou se ativavam nervos flácidos; desentorpeciam-se membros enregelados, enquanto as correntes vitais purificadoras regeneravam todo o sistema orgânico, restituindo a vista a cegos, saturando as cordas vocais nos mudos, sensibilizando sistemas auditivos, desatrofiando tímpanos, curando surdos. A influência excitante e criadora que o olhar do faquir exerce sobre a semente enterrada no solo para obrigá-la a dinamizar suas energias ocultas e crescer apressadamente, Jesus também a exercia, através do poder assombroso e dinamizador do seu olhar. Um corpo chagado tornava-se limpo no prazo de alguns minutos, sob o energismo incomum que o Mestre projetava na alma e no organismo dos enfermos.

Mas insistimos: era um processo que não causava espanto nem ultrapassava o entendimento comum de Jesus sobre as leis criadoras e não surpreendia os anjos que o acompanhavam na sua peregrinação sobre a face da Terra. Jesus lidava sensatamente com as forças regidas pela física transcendental, embora fosse a fonte doadora dos fluidos que temperava com seu sublime amor. Por isso, ao terminar as suas curas, ele ficava num estado de visível exaustão, pálido e trêmulo, recompondo-se aos poucos, graças também ao recurso da prece e o auxílio dos seus amigos espirituais. (Obra: *O Sublime Peregrino*, 16ª edição, pp. 286-287)

Auto-enfeitiçamento – reverberação

Os acontecimentos infelizes também são fruto de resgates cármicos e de negligências ou imprudências humanas. Ademais, os familiares de um lar, às vezes, recebem de retorno os próprios fluidos de inveja, ciúme, cobiça, desforra ou maledicência gerados imprudentemente contra outras criaturas. Muita gente produz fluidos enfeitiçantes nas conversas mais fúteis e pelo julgamento precipitado do próximo; a cólera, a inconformação com a boa sorte alheia, a frustração de noivado ou casamento, a perda em maus negócios, a impossibilidade de lograr uma promoção, a preterição do colega, as melhores notas escolares do filho do vizinho, tudo isso pode ser a fonte produtora de maus fluidos. E a carga fluídica nutrida na imprudência de pensar e falar mal incorpora novas energias destrutivas ao longo de sua ação em direção ao alvo visado de onde retorna ainda mais eriçada para a descarga-terra na própria fonte que a emitiu.

Nesse "auto-enfeitiçamento", as pessoas invejosas, ciumentas, ambiciosas, irascíveis, despeitadas, maledicentes e insatisfeitas são verdadeiras usinas produtoras de fluidos daninhos, espécie de depósitos de carga negativa e violenta à disposição dos magos negros para reforçarem os seus trabalhos de feitiçaria. Há criaturas cuja visita a um lar tranquilo deixa perturbações com sua presença, em face da aura de influência negativa, porque vivem emitindo e recebendo fluidos perniciosos pelo seu descontrole mental. Espécie de estações emissoras e receptoras nocivas, elas espalham emanações perturbadoras em torno de si; e, às vezes, chegam a causar estados enfermiços em vegetais, aves e até animais, inclusive produzem o tradicional "quebranto" nos recém-nascidos, que depois requer o "benzimento" ou o "passe" fluídico para dispersar a carga molesta. (Obra: *A Missão do Espiritismo*, 11ª edição, p. 197)

B

"Balão cativo" – espírito na carne

Embora os encarnados não consigam recordar os aconteci-mentos de suas vidas passadas, devido à forte interferência dos complexos biológicos da carne sobre a memória sideral, nunca se extingue neles a ansiedade pela libertação do seu espírito. Assim como o exilado compulsório não trocaria todas as comodidades e distrações no seu desterro, pelas maiores con-trariedades em sua pátria querida, o espírito imortal também sente-se infeliz sob o domínio estúpido das paixões da carne. Há momentos em que o tédio, a melancolia, o desespero e até a revolta abatem o homem de tal forma, embora ele participe de todos os prazeres da vida, que, na sua angústia insolúvel, ele recorre ao suicídio, causando espanto àqueles que o julgavam plenamente venturoso. Na verdade, em face de qualquer des-cuido ou invigilância da personalidade humana, a consciência espiritual reage, no sentido de sua integração na vida superior do espírito imortal.

Muitas vezes, esse "chamado" oculto e incessante tra-duz-se numa angústia indefinível, que é a luta rude entre o homem-espírito e o homem-animal; luta que, nos caracteres mais fracos, pode arrastar o homem ao suicídio. Inúmeros poe-tas, intelectuais, filósofos, escritores, cientistas e mulheres de elevada posição social fugiram do mundo pela porta falsa dessa tragédia, justamente por faltar-lhes a firmeza na espiritualida-de consciente, que então lhes compensaria o amargor de suas decepções e angústias, por maiores que elas fossem.

Mas, assim como o balão cativo não cessa de forçar as amarras que o prendem ao solo, o espírito também emprega todos os seus esforços para libertar-se dos grilhões da matéria.

Embora a consciência humana não identifique esse oculto instinto moral do espírito para ajustar-se ao padrão superior de sua vida imortal, em certas criaturas o fenômeno se traduz por uma estranha satisfação íntima, que pode manifestar-se mesmo durante a dor ou até quando se aproxima a morte física. (Obra: *Mediunidade de Cura*, 12ª edição, pp. 128-129)

"Base fluídica" e doenças humanas

Repetimos, que, tanto no caso da picada ou do contágio de insetos e répteis venenosos, ou de certas afecções cutâneas provindas diretamente da intimidade do corpo carnal, há sempre uma "base fluídica" mórbida semelhante àquela que também produz os tóxicos psíquicos vertidos pela mente humana. No primeiro caso, essa base fluídica associa as moléculas da coesão físico-química do veneno material; no segundo, sustenta e liga o tóxico psíquico que, ao desagregar-se do perispírito em sua descida para a carne, termina agravando as enfermidades cutâneas.

Sendo o próprio éter "físico" emanado da Terra um receptor de emanações materiais ou psíquicas, é óbvio que as erupções eczemáticas ainda mais se exacerbam quando são bombardeadas pelos dardos mentais deletérios produzidos pelo enfermo irascível e violento. Assim como existem certas doenças específicas, que se agravam pelo tipo de fluidos daninhos baixados do perispírito depois de um ataque do ciúme, enquanto outras pioram apenas pelo morbo psíquico resultante da inveja, do ódio ou da perversidade, os eczemas, "cobreiros" e quase todos os processos enfermiços da pele, se irritam ou agravam sob os impactos violentos da cólera! Em sentido oposto, tais enfermidades também regridem, melhoram ou curam-se durante os estados espirituais tranquilos e otimistas dos pacientes, assim como cedem sob o processo magnético dos benzimentos e passes, que lhe atacam diretamente a base fluídica da sua coesão tóxica e da formação "endógena", virulenta. (Obra: *Mediunidade de Cura*, 12ª edição, pp. 187-188)

Batismo – compromisso espiritual

O ritual do batismo é uma cerimônia respeitosa, que confirma severa obrigação espiritual dos padrinhos junto à pia batismal, comprometidos de protegerem o afilhado na ausência dos pais ou em circunstâncias infelizes. Ninguém é obrigado a batizar qualquer criança, mas, depois de fazê-lo, seja sob a égide católica, protestante, espírita ou umbandista, terá de cumpri-lo, sob pena de sofrer imensas desventuras no mundo espiritual! Embora saibamos que as cerimônias religiosas do mundo, derivadas de dogmas e "tabus" do passado, jamais poderão modificar a essência íntima do espírito, elas podem despertar forças ocultas e ajustar os pensamentos sob o mesmo tema espiritual. Durante o batismo processam-se fenômenos de "imantação" pela convergência de fluidos que são mobilizados pelos pais, padrinhos e pelo próprio afilhado, compondo-se um amálgama ou vínculo de grave compromisso espiritual entre os presentes até o fim da existência carnal. A madrinha e o padrinho assumem espontaneamente, em espírito, a obrigação de cuidar do filho virtual e adotivo, que lhes é oferecido através da cerimônia do batismo. O ritual apenas consagra no mundo profano aquilo que já foi deliberado no mundo espiritual![1]
(Obra: *Magia de Redenção*, 11ª edição, p. 56)

Batismo e lava-pés – detonadores psíquicos

João Batista, o profeta solitário, havia instituído algumas cerimônias com a finalidade de incentivar certas forças psíquicas nos seus adeptos através da concentração ou reflexão espiritual. Isso impressionava os neófitos e servia para a confirmação da própria responsabilidade dos valores espirituais. Em sua

1 N. de Ramatís: – Despreocupa-nos cuidar se as crianças devem ou não devem ser batizadas, pois, segundo a doutrina espírita, todas já nascem sob o batismo amoroso de Deus. Em verdade, o homem salva-se pelas suas obras, e não por suas crenças. Mas a cerimônia ainda é um hábito que se justifica pelos acontecimentos mais importantes na vida humana. Há cerimônias na esfera científica, durante a consagração de um sábio ou evento incomum; na esfera política, marcando o triunfo eleitoral ou a vitória diplomática. Na colação de grau de doutorandos, há discursos, juramentos, flores, becas, trajes novos, ritual de entrega de diplomas, evocações saudosistas dos falecidos ou homenagem aos veteranos. A cerimônia, portanto, é uma "confirmação" ou "memorização", no mundo de formas, até que o homem possa manifestar-se na sua autenticidade espiritual.

época os símbolos, ritos, talismãs e as cerimônias ainda produziam louváveis dinamizações das forças do espírito ou impunham respeito e temor religioso. Eram recursos que serviam como "detonadores" das forças psíquicas, produzindo profunda influência esotérica nos seus cultores, assim como ainda hoje fazem os sacerdotes para o incentivo da fé e do respeito dos fiéis, como são os cânticos, perfumes, a música e o luxo na igrejas.

Por isso, João Batista instituiu a cerimônia do batismo para os neófitos, cuja imersão nas águas dos rios e dos lagos funcionava como um catalisador das energias espirituais, deixando a convicção íntima e benfeitora da "lavagem dos pecados" e consequente renovação do espírito para o futuro. Aquele que se julga realmente purificado de seus pecados, depois vive de modo a não se manchar tão facilmente. Mais tarde, João Batista também organizou a cerimônia do "lava-pés", que simbolizava um evento fraterno e humilde, como um sentido de igualdade ou denominador comum entre todos os discípulos e o próprio Mestre. O "lava-pés" era a cerimônia que eliminava a condição social, o poder político, a superioridade intelectual ou a diferença entre os adeptos e o Mestre, atuantes sob a mesma bandeira espiritual. No momento simbólico do "lava-pés" o senhor seria o irmão do servo e também o serviria, porque ambos eram herdeiros dos mesmos bens do mundo. (Obra: *O Sublime Peregrino*, 16ª edição, pp. 391-392)

Bem e mal – fases evolutivas

Só as criaturas, em cujo íntimo vibram os instintos e paixões inferiores, é que realmente vêem em todas as coisas razões para censuras e críticas. Em verdade, os espíritos de graduação superior e responsáveis pela evolução dos homens, jamais condenam o que é inferior, porque sabem que todas as coisas são veredas para Deus, e que louvável metamorfose ocorre na sucessão do espaço e do tempo. Os anjos, por exemplo, são os bons lavradores, que ceifam na lavoura espiritual e separam, amorosamente, tanto o trigo como o joio. Além de separarem os feixes de trigo e do joio, avaliando as culpas de cada ser no momento exato da frutificação, eles praticam a sábia e afetuosa enxertia, que ainda converte o mal em bem. Sendo o bem a base de toda criação de Deus, jamais o joio da malignidade infestará toda a seara do mundo. Os bons ceifadores estarão atentos à espera do momento adequado para, então, operar de modo salutar em favor dos justos, bons, mansos, humildes e pacíficos, enquanto amparam os injustos, maus, vingativos e belicosos, no curso de redenção espiritual e da promoção ao bem. O Senhor jamais condena à morte, ou promove o desaparecimento dos iníquos e pecadores, mas ele os conduz à reeducação espiritual, criando circunstâncias e situações adequadas. Depois apura-lhes a contextura embrutecida e primária, desgastando-lhes os impulsos destruidores da animalidade, para catalisar a luz íntima do espírito imortal na síntese da redenção angélica. Aliás, é de conceito sideral e transmitido pelo próprio Jesus, que não pode existir o mal e os pecados eternos, em face de sua promessa de que "não se perderá uma só ovelha do aprisco do Senhor". (Obra: *O Evangelho à Luz do Cosmo*, 10ª edição, p. 318)

Bênção – invocação divina

Existe profunda diferença entre o ato de maldizer e abençoar, que se revela na própria expressão psicofísica da figura humana, porque também difere o tipo e a qualidade de energias que são utilizadas para manifestar cada uma dessas atitudes. Quando abençoamos, mobilizamos energias dosadas desde o reino espiritual, mental, astral, etérico e físico, na forma de um combustível superior, para expressar a idéia, o sentimento e a emoção sublimes do nosso espírito naquele momento. Durante o ato de abençoar, o homem revela na sua configuração humana a magnitude, altiloquência, mansuetude e o recolhimento do espírito preocupado em invocar forças superiores e benfeitoras em favor de alguém. O brilho dos olhos, o gesto das mãos, a expressão do rosto e a quietude do corpo formam um conjunto de aspecto atraente, a combinar-se mansamente com o fluido amoroso que sempre acompanha a palavra benfeitora. Há indizível encanto e respeito no gesto da mãe que abençoa o filho, quando ela mobiliza a sua força materna e invoca a condição divina de médium da vida, a fim de rogar ao Criador a proteção amorosa para o seu prolongamento vivo, no mundo. O pior bandido comove-se diante da sinceridade e do sentimento puro de alguém que o abençoa, e não rejeita essa oferenda espiritual, que não humilha nem ofende! A bênção é uma invocação divina outorgada aos homens para ajudar outros homens, pois, em vez de pedido ou rogativa egotista a favor de quem abençoa, é uma súplica a Deus para beneficiar o próximo. A bênção é a homenagem fraternal, que adoça a alma de quem a recebe e beneficia a quem a dá! (Obra: *Magia de Redenção*, 11ª edição, pp. 52-53)

Benzedores – transformadores vivos

As criaturas que praticam o benzimento são verdadeiros transformadores vivos, pois dissolvem o fluido do mau-olhado ou da projeção mental à distância e malevolamente incrustados na aura das crianças. Elas se ajustam muito bem no conceito dinâmico recomendado por Jesus: "Quem tiver fé como um grão de mostarda, remove montanhas".

Em face da maldade ainda predominante no mundo primário terreno pelo entrechoque dos piores sentimentos de raiva, ódio, ciúme, perversidade e orgulho, o benzedor é um "oásis" no deserto escaldante do sofrimento humano! Ele cura bicheiras, levanta quebranto, alivia epilépticos, afasta mau-olhado, acalma vermes, reza responso para descobrir aves e animais perdidos, defuma residências enfeitiçados, limpa a aura das criaturas contaminadas com maus fluidos, expulsa o azar da vida alheia, benze eczemas e impingens, conserta espinhela e arca caída das crianças recém-nascidas, benze de inveja ou de susto, faz simpatias que derrubam verrugas ou calos!

Mais vale a preta velha com o galho de arruda, cheia de crendices e superstições invocando "Nosso Sinhô Jesus Cristo" para benzer o próximo e livrá-lo dos fluidos ruins, do que Alexandre, César, Gêngis Khan, Napoleão, Hitler e todos os comandos militares do mundo, que esfrangalham corpos sadios e jovens, derramando sobre a face da Terra o sangue generoso dos homens! Mil vezes o inofensivo benzedor, humilde e analfabeto, que ajuda o homem desventurado a viver, do que o cientista, o general ou líder político, que destroem a juventude do mundo sob o massacre hediondo da guerra!

O caboclo inculto, pobre e ingênuo, prolonga a vida do próximo, enquanto as elites dominadoras do mundo povoam os cemitérios de corpos trucidados. Felizes os que se curvam ao benzimento supersticioso, que lhes ameniza a existência atribulada, do que aqueles que se subordinam ao gênio científico, que aperta um botão eletrônico e liquefaz milhares de criaturas sob o fogo desintegrador da bomba atômica! (Obra: *Magia de Redenção*, 11ª edição, pp. 186-187)

Benzimento – mecânismo

O benzedor projeta sobre o paciente um feixe de forças em frequência vibratória dinamizada pela sua condição amorosa de curar. Todos nós estamos impregnados de forças curativas e poderíamos operar verdadeiros milagres, assim como as cachoeiras e cascatas são fontes de energias, que sabiamente aproveitadas, podem iluminar o mundo. Desde que soubéssemos mobilizar e disciplinar as energias que nos rodeiam, poderíamos produzir acontecimentos que o bom-senso julgaria miraculosos! Os benzedores enfeixam as energias que flutuam no ambiente onde eles atuam e as projetam sobre os enfermos, e o êxito da cura depende da maior ou menor receptividade psíquica dos mesmos. (Obra: *Magia de Redenção*, 11ª edição, p. 191)

Benzimento – mecânismo II

Assim que a criança atacada de "quebranto" entra na posse de objetos do seu uso, e que foram benzidos ou catalisados nas suas órbitas eletrônicas, a carga fluídica benfeitora ali concentrada dispersa ou desintegra os fluidos mortificantes ou de prostração. A própria natureza indica-nos os recursos terapêuticos criados por Deus, os quais podem curar ou socorrer as criaturas, minorando-lhes o sofrimento e o desespero. Porventura, a maleita não grassa no litoral, isto é, onde também nasce prodigamente o seu melhor medicamento curativo, que é a quina?

Consoante a sabedoria do próprio corpo humano, que corrige, restaura, modifica e procria células, tecidos e órgãos sem apelar para a violência da química ou à mutilação da cirurgia, a simpatia, recurso aparentemente supersticioso e ingênuo, funciona como excelente catalisador que dinamiza as energias ocultas regidas pelas leis imutáveis da terapêutica transcendental. Por isso, o trabalho feito à distância pelo curandeiro ou benzedor consiste em criar um impacto fluídico sobre o duplo etérico dos animais e das pessoas, derrubando bicheiras ou fazendo cair verrugas pela desintegração da base fluídica virulenta. (Obra: *Magia de Redenção*, 11ª edição, p. 191)

Benzimento – mecânismo III

Apesar de sua aparência supersticiosa ou fantasiosa, o efeito favorável do benzimento depende também de certo método ou cientificismo, em que o benzedor disciplina ou coordena a projeção dos seus fluidos terapêuticas. Não basta a reserva de suas energias vitais para lograr o êxito desejado, mas ele necessita ativar a convergência mental e emotiva de si mesmo, durante o benzimento e em direção ao objetivo fixado. Em vez de operar a esmo, isso o ajuda na concentração energética, pois a preferência por determinado objeto, erva, substância ou certa gesticulação e exorcismo, serve-lhe de catalisador do próprio benzimento.

Aliás, os espíritos benfeitores, que assistem e auxiliam os curandeiros e benzedores, também os ajudam a encontrar um ponto ou centro hipnótico, que os concentre na prática do benzimento. (Obra: *Magia de Redenção*, 11ª edição, p. 196)

Brasil – fenômenos mediúnicos

Aliás, o Brasil também é rico de lendas e histórias sobrenaturais, cuja origem se deve propriamente à faculdade mediúnica bastante desenvolvida dos brasileiros que, em geral, são prodigamente intuitivos desde o berço. Muito antes da codificação espírita, os silvícolas das plagas americanas já praticavam diversos ritos, que os dispunham ao intercâmbio mediúnico com o mundo invisível, pondo-os, assim, em contacto com os companheiros de tribo, já desencarnados. Eles também exerciam a mediunidade curativa, quer prescrevendo ervas selecionadas, como esconjurando os maus espíritos pelo processo mágico dos exorcismos coletivos. Previam as variações do tempo, a época favorável para a melhor plantação e colheita; auscultavam os sinais do mundo oculto e pressentiam os lugares epidêmicos ou impróprios para sua existência. Os pajés mais tarimbados prenunciavam a morte dos caciques, o nascimento dos bons guerreiros ou a marcha belicosa das tribos adversas, advertindo, com êxito, sobre o resultado das porfias sangrentas.

As lendas brasileiras são férteis de fenômenos mediúnicos. No cenário das matas enluaradas surge o "boitatá" lançando fogo pelas narinas; nas encruzilhadas escuras aparece o fantasmagórico "saci-pererê", saltitando numa perna só e despedindo fulgores dos olhos esbraseados; na pradaria sem fim, corre loucamente a mula-sem-cabeça, ou na penumbra das madrugadas nevoentas, os mais crédulos dizem ouvir os gemidos tristes do negrinho do pastoreio.

Embora sejam histórias modeladas pela lenda e fantasia, no âmago dessas narrativas folclóricas domina o fenômeno mediúnico inconfundível a comprovar a vida imortal. (Obra: *Mediunidade de Cura*, 12ª edição, p. 33)

"Buscai e achareis" – preexistência de tudo

Sob o conceito do "Buscai e achareis", Jesus deixa o homem aperceber-se de que há de achar o que busca, porque isso já existe antes de ele se individualizar espiritualmente, como criação antecipada e produzida pelo Criador. E quem for mais perseverante e confiante, também há de encontrar, bem mais cedo, essa Verdade ou Bem Espiritual que "busca", porque, já de início, vibra sob melhor frequência sideral. O convite sutil da Divindade, que se oculta sob o preceito do "Buscai e achareis" é para que o homem busque, mesmo através da ciência do mundo, a autenticidade da Vida. Mas, não se deixe deslumbrar pelas descobertas extemporâneas, que nada mais são do que simples "achados" do que Deus já criou. Não se exalte o homem, porque conseguiu descer à Lua, se ainda não logra penetrar um centímetro dentro de sua própria alma. Nem se orgulhe o cientista, por movimentar gigantesco avião, através do controle remoto, caso ainda não saiba dirigir a sua própria alma em paz, no seio da família. Buscai pelos caminhos científicos e técnicos da Terra, e "achareis", se fordes libertos da vaidade tola e do orgulho imponente, que faz o homem julgar-se mais importante e sábio do que o seu próprio Criador! (Obra: *Sob a Luz do Espiritismo*, 1ª edição, pp. 235-236)

Bússola de segurança física e psíquica – a dor

Desde que o sofrimento e a dor são resultantes do desequilíbrio de ordem moral e do mau uso dos direitos espirituais, é óbvio que só o reajustamento espiritual poderia eliminá-los definitivamente. A dor física ou moral também se manifesta em sentido de advertência, ou mesmo corretivo, para manter a vida e garantir o funcionamento normal do corpo humano, a fim de que o espírito descontrolado não se aniquile pelo excesso de seus desmandos. Em sua função moral, a dor é a bússola de segurança biológica e psíquica; ela assinala a fronteira perigosa, que não deve ser ultrapassada, e convida o imprudente a reajustar-se, tomando o caminho certo do dever.

Quando a humanidade estiver evangelizada, então, a dor não existirá na Terra, em face da perfeição da vivência entre todos os seres e do domínio completo dos fenômenos do mundo material. Portanto, mais importante do que os recursos terapêuticos é o homem controlar, acima de tudo, as atividades e os estados de espírito produtores da dor e do sofrimento. À medida que a criatura assuma atitudes superiores amenizando a cupidez e o egoísmo, domesticando as explosões selvagens do instinto inferior, removerá as causas que a fazem sofrer. (Obra: *Sob a Luz do Espiritismo*, 1ª edição, pp. 27-28)

C

Cabelos humanos e aura eletromagnética

A eletricidade humana é mais propriamente efeito da ação dinâmica do corpo perispiritual atuando sobre o metabolismo do duplo etérico e combinando-se à intensa atividade energética do éter-físico. As substâncias ou elementos que constituem o corpo carnal estão vivamente impregnados de eletricidade, que provém dos núcleos de constelações e elétrons de átomos, moléculas, órgãos e sistemas orgânicos vigorosos. A eletricidade que percorre o corpo humano origina-se do atrito da própria atmosfera absorvida através de inalações de oxigênio pelos poros da pele, catalisando-se na corrente sanguínea pela presença de metais e metalóides organogênicos, como o fósforo, carbono, nitrogênio, hidrogênio, ferro, cobre, magnésio, titânio, estrôncio, cádmio, e outros elementos conhecidos da ciência humana. São metais que circulam pelo sangue, chamados eletronegativos ou eletropositivos, conforme a quantidade de elétrons em suas órbitas.

Quando o homem corta violentamente a sua cabeleira, ele também provoca uma alteração súbita no seu campo "eletromagnético" biológico e produz um impacto vigoroso no seu perispírito. Assim que é reduzido o campo escoador de eletricidade biológica, este então procura restabelecer o equilíbrio eletrodinâmico pelo conhecido fenômeno de polarização. Os cabelos mais curtos escoam menos eletricidade e o homem calvo mostra aos clarividentes uma verdadeira aura electromagnética em torno da cabeça, porque a eletricidade ali se polariza em vez de fugir. Tais pessoas vivem sobrecarregadas de eletricidade

82

e quando são sadias irradiam muita vitalidade, justificando o velho refrão de que "vendem saúde"! Quando elas cumprimentam alguém e gesticulam com as mãos, também escoam maior carga de eletricidade do que as pessoas comuns, compensando o acúmulo ou polarização devido à redução do ornamento capilar. (Obra: *Magia de Redenção*, 11ª edição, p. 159)

Caçadores – direito à vida

O vocábulo "castigar" é oriundo, em vossa própria nomenclatura linguística, do verbo latino "castigare", composto de duas palavras latinas, "castum" e "agere", as quais, conjugados, definem a idéia de castigar, ou seja, tornar casto, ou ainda, purificar. A idéia de castigar, como desforra, é incompatível com a natureza justa do Pai. Trata-se, pois, de retificar a ação má, o recalque perverso que retarda a alma em sua evolução espiritual.

O caçador que destrói não ofende a Deus, que é imune ao elogio ou à ofensa; mas perturba ou fere o direito inviolável de uma espécie que também faz jus à vida e que foi criada para finalidades sagradas ou superiores. Ora, no seu ato violento, o caçador desarticula o equilíbrio moral do campo magnético que vitaliza e mantém a espécie; e conforme leis imutáveis, terá que expurgar de seu eu moral o recalque maléfico que incrustou no seu espírito. E esse expurgo exige idêntico processo de violência, por tratar-se de um impulso primário, de caráter agressivo ou animalizado, que não se escoa por meios suasórios. É a lei de causa e efeito, em suas reações dinâmicas, a qual, como a dinamite, ferida pelo atrito, ninguém mais controla. E esse débito de reajuste moral fica vibrando na alma do caçador desde o momento em que ele infringiu a lei, e eleva-se à contingência de um determinismo que, tarde ou cedo, deflagrará a reação equilibrante, pelo mesmo processo violento e doloroso. (Obra: *A Vida no Planeta Marte e os Discos Voadores*, 17ª edição, p. 296)

Caminhada cósmica e dor

Deus cria seus filhos na forma de núcleos ou consciências individuais, que se aperfeiçoam através das vivências planetárias e se tornam miniaturas conscientes do Cosmo. Deus, enfim, é o "pano de fundo" de todas as consciências, divino mistério que o homem só poderá compreender depois de libertar-se, definitivamente, das formas escravizantes da matéria para viver nos mundos do conhecimento puro. À medida que a alma evolui, se despersonaliza, extingue a ilusão da separação e integra--se à Consciência Cósmica da Criação.

As virtudes, portanto, compreendem os esforços e as realizações em favor do progresso espiritual, enquanto os pecados significam tudo aquilo que retarda a ascensão angélica. A Lei do Carma acicata os espíritos retardados na senda da Luz, mas sua ação dolorosa e desagradável é necessária para garantir o ritmo acelerado em favor da ventura sideral. A dor purifica, porque, sob tal processo, o espírito concentra suas energias no esforço de resistir ou debelar a situação incômoda e, assim, desagrega a escória do seu perispírito.[1] (Obra: *Sob a Luz do Espiritismo*, 1ª edição, p. 19)

Caminho, verdade, vida – arcanjos do Senhor

Aliás, a importância da vida do Espírito não é quanto à contextura da instrumentação provisória usada para despertar sua consciência; mas, sim, aquilo que desperta, acumula e desenvolve em si mesmo, habitando a Terra ou somente o Espaço. Não há milagres nem subterfúgios da parte de Deus; nenhuma entidade espiritual, malgrado ser um Logos Solar, poderá ensinar, orientar e alimentar humanidades encarnadas, caso não se trate de uma consciência absolutamente experimentada naquilo que pretende realizar. Não havendo "graças" imerecidas, nem privilégios divinos, obviamente os arcanjos também fizeram sua escalonada sideral sob o mesmo processo extensível a todas as almas ou espíritos impelidos para o seu aperfeiçoamento. Se um Arcanjo ou Logos planetário pode ligar-se ao Espírito de um medianeiro, como o Cristo uniu-se a Jesus, e sendo incessante o

1 Alguns espiritualistas incorrem no equívoco de considerar que a dor é processo de evolução, quando ela, apenas, retifica ou purifica. A evolução, ou ascensão espiritual, se faz através do estudo, do ensinamento e do serviço benfeitor a outrem. Quando o homem sofre é porque "desviou-se" da senda evolutiva, tomando atalhos censuráveis de lágrimas, onde as almas lavam e purificam os seus trajes perispirituais para depois participar das núpcias no Céu.

progresso espiritual, mais cedo ou mais tarde, o próprio Jesus alcançará a mesma frequência e graduação arcangélica. E quando o espírito do homem alcança a condição beatífica de Arcanjo, ele é então chamado o "Filho Sideral"; é um Cristo, cujo estado espiritual absoluto é o Amor, como a "Segunda Manifestação de Deus" ou a "Segunda Pessoa da Santíssima Trindade", ainda tão mal compreendida entre os católicos e os protestantes, e injustamente criticada pelos espíritas ortodoxos.

Assim, o Logos ou Cristo planetário da Terra é realmente a Entidade Espiritual que, atuando na consciência global de toda a humanidade terrícola, alimenta e atende a todos os sonhos e ideais dos homens. É a Fonte Sublime, o Legado Sideral de Deus doando a Luz da Vida; o "Caminho, a Verdade e a Vida", em ação incessante através da "via interna" de nossa alma. Não é evidente que a lâmpada elétrica de vosso lar busca sua luz e força no transformador mais próximo, em vez de solicitá-la à Usina distante? Deus, como "Usina Cósmica" e alimentador do Universo, legou aos seus Arcanjos, transformadores divinos de Luz e Vida, o direito e a capacidade de atenderem às necessidades humanas nas crostas terráqueas, doando-lhes a energia devidamente dosada para a suportação e benefício espiritual de cada ser. Não há desperdício energético no Cosmo; jamais a Divindade oferece um tonel de água para quem só pode suportar o conteúdo de um copo. (Obra: *O Sublime Peregrino*, 16ª edição, pp. 84-85)

"Canecos vivos" e alcóolatras do Além

São poucos os encarnados que sabem do terrível perigo que se esconde por detrás do vício do álcool, pois a embriaguez é sempre uma das situações mais visadas pelos espíritos viciados que procuram a desejada "ponte viva" para satisfação de seus desejos no mundo da matéria. Os espíritos desencarnados e ainda escravos das paixões e vícios da carne – em virtude da falta do corpo físico – são tomados de terrível angústia ante o desejo de ingerir o álcool com o qual se viciaram desbragadamente no mundo físico. Devido à fácil excitabilidade natural do corpo astral, esse desejo se centuplica, na feição de uma ansiedade insuportável e desesperadora, como acontece com os morfinômanos, que só se acalmam com a morfina! É um desejo furioso, esmagador e sádico; a vítima alucina-se vivendo as visões mais pavorosas e aniquilantes! E quando isso acontece com espíritos sem escrúpulos, eles são capazes de todas as infâmias e torpezas contra os encarnados, para mitigarem a sede de álcool, assemelhando-se aos mais desesperados escravos do vício dos entorpecentes.

Os neófitos sem corpo físico, que aportam ao Além ardendo sob o desejo alcoólico, logo aprendem com os veteranos desencarnados qual seja a melhor maneira de mitigarem em parte a sede alcoólica. Como já temos dito por diversas vezes, depois de desencarnadas as almas se buscam e se afinizam atraídas pelos mesmos vícios, idéias, sentimentos, hábitos e intenções. Em consequência dessa lei, os encarnados que se viciam com bebidas alcoólicas passam também a ser acompanhados de espíritos de alcoólatras já desencarnados, ainda escravos do mesmo vício aviltante, que tudo fazem para transformar suas vítimas em "canecos vivos", para saciarem seus desejos. (Obra: *Fisiologia da Alma*, 13ª edição, pp. 134-135)

Carga fluídica deletéria – "tanque de lágrimas"

Efetivamente, se a criatura, além de enfrentar a sua prova, ainda vive existência digna e laboriosa, dando tudo de si, em sacrifício incondicional a favor do próximo, ela fará jus ao auxílio dos espíritos assistentes aos que sofrem, os quais lhe amenizarão o sofrimento pela terapêutica magnética, sem, no entanto, anularem a prova a que ela está sujeita, pois trata-se de um resgate cármico. Suavizarão a dor, porém, sem destruir ou impedir o expurgo dos fluidos tóxicos do mal, pois este só pode ser extinto mediante a "limpeza" profilática que o destrua "pela raiz".

Os fluidos de natureza inferior, densos e nocivos, aderidos ao perispírito, são um fardo ou "carga" molesta e perturbadora do metabolismo perispiritual, e têm de ser expurgados através do corpo carnal, que funciona como uma espécie de "mata-borrão" vivo, a absorver esses fluidos venenosos, os quais, dessa forma, são despejados depois, no seio da terra, pela decomposição do cadáver. Mas o homem não deve queixar-se de tais provas dolorosas, pois ele próprio é quem lhes dá motivo. Protestando contra as mesmas, assemelha-se à criança, que, depois de haver atirado brasas incandescentes nos seus companheiros, grita e revolta-se contra o fato de as suas mãos terem ficado queimadas!

A dor e o sofrimento que atormentam o homem durante o período dessa limpeza psíquica não são um castigo determinado por Deus, mas apenas fruto ou efeito da reação natural e própria do tecido carnal afetado pela ação corrosiva de elementos nocivos. No entanto, o objetivo é purificar a alma.

Se o cascalho, a semente de trigo ou os bagos de uva tivessem a faculdade de sentir, decerto também se queixariam ao serem submetidos ao processo de alcançarem melhor pureza ou qualidade, transformando-se, respectivamente, mediante "provas" dolorosas, no cobiçado brilhante, na generosa farinha nutritiva e no vinho delicioso!

A carga fluídica deletéria acumulada no perispírito não se vaporiza mediante um "passe de mágica". É um expurgo saneador útil ao espírito enfermo, e do qual não escapam a criança, o velho, o sacerdote, o bandido, a santa, a prostituta, o herói ou o sábio, porquanto, se na sua ficha cármica estiver averbado o débito de tal provação, a solução radical para eliminar a doença e obter a saúde é sanear a alma, livrando-a dos venenos psíquicos.

O homem que, num momento de insânia, atira-se ao charco repugnante de um pântano, mesmo que, depois, se arrependa do seu gesto imprudente e se entregue à oração e modifique seu temperamento impulsivo, nem por isso se livra do mau odor do seu corpo enlameado. E o recurso eficaz para ficar limpo é providenciar um banho salutar! Ora, o lodo fluídico do perispírito lava-se no "tanque de lágrimas" do próprio mundo onde foi produzido. (Obra: *Mediunidade de Cura*, 12ª edição, pp. 60-61)

Carnivorismo – magnetismo deletério

Os devoradores de carne guardam a ilusão de energia e dinamismo, ignorando que esse vigor dinâmico da matéria densa é apenas uma correspondência com o seu habitat. É um dinamismo que age com intensidade na esfera dos agrupamentos dos átomos físicos, mas é letárgico quanto à sua ação no campo multiforme e agitado do mundo astral, que interpenetra e atua poderosamente em todas as ações físicas. Aviva e exclui energias no campo material, mas retarda e demora as ações astrais; e, consequentemente, as manifestações psíquicas. A substância astral que exsuda a carne dos animais inferiores penetra nas auras dos seres humanos e lhes adensa a transparência. Baixam as vibrações que se sintonizavam com as ações dos espíritos protetores, e os carnívoros humanos impermeabilizam-se às intuições orientadoras dos seus mentores.

O magnetismo sujo e compacto do animal, que é substância impregnada das vibrações naturais do instinto conservador da vida física, também mancha e adensa a aura do homem. A sensação eufórica de saúde, dinamismo, vigor e "volume-carne", que então sentem os terrenos, resulta tão somente do magnetismo inóspito e excitante, assim como os vegetais primitivos e selváticos, emitem ramos vigorosos, agressivos e extensos, impondo-se pela "quantidade" e não pela "qualidade". A preferência dos marcianos pelas frutas, advém principalmente do fato de agirem em planos mais delicados e sadios, onde, realmente, são mais vibráteis as sensações verdadeiras do espírito. (Obra: *A Vida no Planeta Marte e os Discos Voadores*, 17ª edição, p. 216)

Carnivorismo e adensamento áurico

O anjo, já liberto dos ciclos reencarnatórios, é sempre um tipo de suprema delicadeza espiritual. A sua tessitura diáfana e formosa, e seu cântico inefável aos corações humanos não são produtos dos fluidos agressivos e enfermiços dos "patê de foie-gras" (pasta de fígado hipertrofiado), da famigerada "dobradinha ao molho pardo" ou do repasto albumínico do toucinho defumado!

A substância astral, inferior, que exsuda da carne do animal, penetra na aura dos seres humanos e lhes adensa a transparência natural, impedindo os altos vôos do espírito. Nunca havereis de solucionar problema tão importante com a doce ilusão de ignorar a realidade do equívoco da nutrição carnívora e, quiçá, tarde demais para a desejada solução.

Expomo-vos aquilo que deve ser meditado e avaliado com urgência, porque os tempos são chegados e não há subversão no mecanismo sideral. É mister que compreendais, com toda brevidade, que o veículo perispiritual é poderoso ímã que atrai e agrega as emanações deletérias do mundo inferior, quando persistís nas faixas vibratórias das paixões animais. É preciso que busqueis sempre o que se afina aos estados mais elevados do espírito, não vos esquecendo de que a nutrição moral também se harmoniza à estesia do paladar físico. Em verdade, enquanto os lúgubres veículos manchados de sangue percorrerem as vossas ruas citadinas, para despejar o seu conteúdo sangrento nos gélidos açougues e atender às filas irritadas à procura de carne, muitas reencarnações serão ainda precisas para que a vossa humanidade se livre do deslize psíquico, que sempre há de exigir a terapia das úlceras, cirroses hepáticas, nefrites, artritismo, enfartes, diabetes, tênias, amebas ou uremias! (Obra: *Fisiologia da Alma*, 13ª edição, pp. 26-27)

Casamento – disciplina e controle da procriação

A recomendação bíblica do "Crescei e multiplicai-vos" é no sentido de as criaturas gerarem o maior número de corpos carnais, a fim de solucionar-se mais breve possível o problema de bilhões de espíritos necessitados de urgentes encarnações a liquidarem suas dívidas pregressas. O renascimento físico é o ensejo da reabilitação espiritual no trato com os fenômenos e acontecimentos da vida material, e por esse motivo, quanto mais corpos gerados, mais breve a redenção das almas aflitas e erráticas do Além-Túmulo!

Considerando-se que a Terra é um planeta primário de alfabetização espiritual, e o casamento ainda assegura a disciplina e o controle da procriação sob a ética sadia e responsabilidade moral humana, a procriação exige um compromisso mútuo de entendimento e proteção recíprocos. O homem e a mulher casam-se por efeito de um contrato bilateral, em que por conveniência social e moral deve haver o respeito mútuo, enquanto a instituição do lar significa o ambiente protetor dos demais espíritos ali encarnados como filhos! O casamento carnal, embora ainda sofra os imprevistos das separações prematuras entre os cônjuges, obedece a um programa previamente delineado no Espaço, em que dois espíritos se comprometem fornecer as vestimentas carnais para amigos e inimigos do passado.

No seio da família terrícola os espíritos encarnados aprendem a mobilizar as suas qualidades psíquicas, quer dinamizando os sentimentos fraternos na troca dos interesses recíprocos, assim como adquirindo novos conhecimentos pela experiência dos mais velhos. É tão valiosa a função do lar que os espíritos trânsfugas do passado na responsabilidade doméstica, tornam-se indignos de um novo esponsalício humano. Cumpre-lhes viver na condição de um marginal sem companheiro ou companheira, sem filhos ou filhas, sem parentes ou afetos familiares. O aconchego caloroso do lar e o júbilo da descendência da família, que prolonga a configuração ancestral dos pais na face do mundo físico, são dádivas imerecidas para os espíritos negligentes, que estiolaram no passado os valores inestimáveis da vida em família! (Obra: *A Vida Humana e o Espírito Imortal*, 12ª edição, pp. 48-49)

Castidade e evolução

Precisamos esclarecer, primeiramente, não ser a condição de castidade a única para a evolução espiritual; ela é decorrente de uma lapidação interior perseverante, no aprimoramento dos sentimentos e do intelecto, numa vivência cada vez mais digna, dentro de uma ética maior. Só é válida quando for uma condição espontânea e louvável, porém, também pode ser fruto do fanatismo e existir num homem cruel. Em consequência, o homem não casto, mas bom, eleva-se mais cedo ao "céu" do que o homem cruel e casto. A fuga dos "vícios" ou de ações julgadas abomináveis não nos desperta qualidades – as quais ainda pedem alguns séculos para que sejam despertas. O homem não se gradua para a vida superior por simples estatística de maior ou menor desgaste sexual; ela é fruto das vivências, aproveitando os estados de espírito que o desimantam da matéria e, consequentemente, do jugo animal. (Obra: *Sob a Luz do Espiritismo*, 1ª edição, p. 177)

Castidade pura e espiritualidade

A castidade pura é uma qualidade comum às almas nascidas no mundo material em cumprimento de qualquer missão elevada, como no caso de Jesus, que era uma entidade já liberta dos desejos carnais. Buda, depois de casado, recolheu-se à solidão e isolou-se dos desejos da carne para poder desenvolver suas energias de alta estirpe espiritual, enquanto que Jesus, por ser missionário eleito para a salvação do homem, poupou inteiramente suas forças criadoras, desde o berço até a morte na cruz. É tão evidente que a sexualidade não representa o conjunto das disposições orgânicas das criaturas, que os sábios mais devotados à humanidade sublimam de tal modo suas forças criadoras e as aplicam nos seus objetivos superiores, tornando-se depois indiferentes aos prazeres carnais. Ao contrário: os seres mais fisicamente fortes e avessos ao exercício mental e à indagação filosófica do espírito, amigos do bom repasto e exsudando saúde à flor da pele, quase sempre são mais afeiçoados ao sensualismo. (Obra: *A Vida Além da Sepultura*, 12ª edição, p. 350)

Castigo divino x sabedoria e bondade do Pai

Já vos encontrais bastante lúcidos para vos libertardes da ignominiosa idéia de que o sofrimento é um "castigo" de Deus! O Criador, infinitamente Sábio, Bom e Justo, não teria criado vales de lágrimas, penitenciárias do Espaço ou mesmo hospitais de provações planetárias, com o fito de desforrar-se dos seus filhos rebeldes, conforme ainda o crêem os católicos, protestantes, adventistas, salvacionistas e mesmo alguns espíritas ainda ignorantes da sublime realidade cósmica. A Terra, em verdade, não passa de abençoada escola de educação espiritual, onde os espíritos imaturos reajustam-se dos seus próprios equívocos ocorridos nas encarnações passadas, a fim de consolidarem suas consciências em eterno aperfeiçoamento. (Obra: *Fisiologia da Alma*, 13ª edição, pp. 310-311)

Catalizador da luz crística – Jesus de Nazaré

Indubitavelmente, o planeta Terra nunca deixou de pulsar impregnado pela luz e pelo Amor do seu Cristo. Mas o advento de Jesus, em sua missão sacrificial, significou a presença de um poderoso catalisador da luz crística a elevar a frequência inferior do orbe e ativar-lhe a essência divina. Lembra algo da lâmpada comum que, após sofrer uma ampliação em sua capacidade, também passa a absorver mais energia da usina e oferecer mais iluminação. Sob a catalização dinâmica de Jesus, quase exaurindo-se psiquicamente em direção ao Cristo, os poros da Terra absorveram e fluíram mais luz crística para a sua periferia. Assim, os seus habitantes sentiram, num novo estímulo de ascese espiritual, um convite oculto, que anteriormente não existia por força da rudeza e densidade do primarismo animal.[2] (Obra: *O Evangelho à Luz do Cosmo*, 10ª edição, p. 170)

Causas ocultas das doenças

A causa da moléstia, na realidade, além de dinâmica, é oculta aos olhos, ou aos sentidos físicos; o enfermo sente o estado mórbido em si, mas o médico não o vê nem pode apalpá-lo, como se fora uma coisa objetiva. Quando ocorre a sua materialização física, enfermando a carne, alterando os tecidos, deformando órgãos ou perturbando os sistemas vitais, é porque o morbo-psíquico atingiu seu final, depois, quase sempre, de longa caminhada oculta pelo organismo do doente, para atingir a periferia da matéria e nesta se acomodar ou acumular. É

---

2 Trecho extraído da obra *Boa-Nova*, cap. I, ditada por Humberto de Campos a Chico Xavier, edição da FEB: "Esqueceram-se de que o nobre Otávio era também homem e não conseguiram saber que, no seu reinado, a esfera do Cristo se aproximava da Terra, numa vibração profunda de amor e beleza. É por essa razão que o ascendente místico da era de Augusto se traduzia na paz e no júbilo do povo que, instintivamente, se sentia no limiar de uma transformação celestial. Ia chegar à Terra o Sublime Emissário. Sua lição de verdade e de luz ia espalhar-se pelo mundo inteiro, como chuva de bênçãos magníficas e confortadoras. A humanidade vivia, então, o século da Boa-Nova. Era a "festa do noivado" a que Jesus se referiu no seu ensinamento imorredouro".

que o espírito, através de vigoroso esforço, termina focalizando os resíduos num local orgânico vulnerável, na tentativa de sua eliminação tóxica. Por isso, não é no momento exato que o indivíduo acusa os sintomas materiais da doença que realmente ele fica doente; de há muito tempo ele já vivia mental e psiquicamente enfermo, embora o seu mundo exterior ainda não houvesse tomado conhecimento do fato.

As inflamações, úlceras, tumores, fibromas, tuberculoses, sarcomas, quistos, hipertrofias, cirrose, adenomas, amebíases, etc., são apenas os sinais visíveis identificando a manifestação mórbida que "desceu" do psiquismo enfermiço para a exterioridade da matéria. (Obra: *Fisiologia da Alma*, 13ª edição, p. 179)

"Cavalo selvagem"– corpo de carne (crianças)

Os filhos precisam de toda experiência e disciplina vigorosa dos pais na fase infantil, para frenarem as manifestações instintivas pregressas, que principiam a agir desde o berço. Sem dúvida, é o amor que desenvolve as qualidades sublimes latentes do espírito, mas é a severidade e a autoridade paternas sem sentimentalismos piegas que realmente ajudam as crianças a dominar os seus impulsos inferiores.

O corpo de carne, à guisa do "cavalo-selvagem",[3] é o vigoroso potencial de forças herdadas do animal e caldeadas na formação das espécies primárias. Portanto, é perigoso e imprudente os pais ou avós deslumbrarem-se pelos seus descendentes, só porque eles herdam-lhes a fisionomia, a cor, o porte e o jeito! Deste modo, abrem-lhes as comportas do instinto inferior, enquanto o espírito é arrastado no vórtice da rebeldia em face de sua frágil autonomia sobre o corpo carnal! A principal função dos pais, durante a infância dos filhos, é diminuir-lhes,

---

3 O exemplo da muda de uma laranjeira superior enxertada sobre o "cavalo--selvagem" vegetal, ou tronco nativo da espécie inferior, poderia servir de analogia para avaliarmos a natureza dos princípios espirituais superiores, quando em luta com as tendências hereditárias inferiores do organismo físico. Há laranjeiras de qualidade superior, que conseguem impor os seus frutos doces e gostosos, embora sejam nutridas pelo tronco selvagem onde são enxertadas. Outras, enfraquecidas, só produzem frutos agrestes e azedos, porque se deixam dominar pela base inferior primitiva. Tal seria a imagem simbólica da luta do princípio superior espiritual, contra as tendências inferiores da matéria plasmada pela força bruta do instinto animal. (Nota de Ramatís.)

Mecanismos Cósmicos de A a Z

tanto quanto possível, a obstinação, a brutalidade, o despotismo e as más tendências. (Obra: *A Vida Humana e os Espírito Imortal*, 12ª edição, p. 24)

Centro espírita – imunização contra as Trevas

Um centro espírita funcionando à base do Evangelho do Cristo é um reduto salvacionista, onde os seus frequentadores imunizam-se contra as investidas dos planos inferiores. Ali, os seus participantes recebem estímulos energéticos para ajustarem-se à vida superior e porem-se a salvo das investidas das Sombras. O ensinamento não é feito à base de "obrigações religiosas", mas principalmente sob o esquema do "dever" e da "responsabilidade" pessoal. Enquanto as religiões dogmáticas "frenam" as paixões dos seus fiéis, confundindo a solução do problema pecaminoso com o seu temporário impedimento, o Espiritismo ensina e requer uma libertação consciente, lenta e demorada, se for preciso, mas "definitiva". A vida atual é a revelação positiva do negativo da existência finda; o sofrimento humano é a retificação do desvio antiangélico. Não há injustiça nem privilégio; "a cada um, segundo suas obras"! É resolução pessoal, individual e intransferível a qualquer sacerdote ou pastor.

Deste modo, a doutrina espírita é realmente um estorvo para as intenções maquiavélicas dos "maus espíritos"; interessa-lhes minar as bases sadias que ensinam o homem a libertar-se das paixões e dos vícios num esforço particular e definitivo. No entanto, um centro espírita só se desmancha, realmente, quando os destruidores do Além-túmulo podem infiltrar-se no seu seio através das paixões e das impertinências dos seus próprios componentes. Eles então exploram a vaidade, o ciúme, a rivalidade e o amor-próprio de todos, até levá-los ao atrito, à separação e ao estagnamento doutrinário. (Obra: *Elucidações do Além*, 11ª edição, pp. 44-45)

Cérebro físico x perispírito – funções

A ciência terrena cada vez mais se deslumbra e se espanta ante a complexidade do cérebro físico, que considera o centro da inteligência humana. No entanto, ele é apenas o "transmissor" da real inteligência e faculdade absoluta do espírito imortal. Malgrado o esforço louvável dos cientistas humanos na pesquisa do cérebro humano, muito pouco eles sabem sobre os circuitos invisíveis, as reações químicas e correntes elétricas cerebrais, que ultrapassam mesmo a capacidade de um milhão de computadores. Na função de avançado e sutilíssimo aparelho de manifestação da vida espiritual, através do cérebro flui e derrama-se para o cenário do mundo físico apenas diminuta parcela do fabuloso conteúdo do perispírito eterno. Consequentemente, o perispírito ou a "túnica nupcial", depois de ultimar o processo de afinamento e consolidação, através das ações e reações no contato com a matéria, é um organismo que preexiste e sobrevive ao corpo carnal, depois de cada materialização do espírito na face de qualquer orbe físico. Mas ele é dotado de órgãos e sistemas autênticos, que lhe asseguram um metabolismo de fisiologia própria. Trata-se de um corpo capaz de atender às incessantes exigências íntimas do espírito. Mas a individualização exige a sucessão de milhares, milhões, bilhões e até trilhões de anos do simbólico calendário humano. Um corpo vaporoso, e tão singelo, como o definiu Kardec forçado pelas circunstâncias adversas de sua época, nada mais seria do que um rudimentar embrião fluídico humano a esvoaçar sem rumo no Além-Túmulo.[4] (Obra: *O Evangelho à Luz do Cosmo*, 10ª edição, p. 278)

---

4 Diz Emmanuel, na obra *Roteiro*, capítulo "O Perispírito", o seguinte através da mediunidade de Chico Xavier: "O perispírito é, ainda, o corpo organizado que, representando o molde fundamental da existência para o homem, subsiste, além do sepulcro, demorando-se na região que lhe é própria, de conformidade com o seu peso específico. Formado por substâncias químicas que transcendem a série estequiogenética conhecida até agora pela ciência terrena, é aparelhagem de matéria rarefeita, alterando-se, de acordo com o padrão vibratório do nosso campo interno. Organismo delicado, com extremo poder plástico, modifica-se sob o comando do pensamento. É necessário, porém, acentuar que o poder apenas existe onde prevaleçam a agilidade e a habilitação que só a experiência consegue conferir. Nas mentes primitivas, ignorantes e ociosas, semelhante vestidura se caracteriza pela feição pastosa, verdadeira continuação do corpo físico ainda animalizado ou enfermiço. O progresso mental é o grande doador de renovação ao equipamento do espírito, em qualquer plano de evolução. O perispírito, quanto à forma somática, obedece a leis de gravidade, no plano a que se afina. Nossos impulsos, emoções, paixões e virtudes nele se expressam fielmente".

Mecanismos Cósmicos de A a Z

Cérebro físico x perispiritual – sonhos

O conhecido perispírito, é um veículo de contextura eletiva só do mundo astral onde, depois da morte do corpo físico, é que passa a se mover tão livre e conscientemente quanto seja o grau de evolução sideral do espírito. Enquanto ele ainda se conserva encarnado, todos os acontecimentos de que participa no mundo invisível são fixados exclusivamente no seu cérebro perispiritual, porque se sucedem noutras dimensões inapropriadas à recepção grosseira do cérebro físico. Embora a memória do perispírito se amplie incessantemente pelos acontecimentos em que continua a tomar parte no plano extramaterial, o cérebro físico permanece alheio a tudo, pois só é responsável pela fenomenologia e pelos fatos próprios da matéria e entrevistos unicamente pelos cinco sentidos da carne. Pela manhã, quando o espírito retorna ao seu organismo de carne, que abandonou durante o sono, não lhe é possível transmitir ao cérebro físico, com a desejada limpidez, a ordem e a natureza dos acontecimentos que foram observados e vividos astralmente só através do cérebro do perispírito. E a razão é bem simples: evidentemente, o cérebro carnal não pode identificar com fidelidade as cenas e os acontecimentos de que não participou diretamente, e que só foram vividos pelo cérebro astral quando fora do corpo físico. Assim é que as ocorrências de que o espírito participa, em cada nova encarnação, ficam definitivamente gravadas no seu próprio perispírito ou na sua memória etereoastral, como acervo de sua consciência espiritual definitiva, que é continuamente fortalecida e ampliada pela síntese das memórias das existências físicas pregressas. O perispírito, como sempre sobrevive à morte do corpo carnal, conserva então consigo tanto as imagens dos acontecimentos de que participa fora do corpo, no seu mundo astral, como aquelas que tenham sido fixadas pelo cérebro físico. Mas aquilo que o espírito só percebe quando livre no plano astral e fora do seu corpo físico, é óbvio que só é gravado no cérebro do perispírito, sem o conhecimento do cérebro de carne, porque este permanece ignorando o acontecimento. Às vezes, e com muita dificuldade, o cérebro perispiritual consegue fazer repercutir suas lembranças no cérebro físico, mas elas só se forjam na forma de evocações fantásticas, que mais tarde deixam dúvidas quanto à sua veracidade. (Obra: *A Sobrevivência do Espírito*, 8ª edição, pp. 249-250)

Chacra básico ou kundalíneo

Situa-se na base da espinha dorsal; é o condutor do famoso "fogo serpentino", ou mais conhecido pelos hindus como o "chacra kundalíneo", centro etérico responsável pelo fluxo das energias poderosas que emanam do Sol e da intimidade da Terra, a energia "mãe do mundo", pois ela é realmente o principal fundamento da vida na matéria. Os clarividentes observam que esse fluxo energético, provindo do âmago da Terra em simbiose com as forças que descem do Sol, assemelha-se a uma torrente de fogo líquido a subir pela coluna vertebral do homem, a qual depois ativa as energias instintivas ou inferiores, próprias do mundo animal!

Segundo certo ensinamento hindu, o kundalíneo ou "fogo serpentino" proporciona a libertação do ser, quando habilmente controlado pelo chacra básico, situado no extremo da coluna vertebral, desde que esse despertamento seja efetuado por espírito equilibrado, sem vícios e paixões perigosas, despreocupado também dos tesouros e poderes das vaidades do mundo carnal. Assim os iogues tornam-se os "senhores do kundalíneo", mas os tolos, os ambiciosos e os imorais, quando de posse de tal energia incomum, são escravos e joguetes de uma força que os massacra. (Obra: *Elucidações do Além*, 11ª edição, pp. 225-228)

Chacra cardíaco – amor

Este chacra está situado exatamente à altura do coração físico, pois é o centro de forças responsável pelo equilíbrio e pelo intercâmbio das emoções e dos sentimentos do homem. Quando ele é bem desenvolvido favorece a consciência ou a percepção instantânea das emoções e intenções alheias. É um centro turbilhonante, cor de ouro, emitindo fulgores iridescentes e se hipersensibiliza pela contínua auscultação psíquica no ser. Na sua função de centro cordial situado à altura da região cardíaca, correspondendo à velha tradição de que o sentimento e a emoção geram-se no coração, o chacra cardíaco também recebe eficiente contribuição vital do chacra esplênico, cujo prana róseo, ao atingi-lo, assume um tom do chamado "raio amarelo". Esse raio amarelo penetra no sangue pela via cordial e o vitaliza especialmente para que atenda à função cerebral; e, em seguida, eleva-se até atingir o chacra coronário, no alto do crânio, do que então resulta a consciência dos sentimentos ou das emoções, que costumam estimular as cogitações filosóficas de natureza elevada.

O homem cujo cérebro é fortemente vitalizado pelos fluidos prânicos do chacra esplênico, depois combinados com os do chacra cardíaco, em verdade, suas emoções e sentimentos são mais propriamente resultantes das elucubrações metafísicas. Enfim, o chacra cardíaco, quando bem desenvolvido, confere ao seu portador o dom de auscultar ou sentir os fatos do mundo astral, isto é, o dom do pressentimento, em que sentimos instintivamente os acontecimentos futuros. O chacra cardíaco nas pessoas sinceras, humildes e meigas, de sentimentos nobres e ternos, mostra-se na plenitude de um Sol que despende fulgores dourados, sem analogia nas escalas cromáticas do mundo. É um centro cordial, que as faz compreender e sentir os sentimentos e as ansiedades do próximo. (Obra: *Elucidações do Além*, 11ª edição, pp. 236-237)

Chacra coronário – regente dos demais - II

... é o regente orquestral dos demais centros de forças, aos quais ele se liga interiormente, ajustando-os e afinando-os para um metabolismo harmônico. Preside-lhes as diversas funções sob uma regência ou comando de inspiração emanada diretamente do Alto. O centro coronário pode assumir as colorações mais exóticas e fascinantes; gira no seu todo com inconcebível rapidez, enquanto o seu centro de diâmetro menor, apresenta-se numa cor branca, lirial e deslumbrante, emitindo fulgores dourados cada vez mais belos. À medida que o homem desenvolve os seus princípios espirituais superiores, ele também se transforma num Sol rutilante de beleza inigualável, irradiando matizes de cores impossíveis de serem definidas pela retina física. É o elo da consciência angélica com o mundo material, enquanto os demais centros de forças recebem-lhe o influxo superior e sensibilizam-se em suas funções de intercâmbio entre o mundo físico e o mundo oculto. (Obra: *Elucidações do Além*, 11ª edição, pp. 236-237)

Chacra esplênico e prana

Situa-se à altura do baço físico, é de cor radiante e de excessivo magnetismo, sendo o principal centro energético vitalizador do corpo físico, funcionando ainda como o auxiliar do metabolismo da purificação sanguínea. Sabe-se que extirpando o baço, que é o órgão físico purificador do sangue, a medula óssea redobra em sua atividade hematológica, a fim de compensar a deficiência dessa função. Nesse caso o chacra esplênico também entra em maior intimidade com o duplo etérico e passa a dirigir o metabolismo vitalizador sanguíneo, quase à altura do esterno, base do pulmão, centralizando-se, diretamente, na coluna vertebral e no sistema nervoso central. O dito chacra possui sete raios ou pétalas, e a sua função energética, e muito intensa, torna-o um pequeno sol rodopiante a emitir revérberos cintilantes na absorção do Prana impregnado das forças ativas solarianas. Inúmeros casos de leucemia são devidos à insuficiência do chacra esplênico sobre o baço físico, pois reduz-se a absorção dos glóbulos de vitalidade naturais da atmosfera comum, necessários à revitalização sanguínea. Já temos observado algumas curas de enfermos leucêmicos devido, justamente, a maior ativamento do chacra esplênico, que favorece o aumento de glóbulos vermelhos. Isso se dá pela maior penetração de glóbulos vitalizantes do Sol e demais forças magnéticas do orbe planetário.

Depois que o centro esplênico atrai e incorpora as energias do meio ambiente, como a eletricidade, o magnetismo, os raios cósmicos, as emanações telúricas e energias projetadas do Sol, ele as desintegra e as distribui na forma de átomos saturados de Prana, anexando-os às diversas partes do corpo físico, conforme as funções vitais de cada órgão ou sistema orgânico.

Mas no processo dessa purificação sanguínea, que é função do baço físico, o chacra esplênico acrescenta outras energias que fluem através dos chacras frontal e coronário, situados na cabeça. Deste modo, o conteúdo do sangue se impregna do tom espiritual da alma imortal. O chacra esplênico também regula a entrada do Prana no duplo etérico do homem. (Obra: *Elucidações do Além*, 11ª edição, pp. 231-232)

Chacra frontal – visão e intuição

É o sexto centro etérico situado entre os supercílios ou olhos, apresentando-se com 96 raios; nele predomina a cor róseo-amarela, matizada com um pouco de azul-violáceo, pois esse chacra também se nutre do raio róseo-amarelo vitalizante do chacra esplênico e combina-se com algo do raio azul do centro laríngeo. Quando esse centro de forças é bem desenvolvido, dinâmico e rutilante, confere ao homem o dom ou a faculdade da clarividência dos objetos e das coisas do mundo astral, das paisagens distantes e das massas coloridas do mundo astral, assinalando, também, os poderes mediúnicos da psicometria.

O chacra frontal do duplo etérico encontra-se intimamente ligado com igual centro de forças astrais situado em mesmo plano no perispírito. Quando é abundante de Prana e permanece em boa atividade com os outros chacras, ele confere ao homem encarnado ou desencarnado a faculdade de aumentar ou diminuir o seu poder visual, podendo penetrar e observar com êxito a própria vida microbiana impossível à visão comum.[5] (Obra: *Elucidações do Além*, 11ª edição, pp. 238-239)

Chacra gástrico ou umbilical

Situado à altura do umbigo, no duplo etérico, em perfeita correspondência com o plexo solar, abrangendo o fígado, os

---

5 N. do Revisor: Há um relato na obra **Missionários da Luz**, páginas 231 a 232, do capítulo "Reencarnação", ditada por André Luiz a Chico Xavier, que comprova perfeitamente os dizeres de Ramatís, quando, sob o auxílio magnético do mentor Alexandre, o autor espiritual explica que sentiu aumentar o seu poder de visão astral, pois conseguiu acompanhar, dali por diante, todo o fenômeno da fecundação, quando através dos condutos naturais femininos, corriam os elementos masculinos em busca do óvulo numa prova eliminatória e num avanço de três milímetros por minuto.

Os chacras ou centros de forças etéricas sobre o duplo etérico do homem.

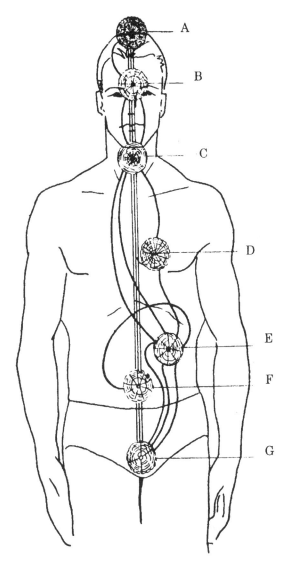

A – chacra coronário; B – chacra frontal; C – chacra laríngeo; D – chacra cardíaco; E – chacra esplênico; F – chacra umbilical; G – chacra básico ou kundalíneo.

Mecanismos Cósmicos de A a Z

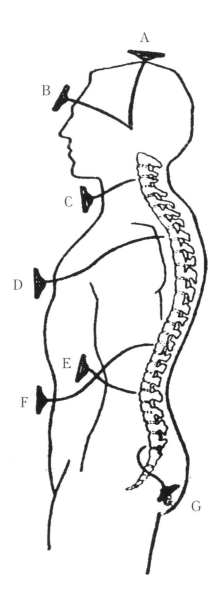

A – chacra coronário; B – chacra frontal; C – chacra laríngeo; D – chacra cardíaco; E – chacra esplênico; F – chacra umbilical; G – chacra básico ou kundalíneo.

intestinos, os rins e demais órgãos do abdômen, à exceção do baço, que se encontra sob o controle do chacra esplênico. Esse centro de forças etéricas, de natureza mais rudimentar, é responsável pela assimilação e metabolismo dos alimentos ingeridos pelo homem. Alguns espiritualistas preferem chamá-lo de centro gástrico[6] e ele se apresenta na forma de um turbilhão etérico com dez ondulações, raios ou pétalas, variando entre as cores vermelhas e os tons verde cor de ervilha, matizes que resultam da decomposição do Prana absorvido do meio ambiente e ali prismado.

Quando o chacra umbilical é muito desenvolvido, o homem aumenta a sua percepção das sensações alheias, pois adquire uma espécie de tato instintivo ou sensibilidade astral incomum, que o faz aperceber-se das emanações hostis existentes no ambiente onde atua e também das vibrações afetivas que pairam no ar. (Obra: *Elucidações do Além*, 11ª edição, pp. 230-231)

Chacra laríngeo – a fala

Situado à altura da garganta física, conhecido pelos hindus que o chamam de "Vishuddha", está próximo do plexo nervoso e na perpendicular do chacra frontal, do qual também recebe certa cooperação. Auxilia o desenvolvimento do ser e a audição astral e etéreo-física. Sua mais importante função é sustentar e controlar as atividades vocais, o funcionamento das glândulas timo-tireóide e paratireóides, estabilizando definitivamente a voz depois da época da puberdade, em que a menina se transforma em mulher e o menino se faz adulto. É um centro de forças etéricas responsável pela saúde da garganta e das cordas vocais. Ele carreia a vitalidade que deve suprir o mecanismo vocal e o dispêndio energético no falar. É um órgão muito ativo e brilhante nos grandes cantores, poetas célebres, oradores sacros e homens que revelam o dom incomum da palavra, o magnetismo, a voz hipnótica. Ajuda também a percepção dos sons provindos do mundo etéreo-físico, da superfície da crosta terráquea e a auscultação dos sons do mundo oculto astralino.

---

6 N. do Revisor: Vide página 128 *Entre a Terra e o Céu*, de André Luiz, e a obra *Passes e Radiações*, capítulo "Chacras", de Edgar Armond.

A sua cor predominante é de um azul-claro, matizado de suave lilás ou tom violeta, brando, mas o seu aspecto geral, quando em boa disposição funcional, lembra a tonalidade de formoso raio de luar pousado sobre o mar tranquilo. Tanto se acentua como se reduz em sua cor azul-claro fundamental, assim como varia em tamanho e luminosidade, influenciando-se conforme o potencial e a qualidade verbal da criatura. (Obra: *Elucidações do Além*, 11ª edição, pp. 237-238)

Chacras – vórtices energéticos

São em número de sete e correspondem exatamente ao desdobramento setenário do Cosmo. Distribuem-se gradativamente sobre a superfície etérica do corpo físico e intercambiam forças vitais e energias cromosóficas, as quais estimulam e renovam as funções e faculdades da alma reencarnada no plano material. Denominam-se: o "chacra vertebral" na base da coluna; o "umbilical", à altura do umbigo; o "esplênico", sobre o baço e o "cardíaco" na zona do coração; o "laríngeo", à superfície da garganta; o "frontal", situado entre os supercílios, em nível da glândula pineal; e, finalmente, o centro coronário, conhecido na literatura hindu como "o lótus de mil pétalas" e no sânscrito como "Brahmarandhra". A denominação de "mil pétalas" se baseia na sua força primária, que é composta de 960 raios. Mas um dos principais mistérios iniciáticos do passado, e que hoje, na hora dos "tempos são chegados", se pode revelar, é a sutil atividade menor que possui esse centro, um chamado turbilhão secundário que executa "doze ondulações". Não podemos nos alongar nesse assunto, que requereria volumoso tratado de hermetismo, mas lembramos-vos e aos que souberem ler nas entrelinhas; o "chacra coronário" e suas doze ondulações, corresponde "microcosmicamente" a Jesus e os doze apóstolos e ao Cristo Solar e os doze planetas; nove dos quais a vossa ciência já descobriu. (Obra: *A Vida no Planeta Marte e os Discos Voadores*, 17ª edição, pp. 418-419)

Chacras e energetização humana

Os chacras – que se distribuem à distância de alguns milímetros acima do corpo etérico – são centros que canalizam energias do Cosmo, de várias espécies, que diferem em vibrações, cores e ondulações, segundo o modo de se comportarem em cada região de intercâmbio astroetéreo humano. São forças que fluem pelos corpos vivos, a fim de os manter em atividade e contínuo progresso. Derivam-se de todos os pontos: do Sol, da Terra, dos astros circunvizinhos ou das infinitas combinações que se processam no éter-cósmico.

O vocábulo "chacra" provém da língua sânscrita e se traduz como "roda" ou "disco giratório", espécie de pires que se move lenta ou velozmente, emitindo fulgores rutilantes e ampliando-se de 5 até 15 centímetros em seus diâmetros. Assemelham-se, por vezes, a pequeninos sóis, que cintilam sob o influxo de energias provindas das mais desconhecidas regiões da vida cósmica. Como as faculdades psíquicas dependem muitíssimo do funcionamento dos chacras, para se manifestarem a contento no mundo físico, é óbvio que o desenvolvimento de cada chacra está em perfeita relação com a evolução da própria faculdade psíquica que lhe seja correspondente. (Obra: *Mensagens do Astral*, 13ª edição, p. 196)

Charcos astralinos – bênção divina

Disse Jesus: "Os humildes serão exaltados e os que se exaltarem serão humilhados". Traduzindo para o vosso entendimento atual e científico assim: "Os perispíritos muito densos, sobrecarregados de tóxicos e resíduos provenientes da exaltação do orgulho, do ódio, do despotismo, da perversidade, da vaidade ou da cólera serão "humilhados" na queda específica aos pântanos e charcos do mundo inferior, após a saída dos túmulos. Os seres humildes, mansos de coração, compassivos, tolerantes e caridosos, serão "exaltados" ao deixarem a carne e seu perispírito translúcido eleva-se às regiões superiores, pela sua pouca densidade magnética".

Os homens muito sobrecarregados de resíduos venenosos

partem do corpo físico e não conseguem alcançar o vôo para as esferas superiores e tombam nos charcos do Além para sofrer a necessária limpeza e aliviar o excesso de peso. Na lei homeopática de que os semelhantes curam os semelhantes, os espíritos sufocados pelo visco das substâncias tóxicas incorporadas nos seus "momentos invigilantes" de ódio, ciúme, cólera, inveja, luxúria, cobiça, avareza ou tirania serão aliviados pela própria absorvência dos charcos do Astral Inferior. Na verdade, o processo de "absorção" ou "sucção", que o lodo astralino exerce no perispírito dos infelizes "réprobos" é, francamente, atroz e de enlouquecer. O expurgo feito de "dentro para fora" é de uma ação cáustica e ardente, produzindo verdadeiras carbonizações, mas deixando resíduos viscosos, aumentando a densidade dos próprios charcos terapêuticos e a sua carga fétida e pestilenta, produto da matéria deprimente expelida pelos condenados.

Daí, a idéia tão arraigada nos homens da existência do "inferno", com o seu fogo purificador e os tormentos de água e azeite ferventes. É, realmente, uma "purgação" provocada pelos charcos nauseantes e de sensações tão atrozes como as queimaduras profundas. (Obra: *Sob a Luz do Espiritismo*, 1ª edição, pp. 31-32)

Charcos astralinos – purgação perispíritual

Quando o espírito não consegue expurgar todo o conteúdo venenoso do seu perispírito numa só existência física, ele desperta no Além sobrecarregado de magnetismo primário, denso e hostil. Em tal caso, devido à própria "lei dos pesos específicos", ele cai nas zonas astralinas pantanosas, ou seja, no reservatório oculto das forças instintivas responsáveis pela vida animal.

Depois de atraído para esses pântanos do astral inferior, onde predominam em contínua ebulição as energias primárias criadoras do corpo animal, ele é submetido à terapêutica obrigatória de purgação no lodo absorvente, embora tal processo lhes seja incômodo, doloroso e repugnante. Sob esse tratamento cáustico da lama astralina absorvente, eles se libertam, pouco a pouco, das excrescências, nódoas, venenos e das "crostas fluídicas" que nasceram no seu tecido perispiritual por efeito dos seus atos pecaminosos vividos na matéria. Embora sofram muitíssimo nos charcos astralinos, isso os alivia da carga mefítica acumulada na Terra, assim como o seu psiquismo enfermo, depois de chicoteado pela dor cruciante, desperta e corrige-se para viver existências futuras mais educativas ou menos animalizadas. Tanto a Terra quanto o mundo astral que a rodeia e a interpenetra por todos os poros, são palcos de redenção espiritual para os espíritos enfermos livrarem-se dos detritos mórbidos produzidos pelas suas imprudências pecaminosas. Os charcos do astral inferior lembram os recursos de que se servem alguns institutos de beleza, na Terra, quando também usam a lama terapêutica para limpar a pele das mulheres e remover-lhes certas nódoas ou manchas antiestéticas. Há, também, certa analogia desses pântanos astralinos com a natureza absorvente de um tipo de barro e de areia terrena, que habitualmente são usados no processo de imersão dos enfermos para o tratamento do reumatismo.[7] (Obra: *Mediunidade de Cura*, 12ª edição, p. 52)

Cientificismo do carma

As causas perturbadoras geradas pelo homem imoral nos diversos planos da vida oculta, que vinculam o espírito à matéria também hão de gerar-lhe efeitos idênticos e perturbadores, no momento de sua retificação cármica. Sob o julgamento humano e os preconceitos sociais do vosso mundo, o abandono da família é tachado como ato censurável, ou acontecimento exclusivamente punível na esfera da ética humana. É apenas a atitude censurável e comum de um pai de família que abandona o lar por vício, vagabundagem ou aventuras ilícitas pecaminosas, onerando o equilíbrio social e agravando a economia coletiva. Mas para a Lei do Carma humano, que se deriva intimamente da Lei Cármica do Cosmo, sob o mesmo ritmo e a pulsação energética de que "a semeadura é livre, mas a colheita é obrigatória", ela abrange toda a escala da perturbação, que decorre desde o mundo oculto e altera a estabilidade do *ritmo*, *equilíbrio* e *harmonia*, em todos os planos subsequentes. Há uma correção científica desde a atividade espiritual até a ativi-

7 Ramatís provavelmente refere-se às "areias monazíticas" que se acumulam prodigamente nas orlas marítimas do Espírito Santo e realmente têm curado inúmeras enfermidades de natureza reumática.

dade física, que gera um efeito disciplinador moral partindo de uma causa científica. A intenção fundamental da lei perturbada é indenizar vibratoriamente todas as deformações ocorridas e ajustar o equilíbrio e a harmonia, que são violentados nos vários setores de sua ação e reação. E sob a própria lei do bom senso, serve-se do próprio autor nocivo para ele reajustar o ritmo perturbado na sequência da reação e equilibra a ação que foi alterada. (Obra: *O Evangelho à Luz do Cosmo*, 10ª edição, p. 218)

Cientistas – feiticeiros oficiais

O mago-negro ou feiticeiro experimentado emprega "poderes invisíveis para obter efeitos visíveis", conforme é o conceito de magia. Igualmente, os cientistas empregam os "poderes invisíveis" dos cíclotrons, para desintegrar o átomo e a bomba atômica, que depois produz efeitos visíveis como foi a destruição de Hiroshima, numa perfeita bruxaria científica. Os feiticeiros oficiais da ciência também operam com forças ocultas, como é a energia atômica, agindo através de objetos adrede preparados como detonadores e com eles controlam a carga maléfica onde melhor lhes convier! Os bruxos amadores, no entanto, também usam alguns espíritos desencarnados, que, à guisa de "cíclotrons vivos", ajudam-nos a acelerar ou dinamizar o campo atômico de objetos de metais, como moedas de cobre, níquel, prata, chaves de bronze, coisas de zinco, de cádmio, pregos de ferro e agulhas de aço, lançando os traços radioativos dos mesmos sobre a aura da vítima enfeitiçada! (Obra: *Magia de Redenção*, 11ª edição, p. 131)

"Cimento" da evolução – prana

O espírito, ao "baixar" do seu mundo espiritual para formar sua individualidade consciente no mundo material, submete-se a um processo gradativo ou inerente a cada plano da vida, sendo um fenômeno uniforme em todo o Universo. No mineral, essa "consciência" em formação permanece estática e adormecida, mas depois evolui para a irritabilidade de "consciência" do vegetal ainda em "sonho"; em seguida, vivendo novos estágios de adaptações, ela alcança o estado de consciência instintiva animal; e, finalmente, atinge o raciocínio glorioso do homem. Entretanto, em todo esse modelamento progressivo e demorado, o prana, energia vital, é o fio dadivoso que une as contas de imenso colar de moléculas para plasmar as múltiplas formas da vida.

Recorrendo a rude exemplo, diríamos que assim como o cimento une os tijolos de um edifício, o prana é a liga, o elo vital, ou o elemento oculto, que associa os átomos, as moléculas e as células para compor o Universo. (Obra: *Elucidações do Além*, 11ª edição, pp. 171-172)

"Cisco magnético" e "Fim dos tempos"

Os construtores siderais, que criam os mundos sob a direção técnica da suprema lei, conhecem e prevêem, perfeitamente, as épocas psicológicas em que devem ocorrer os desregramentos periódicos de cada agrupamento espiritual reencarnado. Em consequência, as modificações físicas dos planetas se ajustam, hermeticamente, às purificações e retificações de suas humanidades, quando elas tendem para a insânia coletiva. Esse genial ajuste, previsto com incontável antecedência, tanto beneficia o orbe, que assim melhora o seu coeficiente físico e a sua posição planetária, como favorece aos seus moradores, que são então selecionados para uma existência mais harmônica. Lembra uma casa comercial às portas da falência, quando a lei jurídica intervém, para evitar maiores prejuízos ao patrimônio coletivo.

Não penseis que os "fins de tempos" devam chegar precedidos da "encomenda" de guerras, crimes, aviltamentos coletivos; esses acontecimentos apenas eclodem em momento psicológico, e habilmente controlados pelo comando superior! Os acontecimentos é que indicam o momento da eclosão, que se faz em sincronia com as modificações do mundo físico. A massa mental deletéria, que então se acumula – podendo chamar-se "cisco magnético" – sobre a crosta dos mundos físicos, tem que ser eliminada com certa urgência antes que se consolidem a desarmonia e a enfermidade psíquica coletiva. (Obra: *Mensagens do Astral*, 13ª edição, p. 84)

Mecanismos Cósmicos de A a Z

Clarividência – centros etéricos

Inúmeros seres de ordem superior a possuem, no vosso mundo, pois já os temos acionado a contento. Acresce, no entanto, que se trata de espíritos sensatos, discretos e desinteressados da magia de feira; guardando, ciosamente, esses atributos porque ainda não podem ser apreciados nem compreendidos pelo homem comum. O Cosmo está interpenetrado por um oceano de éter, que se adensa em torno de cada planeta, ser ou objeto, formando outra atmosfera penetrante. Mesmo o elétron que gira na intimidade do átomo, está interpenetrado por esse éter, afetando todas as vibrações em torno e criando problemas e surpresas que a vossa ciência eletrônica mal se avizinha das primeiras soluções. A reduzida capacidade dos vossos sentidos físicos, só vos permite usufruir insignificante gama dessas vibrações etéricas. Escapam à vossa percepção sensorial, por suas vibrações serem extremamente rápidas; somente o desenvolvimento de outros centros, como sejam os chacras, permitem captar tais velocíssimas ondulações que estão muito além da retina visual comum. A visão mais dilatada, mais perto da realidade, somente poderá alcançar sucesso, através de um organismo que já esteja integrado no mesmo habitat etérico. Daí, o êxito da clarividência, que se faz diretamente no campo etérico e por intermédio, também, dos centros etéricos, como são os chacras. (Obra: *A Vida no Planeta Marte e os Discos Voadores*, 17ª edição, p. 421)

Colheita cármica

Conforme já vo-lo dissemos alhures, em breve exemplo, o homem que se suicida por enforcamento ou pela bala escaldante rompendo-lhe o crânio, há de renascer de acordo com o delito praticado em si mesmo — com problemas mentais, surdo-mudo e giboso, atravessando a existência infelicitado pela corcunda, ou sem ouvir e falar, ou segregado num hospício. Mas, tudo isso acontece, não em consequência de punição pela Lei, porém, por efeito de serem atos irregulares, violentos e contrários à técnica criativa fundamental, pois, o espasmo derradeiro do homem

110 Ramatís

pendurado na forca repuxa e atrofia o tecido supermagnético do perispírito, formando o molde defeituoso para plasmar ou materializar um novo corpo na próxima encarnação. E quanto ao surdo-mudo, ele fere, com a bala suicida, os delicados neurônios etéreos do perispírito relativos à cerebração, matriz de todos os cérebros físicos usados nas diversas encarnações terrenas, dificultando a confecção perfeita dessa zona de transmissão da mente e da vontade para o organismo carnal.

O mesmo ocorre a qualquer outra anomalia praticada pelo espírito num momento de imprudência ou viciação, no decorrer de sua existência física, resultando efeitos semelhantes por se gerarem de causas semelhantes. Eis o motivo por que os toxicômanos, ao entorpecerem ou desregularizarem seu cérebro pela ação de psicofármacos, retornam à carne, em nova existência, com distúrbios psíquicos de uma cronicidade imodificável no cenário físico na Terra, sob a figura infeliz dos aparvalhados, excepcionais, epiléticos, esquizofrênicos, com baixo nível de consciência e deficiências motrizes, capengando com um esgar circense, na reprodução dos efeitos do tóxico, o qual, no pretérito, era tão-somente a fuga da responsabilidade da vida ou da tentativa inútil de usufruí-la.

Mas, não existindo, por parte do Criador, os extremismos absolutos nos ciclos da vida, em qualquer setor do Universo e na intimidade dos seres, a colheita cármica é, rigorosamente, o fruto de um conjunto de dados causais ou premissas lógicas para soluções sensatas. Os espíritos viciados ou toxicômanos devem colher, em encarnações futuras, os efeitos dessa imprudência, e terão em outra vida a doença exatamente conforme o tipo do psicotrópico a que se viciaram, o tempo do seu uso, a fuga deliberada das responsabilidades da vida em comum na coletividade, a falta de cumprimento de promessas antes de se reencarnarem, o ludíbrio e o sofrimento dos pais e da parentela onerada pelas tropelias, delinquência ou simples gazeio da aula física de conteúdo espiritual. (Obra: *Sob a Luz do Espiritismo*, 1ª edição, pp. 224-225)

Comando das trevas – processos obsessivos

Os comandos das trevas realizam estudos minuciosos sobre as tendências prejudiciais humanas, pesquisando as vontades fracas e procurando os escravos dos preconceitos e convenções mundanas, para depois vampirizá-los em sua vitalidade psíquica. Muitas vezes eles organizam cuidadosos relatórios das prováveis vítimas a serem obsidiadas, examinando todas as suas reações nos campos de sua manifestação física e natureza moral de suas reflexões inferiores. Assim não lhes custa muito descobrir um desejo mais vigoroso ou imprudente, que possa servir como um "detonador psíquico" procurado para a concretização dos seus objetivos sombrios. Esse desejo muitas vezes palpita como um ideal oculto no âmago da futura vítima, podendo ser uma ansiedade permanente por algum objetivo de auto-exaltação perigosa na esfera social, política ou no comando na vida, disfarçando talvez uma vaidade exuberante ou um orgulho implacável.

É algo persistente que domina pouco a pouco a criatura e supera todos os demais desejos e objetivos acidentais; desenvolve-se sub-repticiamente, à revelia do seu próprio portador. Quantos tiranos, caudilhos, magnatas desonestos e vultos atrabiliários da história viram-se alçados rapidamente às posições mais perigosas ou prestigiosas do mundo, apenas porque descobriram a sua força e o seu desejo vigoroso oculto no subjetivismo da alma e os atiçaram à medida que se formava o clima eletivo para a sua eclosão definitiva. (Obra: *A Vida Além da Sepultura*, 12ª edição, pp. 322-323)

Conduta evangélica – defesa contra bruxaria

A conduta superior sempre atrai entidades de melhor estirpe espiritual, em favor dos necessitados, enquanto a oração eleva a frequência vibratória do duplo etérico defensivo do ser. Os espíritos das sombras encontram maiores dificuldades para exercer a sua atividade daninha e fatigam-se quando a vítima se reajusta incessantemente à frequência espiritual superior à faixa vibratória onde eles operam. Repetimos que não é fácil para os desencarnados lograrem êxito em todas as suas ações diabólicas contra os "vivos" pois, em caso contrário, a humanidade já estaria completamente escravizada aos desígnios do mundo oculto, e os homens seriam incapazes de quaisquer iniciativas e discernimentos particulares.

Como a irritação, atrabiliaridade, cólera, injúria, impaciência e aflição produzem impactos violentos no fígado, e esses tóxicos depois se encaminham para os rins, ou drenam pela pele na forma de eczemas, urticárias, brotoejas impingens, cobreiros e outras dermatoses, devido à insuficiência renal, as pessoas sob tais condições incontroláveis são mais atacadas pela feitiçaria. Mas quem cultiva em sua vida a mansuetude, paciência, tolerância, confiança, ternura, delicadeza e humildade não se irrita nem é acometido das expurgações daninhas pela pele, ou pela intoxicação hepática, que tanto favorece certo tipo de feitiço! Quem ora e vigia, evangelizando-se pela elevação espiritual, também não produz toxinas lesivas à sua própria organização carnal!

Embora a criatura tenha sido alvejada pela projeção nefasta, de metais fluídicos enfeitiçantes e lesivos a certo órgão, ela elimina mais facilmente os seus efeitos perniciosos, sob uma conduta evangélica, do que alimentando atos pecaminosos que ainda reforçam o campo fluídico em favor do êxito de bruxaria! O homem que aprende a respirar a plenos pulmões é invulnerável à fadiga proveniente dos longos esforços e goza de excelente saúde; o espírito evangelizado também respira a longos haustos o oxigênio espiritual, que desintegra miasmas, bacilos, tóxicos fluídicos e cargas de feitiçaria! (Obra: *Magia de Redenção*, 11ª edição, pp. 136-137)

Consciência cósmica e processo de "Re-Ligare"

É "Religião", na acepção do vocábulo "religare", processo ou meio de religar o espírito do homem à Consciência Cósmica de Deus. Sua função é dinamizar o "quantum" energético da centelha espiritual que domina em sua intimidade, fazendo-a aflorar cada vez mais à superfície da transitória personalidade humana; e assim consolidando a individualidade eterna do ser consciente de existir no Universo. Não é movimento destinado a reunir homens e incentivá-los à adoração de Deus sob um aspecto particularizado; nem se distingue por cerimônias em templos, dogmas, compromissos ou posturas peculiares a estatutos religiosos. É norma de vida do Espírito encarnado, induzindo-o a libertar-se, o mais cedo possível, da animalidade que o prende aos ciclos encarnatórios nos mundos planetários. Mas tudo isso será exercido com um "estado" de espírito no homem, sem limitações, preconceitos, obrigações ou exigências aos seus fiéis e adeptos. O esforço da criatura em "religar-se" o mais cedo possível com o Pai deve ser espontâneo ou voluntário. Jamais obrigatoriamente, pois isso lhe tiraria o mérito da ação. As cerimônias, os ritos, os símbolos, as distinções hierárquicas, que tanto impressionam os sentidos humanos, são recursos ou exterioridades, que podem identificar conjuntos de crentes praticando cultos religiosos simpáticos entre si, mas não provam estar presente o verdadeiro sentido da Religião. Em consequência, Religião é o esforço que a criatura empreende no sentido de maior sintonia com Deus, o que é perfeitamente compatível com o espiritismo, doutrina que não pretende competir com as seitas religiosas do mundo, mas apenas esclarecer os homens independentemente de quaisquer compromissos devocionais. A verdadeira religião não possui barreiras, não tem cor local ou limitações doutrinárias, pois abrange todas as criaturas que vivem dentro de uma norma ou esquema semelhante de entendimento espiritual. É uma atividade legitimamente espiritual, que universaliza o Espírito, aprimora a mente e sensibiliza o coração através de maior compreensão das Leis da Vida e de Deus. (Obra: *A Missão do Espiritismo*, 11ª edição, pp. 50-51)

Consciência cósmica e trabalho

O trabalho é operação que desperta o dinamismo angélico da alma e amplia a consciência espiritual para abranger maior área de manifestação do Macrocosmo. Quando Jesus afirmou que a "fé como um grão de mostarda poderia remover montanhas", refere-se, principalmente, à ação perseverante e criadora do trabalho, tal qual ocorre no seio da semente laboriosa, também desperta no psiquismo do homem os poderes sobre as coisas e os seres. A semente da mostarda, malgrado sua imobilidade no fundo da terra, põe-se a trabalhar ininterruptamente até se transformar na planta benfeitora, sob o recurso dos próprios elementos hostis do ambiente. Ela opera em condições sacrificiais, mas rompe, desabrocha e aflora à superfície do solo numa configuração inconcebível, quando comparada à sua pequenez original. Mas tudo isso acontece sob ação transformativa do trabalho e sem a rebeldia às leis do crescimento vegetal. Obra: *A Vida Humana e o Espírito Imortal*, 11ª edição, p. 148)

Consciência cósmica e unidade

Pensando em revelar o que é mais certo e mais justo, comumente só revelamos aquilo que é apenas simpático à nossa formação filosófica ou religiosa. Mas a sequência da vida nos vai descortinando novos panoramas da Realidade Espiritual; consciência humana, desde os seus primeiros bruxoleios de vida isolada, aparentemente, no seio do Cosmo, cresce continuamente em sentido esférico, passando por consciência grupal, racial, continental, planetária ou constelar. À medida que abrange maior área de conhecimento cósmico, também se despe dos seus pontos de vista, caprichos e limitações personalísticas, para então se doar à condição de "divino alimento" as consciências menores que a seguem na esteira da caminhada. Só enquanto as almas alimentam ainda a noção de separatividade, como indivíduos exclusivos, é que fazem seleções de virtudes em si e de pecados em seus irmãos.

Se o espírito humano pudesse abranger toda a área da "Consciência de Deus", naturalmente eliminaria a sua idéia de "defeitos alheios", pela razão de não mais existir o "alheio", ante uma só consciência portadora de toda a vida! (Obra: *Mensagens do Astral*, 13ª edição, p. 65)

Consciência divina x consciência humana

O cérebro físico é, pois, o redutor da Onisciência no mundo da matéria, sendo esta a última fase da "descida angélica", ou seja, a mais grosseira manifestação da Divindade. O cérebro perispiritual, no entanto, é o responsável por essa redução no plano da vida astral. Ambos selecionam, eliminam e ajustam somente aquilo que pode ser útil, suportável e entendível no campo da consciência-indivíduo e ajudam-na a se expandir e a despertar no seio da Consciência Cósmica de Deus. Embora existam ainda outros órgãos que cumprem o mesmo objetivo redutor em planos ainda mais sutis, como no mental concreto e no mental abstrato, não podemos nos alongar na descrição de tais processos e veículos atuando na intimidade do Espírito Cósmico e que também amoldam o conhecimento infinito, de modo suportável, ao entendimento humano.

Os espíritos criados no seio da Onisciência representam outras tantas miniaturas da vida cósmica, que despertam para o auto-entendimento e progridem incessantemente, alimentadas pelo próprio conhecimento infinito de Deus. A consciência do homem nada pode criar de novo no seio do conhecimento perfeito e infinito do Criador; no entanto, ela desperta sob os incessantes impulsos que se manifestam do interior para o exterior, despertamento esse ininterrupto e que prossegue por toda a eternidade, uma vez que Eterno é o próprio Deus.

Esse processo e expansividade inata e ininterrupta de despertamento da consciência humana, os orientais os têm consagrado através de vários conceitos tradicionalistas da vida oculta, como estes: "Busca o caminho avançando resolutamente para o exterior"; "Busca o caminho penetrando para o interior"; ou "Cresce como cresce a flor, inconscientemente, mas ardendo em ânsias de entreabrir sua alma à brisa"; ou, ainda: "Busca a integração no Existente antes de ti!"

Estas máximas referem-se ao convite incessante que a Consciência Total de Deus lança na intimidade da consciência individual do homem que, na figura de verdadeiro filtro ativado por inextinguível poder e inteligência, capta o conhecimento cósmico na conformidade do grau de sua própria percepção. A alma humana busca o conhecimento definitivo e preexistente da Vida Real originada do Sublime Princípio Eterno, mas sem lhe poder acrescentar qualquer novidade, pois se pudesse fazer tal coisa, é evidente que também criaria algo desconhecido dentro do seio do próprio Deus. Então seria uma absurdidade que a centelha espiritual do homem, que é produto da Criação, pudes-

116   Ramatís

se criar ineditismos no seio do próprio Criador donde emanou. (Obra: *A Sobrevivência do Espírito*, 8ª edição, pp. 262-263)

Consciência espiritual – peregrinação do espírito

O homem é um ser muitíssimo complexo, e nós mesmos, espíritos desencarnados, ainda pouco sabemos da sua contextura espiritual eterna. O espírito do homem é um fragmento ou centelha virginal do Espírito Cósmico. É inconsciente em sua origem, até habitar a matéria, onde aprende a engatinhar e a modelar a sua consciência de "existir" ou "ser" alguém no seio do todo. Através dos estímulos da vida animal inferior ou instintiva, entra em relação com o meio ambiente e, gradualmente, coordena as suas reações, passando a sentir-se um indivíduo de existência à parte, porém, intimamente ligado ao Espírito de Deus.

O espírito virginal emanado de Deus não pode se ligar, de súbito, ao plano denso da matéria. Deste modo, ao emanar do Criador, tem de operar em si mesmo uma incessante e gradativa "redução vibratória" ou "descida espiritual", até conseguir ajustar-se ao padrão do mundo material.

Ainda inconsciente, deixa o seu "lar sideral" e viaja em direção ao mundo físico. No primeiro plano da descida, a mente, então, modela o seu veículo mental, incorporando a energia para pensar; em seguida, no Plano Astral, compõe o veículo astral e emotivo, que lhe dá a faculdade de sentir; depois, no Plano Vital, incorpora o veículo vital para viver no plano exterior; e, finalmente, alcança o último plano, modelando o corpo carnal para agir na matéria. Em verdade, nessa descida, o espírito desprendido da Consciência Cósmica permanece intimamente ligado a Deus, pois, somente reduz o seu estado vibratório, mas não se desprende da fonte criadora.

Mesmo encarnado, o homem já é um espírito imortal, pois a morte física apenas o desliga do mundo exterior, dando-lhe maior amplitude na sua verdadeira manifestação espiritual. Através das esferas da mente, do Astral e Vital, vai atraindo e aglutinando as energias ativíssimas do mundo oculto para configurar, pouco a pouco, o modelo do corpo que deverá plasmá-lo com a substância carnal no término da última etapa de sua descida.

Após completar esse descenso vibratório e atingir a fase mais ínfima da vida na matéria, então, se inicia a composição da consciência instintiva, embora, ainda seja um joguete das forças animais. A centelha virgem e ignorante emanada do Espírito Cósmico de Deus desperta e desenvolve-se modelando sua consciência individual na experiência das espécies inferiores. Mais tarde, desperta o intelecto, que lhe dá o raciocínio, capaz de fazê-lo discernir sobre o que é proveitoso ou maléfico, bom ou ruim, certo ou errado, como elementos aquisitivos na formação de sua consciência individual. Mas, assim como a lagarta possui, no seu âmago, o esquema alado da mariposa, o homem agrilhoado à carne contém em si o poder microcósmico do potencial de Deus. E, à medida que progride no crescimento de sua Consciência Espiritual, se desveste gradualmente das formas carnais, ensejando o vôo definitivo para os mundos felizes. (Obra: *Sob a Luz do Espiritismo*, 1ª edição, pp. 154-155)

Cooperação e educação – lei do cosmo

Não existem providências de caráter punitivo nas leis estabelecidas por Deus. Os meios drásticos empregados pelos Mentores Siderais não só reabilitam os delinquentes, como ainda os aproximam mais rapidamente do verdadeiro objetivo da vida, que é a Ventura Espiritual, a eles reservada desde o primeiro bruxuleio de consciência. No Cosmo, tudo é educação e cooperação; os planos mais altos trabalham devotadamente para que as esferas inferiores se sublimem na contínua ascensão para a Sabedoria e o Poder! (Obra: *Mensagens do Astral*, 13ª edição, p. 339)

Cores – influência oculta

As cores fascinam e influem nos seres humanos, variando apenas quanto à sensibilidade psíquica de cada criatura, pois, além de sua repercussão propriamente física, elas também atuam despertando novas disposições mentais e emotivas, agradáveis ou desagradáveis, excitantes ou depressivas.

A civilização ainda conserva os seus "tabus" no uso das cores e conhece, subjetivamente, os seus efeitos psíquicos, pois enquanto prefere o preto para o luto, o roxo para a mortalha ou enfeites de caixões de defuntos, elege o branco para o traje de noiva, das crianças, na primeira comunhão e quaisquer festividades que simbolizam o expluir sadio da vida! As cores traem o temperamento e a alma dos povos, pois as nações mais belicosas ostentam o vermelho na confecção de suas bandeiras, enquanto países sem ambições guerreiras, como o Brasil, revestem o seu pavilhão nacional apenas com o verde, amarelo, azul e branco, num admirável simbolismo identificador da esperança, intuição, fraternidade e paz![2] (Obra: *Magia de Redenção*, 11ª edição, p. 234)

Cores – realidade etérica

Essa verdadeira cor é o matiz exato que vibra no éter, e não conceituada pela visão humana, que é bem precária. Há inúmeras cores classificadas pela sensibilidade humana, que na realidade intrínseca são bem diferentes, em virtude da deficiência dos vossos órgãos visuais, que ainda não alcançam as vibrações mais sutis. Os chineses, há mil anos, pintavam as suas telas com o céu todo amarelo, pois assim é que o percebiam na sua visão rudimentar; só mais tarde é que alcançaram a cor azul-clara. Entretanto, essa pretensa cor azul é o resultado das massas atmosféricas, iluminadas pelo sol e sobre o fundo negro do espaço infinito. As poeiras cósmicas ou radioativas, os reflexos solares e magnéticos, a disposição variável dos fenômenos luminosos na câmara ocular e as oscilações das cores prismadas do raio solar, são ainda elementos que deixam dúvidas na realidade exata da cor. Só no seu original etérico, num habitat tão sutil que é impermeável a quaisquer influências exteriores, é que a cor poderá ser percebida em sua beleza virgem. Incontáveis mundos balouçam-se à distância do vosso orbe, cujo aparelhamento astronômico os assinala em cores de topázio, ametista, rubi, esmeralda, turmalina; alguns são lilases, verde-malva ou de um amarelo gema-de-ovo. No entanto, ninguém vos poderá afirmar que a cor exata desses orbes seja aquela que à distância, o reflexo solar e a radiação cósmica mostram aos vossos olhos. As faces roxas, as pombas verdes e as mãos lilases, criadas pelos pincéis dos impressionistas terrenos, se ainda não identificam a realidade etérica em conexão ao simbolismo da forma, revelam já, o esforço de libertação do artista, marchando ao encontro da nova mensagem. (Obra: *A Vida no Planeta Marte e os Discos Voadores*, 17ª edição, pp. 286-287)

Cores áuricas – personalidades

Não esqueçais o binômio "luz e sombra", em que se baseiam todos os movimentos ascensionais do espírito em direção à intimidade cósmica de Deus. Em todas as expressões áuricas, os tons escuros, sujos ou oleosos, denotam vibrações de baixa frequência. Nos seres superiores, as cores da aura são fundamentalmente luminosas, claras, translúcidas, límpidas e delicadas, enquanto que as almas inferiores apresentam matizes escuros, ásperos, disformes e densos. O cientista, genial e estudioso, mas que mercadeja as suas criações e se inferioriza pela cobiça ao vil metal, embora sua aura seja de um amarelo-dourado, que identifica o sábio, tem a cor do bronze velho, azinhavrado e empoeirado, com todos os matizes das emoções predominantes. Essa aura ainda pode apresentar-se com os bordos alaranjados, espessos, denotando sinais de orgulho e intransigência, ou então os reflexos de rosa-salmão, sujos, demonstrando o gênio dominado pela sensualidade desregrada. Comumente, podereis encontrar sobre a aura azul puro, celeste, da alma devota; na verde-seda límpida a do poeta ou artista excelso; no amarelo-dourado, brilhante, do gênio intelectual; os relâmpagos de vermelho-encarnado ou setas vivas cor de fogo, que se entrecruzam, a esmo, revelam que essas almas se deixam dominar pela cólera, raiva ou irritação, quando profundamente contrariadas. (Obra: *A Vida o Planeta Marte e os Discos Voadores*, 17ª edição, p. 143)

Cores dos pensamentos – identificam natureza

De conformidade com as leis transcendentais, que regem o mundo mental, a qualidade do pensamento determina-lhe a cor; a natureza do pensamento compõe-lhe a forma; e a precisão do pensamento determina-lhe a configuração exata. As cores do pensamento são fundamentais e jamais desmentem a sua cromosofia peculiar, isto é, o pensamento de amor ou de paz, de ódio ou de guerra, possui sempre a mesma tonalidade colorida, quer seja produzido por um europeu, asiático, africano ou latino. Isso acontece, porque a Mente Divina, em qualquer latitude cósmica do Espaço, fundamenta a mesma cor do pensamento e interpenetra todos os interstícios da mente humana. Os pensamentos, além de nutridos pela substância mental, também impregnam-se do fluido astralino que no momento nutre sentimentos semelhantes.

Assim, em qualquer ponto do Universo, a cor clara e límpida sempre decora os pensamentos de amor puro; o branco-prateado fundamenta os sentimentos messiânicos; o azul-celeste identifica a elevada emoção religiosa, enquanto o esforço mental para produzir raciocínios elevados e benfeitores à humanidade, sempre ressalta um formoso matiz amarelo e de ouro chispante, que é a cor do intelecto sublimado. As formas-pensamentos sublimes e benfeitoras são sempre límpidas, translúcidas e formosas, enquanto as formas-pensamentos produtos da mente subvertida e alimentadas pelas energias inferiores mostram-se obscuras, pétreas e oleosas.

Infelizmente, devido à graduação primária da humanidade terrena, em geral, ainda predominam na aura humana as cores escuras, viscosas e densas, como resultantes de pensamentos nebulosos e próprios das mentes mal desenvolvidas. (Obra: *Magia de Redenção*, 11ª edição, p. 76)

Corpo astral e alcóolatras desencarnados

A desencarnação não destrói os desejos, pois estes são psíquicos e não físicos. Após a morte corporal, quando a alma se vê impedida da satisfação alcoólica, é justamente quando o seu desejo ainda mais recrudesce e a idéia da impossibilidade de saciar o vício produz-lhe atroz desespero.

Há muito tempo a tradição ocultista vos ensina que o corpo astral, como um dos veículos que compõem o perispírito, é realmente o "corpo dos desejos", no qual sedia-se o desejo do espírito e conservam-se todos os resíduos produzidos pela sua emotividade e paixões vividas nos milênios findos. Através desse sutilíssimo corpo astral, constituído de toda a essência psíquica emotiva desde a sua origem planetária, é que realmente se manifesta o desejo do espírito. Nessa contextura delicadíssima atuam, gritam e dominam todos os ecos e estímulos das paixões, desejos e vícios que hajam vibrado na alma através de suas anteriores encarnações físicas. É por isso que a simples perspectiva de não poderem saciar a angustiosa sede de álcool, trazida da Terra, deixa esses infelizes alcoólatras cegos e enlouquecidos sob os mais cruciantes acometimentos. Rompem-se-lhes as algemas de qualquer convenção ou deveres afetuosos, levando--os a praticar as mais vis torpezas para conseguir o álcool. Aqueles que já presenciaram os ataques etílicos dos alcoólatras e se compungiram pelos seus alucinantes delírios, sem dúvida não observaram vinte por cento do que acontece a esses infelizes desesperados pelo vício, quando lançados brutalmente no mundo astral! Além disso, as entidades das sombras procuram auxiliar os viciados recém-chegados ao espaço, ensinando-os a ter paciência e a buscar o seu "médium eletivo", na crosta terráquea, a fim de torná-lo um dócil "caneco vivo" que, na forma de um canal, lhes mitigará no mundo material a sede ardente do álcool. (Obra: *Fisiologia da Alma*, 13ª edição, p. 136)

Corpo etéreo-astral – configuração semelhante

O átomo infinitesimal é composto de centros imponderáveis de atrações, como os íons e elétrons; no entanto, esses corpúsculos, que ainda são um "quantum" de matéria, possuem duplo-etéricos semelhantes à sua configuração material e ainda impregnados da energia astral. Cada elétron físico possui, portanto, a perfeita contraparte etéreo-astral e que vem a ser um outro elétron num sub-plano eletrônico. Uma vez que o átomo material é formado pela soma de elétrons e do núcleo que, por sua vez, também possuem os seus duplo-elétricos, é óbvio que há, no átomo físico, um outro átomo etérico. As moléculas físicas, como soma dos átomos etéreo-físicos, também se apresentam revestidas dos seus duplo-etéricos, e as células que se formam da composição das moléculas seguem a mesma dispo-

122   Ramatís

sição fundamental, com as suas contrapartes etéreo-físicas.

Em consequência do que acima expomos, o homem físico é uma cópia, uma reprodução ou a "revelação" exata, no mundo exterior, de um outro homem etéreoastral, invisível, que compreende a soma de células, moléculas, átomos e elétrons físio-etéricos. É por isso que ocorre o fenômeno que já conheceis, de muitos pacientes continuarem a sentir dores em uma perna já amputada, pois o cirurgião que amputou a parte material não pôde nem poderia amputar a perna etérica. Noutros casos, após a amputação da mão atacada pelo câncer, a energia cancerígena caminha pelo "molde etérico" do enfermo e, embora se façam novas e sucessivas intervenções, materializa-se novamente na sequência do braço e vai dali para diante. A bala escaldante, que penetra o cérebro ou o coração do suicida, estraçalha na mesma zona a tessitura etérica, pois que a bala material é um corpo revestido também do duplo-etérico, que é a figura exata de outra bala, que prejudica o seu plano correspondente.

Os reinos animal, vegetal e mineral são configurações visíveis dos mesmos reinos etéreo astrais e que sobrevivem mesmo após a dissolução da forma material, assim como sobreexiste a perna etérica do paciente que sofreu amputação da contra-parte física da mesma. (Obra: *Mensagens do Astral*, 13ª edição, pp. 388-389)

Corpo físico – abafador da memória transcendental

Na verdade, o escafandro de carne é um grande abafador da memória transcendental do espírito, mas esse mal ainda mais se avoluma diante da proverbial negligência de quase todos os homens para consigo mesmos quando, além do desinteresse pela sua própria estrutura espiritual e pelo despertamento de suas forças mentais, ainda atrofiam os seus delicados centros psíquicos sob o guante dos vícios e das paixões animais. Os terrícolas, em geral, vivem isolados no seio da carapaça física, não sabendo que serão bem contristadores a surpresa e o temor quando, após a desencarnação, comprovarem que a sua verdadeira individualidade não se resumia no corpo de carne entregue à cova terrena, mas residia justamente no espírito, tão subestimado e esquecido na existência física.

Tal situação, que é muito comum depois do "falecimento" e de o espírito se desvencilhar das ilusões terrenas, acabrunha dolorosamente aqueles que confiam demasiadamente na personalidade transitória da matéria. Só lentamente retornam à memória real das vidas pretéritas, quando então se apresentam despertos para avaliar a justiça dos seus sofrimentos e a importância das vicissitudes humanas, como fatores que elevam a alma para as regiões superiores. Apagam-se-lhes as últimas ilusões ante a comprovação da verdadeira vida do espírito, a qual se sobrepõe à insignificância dos nomes, privilégios e preconceitos terrenos, que tanto hipnotizam as criaturas no culto e no apego fanático às formas perecíveis da matéria.

Entretanto, a morte, por mais tétrica e impiedosa que vos pareça, não passa de um processo técnico, justo e inteligente, com que o Criador transforma o "menor" em "maior" e o "inferior" em "superior". Também há de chegar o dia em que deixareis de sofrer o ceticismo e a desilusão de ignorar o passado, pois então a vossa consciência será uma só manifestação, liberta do tempo e do espaço; todas as vossas existências físicas serão apenas como as contas de simbólico e infinito colar, ligadas intimamente pela natureza imortal do espírito! (Obra: *A Sobrevivência do Espírito*, 8ª edição, pp. 254-255)

Corrente mediúnica e luzes áuricas

As criaturas humanas emitem raios de luzes tão intensos ou débeis conforme lhes seja a natureza dos pensamentos e dos sentimentos. Durante as palestras cujo assunto é inferior, fescenino ou agressivo, as auras dos homens tingem-se de cores escuras, que vão desde o vermelho-sanguíneo, o verde-ardósia, o cinzento-oleoso até o preto depressivo. No entanto, se o assunto em foco é de ordem elevada, no qual se conjugam os princípios elevados do espírito, então fulguram as cintilações luminosas dos seus autores e atraem para junto deles entidades que procuram o contato humano no sentido de ampliar o serviço do Cristo no orbe terráqueo.

Em consequência, as pessoas que se reúnem em torno de uma mesa espírita com o objetivo de efetuar um trabalho

124   Ramatís

mediúnico, espargem suas luzes conforme seja o seu caráter espiritual, porquanto o volume de sua luminosidade corresponde exatamente ao grau de sua natureza psíquica. A conexão de luzes que se faz entre as irradiações das auras de todos os participantes também compõem uma "aura de força" ou de segurança espiritual, baseada no grau e na capacidade espiritual de concentração. Enquanto se estabelece uma "corrente de força" impregnada de elementos vitais e magnéticos dos presentes, que em seguida casam-se aos fluidos dos espíritos desencarnados, produz-se a emanação terapêutica, que beneficia, suaviza e mitiga o sofrimento dos próprios espíritos sofredores, ali presentes. É evidente que as pessoas corruptas, de mau viver e vítimas das paixões escabrosas não conseguem manter o "tônus vital" necessário para sustentar uma concentração de boa estabilidade mediúnica. Em tal caso, as comunicações dos espíritos não se efetuam com a devida exatidão, mas deixam dúvidas e desconfianças, tanto pelo excesso de animismo dos médiuns, como em face do nível espiritual de quem as efetua. (Obra: *Elucidações do Além*, 11ª edição, pp. 47-48)

Crianças e o desenvolvimento mediúnico

É imprudência provocar-se o desenvolvimento mediúnico da criança, mesmo quando julgamos tratar-se de um médium em potencial. O organismo infantil é delicado e bastante influenciado pelo fervilhamento das forças biológicas que ainda consolidam-lhe o maquinário neurocerebral. As suturas, os contornos da carne de criança para a formação de sua figura humana, ainda dependem fundamentalmente das trocas simpáticas entre átomos, moléculas, células e fibras, cujo ritmo só se estabiliza depois da puberdade quando o menino se torna em homem e a menina se transforma em mulher. A excitação psíquica inoportuna, as impressões mentais dramáticas, os choques emotivos ou as comoções imprevistas tendem a alterar-lhes a segurança nervosa e podem causar-lhes desarmonias organogênicas, cujos reflexos prejudiciais afetarão a estrutura íntima do perispírito, ainda parcialmente afastado do corpo físico.

Daí concordarmos com Allan Kardec, quando o Espírito da

Verdade lhe responde sobre o desenvolvimento mediúnico das crianças:"Os pais prudentes devem afastar as crianças das idéias ou assuntos prematuros mediúnicos, embora divulguem-lhes os ensinamentos morais". (Livro dos Médiuns; cap. XVIII, pergunta 6). (Obra: *Elucidações do Além*, 11ª edição, p. 65)

Crime infamante – o aborto

O aborto é crime infamante fichado no código penal da espiritualidade porque destrói um organismo em gestação e já vinculado a um espírito em descenso reencarnatório! Toda gestação, aí na Terra, é vinculada no Espaço a um programa cármico coletivo, o qual se processa através de séculos e séculos, reajustando e redimindo adversários dominados pelo ódio e pela vingança recíproca! Em consequência, o aborto é um "imprevisto", que altera esse programa conciliador, porque além de expulsar do organismo físico o espírito enquadrado no programa redentor da carne, também frustra o trabalho de centenas de almas vinculadas ao mesmo processo encarnatório.

São mentores, técnicos, médicos siderais, sociólogos, legisladores, amigos, parentes e servidores operando nos fluidos nauseantes de vinculação do mundo espiritual com a matéria, a fim de que seja ajustado o espírito à carne! A mulher ignorante ou rebelde mal pode calcular o montante de prejuízos decorrentes do ato de abortar, assim como alguém escorraça de sua porta o mendigo faminto! (Obra: *A Vida Humana e o Espírito Imortal*, 11ª edição, p. 86)

Cristo e Jesus – "transformadores divinos"

O Cristo é uma entidade arcangélica, o Logos Planetário Terráqueo ou o Espírito Crístico da Terra, cuja elevada frequência vibratória o torna impossibilitado de qualquer ligação ou atuação direta nas formas dos mundos materiais. Daí o motivo de a Técnica Sideral ter escolhido o Espírito Jesus de Nazaré, entidade de elevado gabarito espiritual, e ainda capaz de atuar na face da Terra e portadora das condições de transmitir o pensamento do Espírito Planetário neste repositório didático que é o Evangelho. O Cristo vivifica o vosso orbe e ilumina a humanidade terrícola, assim como acontece de modo semelhante com os demais Cristos planetários de Júpiter, Marte, Saturno e outros orbes. Em linguagem algo rudimentar, diríamos que os Cristos planetários são uma espécie de "transformadores" Arcangélicos, que baixam a frequência da Luz Cósmica do Criador, ou seja, a energia cósmica da Usina Divina, até reduzir a frequência e torná-la compatível com as necessidades de vivência das humanidades dos orbes físicos.

Ainda noutro exemplo rude, verificamos que a energia elétrica, embora seja sempre a mesma usada nas vossas atividades materiais, tanto precisa ser graduada na alta frequência para movimentar uma indústria gigantesca, como na voltagem menor a fim de mover um singelo barbeador sem danificá-lo. Assim, entre a usina de força e o modesto barbeador devem interpor-se os mais variados tipos de transformadores apropriados para amenizar e graduar a carga elétrica demasiadamente vigorosa, até se ajustar à frequência da capacidade e da resistência da instrumentação mais delicada. Os Cristos ou Logos Planetários são os refulgentes espíritos de arcanjos, sublimes transformadores que também ajustam a Luz Cósmica de Deus, conforme as necessidades de cada orbe físico e suas humanidades. Há uma hierarquia divina, lógica e sensata, subordinada aos Cristos Hemisféricos, Galaxiais e Constelares, eleitos conforme o seu desenvolvimento consciencial. Através desses munificentes e soberanos Espíritos, o Criador flui e adapta a sua Luz Original a cada orbe na voltagem adequada às necessidades e à receptividade de seus filhos. (Obra: *O Evangelho à Luz do Cosmo*, 10ª edição, pp. 158-159)

Cristo planetário e sensibilidade psíquica

Os homens vivem embebidos na essência sublime do "seu" Cristo e o sentem em sua intimidade, quando em oração ou meditação na fuga da matéria para o reino do Espírito Imortal. As criaturas mais sensíveis, como os médiuns, iniciados, clarividentes, iogues e esoteristas disciplinados, seres habituados às meditações e auscultações psíquicas, às vezes, identificam essa "voz oculta", ou a tradicional "voz sem som", que lhes fala silenciosa e ternamente nas belezas edênicas após o desenlace do corpo carnal.

Mas o Cristo Planetário, em face de sua imensa energia, não poderia reduzir-se ao ponto de se ajustar à mediocridade da mente humana e à precariedade de um corpo carnal. Conforme já vo-lo dissemos, cada orbe tem o seu Logos ou Cristo planetário, seja Terra, Marte, Júpiter, Saturno ou Plutão, cujos arcanjos munificentes e planetários operam vinculados ao Arcanjo ou Logos Solar que, então, atua no centro de cada agrupamento de astros. Conforme a graduação espiritual da humanidade de cada orbe, dela também se irradia uma aura espiritual em sintonia e conjunção com o "seu" Cristo Planetário. Daí certa validez da astrologia, quando assinala a presença benéfica ou mesmo maléfica de certo astro no roteiro do céu, cuja boa ou má influência é fruto do campo espiritual sublime ou nocivo dos seus próprios habitantes. Aliás, quanto mais evoluída é a humanidade de um orbe, ela irradia melhor fluido, porque também é mais sensível à vibração sublime do seu próprio Arcanjo Planetário.

O demasiado apego à existência física, fruto de sensações inferiores, imanta as criaturas às formas e aos bens do mundo, e mais isoladas da vibração sutilíssima do seu Arcanjo. O cenário de um orbe físico é equivalente ao de uma escola, pois mesmo os reinos mineral, vegetal e animal significam tanto para os espíritos encarnados, quanto o lápis, livro, quadro-negro ou a borracha para os alunos de uma escola. Assim como o aluno analfabeto não adquire o domínio sobre a linguagem escrita, caso despreze a escola e os seus objetos didáticos, nenhum espírito adquire consciência angélica e arquiangélica, caso também se recuse a aceitar as lições dos orbes físicos. (Obra: *O Evangelho à Luz do Cosmo*, 10ª edição, pp. 165-166)

Cristo Solar – aura radiante

É a própria aura do Cristo Solar que passa a ser sentida, absorvida e perceptível, assim que vos integrais em estados de alma bem mais puros. O Alento Divino, que se condensa por

Lei Cósmica, com mais "proximidade" nos sistemas de galáxias e mais perto de vossas almas, nos sistemas solares, é que vos impele, continuamente, para o "mais Alto". É o caminho silencioso do coração, tão preconizado por Jesus, o mais curto e seguro roteiro para irdes à intimidade do Cristo. Os mundos que formam os colares rodopiantes dos sistemas solares estão todos impregnados desses espíritos planetários, inconcebíveis condensadores da Luz cósmica. O vosso globo ignora que navega num oceano de Luz Resplandecente, que é o corpo diáfano do Cristo Solar. Se ainda viveis submersos nas sombras dos fluidos impuros que atuam em faixas inferiores, se apenas vos contentais com a luz pálida do Sol Físico, é porque ainda não vos esforçais para assimilar o conteúdo evangélico descido do Sol Espiritual, que comanda e rege os destinos do vosso mundo. (Obra: *A Vida no Planeta Marte e os Discos voadores*, 17ª edição, pp. 73-74)

Cristos planetários – hierarquia cósmica

Cada orbe possui o seu Arcanjo Planetário e é apenas uma "vontade espiritual" arcangélica, materializada exteriormente e ligada ao infinito rosário de outras vontades maiores, que se fundem na Vontade última, que é Deus. Os Engenheiros Siderais são os "reveladores", na forma tangível, daquilo que preexiste eternamente no mundo interior, mental e virgem de Deus; são intermediários submissos e operantes entre essa Vontade Absoluta e Infinita, para fazê-la pousar até nas rugas das formas dos mundículos microcósmicos! Eles sustêm em suas auras imensuráveis a consciência física dos mundos e a consciência somática espiritual de cada humanidade. Cada uma dessas Consciências Arcangélicas, que abrange um orbe, sistema solar ou galáxia, "sabe" e "sente" quais as necessidades evolutivas das humanidades ali existentes, assim como a vossa consciência, situada no cérebro físico, sente todas as carências do vosso corpo e providencia-lhe os socorros para a sobrevivência física. Há, então, um intercâmbio incessante entre as consciências menores, situadas nos reinos inferiores, e as maiores, que interpenetram sistemas e galáxias, sob a vigilância e a coordenação da Consciência Infinita e Eterna de Deus! É por isso que o provérbio popular costuma dizer que "não cai um fio de cabelo, sem que Deus o saiba", e Jesus dizia: "todos os cabelos de vossas cabeças estão contados". Muitas criaturas abandonam-se à Intuição e confiam plenamente na providência divina porque sabem que, realmente, através da escadaria infinita de consciências graduadas, no Cosmo, a mais sutil aspiração humana consegue sua realização, de conformidade com o seu merecimento espiritual. (Obra: *Mensagens do Astral*, 13ª edição, p. 427)

Cromoterapia – influência mental, astral e física

É a aplicação da cor em função terapêutica, recurso sutil e psicológico para auxiliar a cura de certas moléstias ou desequilíbrios psíquicos em pessoas sensíveis. Em certas confrarias antigas, do Oriente, os mentores tratavam as disposições emotivas e temperamentais de alguns discípulos mais hipersensíveis, sob a efusiva aplicação da cor. O paciente era colocado num aposento revestido desde o assoalho até o teto, de tecido de seda purpurina e cintilante, e ali permanecia tantas horas quanto fosse o grau de sua resistência psíquica e emotiva. Os mais impresssionáveis, sensíveis ou neuróticos às vezes atingiam tal grau de excitação nervosa e turbação perispiritual, que alguns eram tomados de crises alucinatórias e exaltações belicosas incontroláveis. Depois dessa prova de superexcitação pela cor vermelha, o discípulo era transferido para outro aposento exclusivamente forrado com tecido estampado pelo mais suave e agradável azul-claro celeste, e sob essa transferência súbita o sistema nervoso afrouxava-se num abrandamento psíquico agradável e balsâmico, logo desaparecendo os efeitos do paroxismo anterior.

A Ciência humana descobre, pouco a pouco, todos os efeitos das cores sobre o organismo humano, acontecimento que os velhos iniciados conheciam desde os tempos remotos da dinastia de Rama. A cor primeiramente influi no corpo mental e astral do homem, e só então refrata-se no cérebro físico, revelando a sensação do matiz entrevisto. Nas esferas espirituais adjacentes à Terra, a cor azul pode ser entrevista em perto de 47 tons diferentes, pelos espíritos superiores. No entanto, devido à letargia do olho carnal, o encarnado mal aproveita dez por cento da realidade vibratória da cor, pois fica limitado à massa compacta da faixa física e só o clarividente entrevê a luz interior que embebe e polariza a essência energética da mesma. O uso da mescalina ou ácido lisérgico[8] libera, em grande parte, a visão etérica do homem e o ajuda a identificar as cores jamais imaginadas e manifestas no mundo do éter-físico, embora, depois, não consiga descrevê-las fielmente, quando retorna ao estado de vigília. (Obra: *Magia de Redenção*, 11ª edição, pp. 237-238)

"Cunho permanente" – característica da alma

Realmente, a Lei é esta: a alma não retrograda, mas sim evolui ou estaciona. Mesmo durante essa fase que vos parece de improdutivo estacionamento, as forças propulsoras não se extinguem no seio da alma, mas se represam em salutar concentração, lembrando o repouso da natureza quando, durante o Inverno, aquieta as suas energias para depois incentivá-las vigorosamente na Primavera. O que vos causa dúvida provém de situardes a sequência da vida imortal do espírito sob a marcação prosaica do calendário humano. Embora, para o entendimento humano, os milênios pareçam algo impressionantes no conceito de tempo e espaço, eles ainda pesam muito pouco no desenvolvimento formativo das consciências individuais, que são lançadas virginalmente na corrente da evolução espiritual. Esse cunho permanente ou caráter fundamental, que é a própria marca psíquica da alma, ainda pode conservar-se por muito tempo sem sofrer mudanças radicais porquanto, à medida que o espírito opera vagarosamente, para extirpar uma paixão milenária e já perniciosa à sua consciência evoluída, outro sentimento sorrateiro tenta emergir e deitar corpo para também exercer o seu mandato ditatorial, embora seja por curto prazo. Daí, pois, o motivo porque muitos espíritos, em sucessivas

8 Vide a obra *As Portas da Percepção*, de Aldous Huxley, e a reportagem da revista *O Cruzeiro*, da autoria de Alberto Helena Jr. e Ronaldo Moraes, de 20 de novembro de 1965, intitulada: "Acido Lisérgico; Viagem às Origens do Homem".

Mecanismos Cósmicos de A a Z

encarnações, ainda revivem fortemente a característica fundamental, virtuosa ou aviltante que os dominou na existência anterior. Quando puderdes examinar a história da Terra sob a visão espiritual desencarnada, podereis comprovar que, pela ação desse "cunho permanente" em alguns espíritos de projeção mais vasta, eles deixaram na Terra novos rastros luminosos ou sombras denegridas, como cópias-carbono de sua maior virtude ou de seu maior pecado cometido nas vidas anteriores. (Obra: *A Sobrevivência do Espírito*, 8ª edição, pp. 283-284)

Curso para a família universal – o lar

O agrupamento doméstico é considerado no Espaço um curso vestibular para o evento da família universal! É uma espécie de triagem onde se classificam os cidadãos diplomados na fraternidade consanguínea; e que se mostram eletivos para aplicar no mundo profano os dons superiores adquiridos e desenvolvidos entre a parentela humana! O lar proporciona ao espírito encarnado as iniciativas do sentimento fraterno; incentiva-lhe a tolerância, paciência, humildade e a conformação, adestrando-o para depois enfrentar as adversidades do mundo! No mesmo lar, as almas reciprocamente hostilizadas em existências pregressas contemporizam-se de suas diferenças porque vinculam-se à mesma linhagem consanguínea, e no ambiente doméstico e por força da sobrevivência física avançam para a compreensão espiritual definitiva. Os filhos são os hóspedes, nem sempre desejados, que por força dos conflitos pretéritos achegam-se para substituir o ódio pelo amor, a desforra pela indenização. O lar funciona como um curso de confraternização e ajuste de sentimentos em conflito no passado! (Obra: *A Vida Humana e o Espírito Imortal*, 12ª edição, pp. 29-30)

Cursos de desobsessão no Além

São cursos de estudos inteligentíssimos e incessantemente progressivos, baseados no conhecimento avançado da anatomia e fisiologia do corpo humano e sobre as mais sutis manifestações do sistema nervoso e endócrino, a fim de se conhecerem todas as vulnerabilidades e os efeitos orgânicos que resultam nas vítimas das obsessões. Os espíritos que se devotam à cura de obsidiados tanto precisam conhecer a natureza das emissões magnéticas que podem beneficiar as vítimas das obsessões, como também as energias venenosas produzidas por esse processo vil durante o mórbido entrelaçamento entre o cérebro perispiritual e o cérebro físico.

Esses cursos, esquematizados por geniais cientistas siderais, requerem almas corajosas e de vontade bastante desenvolvida, que aliem ainda a estas qualidades excepcionais os mais elevados sentimentos de bondade, tolerância, e pureza de intenções. (Obra: *A Vida Além da Sepultura*, 12ª edição, p. 312)

D

Decantação astral – benefício para a alma

O corpo carnal – que é plasmado pelas energias primárias do mundo terreno – durante a materialização de suas sensações prazenteiras fortemente animais, exige que a mente empregue o combustível energético adequado e capaz de agir na mesma frequência vibratória inferior. Os resíduos desse combustível astralino derivado da escória animal e que são produtos energéticos das faixas vibratórias muito baixas, onde a mente precisa atuar, agregam-se e condensam-se depois no tecido delicado do perispírito, reduzindo-lhe o padrão magnético específico. Com o tempo, esses tóxicos ou resíduos perniciosos do submundo astral, ainda aderidos ao perispírito, tendem a petrificar-se e assim impedir as relações normais do espírito com o meio ambiente. Então devem ser desagregados com toda brevidade possível, para que a luz fulgurante da intimidade da alma possa fluir como divina profilaxia sideral, asseando a delicada vestimenta perispiritual.

Durante a decantação desses resíduos deletérios, que se efetua nos charcos do astral inferior, ou quando se transferem para o corpo carnal, é que então se produz a dor e o sofrimento desagradáveis, mas sempre de salutar benefício para a alma. Eis a razão por que certas religiões ensinam que a alma só alcança o céu depois que passa pelo purgatório, devendo expurgar de si as crostas perniciosas, que o perispírito obscurecido pelo pecado adquire em seus desequilíbrios psíquicos. Só depois de muita decantação astralina no Além, ou de encarnações de expurgo na matéria, é que os espíritos se livram da carga tóxica milenária, e que existência por existência se transmite num fenômeno de verdadeira hereditariedade psíquica. (Obra: *Fisiologia da Alma*, 13ª edição, p. 312)

Descida de avatares e engenheiros siderais

Inúmeros outros cooperadores siderais devem estudar as fases psicológicas, prever os períodos que se enquadrem no "calendário humano", a fim de que se reencarnem nos orbes espíritos superiores e instrutores do quilate de um Antúlio, Numu, Crisna, Moisés, Hermes, Buda, Confúcio, Rama, que estabelecem as preliminares para as mensagens de maior importância. Estes mensageiros sublimes, que vos citamos, entre os quais uns puderam cumprir com maior êxito do que outros a respectiva missão, foram sempre bafejados pela luz refulgente do Cristo e prepararam a abóbada espiritual protetora para o advento de Jesus – o mais perfeito e inconfundível doador da luz crística no vosso orbe!

Quando se trata da encarnação de altos espíritos, verdadeiros anjos planetários, como no caso de Jesus, é preciso que no momento apropriado para as suas manifestações haja um campo magnético astrológico favorável, produzido pelas situações e constelações de astros. Podereis melhor compreender o fato admitindo a pálida idéia de que empoeirada esfera de cristal devesse ser rigorosamente limpa, para que os raios do Sol a envolvessem em todo o seu conteúdo. A majestosa aura dessas entidades, de cuja vibração sutilíssima não vos podemos dar noções satisfatórias, escapa ao campo comum vibratório, no qual devem "emergir" para poder atingir o plano físico. Simbolicamente, dir-vos-íamos que se faz necessária uma "abertura", uma faixa vibratória, adequada à descida do Sublime Mensageiro. (Obra: *Mensagens do Astral*, 13ª edição, pp. 103-104)

"Desejo central" – faca de dois gumes

Esse desejo corresponde a uma força passional oculta, de forte exaltação psíquica, resultante de todas as energias

Mecanismos Cósmicos de A a Z

consequentes da experimentação milenária da consciência. É conquista que funde num só campo de forças tudo o que a alma experimentou e absorveu no trato energético com o mundo exterior. Figura no âmago da consciência como sua finalidade mais importante, que supera todos os demais desejos e ações que não vibram com esse "desejo central". Mas ele tanto pode ser o fruto de más raízes, que a consciência espiritual lançou para o fundo do seu psiquismo, como pode ser também um oceano de energias represadas que, ao romperem as suas comportas, podem acender as mais sublimes luzes messiânicas a favor da humanidade.

No subjetivismo do ser, esse desejo vai fazendo a sua investida lenta, mas tenaz, porque não é força estável, mas sim energia inquieta à procura de expansão e domínio. Em alguns seres, a sua eclosão pode cessar quando atingidas as bordas da vaidade pessoal em consequência de posses econômicas ou posições sociais comuns à vida epicurística, quiçá no orgulho pessoal dos cargos e glórias políticas, embora sem grandes expansões notórias. Em outros, porém, é força perigosa que, ao eclodir, transforma as instituições clássicas do mundo e subverte as leis tradicionais, impondo programas tirânicos, o fausto, ou a rapinagem que sacrificam o gênero humano.

Mas na alma superior, o "desejo central", embora ainda indefinido, expande-se como um potencial de reservas abençoadas e produz as grandes renúncias e os iluminados guias da humanidade. Francisco de Assis, quando sentiu aflorar a força íntima do seu "desejo central", consumiu-se no desempenho do serviço amoroso aos infelizes; Jesus, dominado pelo mesmo impulso oculto, transformou-se num vibrante instrumento vivo de heroísmo e amor, cujo potencial energético exsudou-se em torno da cruz do martírio, a favor da felicidade do homem. O "desejo central" desses sublimes seres recebeu o alento das hierarquias angélicas, enquanto que, nos grandes tiranos ou flagelos da humanidade, o alento partiu do poder das trevas. (Obra: *A Vida Além da Sepultura*, 12ª edição, p. 325)

Desencarnação – não milagre

A desencarnação apenas transfere o espírito para outra

136 Ramatís

faixa vibratória, sem que com isso fique extinta violentamente a sua bagagem íntima. Nós, aqui, não somos agraciados inesperadamente com nova bagagem psicológica adequada ao meio que passamos a habitar, e continuamos a agasalhar os mesmos caprichos e pontos de vista particulares, esquecendo, por vezes, as nossas próprias necessidades espirituais. No Além, como na Terra, o Cristo é quem demarca a fronteira das nossas ações: só Ele, realmente, pode revelar a estatura exata de nossa alma. (Obra: *Mensagens do Astral*, 13ª edição, p. 58)

Desencarnação – "troca de roupa"

A desencarnação pode ser associada ao fato do escafandrista, que se desveste do seu traje pesado à margem do rio ou do lago, para em seguida reintegrar-se na posse completa dos seus movimentos e emoções, que só lhe são naturais à superfície da terra. Mudais de plano vibratório sem modificardes o vosso interior, porquanto a morte do corpo físico não é fenômeno miraculoso, que faça eclodir a sabedoria no espírito ocioso ou a ternura na alma cruel. O vosso organismo carnal, à semelhança de um biombo espesso, torna-se um forte interceptador da luz do espírito; o seu desaparecimento, ou a sua desintegração no seio da terra, favorece a alma para que esta clareie o seu campo de consciência e ative a memória preexistente ao nascimento físico. O fenômeno pode ser comparado à luz de uma lâmpada que se projeta a maior distância, assim que lhe afastem os biombos ou anteparos que lhe reduziam a expansividade luminosa. Na verdade, é a nossa mente que se transfere de um plano vibratório mais denso para outro mais sublimado, qual um facho de luz que deixa de iluminar a superfície opaca de um vaso de pedra, para focalizar-se unicamente no seu líquido interior.

Muitas criaturas religiosas e crentes confessos ainda confiam em que, ao desencarnar, é que hão de retomar o "fio" de sua verdadeira consciência espiritual e então recomeçar a usufruir dos gozos e dos direitos que lhes ficaram suspensos durante a fase da vida terrena. Mas essa idéia ser-lhes-á de profunda decepção, pois aqui não há "recomeço" pelo fato de o espírito haver-se isolado na vida terráquea, e ninguém gozará de um panorama agradável e celestial apenas porque cumpriu certos deveres religiosos no mundo físico. O ritmo espiritual de vossa consciência é a realidade da vossa própria vida; não existem hiatos ou adormecimentos no espírito, embora não o possais comprovar através de conclusões exteriores; no transe, na imbecilidade, na loucura ou na morte, ele subsiste sempre na sua vida interior, porque é a centelha imortal que vos sustenta o pensar e o sentir.

A reencarnação lembra o fato do viajeiro que, diante do clima assaz rude, apenas enverga o traje mais pesado e protetor, sem que por isso tenha-se verificado a amnésia de sua verdadeira individualidade. (Obra: *A Sobrevivência do Espírito*, 8ª edição, pp. 14-15)

Desencarnação e carnivorismo – metabolismo astral

A Lei é imutável em qualquer setor da vida; o êxito liberatório na desencarnação depende, acima de tudo, do tipo de vibrações boas ou más na hora em que o desencarnante é submetido à técnica espiritual desencarnatória. O perverso que se lançou num abismo de crueldade, na vida física, será sempre um campo de energias trevosas e impermeáveis à ação dos espíritos benéficos; mas o santo, que se dá todo em amor e serviço ao próximo, torna-se uma fonte receptiva de energias fulgentes, que lhe abrem clareiras para a ascensão radiosa. Justamente após o abandono do corpo físico é que o campo energético do perispírito revela, no Além, mais fortemente, o resultado do metabolismo astral que entreteve na Terra. Em consequência, o homem carnívoro, embora evangelizado, sempre há de se sentir mais imantado ao solo terráqueo do que o vegetariano que, além de ser espiritualizado, incorpore energias mais delicadas em seu veículo perispiritual. Reconhecemos que, enquanto o facínora vegetariano pode ser um oceano de trevas, o carnívoro evangelizado será um campo de Luz; no entanto, como a evolução induz à harmonia completa no conjunto psicofísico, entre o homem carnívoro e o vegetariano, que cultuem os mesmos princípios de Jesus, o último sempre haverá de lograr mais êxito na sua desencarnação.

A ausência de carne no organismo livra-o do excesso de toxinas; na desencarnação, a alma se liberta, assim, de um corpo menos denso e menos intoxicado de albumina e uréia, que provocam sempre o abaixamento das vibrações do corpo etérico.

O boi ou o porco entretêm a sua vida em região excessivamente degradante, cuja substância astral pode aderir à aura humana, não só retardando o dinamismo superior, como ainda reduzindo a fluência das emoções angélicas. (Obra: *Fisiologia da Alma*, 13ª edição, pp. 44-45)

Desenvolvimento da vontade – libertação do espírito

Já dissemos que o espírito só se liberta do jugo triste das encarnações físicas, depois que desenvolve sua vontade a ponto de dominar todos os fenômenos escravizantes do mundo material. Por isso, os instrutores espirituais aconselham as "virtudes" que libertam o homem da escravidão viciosa e censuram os "pecados" que o algemam às formas perecíveis. O álcool, o fumo, o jogo e outros vícios elegantes são algemas jungindo o espírito ainda mais tempo ao jugo da carne. O espírito desencarnado, que ainda nutre em sua intimidade perispiritual o "desejo" de aguardente, uísque, cigarro, charuto, um bife sangrento ou do jogo do mundo, é como a mulher de Lott, que se transformou em estátua de sal, ao voltar-se para olhar o incêndio de Sodoma.

O espírito eterno precisa seguir para a frente, sem "olhar para trás", ou preocupar-se com os bens já queimados no incêndio da vida inferior do mundo transitório da carne.

Desde o início das civilizações terrícolas, os mestres espirituais fundaram seitas religiosas e confrarias iniciáticas para ajudar o homem a desenvolver a vontade, dominar o pensamento, extinguir desejos inferiores e buscar os bens do espírito eterno. (Obra: *A Missão do Espiritismo*, 11ª edição, p. 80)

Desequilíbrio eletromagnético – a dor

Todas as manifestações materiais são resultantes do eletromagnetismo que imanta, une ou separa os corpos físicos e espirituais.

A dor é o produto desse desequilíbrio eletromagnético psicofísico na estrutura do conjunto humano. Assemelha-se

Mecanismos Cósmicos de A a Z

a uma sobrecarga gerando um curto circuito ou a queima de componentes, que ocorre na rede magnética ou eletrônica formadora do perispírito, repercutindo nas regiões orgânicas mais afins ou vulneráveis, perturbando a harmonia energética. Sem dúvida a dor tem origem nas alterações do psiquismo, quando excitado ou deprimido pelas paixões, vícios, sensações primárias ou emoções descontroladas, expressando-se na periferia do organismo. São as expressões psicossomáticas, já reconhecidas por alguns médicos atônitos diante dos fenômenos observados.[1]

Consequentemente, a dor e a enfermidade variam de acordo com o estado moral, intelectual e consciencial de cada criatura. Há doentes que encenam um dramalhão tragicômico por causa de um simples resfriado; outros, mesmo sabendo serem portadores de câncer incurável, mantêm-se otimistas, tranquilos e confiantes no seu destino espiritual, servindo ainda como exemplo de resignação. (Obra: *Sob a Luz do Espiritismo*, 1ª edição, p. 16)

Desobsessão – técnica e amor

Os espiritualistas encarnados que pretenderem lograr êxito na solução dos casos de obsessão precisam conhecer melhor os principais sistemas orgânicos que constituem o corpo físico, bem assim se especializar no conhecimento da complexa fisiologia do perispírito. É necessário que se investiguem atenciosamente todos os fenômenos que, durante as obsessões, provocam a desarmonia entre o veículo físico e o perispírito. Na possessão completa, em que o algoz e a vítima se entrelaçam por meio de inextricável rede fluídica, construindo a ponte ou elo responsável pela troca recíproca de sentimentos, emoções, pensamentos e impulsos psicológicos, não basta localizar o acontecimento apenas no quadro patológico da obsessão já conhecida, mas é preciso que sejam identificadas perfeitamente as inúmeras sutilidades e diferenças psíquicas pessoais, que variam sempre

---

1 Tudo depende do modo como interpretarmos o fenômeno da dor; para uns é castigo de Deus com o fito de punir os pecados dos homens; para outros é efeito cármico de faltas cometidas em vidas anteriores; raros, porém, aceitam a dor como processo auxiliar da evolução espiritual. A verdade é que ela só se manifesta diante de qualquer resistência física, moral ou espiritual, que perturbe o sentido utilitário, benfazejo e harmônico da Vida.

de caso para caso, embora aparentemente semelhantes entre si. Cada processo de obsessão apresenta um conjunto de manifestações individuais distintas, porquanto cada alma é um mundo à parte, oferecendo reações diferentes entre todos os espíritos. Daí, pois, a necessidade de se aliar ao sentimento amoroso, fundamental, o conhecimento científico, embora na cura espiritual o "saber" ou a "técnica no agir" sejam fatores secundários ao "sentir", que encerra a técnica de amar e servir. (Obra: *A Vida Além da Sepultura*, 12ª edição, p. 316)

Despotas e tiranos – consequências reencarnatórias

Sob o violento e desordenado abalo do perispírito, alteram-se as linhas de forças na composição dos genes e no ajuste dos cromossomas do corpo físico. Então o déspota surge à luz da vida terrena, parvo, alienado do cérebro e dos nervos, vivendo sob a chacota e sarcasmo da mesma humanidade que tanto subestimou e prejudicou no passado. Assim, o corpo do idiota reflete as condições enfermiças do espírito brutal ali encarnado, funcionando à guisa de um cárcere que reprime os impulsos desordenados e perigosos do seu ocupante, tal qual o freio domina o cavalo fogoso e desatinado. As paixões violentas como a crueldade, a ambição e o orgulho que desatam as forças do instinto animal selvático, impossibilitadas de sua ação destruidora, vão se debilitando pouco a pouco, de modo a não voltarem a manifestar-se sob os mesmos impulsos indomináveis. A glândula pineal, delicadíssima antena do sistema psiconervoso, "central elétrica ou usina piloto" do organismo humano, funciona, nesse caso, oprimida na sua atuação, tornando-se incapaz de transmitir, com clareza, a mensagem racional dirigida pelos neurônios, que constituem o aparelho receptor e transmissor do espírito para a matéria. Nesse retardamento obrigatório, de um corpo físico tardo no seu metabolismo motor e nervoso, o perispírito enfermiço readquire, gradualmente, a sua vibração normal e a alma, o seu domínio salutar.

Represando na carne o seu excesso perturbador, ela submete-se à terapêutica obrigatória do repouso vibratório, pois disciplina a sua emotividade, reprime as forças instintivas que fervilham na intimidade perispiritual, assim como o cavalo indócil, atado a pesado veículo, também fica impedido dos desatinos prejudiciais a si mesmo.

Pouco a pouco, a alma enferma, que, pelos seus impulsos animalizados, praticou crimes, distúrbios e atrocidades coletivas no mundo físico, termina por corrigir-se dos excessos danosos sob o domínio das "grades" de um corpo físico deformado. Ela exaure-se e cansa, ante as tentativas inúteis de dominar, a seu talante, um sistema nervoso rígido e retardado, que lhe anula a coordenação dos raciocínios e a impede de usar suas forças maléficas. As paixões tão comuns dos déspotas e guerrilheiros, como o orgulho, a ambição, a prepotência e a impiedade, que eles manifestam quando portadores de corpos sadios e cérebros normais, terminam arrasadas e impedidas de qualquer ação sob o organismo carnal atrofiado. As suas idéias perigosas e as emoções atrabiliárias nem chegam a ultrapassar-lhes o campo subjetivo, pois extinguem-se ou cessam por falta de um sistema cerebral nervoso, correto e sensível capaz de dar-lhes forma e ação no mundo exterior.

Contudo, não há punição deliberada para tais espíritos doentes, mas apenas a reparação espiritual no sentido de se ajustarem ao padrão de vida superior. O corpo imbecilizado a subjugar-lhes os impulsos homicidas, sufocando-lhes a eclosão violenta das paixões animais, constitui-se no abençoado "estágio" para a sua evolução espiritual no futuro. (Obra: *Elucidações do Além*, 11ª edição, pp. 32-33)

Destino e causalidade

O destino – já o frisamos alhures – é resultante das ações e das forças que a criatura mobiliza continuamente sob a sua própria vontade; e através desta, o homem tanto pode produzir situações futuras para melhor como para pior. A vontade esclarecida dirige a mente para a consecução de um destino superior, pois ela é que realmente delibera quanto à movimentação e o rumo das causas que posteriormente se transformam nos efeitos correspondentes.

Justamente devido ao seu livre-espírito é que o homem usa e abusa das energias componentes do seu perispírito, as quais, por serem forças latentes evolvidas da animalidade inferior nos milênios findos, quando acicatadas podem lançá-lo aos mais incontroláveis desatinos! Então a Lei de Causa e Efeito deve intervir no tempo justo para recuperar o espírito conturbado e ajustá-lo novamente à marcha ascensional de sua verdadeira vida, ao mesmo tempo que a Lei do Carma ajusta o espírito, conduzindo-o à situação que merece diante do balanço de suas culpas e de suas boas obras.

Bem usar do livre arbítrio não é praticar o mal à vontade e enlear-se nas ilusões e interesses do mundo físico, mas exatamente valer-se dessa regalia para se libertar dos ciclos reencarnatórios da vida material, o que então imuniza o homem, cada vez mais, do Carma do próprio planeta que habita. (Obra: *Fisiologia da Alma*, 13ª edição, p. 292)

Determinações cármicas e evolutivas – esquemas

Os Grandes Iniciados têm amenizado essa dificuldade compondo diagramas especiais e graduado as diversas fases da descida do Espírito até a expressão matéria, como no caso dos "Manvantaras" ou Grandes Planos, em que avaliam os ritmos criadores mais importantes para auxiliar o entendimento do homem e fazê-lo sentir o processo inteligente de sua própria vida. É uma redução acessível ao pensamento humano, embora muito aquém da Realidade Cósmica, mas é a expressão gráfica mais fiel possível. Os hermetistas, hinduístas, taoístas, iogues, teosofistas, rosa-cruzes e esoteristas têm norteado os seus estudos com êxito sob esses gráficos inspirados pelos Mentores Siderais desde a extinta Atlântida.[2]

Da mesma forma, os Mestres Siderais necessitam de alicerçar os eventos da Criação dentro de um programa de previsão disciplinada, para que os acontecimentos de maior importância, a ocorrerem nos orbes planetários, como a descida de Instrutores Espirituais, efetuem-se em perfeita concordância com as fases evolutivas das humanidades encarnadas. Assim,

---

2 Vide: *Mensagens do Astral*, cap. "Os Engenheiros Siderais e o Plano da Criação"; "A Sabedoria Antiga", de Annie Besant, *A Doutrina Secreta*, de Blavatsky, *O Conceito Rosa-Cruz do Cosmo*, de Max Handel, cujas obras, embora apresentem esquemas e expressões peculiares, ajudam os leitores à maior receptividade do processo real da Criação e da Vida Imortal.

embora a vida angélica possa transcorrer acima da idéia ou do simbolismo de "tempo" e "espaço" da convenção humana, o Alto precisa cingir-se a um esquema de controle sideral, quanto às suas relações e determinações cármicas ou evolutivas com os mundos materiais. Em consequência, o prosaico calendário da humanidade terrena, que lhe disciplina as atividades baseado na translação e rotação do planeta Terra em torno do Sol, nada mais é do que uma decorrência do "calendário sideral" fixado pelo Alto para controlar os fenômenos do próprio Cosmo. (Obra: *O Sublime Peregrino*, 16ª edição, p. 66)

Determinismo planetário e "grande plano"

Há um determinismo, pois, para todos os fenômenos e transmutações terrestres, mas que só se concretiza em bilhões ou sextilhões de anos e que escapa totalmente à capacidade de compreensão de quem vive apenas os poucos anos da existência humana. E se viveis apenas os detalhes de 60 ou mesmo 100 anos de vida humana, em que vos poderá afetar o determinismo desse plano? Se é verdade que em cada existência terrena tendes a liberdade de realizações e objetivações pessoais, criando ideais e compondo destinos à parte, que se concretizam sob vossas próprias emoções particulares, não é menos verdade que nunca chegais a pressentir sequer uma pulsação da causalidade sideral do vosso sistema planetário!

No determinismo de uns 80 anos de vida, do vosso corpo, os micróbios que viveram o detalhe de apenas um dia, no vosso sangue, não foram violados no seu fugaz livre-arbítrio, pois viveram exatamente o "quantum" de sua força emocional ou instintiva.

Mesmo na esfera moral e econômica do vosso orbe, embora tenhais que sujeitar-vos à lei da harmonia em comum, sois responsáveis pelos vossos atos e podeis mover-vos tão livremente quanto seja a capacidade de poderdes assumir a responsabilidade dos vossos atos. (Obra: *Mensagens do Astral*, 13ª edição, p. 106)

Deus – alfa e ômega de tudo e de todos

Mas é evidente que todas as coisas na Terra, e noutros mundos, buscam Deus, porque Deus é alfa e ômega de toda vida e, portanto, o início e o alvo definitivo de todos os seres. Não há criatura, por mais desprezível ou sórdida, que não ame alguma coisa, mesmo quando esse amor possa ser devotado a algo, também, detestável. Sob qualquer circunstância, é o impulso do amor latente no ser provindo de Deus, que é a causa determinante do desejo, da cobiça e da posse. Malgrado até parecer odioso o primeiro exercício de afeto brutal, é o primeiro fluxo selvático do amor puro, embora para o homem requintado seja um desejo aviltante e sórdido, entretanto, há de se manifestar transbordante de beleza e ternura na configuração do futuro anjo, que é a matriz de todo homem. Se assim não fora, Jesus, então, teria mentido quando afirmou que "nenhuma ovelha se perderá do aprisco do Senhor". Nenhum só filho há de se perder, porque o espírito inicia a sua vivência de indivíduo destacado no seio da Divindade, primeiro egoísta, egocêntrico, mesquinho e feroz, para depois amar em toda a sua amplitude. De início, ele busca apenas saciar o seu instinto na posse, para depois cultuar somente as delícias do espírito, cujo amor incondicional é um campo de magnetismo divino em incessante renovação venturosa. (Obra: *O Evangelho à Luz do Cosmo*, 10ª edição, p. 208)

Deus – sentimento universal

Sem dúvida, embora se modifique a sonorização da palavra Deus, a qual varia conforme a linguagem de cada povo ou raça, jamais se altera a essência de Sua Natureza Infinita ou a Unidade de Sua Criação. Assim como não se modifica a intimidade e o perfume de uma flor, embora a sua designação varie conforme o idioma de cada povo, Deus também permanece íntegro e imodificável, quer O chamem Deus, Gott, God, Suprema Lei, Jeová, Alá, Grande Arquiteto, ou mesmo, Zambi dos africanos. Malgrado a diferença de vibração na sonoridade da pronúncia dos diversos nomes usados pelos povos mais estranhos, para invocar Deus, há uma só idéia e pensamento em perfeita sintonização com a realidade do Absoluto. A idéia de uma Entidade Absoluta, que realmente governa o Universo, vibra em todas as latitudes geográficas da Terra, na mesma invocação, quer varie na expressão gráfica ou verbal, de escandinavos, germânicos,

Mecanismos Cósmicos de A a Z

asiáticos, latinos, anglo-saxões, eslavos, esquimós e africanos. (Obra: *O Evangelho à Luz do Cosmo*, 10ª edição, p. 48)

Deus e a consciência do homem

Deus, como a fonte original e incriada da Vida, preexiste antes de qualquer coisa ou ser; em consequência, jamais poderíamos explicar aquilo que já existe muito antes e independente de nós existirmos. Se considerarmos Deus simbolizado por raios, que partem geometricamente de um centro e se perdem no infinito, a consciência do homem é sempre a figura de uma esfera limitada sobre o centro desses raios. Assim, embora essa consciência humana se amplie e se desenvolva incessantemente em todos os sentidos, em face de sua limitação relativa em cada fase, ela jamais alcançará os raios infinitos. (Obra: *O Evangelho à Luz do Cosmo*, 10ª edição, pp. 22-23)

Deva Maior x Deva Menor – comandos sidéreos

O comando psíquico arcangélico de uma constelação, conhecido por "Deva Maior" entre os orientais, atua intimamente nas fímbrias de todas as atividades físicas e psíquicas de cada orbe habitado ou em elaboração para futura moradia planetária. Em consequência, o arcanjo ou Logos Solar, como a consciência psíquica mais evoluída de vosso sistema, vibra na intimidade de todos os planetas, orbes e satélites do mesmo. Através de sua vibração altíssima e impossível de qualquer receptividade humana, cuja luz e energia criativa ao incidir diretamente pulverizaria qualquer ser, o Arcanjo ou Deva Maior é o campo vibratório de toda vida e aperfeiçoamento do sistema solar onde atua. No entanto, cada orbe físico possui o seu "Deva Menor", Anjo ou Cristo Planetário, que sob a ação e comando do Arcanjo do sistema solar cumpre o desígnio criador em semear a vida e incentivar o progresso de todos os reinos sob o seu governo. Em verdade, há uma intercomunicação criativa, que pulsa incessantemente desde Deus e interpenetra todo o Cosmo, a unir em ordem decrescente vibratória desde a consciência arcangélica até a consciência humana no reino hominal.

O Arcanjo projeta, cria, coordena e retifica toda a atividade criadora e progressiva de toda a constelação, enquanto os anjos, ou "Devas Menores" sustentam cada orbe dentro do esquema arcangélico. Em consequência a ação angélica pode ser mais íntima e sutil, ou mais periférica e indireta, tanto quanto for a natureza e o aprimoramento de cada reino ou espécie onde ela atua. Em verdade, os Devas operam na Criação como prepostos de Deus. Lembram algo dos engenheiros, mestres, chefes e operários, que materializam na forma de edifícios, pontes, jardins ou metrópoles, as idéias e os projetos que constam das plantas solicitadas pelos donos ou responsáveis.[3] (Obra: *O Evangelho à Luz do Cosmo*, 10ª edição, pp. 95-96)

Devas – governo do Cosmo

A Consciência Espiritual de Deus é o único Comando, controle e fundamento do Universo. Ela pode dispor de tantos centros de governo psíquico, no macro ou microcosmo, conforme sejam as características criadoras exigidas nos campos, sistemas ou quaisquer unidades da Vida. Mas, em verdade, Deus serve-se dos seus próprios filhos para exercer esse governo disciplinado e criativo universal, uma vez que eles também são potencialmente o próprio Cosmo em "miniatura".

Daí os motivos por que os povos orientais, os primitivos celtas, mostram-se familiarizados com a idéia da existência de "deuses", que rodeiam o "Trono do Senhor", e são incumbidos das criações e providências mais avançadas e complexas do Universo.

---

3 N. do M. – Resumo da "Introdução" da obra *Fundamentos da Teosofia*, de C. Jinarajadasa: "Os Mestres da Sabedoria, como são chamados, são almas humanas que no decorrer do processo evolutivo passam do estágio humano ao período seguinte, o de Adepto. Elevando-se até o Adeptado, o homem adquire o conhecimento, por suas investigações e experiências. O homem que se tornou Adepto cessa de ser um simples instrumento no processo evolutivo; exerce, então, nesse processo, a função de mestre e de um diretor, sob a inspeção de uma alta consciência chamada em Teosofia – o Logos. Como colaborador do Logos, pode ver a natureza sob o ponto de vista do Logos, e observá-la não na qualidade de criatura, mas, por assim dizer, como seu Criador. Esses Mestres de Sabedoria, esses agentes do Logos, dirigem o processo evolutivo em todas as suas fases, tendo cada um deles a vigilância de um departamento especial na evolução da Vida e da forma. Constitui o que se chama a Hierarquia ou a Grande Fraternidade. Guiam a edificação e a desintegração das formas nos mares e na terra; dirigem o crescimento e a queda das nações, dando a cada uma o que lhe convém da antiga Sabedoria, aquilo que pode ser assimilado".

Em face de sua aparência luminosa e muitíssimo refulgente, que se ressalta desses "deuses" tradicionais, reconhecíveis por exímios clarividentes, eles são conhecidos pela denominação de "Devas"[4] que na linguagem do sânscrito significa "seres brilhantes".[5]

Os "Devas Maiores", mais conhecidos no Ocidente por Arcanjos, são considerados agentes onipresentes e superfísicos da Vontade Criadora do Pai; os senhores e diretores de todas as energias, leis, princípios e processos galaxiais, constelares, solares, interplanetários e planetários. Os "Devas Menores", ou anjos da pedagogia católica, atuam nos diversos reinos da Natureza, operando intimamente desde o reino mineral, vegetal, animal e principalmente hominal. Senhores do psiquismo, pródigos de sabedoria e poder criativo, eles criam, disciplinam, orientam, aperfeiçoam e sublimam todas as manifestações da Vida nos mais diversos planos e regiões dos orbes físicos.

Consequentemente, os "Devas Menores" ainda representam um elevado estado do Psiquismo Cósmico, mas já se constituem nas consciências psíquicas que comandam e coordenam os reinos mineral, vegetal, animal e hominal. Inclusive, ainda se subdividem em novos subcomandos instintivos e responsáveis para cada espécie diferente de mineral, vegetal e animal de cada reino. Nesse descenso psíquico procedido pela Consciência Cósmica através das galáxias, constelações e orbes, vão-se elaborando, pouco a pouco, numa síntese regressiva, os próprios núcleos das futuras consciências humanas.

Essa infinita e imensurável hierarquia espiritual de elevada estirpe, poder e sabedoria, que cria, disciplina e aperfeiçoa os mundos em cada "Grande Plano" ou "Manvantara" da Criação, tem o seu limite extremo superior na Consciência Espiritual de Deus e o extremo inferior na consciência do próprio homem. (Obra: *O Evangelho à Luz do Cosmo*, 10ª edição, pp. 90-91)

---

4 N. do Médium – Sob o ensino religioso do Catolicismo, consta que o nosso orbe terráqueo é fruto do psiquismo criativo de três arcanjos: Gabriel, Miguel e Rafael, cada um deles tendo assumido uma responsabilidade específica na vivência e formação das almas terrenas.

5 N. do Médium – Vide a obra *O Reino dos Deuses*, excelentemente ilustrada a cores, que explica amplamente a existência e a função desses "Devas". Obra editada e distribuída pela "FEEU" (Fundação Educacional e Editorial Universalista. Caixa Postal 2931 – Porto Alegre, Rio Grande do Sul). Os "Devas", aliás, também foram espíritos que se burilaram nas lutas reencarnatórias, habitando e aperfeiçoando-se nas diversas moradas do Pai.

Dhâranã – mecanismo interno

O oriental é essencialmente introspectivo; a sua agudeza mental "sente", muito antes, aquilo que os outros geralmente só percebem através da matemática da forma. Na profundidade do seu espírito vibra a misteriosa "voz sem som" que, no "caminho interior", adverte da realidade que transcende o reino de Maya – a Ilusão! É por isso que o que dizemos lhes é eletivo; eles sentem na intimidade dos seus espíritos o exótico perfume que se evola, e uma "voz familiar" lhes segreda: – "Antes que a Alma possa ver, deve ser conseguida a harmonia interior, e os olhos da carne tornados cegos a toda ilusão. Antes que a Alma possa ouvir, a "imagem" tem que se tornar surda aos rugidos como aos segredos, aos gritos dos elefantes em fúria como ao sussurro prateado do pirilampo de ouro". Estas palavras quase não têm sentido para o ocidental inato, porque para isso é preciso fazer o espírito mergulhar profundamente no seu interior, abstrair-se da complexidade ilusória da forma exterior, que o oriental sabe ser profundamente enganadora. Ele inverte fundamentalmente o problema, interessando-se em primeiro lugar pelo que a pitoresca linguagem iniciática chama o "Dhâranã", ou seja a abstração completa de tudo que pertença ao universo exterior, ao mundo dos sentidos; enfim: – à dor de cabeça do cientista ocidental. (Obra: *Mensagens do Astral*, 13ª edição, pp. 52-53)

Dinâmica gestacional e corpo astral

Existe uma interatividade energética do corpo astral (perispírito) com a dinâmica gestacional, desde a fecundação. A mente do espírito reencarnante tem gravada no seu fulcro dinâmico (conhecido como mônada) todos os registros causais de atos passados que repercutem numa forte ação teledinâmica, formando potentes dínamos mentais e consequentes campos eletromagnéticos modeladores neste corpo plasmático que é o perispírito. Cada registro causal, que é adquirido ou criado em determinada encarnação passada, enfeixa-se vibratoriamente sob a matriz de influência energética de um orixá. Essa interação entre vidas sucessivas do veículo modelador perispirítico

Mecanismos Cósmicos de A a Z   149

e os novos corpos físicos tem interferências mediúnicas das partes interessadas e responsáveis pela ação cocriadora, que se exaure nos canais da paternidade e da maternidade terrenas. De regra, esses acontecimentos se dão em nível inconsciente entre os envolvidos nas diferentes fases que compõem o processo palingenésico, desde a etapa de escolha dos genitores, que antecede à fecundação biológica, prossegue durante a gestação e o nascimento e se prolonga em maior ou menor frequência, em maior ou menor intensidade, entres os pais, filhos e irmãos, nas condições e circunstâncias cármicas requeridas, até por volta dos sete anos de idade do reencanante, quando finalmente o corpo astral modelador se acopla definitivamente ao novo corpo físico. (Obra: *O Evangelho à Luz do Cosmo*, 1ª edição, p. 109)

Diversidade humana e crescimento espiritual

Deus não faz nenhuma exigência rigorosa da fertilidade do terreno humano e não condena os resultados negativos. Em verdade, todos os homens, apesar da diversidade de sua compreensão espiritual, possuem em sua intimidade a mesma cota fundamental da luz divina. Por isso, devem ser experimentados e orientados para desabrocharem essa luz, tanto quanto puderem purificar o seu invólucro perispiritual. Assim, cada ser possui a liberdade ou o "livre-arbítrio" de reagir à palavra divina, conforme seja a natureza de entendimento do seu terreno psíquico, ou o grau de sua compreensão espiritual. Aliás, não existem dois seres absolutamente semelhantes no Universo, pois há sempre diferenças consequentes do estágio evolutivo e as experiências diferentes vividas nas múltiplas reencarnações, em que tudo se realiza no sentido exclusivo e espiritual de libertar o homem dos laços de sua imantação à força gravitacional do mundo material.

Em consequência, uma pequena porcentagem de espíritos encarnados manifesta terreno favorável e capaz de proporcionar a condição eletiva para assimilar o Verbo de Deus, de modo a germinar, florescer e frutificar a semente divina existente no âmago de cada um. Mas, insistimos, mesmo o bom terreno não é absolutamente igual e produtivo, porque até entre os homens bem-intencionados varia a capacidade de produzir e a sensibilidade de entender. (Obra: *O Evangelho à Luz do Cosmo*, 10ª edição, pp. 149-150)

"Dívida cármica" e angelização dos brutos

Certos de que sois convictos e cientes do processo cármico retificador do espírito, o qual se exerce através das reencarnações expiatórias no mundo material, tereis de admitir que, em face das tropelias, desmandos, crueldades das hordas famélicas e perversas do passado, esses mesmos espíritos belicosos precisam retornar sucessivamente à Terra, para a devida retificação de sua consciência espiritual ainda tão brutalizada. E também é óbvio que ainda não merecem um tratamento suave, indolor e benfeitor por parte da medicina do mundo; e assim, os seus males físicos agravam-se tanto quanto eles mais procuram eliminá-los mediante drogas ou intervenções cirúrgicas. A nova existência, obedecendo aos princípios construtivos e justos das recuperações espirituais, brinda-os também com a mesma crueza que adotaram em suas vidas anteriores no seio da humanidade.

Tais espíritos ainda não merecem o socorro médico indolor, pois, em suas vidas pregressas, foram fanáticos inquisidores do Santo Ofício, torturadores do Oriente, tiranos na Pérsia, católicos no massacre de São Bartolomeu, perseguidores de cristãos nos circos romanos, bárbaros senhores de escravos, soldados sanguinários das hostes de César, de Tamerlão, de Átila, de Gêngis Khan, de Aníbal; e, há pouco tempo, assassinos dos judeus e dos povos indefesos sob o comando de Hitler. É evidente que esses impiedosos homens do passado encontram-se atualmente em provas acerbas, reencarnados na figura de cidadãos comuns, operários, médicos, militares, artistas, comerciantes, motoristas, advogados, enfermeiros ou participantes de diversas religiões e credos espiritualistas.

A sua dívida cármica é para com o orbe terráqueo, onde vazaram sua crueldade nas correrias turbulentas contra as populações e criaturas indefesas; e, por isso, a Lei inflexível, mas equânime, os obriga a pagar até o "último ceitil", colhendo os efeitos dolorosos das causas malignas semeadas no pretérito. Não há favorecimento sob a Lei Divina em abrir precedentes censuráveis, assim como a injustiça também é impossível se o processo é de angelização do homem.

Sem dúvida, a doença cruel é a terapêutica mais adequada para esses espíritos algo embrutecidos e refratários ao sentimento espiritual. Embora eles vos pareçam pacíficos e bondosos, ainda conservam no âmago da alma o potencial da violência e da falta de compaixão. Assemelham-se às sementes virulentas que jazem humilhadas no solo ressequido, mas não tardarão em expelir com violência o seu tóxico logo que surja o clima apropriado. Deste modo, eles fazem jus à alopatia intoxicante, ao cautério cruciante, ao curativo doloroso e à cirurgia mutiladora, cumprindo a sua "via-crucis" como reparação às suas crueldades no passado.

Vivem de consultório para consultório, de hospital para hospital, decepcionados com a farmacologia do mundo, desiludidos pela terapêutica homeopática ou ervanária, assim como desatendidos pelos próprios espíritos desencarnados. Abatidos, cansados e profundamente humilhados pela vida que os maltrata, atingem a cova do cemitério e os seus corpos de carne transformam-se na "ponte viva", que depois intercambia para o subsolo os venenos do ódio, da raiva, da perversidade, da violência, do orgulho, da prepotência e cupidez gerados no barbarismo dos estímulos animais. (Obra: *Mediunidade de Cura*, 12ª edição, pp. 85-86)

Doenças congenitas e perispírito

O perispírito, como matriz responsável pela configuração humana, lembra algo do fenômeno que ocorre com qualquer molde, em que o escultor depois vaza a substância para reproduzir a estatueta ou objeto de gesso ou bronze. Mas assim como a estátua, ou a peça fundida, pode apresentar defeitos que são próprios do modelo original mal esculpido, o corpo carnal do homem também apresenta falhas, disfunções, deformidades, incorreções, intoxicações, lesões e demais alterações congênitas, como resultados negativos e específicos do seu perispírito. No entanto, tais alterações, geradas com o indivíduo ao nascer, são provenientes de insanidades, turbulências, atos de rebeldias espirituais ocorridas em vidas anteriores.

Isso, então, se constitui em defeitos, marcas e lesões deploráveis, no tecido delicado do perispírito, e que na gestação alteram também a contextura anatomofisiológica do corpo físico. Assim, inúmeras criaturas já nascem marcadas por frustrações, complexos, defeitos anatômicos e insuficiências mentais e fisiológicas, que lhes dificultam a atividade humana na condição de estigmas "pré-reencarnatórios". São defeitos e cicatrizes perispirituais ou "pré-reencarnatórios", que desafiam toda a capacidade, destreza e conhecimento médico do mundo, uma vez que ninguém pode modificar a árvore, ante a ingênua decisão de operar apenas a sua sombra. (Obra: *O Evangelho à Luz do Cosmo*, 10ª edição, pp. 297-298)

Doenças congenitas e reencarnação

Já explicamos que certos espíritos, ao encarnarem-se, já são portadores de "carga fluídica" deletéria acumulada em suas existências pretéritas. Então, ele nasce com o corpo lesado por aleijões ou doenças congênitas, iniciando o seu expurgo saneador desde o berço. Mesmo durante o período uterino e à medida que as energias ocultas se condensam, para materializar o feto na figura humana, pode iniciar-se a "descarga mórbida" do perispírito para o corpo físico ainda tenro, o qual se transforma numa espécie de "mata-borrão" vivo e absorvente das manchas e nódoas existentes no espírito. Inúmeras doenças constitucionais do homem são válvulas de "despejo" ou purgação violenta de fluidos deletérios, que se processa com o objetivo de possibilitar ao espírito, ao baixar à Terra, livrar-se, quanto antes, das toxinas perispirituais que o tornam enfermo. (Obra: *Mediunidade de Cura*, 12ª edição, pp. 58-59)

Doentes e o enfeitiçamento

Quem está enfeitiçado encontra-se psiquicamente impermeabilizado às fontes que lhe podem fazer bem; propenso a aceitar as piores sugestões e os conselhos mais prejudiciais do mundo oculto. O enfeitiçamento não é feito como simples passatempo, mas é de sua função precípua prejudicar o próximo. Só as pessoas realmente evangelizadas, de pensamentos otimistas e emoções controladas, podem resistir com maior eficiência aos impactos da bruxaria.

A pessoa enferma e enfeitiçada quase sempre ignora a origem de sua perturbação, assim como a sua aura conturbada também pode influir sobre o médico que a examina e levá-lo a um diagnóstico impreciso ou errado. Há casos em que os malfeitores das sombras, ligados pelo serviço de bruxaria, induzem as vítimas a consultarem certos médicos de baixa condição moral e atraso espiritual, os quais apenas identificam sintomas equívocos e prescrevem medicamentos inócuos e até nocivos. (Obra: *Magia de Redenção*, 11ª edição, pp. 45-46)

Dor e adesão ao ritmo do amor

São os pensamentos e os atos do espírito que determinam a maior ou menor soma de dores por que há de passar, pois do equilíbrio e da paz da consciência espiritual do ser é que resulta a estabilidade magnética ou eletrônica do perispírito e do corpo físico. Como o Ideal de Deus é a Harmonia e do Equilíbrio perpétuo no Cosmo, qualquer instabilidade que se manifeste no mais íntimo fluir da vida requer sempre o imediato reajustamento, para que não perturbe o Todo harmônico. Eis então a dor, surgindo como o processo necessário a esse reajustamento.

Como dispomos do livre arbítrio até o ponto em que nossos atos não causem perturbações ao próximo ou naquilo em que intervimos, poderemos extinguir a dor pouco a pouco, à medida que nos integrarmos na vida harmoniosa criada por Deus. Sendo o Amor o fundamento essencial de toda vida, presente na afinidade entre as substâncias, na coesão entre os astros e na união entre os seres, é suficiente a nossa adesão incondicional ao ritmo constante desse Amor para que em breve a saúde completa do nosso espírito tenha eliminado o sofrimento! (Obra: *Fisiologia da Alma*, 13ª edição, pp. 313-314)

Dor e sofrimento – técnicas pedagógicas

A dor e o sofrimento não são "determinações punitivas" impostas por Deus, mas, sim, consequências resultantes da resistência do ser contra as leis disciplinadoras da sua evolução. Se o homem fosse abandonado a si mesmo, no tocante ao seu aperfeiçoamento espiritual, seria demasiadamente longo o caminho para a sua perfeição e libertação dos ciclos reencarnatórios. A dor e o sofrimento são técnicas pedagógicas para o aprimoramento do ser, em seu processo evolutivo, e também consequentes a seus equívocos nas múltiplas vidas. A dor dinamiza as energias sutis do sofredor, herdadas pelo sopro divino, despertando nele, depois da revolta inicial, a reflexão sobre os porquês de sua desdita e fazendo-o procurar na razão e na fé novos rumos que, psicologicamente, o aliviam do sofrimento. Em síntese, o padecimento é uma reação, previamente consentida, para trazer o eterno postulante para a senda da evolução espiritual, através de novos conceitos religiosos, filosóficos e morais, os quais lhe dão outro sentido vivencial. (Obra: *Sob a Luz do Espiritismo*, 1ª edição, p. 13)

Doses homeopáticas – mais energia

Alhures já dissemos que as enfermidades não cedem pelos remédios substanciosos ou medicações maciças, mas o corpo físico é quem realmente efetua a cura pela incorporação das energias vitais que ele mobiliza na desintegração atômica do próprio medicamento ingerido. Em consequência, a homeopatia é a terapêutica mais avançada para a cura do homem, justamente porque é "mais energia e menos medicamento", ou seja: dispensa metade do serviço que o organismo teria de efetuar na seleção preliminar de repelir a substância para assimilar a essência energética. Considerando-se o corpo humano como um poderoso transformador que aproveita a energia da "Usina Cósmica" e a converte em força disciplinada a seu dispor, compreende-se que ele extraia da dose homeopática a "carga energética" pura e de imediato aproveitamento para a sua recuperação vital. (Obra: *Mediunidade de Cura*, 12ª edição, p. 95)

Mecanismos Cósmicos de A a Z

Duplo etérico e carnivorismo

Os espiritualistas reencarnacionistas sabem que tanto o homem como o animal possuem o "duplo-etérico", o qual é um corpo sutilíssimo e imponderável, constituído de "éter-cósmico" combinado ao "éter-físico" do planeta, e que funciona como elo de ligação entre o perispírito ativo no mundo oculto e o corpo do cenário físico. Quanto mais evoluído é o homem, mais diáfano e delicado é o seu "duplo-etérico", pelo qual só transitam as energias de melhor qualidade espiritual. Nos animais também se observa essa distinção, pois, enquanto o invólucro "etereofísico" do cão domesticado é mais sutil, porque já manifesta sentimentos e emoções racionais perante o seu dono, a organização etérea do porco é mais grosseira e repulsiva, nutrida nos fluidos densos e viscosos da fermentação dos chiqueiros. Quando o suíno ou o boi são sacrificados, a sua carne reflui sob o impacto violento, febricitante e doloroso da morte prematura; o choque mortal que lhes extingue a existência plena de vitalidade física também lhes exacerba o "duplo-etérico", produzindo algo parecido a uma "coagulação fluídica". O sangue, que é a linfa da vida e o portador dos elementos eterofísicos mais poderosos do mundo invisível, estagna em seu seio a carga de energia astralina inferior, que o porco ou o boi carreiam para o seu corpo físico na manifestação violenta da vida instintiva.[6]

Assim, as pessoas carnívoras incorporam no seu duplo-etérico grande parte desses fluidos inferiores. O éter-físico e parte do astral albumínico dos animais sacrificados sob o pavor do massacre que pressentem nos matadouros penetra no homem pela sua aura etérica e se transforma em densa cortina de fluido isolante. Isso dificulta o processo normal de assistência espiritual daqui, pois os Espíritos-Guias não conseguem atravessar a barreira viscosa do baixo magnetismo humano, a fim de transmitirem intuições orientadoras aos seus pupilos encarnados. (Obra:

---

6 Realmente, há visível diferença na composição do "duplo-etérico" dos próprios animais e aves. Sob a vidência, observa-se que a aura etereofísica do suíno é pardacenta, viscosa e obscura, enquanto a do carneiro projeta uma silhueta num tom claro, lilás escuro, mas transparente. No caso das aves dá-se o mesmo, pois, enquanto o corvo se mostra etericamente num cinza-escuro, denso e oleoso, o beija-flor é um foco de luz policrômica, despedindo diminutas chispas fulgurantes. Quer parecer que influi, nesses casos, algo da alimentação mais grosseira ou refinada.

A Vida Humana e o Espírito Imortal, 11ª edição, pp. 132-133)

Duplo etérico – "corpo vital"

Entre o perispírito e o corpo carnal, então, existe um medianeiro plástico ou ponte viva, espécie de elo ou conexão, que transmite instantaneamente para o mundo físico qualquer pensamento, desejo ou sentimento do espírito. Igualmente, cabe-lhe, também, a tarefa recíproca de conduzir de retorno, para a consciência perispiritual, tudo o que sucede com o corpo carnal e deve ser analisado, corrigido e gravado.

Embora ainda seja pouco conhecido dos espíritas, o veículo que liga a margem oculta do reino espiritual com a margem do mundo material é o "duplo etérico", ou conhecido "corpo vital" dos ocultistas, esotéricos, rosa-cruzes, teosofistas e iogues. Organismo confeccionado de "éter físico", isto é, da substância que atua simultaneamente onde termina o mundo físico e começa o espiritual. O "duplo etérico" opera sob perfeita sincronia com o perispírito, numa ação e reação íntima para o exterior, e do mundo exterior para a intimidade espiritual.

Assim, o espírito pensa pelo corpo mental, sente pelo corpo astral, liga-se e age através do duplo etérico, ou corpo vital, acionando o organismo físico por intermédio dos sete centros de forças, espécie de motos vorticosos, que se aglutinam e se situam nas principais regiões e plexos nervosos, e se denominam "chacras", cujo funcionamento lembra algo dos "relés" tão importantes em ligar e desligar a corrente elétrica. O duplo etérico se constitui da própria energia etérica, que desce dos planos superiores e, simultaneamente, acasala-se com a força física ainda em início de condensação para o estado sólido de matéria. O perispírito, o duplo etérico e o corpo físico operam perfeitamente interpenetrados num só bloco ou conjunto, numa incessante troca de energias, proporcionando o ensejo do espírito imortal e sediado no seu plano eletivo poder atuar na matéria sem decair na sua vibração original. (Obra: *O Evangelho à Luz do Cosmo*, 10ª edição, pp. 288-289)

Mecanismos Cósmicos de A a Z

Duplo etérico – "corpo vital" II

Mas, além da função de medianeiro plástico entre os mundos físico e espiritual, o duplo etérico ainda funciona como um centro de absorvência do "energismo vital" do meio ambiente e, por esse motivo, justifica-se também a sua condição de "corpo vital". Alguns preceptores orientais chegam a considerar o duplo etérico algo semelhante a uma "cuba de revelação", que nos laboratórios fotográficos materializa o negativo para as cópias ou fotos positivas. Efetivamente, cumpre-lhe captar e drenar a substância ectoplásmica, a fim de proporcionar o ensejo da materialização do perispírito no cenário do mundo físico, pelo qual motivo é realmente um revelador à luz do dia do acervo oculto da alma.[7] (Obra: *O Evangelho à Luz do Cosmo*, 10ª edição, p. 289)

Duplo etérico e desencarnação

Em virtude de o duplo etérico ser composto de éter físico, isto é, de uma substância emanada da própria crosta terráquea, ele exerce a sua ação exatamente no limiar do mundo material e do mundo espiritual, ou seja, onde terminou o primeiro e começa o segundo. Durante a desencarnação ele funciona como um "amortecedor" ou espécie de "colchão etérico", uma vez que ao afastar-se do corpo físico cadaverizado também suaviza a passagem do perispírito para o Além. Nesse caso, o duplo etérico desliga-se do perispírito como se fizesse a sua devolução suave e gradativa ao verdadeiro "habitat", sem provocar comoção ou choque pelo abandono ou rompimento brusco da vida física.

---

7 O duplo etérico possui sete "chacras", ou centros etéricos, situados a 5 ou 6 milímetros do corpo físico, na zona dos principais plexos nervosos, espécie de turbilhões que giram em movimento contínuo e acelerado. Há o chacra coronário, situado no alto da cabeça, conhecido como "lótus de mil pétalas"; o chacra frontal, entre os supercílios ou olhos; o chacra cardíaco, à altura do coração físico; o chacra laríngeo, na região da garganta, responsável pelo funcionamento da tireóide e paratireóides; o chacra esplênico, principal conduto vital situado à periferia do baço físico; o chacra umbilical, região do umbigo, que abrange o metabolismo hepático, renal, intestinal e demais órgãos digestivos, atuando através do plexo abdominal ou solar; e, finalmente, o chacra básico cundalíneo, o condutor do famoso "fogo serpentino", pela coluna vertebral, que ativa e controla o sexo. Todos os chacras irradiam cores em cintilações tão belas, coloridas e translúcidas, tanto quanto no momento se verifica o estado de alma do homem.

Enquanto o corpo do falecido repousa no seu ataúde e antes de ser sepultado, os espíritos técnicos ainda podem servir-se do duplo etérico e intercambiar energias de amparo energético para o perispírito do desencarnado; em concomitância, também eliminam para o cadáver os resíduos psicofísicos que ainda existam ligados ao perispírito.

Servindo-nos de uma explicação algo rudimentar, diríamos que em vez do perispírito promover um salto brusco e arrancar-se violentamente do corpo físico para ingressar no mundo espiritual, ele, a bem dizer, "escorrega" de leve através do duplo etérico, possibilitando-lhe uma libertação suave. Porém, no caso de morte por acidente, suicídio ou síncope cardíaca, tudo se processa de modo diferente por causa da expulsão violenta do duplo etérico e do perispírito pelo rompimento brusco dos cordões fluídicos, que se desligam instantaneamente pela desintegração dos motos vorticosos dos chacras ou centros de forças etéricas.

Quando isso acontece o duplo etérico e o perispírito, em vez de se desligarem lenta e suavemente do corpo, sem choques inesperados, são projetados com violência no ambiente astral que lhes corresponde. (Obra: *Elucidações do Além*, 11ª edição, p. 202)

Duplo etérico – "fio de ligação"

O duplo etérico é um corpo ou veículo provisório, espécie de mediador plástico ou elemento de ligação entre o perispírito e o corpo físico do homem. É constituído de éter físico emanado da própria Terra;[8] e conforme já dissemos, dissolve-se no túmulo depois da morte física do homem. Ele recebe os impulsos do perispírito e os transfere para a carne, agindo também em sentido inverso.

Em rude analogia, citamos a função valiosa do fio elétrico, o qual recebe a carga de eletricidade da usina ou fonte produ-

8 N. do Revisor: Conforme a concepção oriental, o Éter Cósmico é a essência virgem que interpenetra e alenta o Universo; é a substância "Virgem" da escolástica hindu. O Éter físico, no entanto, é mais propriamente uma exsudação, o qual éter ou radiação desse Éter Cósmico, flui através dos poros da terra, que funciona à guisa de um condensador de Éter. Sob tal aspecto, o Éter Cósmico perde a sua característica de essência "virgem" ou "pura", para tornar-se uma substância impregnada das impurezas do planeta durante a sua exsudação. Se considerarmos o Éter Cósmico semelhante à água pura, no seu estado natural, o éter físico então será a água com as impurezas depois de usada pelo homem.

tora e depois ilumina a lâmpada ou move o motor. Sem esse fio modesto, aparentemente sem importância, o mundo oculto da eletricidade não poderia atuar sobre o mundo visível da matéria. O duplo etérico, portanto, à semelhança de um fio elétrico, cumpre a função de mensageiro submisso, que transmite ao corpo o que o espírito sente no seu mundo oculto, ou sejam, as emoções que a alma plasma na sua mente espiritual imponderável. (Obra: *Elucidações do Além*, 8ª edição, pp. 186-188)

Duplo etérico – funções

A sua função mais importante é transmitir para a tela do cérebro do homem todas as vibrações das emoções e impulsos que o perispírito recebe do Espírito ou Alma imortal. E ele também absorve o Prana ou a vitalidade do mundo oculto, emanada do Sol, conjugando-a com as forças exaladas no meio físico; e em seguida as distribui pelo sistema nervoso e por todas as partes do organismo do homem. Embora seja um intermediário entre os centros sensoriais da consciência perispiritual e os centros da consciência cerebral física, o duplo etérico é resultante da emanação radioativa do próprio corpo físico da Terra. Não é um veículo consciente, pois é incapaz de atuar por si ou de modo inteligente, mesmo quando desligado do homem. Embora realize certos ajustes e tome providências defensivas, isto sucede pelo automatismo instintivo e biológico do próprio organismo carnal, pois este, quando se move independentemente do comando direto do espírito imortal, revela um sentido fisiológico inteligente e disciplinado, nutrindo e reparando as células gastas ou enfermas, substituindo-as por outras, sadias, de modo a recuperar-se de todas as perdas materiais.

O duplo etérico, além de suas importantes funções de intercambiar todas as reações do perispírito e do corpo carnal, é também um reservatório vital indispensável. (Obra: *Elucidações do Além*, 11ª edição, p. 188)

Duplo etérico e obsessões

Sabeis que o espírito desencarnado não possui mais o

160   Ramatís

"duplo etérico",[9] ou seja, o corpo vital, espécie de intermediário plástico que funciona entre o organismo físico e o perispírito, durante a vida carnal. Através do "duplo etérico", o espírito do homem atua na matéria e manifesta todas as suas idiossincrasias e vontades, enquanto, também, recebe de volta os efeitos de todos os acontecimentos e fatos realizados pelo ser na Terra. Em consequência, toda ação nefasta ou vingativa dos desencarnados sobre os "vivos" só pode ser exercida de modo indireto, porque lhes falta o suporte "etérico-físico", conhecido por "duplo etérico" para poder agir diretamente.

Desse modo, o espírito vingador, dominado pela indomável obstinação de ferir a mulher que lhe negou o corpo carnal, não consegue atuar de modo direto na sua ação obsessiva e limita-se a semear intuições incorretas, pensamentos desnorteantes ou sugestões sub-reptícias, conduzindo sua vítima a acidentes, a prejuízos e aos azares da vida humana. O êxito de certas providências mobilizadas pelos maquiavélicos "veteranos" do Além-túmulo é consequência de o obsessor ajustar-se à faixa vibratória da vivência doméstica de sua vítima, semeando intrigas, estimulando o vício e ocasionando discussões entre os demais familiares, até o conflito perturbador.

Às vezes, ele consegue inserir "suportes de magia", construindo uma espécie de "ponte etérica", que ajuda o vampirismo pela sucção dos fluidos vitais e produz um círculo coercitivo em torno da mãe culpada. Intoxica-lhe o ambiente fluídico, excita-lhe os sentimentos negativos, abala-lhe a segurança espiritual através do desânimo e da descrença, furtando-lhe o "tônus vital" até o desfalecimento final, e mina-lhe a existência humana sadia, por essa queda vibratória mental e emotiva. Se não ocorresse a interferência socorrista do mundo espiritual, para romper o campo físico-etérico que rodeia a vítima encarnada, o obsessor conseguiria conduzi-la, ao fim, a uma vida aparvalhada, frustrada e à aniquilação irreversível.

Incontáveis manifestações de esquizofrenia hebefrênica, catatônica e paranóide podem resultar da pertinácia e obs-

9 N. do Médium: Sob tal acontecimento, e ao ser indagado a respeito, Nhô Quim, entidade sertaneja que participa de nossas reuniões mediúnicas, assim se expressou, no seu linguajar pitoresco: "Muié que arranja espírito inimigo e perseguidor, pelo aborto, é bem melhor prendê-lo noutra gravidez. Inimigo preso em casa é mais fácil de se vigiar e menos perigoso do que sorto lá fora".

O DUPLO ETÉRICO DO HOMEM

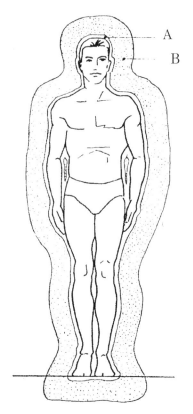

A – o duplo etérico que envolve o homem como um cartucho de gás vaporoso.

B – a aura da saúde que se expande do próprio duplo etérico.

tinação obsessiva de espíritos vingativos contra as criaturas desprotegidas pela própria situação espiritual. Após longa e perseverante infiltração diabólica, os verdugos do Além conseguem desarmonizar o campo do raciocínio de suas vítimas, até lograrem as manifestações enfermiças mais graves. Arruínam-lhes a existência do ser após o cerco pertinaz do mundo oculto, cuja aura vital de baixa frequência torna-se campo favorável para a proliferação de miasmas, vírus e "formas mentais" perniciosas, produzindo-se a sintomatologia mórbida, a desafiar os mais avançados processos e diagnoses médicas. Algumas vezes, os banhos de descarga de ervas desintegradoras e de bom magnetismo ainda trazem algum alívio ao paciente, mas, na verdade, a cura depende principalmente do afastamento ou da cristianização do obsessor, o verdadeiro responsável pela ocorrência mórbida. (Obra: *Sob a Luz do Espiritismo*, 1ª edição, pp. 133-135)

E

Ectoplasma – desmaterializações e materializações

Na escala do mediunismo espírita, existe o médium de transporte ou de fenômenos físicos, cuja faculdade algo rara lhe permite exteriorizar a força nervosa em fusão com o éter físico e o prana, constituindo o ectoplasma terrícola. Trata-se de matéria invisível, descolorida, pegajosa e fria, que funciona positivamente no limiar de ambos os mundos material e espiritual. É energia sutil, que sob o comando dos espíritos desencarnados pode materializar e desmaterializar objetos e tal fenômeno escapa à visão física dos encarnados. Sem dúvida, o êxito desse fenômeno depende muitíssimo das condições harmônicas do ambiente, do desafogo espiritual e da despreocupação mental dos presentes.

Sob a ação e vontade dos desencarnados, o ectoplasma quando incide nos pés de cadeiras, mesas e quaisquer outros objetos, anula a lei da gravidade ou campo gravitacional em torno dos mesmos, permitindo que tais coisas possam ser levitadas e transportadas. Assim, objetos de menor porte, como flores, medalhas, anéis, copos ou frascos, podem ser desmaterializados e novamente materializados a certa distância do local de trabalho. Consoante a lei de que a matéria é energia condensada, todas as coisas e objetos materiais podem ser desmaterializados ou liberados do seu conteúdo sólido, que a seguir se transforma em energia livre.

Depois de liberta por aceleramento eletrônico a energia, cuja condensação tornava visível o objeto aos sentidos físicos, ali só permanece o seu molde, duplo ou contraparte etérica, absolutamente semelhante à forma habitual, quer seja uma flor, garrafa, fotografia, agulha, medalha, um anel ou retalho de fazenda. Sob tal condição, os espíritos técnicos que chefiam os trabalhos de fenômenos físicos, do "lado de cá", podem transportar qualquer desses moldes para lugar adrede preparado e ali preenchê-los novamente com a energia livre do próprio ambiente. Disso resulta o fenômeno inverso pelo abaixamento vibratório da energia livre ao estado anterior de matéria.

Embora o objeto desapareça da visão física, esvaziado da energia que preenchia o molde etérico, ele continua nítido e intacto no mundo invisível, através de sua matriz preexistente, podendo ser novamente materializado sem o desperdício de um só elétron da sua configuração física anterior. O fenômeno lembra algo do molde de gesso, que reproduz e plasma inúmeras figuras sem perder a sua constituição original. O que os cientistas processam de modo exaustivo e complexo na desintegração do átomo pelo cíclotron, os espíritos desencarnados o realizam pelo emprego de ectoplasma mediúnico, também obedecendo às leis da física transcendental e sem usar de qualquer violência física. (Obra: *Magia de Redenção*, 11ª edição, pp. 92-93)

Ectoplasma – plasma psíquico

O ectoplasma é a parte da célula que fica entre a membrana e o núcleo, ou a porção periférica do citoplasma, conforme vos explica a ciência acadêmica. Entre os espíritas é geralmente conhecido como um plasma de origem psíquica, que se exsuda principalmente do médium de efeitos físicos e algo das outras pessoas em comum. Quando os espíritos desencarnados podem dispor dele em bastante quantidade, então o usam para a produção de fenômenos mediúnicos como levitação, ruídos, materializações, voz direta, moldes de parafina, composição de flores etc., após combinarem-no com outras substâncias extraídas do reservatório oculto da Natureza.

O ectoplasma apresenta-se à nossa visão espiritual como massa de gelatina pegajosa, ou substância albuminóide, branquíssima e semilíquida, que se exsuda através de todos os poros do médium, mas em maior porção pelas narinas, pela boca ou

Mecanismos Cósmicos de A a Z

pelos ouvidos, pelas pontas dos dedos e ainda pelo tórax. Os longos cordões ectoplásmicos que se formam por esses orifícios serpenteiam em movimentos ondulatórios. Não é substância que possamos seccionar ou manusear sob absoluta independência dos médiuns, os quais, mesmo em transe completo, ligam-se mentalmente a esse prolongamento vivo, inquieto e influenciável até pelos assistentes.

Os trabalhos de efeitos físicos exigem um cuidadoso tratamento por parte dos espíritos operadores, pois o ectoplasma do médium é elemento fácil de ser contaminado pelos miasmas e certos tóxicos que invadem o ambiente pela imprudência ou descaso de alguns frequentadores dos trabalhos mediúnicos. Trata-se de substância delicadíssima que, na realidade, situa-se entre o perispírito e o corpo físico. Embora seja algo disforme, é dotada de forte vitalidade, motivo pelo qual serve de alavanca para interligar os planos astralino e físico.

É matéria viva do próprio médium que, pela sua vontade, admite a intromissão dos espíritos amigos e benfeitores quando a usam para fins proveitosos; no entanto, caso se trate de criatura desregrada, os espíritos inferiores e malévolos podem assenhorear-se dessa energia acionável pela vontade desencarnada, causando perturbações nos trabalhos de efeitos físicos ou mesmo fora do ambiente mediúnico. (Obra: *Elucidações do Além*, 11ª edição, pp. 143-144)

Educação espiritual – veteranos e "calouros"

No vosso mundo, e em outros planetas habitados, os espíritos se exercitam para desenvolver suas consciências e se emanciparem do domínio das paixões. O berço é a porta de ingresso à escola física e o túmulo marca o fim do ano letivo. A matéria é o malho que retifica a alma indócil e lhe modifica a configuração rude, para assemelhá-la à escultura sublime do anjo eterno. Os mundos físicos assemelham-se a estações experimentais, em que se aperfeiçoam as flores do espírito para os jardins do Éden! Cada alma, no lodo fértil do mundo físico, forja a sua consciência para a divina entrevista com Deus, onde o banquete da Glória Celeste pede a vestidura radiosa da "túnica nupcial"!

A história realmente se repete, na troca dos seus personagens, porquanto os novos atores devem substituir aqueles que ascensionam aos planos de Paz e de Ventura Eterna. A generosidade do Criador, nessa educação espiritual, determina que os veteranos cedam aos novos os seus papéis já vividos, na sublime atitude de renúncia e de amor; cumpre a estes, então, ensinar aos neófitos, ignorantes e rebeldes, a obediência respeitosa às regras magnânimas deixadas pelo mestre Jesus. (Obra: *Mensagens do Astral*, 13ª edição, pp. 297-298)

Efeito x causa – homem x Deus

É evidente que, se o homem existe, também existe o Universo que lhe ampara a vida; e, se existe como efeito de uma realidade endossada pela mente humana, há de existir, também, uma causa primordial que plasmou o Universo, como é Deus. Pouco importa quanto à concepção, suposição ou natureza dessa realidade divina; o evidente é que Ele existe acima e além da concepção infantil mitológica ou da própria pesquisa científica. Todo efeito deriva-se de uma origem ou causa e, afirma a própria ciência, que não há "efeito sem causa". Assim, o pêssego provém da semente de pêssego, o rio caudaloso origina-se de um modesto fio de água da nascente pequenina, os astros procedem de certas nebulosas, que se materializam compondo as galáxias estelares do Universo. O homem é uma entidade criada; consequentemente e sob a premissa lógica de que o efeito tem causa, o homem é o efeito criado de uma causa criante – Deus. (Obra: *O Evangelho à Luz do Cosmo*, 10ª edição, p. 37)

Egoísmo – base do altruísmo

É o egoísmo, malgrado ser censurável, que fundamenta a convergência dos atos e amplia a esfera da posse humana, a fim de organizar o centro de consciência do futuro indivíduo, crescendo individualmente no seio de Deus. Só despontam os primeiros alvores da justiça e se afina o sentimento do homem pela filantropia, após ele se saturar de que "carrega demais e usa tão pouco". Então, despertam-lhe os primeiros bruxuleios do espírito, e um senso primário de justiça principia a convencê-lo de que os "outros" também merecem possuir tanto quanto ele possui e não devem ser julgados nem condenados por isso. O sentimento de altruísmo, embora inicialmente ainda interesseiro, desenvolve-se, pouco a pouco, e a criatura principia a doar o que lhe sobeja, ou mesmo, pesa no seu patrimônio excessivo. Mas, pelo hábito e pelo exercício, o ser adquire a experiência e elucida a mente atingindo o limiar do altruísmo, seja pela espontaneidade do espírito pressentir uma satisfação superior, ou até um bom negócio com a Divindade, nessa realização pacífica e agradável.

Assim, Jesus, o Amado Mestre, não se preocupa em "julgar" ou "censurar" o espírito do homem, que ainda transita pelo curso do egoísmo na sua romagem encarnatória, que é o processo iniciático e formativo da própria consciência espiritual, lançada na corrente evolutiva da matéria planetária. É razoável, e mesmo justificável, que o homem imaturo ainda pratique injustiças sob os impulsos e os atos incontroláveis de sua intimidade egocêntrica e animalizada, e nada ver nisso de censurável. Mas, para que o ser adquira o próprio senso de justiça, é evidente que ele deve ser submetido à retificação de quanto é injusto, conforme age e disciplina a Lei do Carma.

Em verdade, não há departamento punitivo criado por Deus, a fim de julgar e condenar os espíritos que pecam pela injustiça; mas é tão-somente a Lei que na sua pulsação impessoal e responsável pela harmonia e equilíbrio cósmico em todas as latitudes de manifestação da vida, repõe cada coisa e cada ser na sua frequência eletiva, tal qual o músico desafinado é advertido pelo maestro a retomar o ritmo harmônico do conjunto orquestral. Quer os pecados dos homens sejam deliberados ou impensados, haja arrependimento do mau ato praticado ou continue a insensibilidade humana, cabe à Lei a providência de eliminar o defeito e ajustar a peça desgovernada na pulsação harmônica do Universo. (Obra: *O Evangelho à Luz do Cosmo*, 10ª edição, pp. 244-245)

Egoísmo – base do altruísmo II

Embora se deplore o egoísmo, considerando-o como coisa satânica, ele é a base do amor puro, que os chegados à condição de anjos manifestam depois, incondicionalmente, para com todos os seres do universo. Embora nos cause repugnância o monturo fétido dos jardins, é com a sua substância asquerosa que os cravos e as rosas elaboram o seu delicioso perfume! A Lei Suprema, ao dar início ao progresso evolucionário do espírito, desenvolve-lhe primeiramente a fase do egocentrismo, que favorece o despertamento da alma em si mesma, dentro do Todo, a fim de se constituir em célula consciente. Começando por amar-se a si mesmo, com egoísmo, o espírito procura a sua origem em seu próprio âmago, no qual Deus está imanente, embora ainda encoberto pelo cascão provisório da personalidade humana. O altruísmo incondicional, do anjo, forma-se nas bases do egoísmo satânico, de quando a consciência estava em crescimento. A alma faz primeiramente a colheita; a seguir, centraliza-se no acúmulo egocêntrico e avaro; depois, torna-se a fonte doadora, o celeiro de dádivas celestes!

Esse o processo; essa a lei; mas ambos são lógicos e garantem-vos a formação consciencial a caminho da angelitude. Assim, a descida de espíritos satanizados ao vosso mundo significa parte, apenas, do plano elaborado para a futura ascensão espiritual. A última etapa desse plano inicia-se com a "descida" de Satanás, ou seja, com a reencarnação contínua e em massa das almas satanizadas, que há mil anos estavam proibidas de descer à carne, para se evitar a perversão total da vossa humanidade. Insiste o profeta em dizer: "até que sejam cumpridos mil anos; e depois disto convém que Satanás seja desatado por um pouco de tempo" (Apocalipse: 12,12). (Obra: *Mensagens do Astral*, 13ª edição, pp. 292-293)

Egrégora – forma mental coletiva

Há profunda tendência dos pensamentos emitidos por certas pessoas de atraírem-se e combinarem-se a outros pensamentos de natureza semelhante, resultando um aumento de força além do produzido pela sua fonte original. Assim, os pensamentos misturam-se e combinam-se entre si, deixando a sua marca característica nos lugares onde são aglomerados, compondo uma egrégora ou aura constante do que ali se pensa frequentemente. Os lugares, assim como as pessoas, conservam as peculiaridades e características, boas ou más, depressivas ou vitalizantes, agradáveis ou desagradáveis, que são produto da soma dos pensamentos ali entretidos durante muito tempo. Há grande diferença entre o ambiente sedativo, inspirativo e acolhedor da quietude de uma igreja, em contraste com a atmosfera nauseante, mórbida e coercitiva de um matadouro! As pessoas que penetram numa igreja ou templo religioso, embora não sejam prosélitos de tais religiões, não conseguem fugir a um estado de espírito reverente, pacífico e altamente emotivo, que ali se exsuda da soma dos pensamentos e sentimentos das pessoas frequentadoras, causando impressões mentais superiores. No entanto, ninguém sentiria a mesma emoção no ambiente de um matadouro, embora esteja limpíssimo ou enfeitado com as flores mais belas! O ar ambiental do mais estético e moderno hospital modifica o nosso pensamento logo à entrada, não pela sua função material, mas devido à atmosfera mental triste, melancólica e de dolorosa expectativa, que emana dos enfermos tomados por suas dores e apreensões negativas. O ambiente da penitenciária provoca repulsa, depressão e estímulos inferiores contundentes, devido ao aglomerado mental pernicioso, que ali é emitido incessantemente por facínoras, tarados, ladrões, viciados e malfeitores. (Obra: *Magia de Redenção,* 11ª edição, pp. 81-82)

Eletricidade biológica – processos de feitiçaria

As galinhas, os marrecos, gansos, patos, carneiros e cavalos são seres vivos e, por isso, dotados de eletricidade biológica, energia que foge pelas pontas, obediente à conhecida lei da física dos fenômenos eletromagnéticos. Então, as penas, lã ou crina, funcionam como verdadeiros cabos vivos de descarga electrobiológica ou eletromagnética. Ademais, o processo de arrancar-se as penas das aves, quando vivas, ainda favorece o trabalho de bruxaria, pois a ave descarrega maior cota do seu tônus vital dinamizado sob as contrações nervosas da dor!

Os casacos de pele, travesseiros de penas, acolchoados de lã e colchões de crina animal são campos de magnetismo de alta frequência, o qual alimenta favoravelmente o potencial elétrico dos apetrechos de feitiçaria. A influência eletromagnética das roupas de lã de carneiro é tão acentuada, que inúmeras crianças sofrem de eczemas, urticárias, brotoejas e surtos de asma, devido a um tipo de alergia inespecífica provinda de tal elemento. Deste modo, os feiticeiros dispõem de excelente contribuição ao seu trabalho maléfico, pois, além dos objetos catalisados no seu campo eletromagnético e que projetam cargas depressivas sobre as vítimas de enfeitiçamento, ainda mobilizam o próprio tônus vital das aves e dos animais, destinado a desmaterializar e transportar os objetos de bruxaria. As penas, a crina, a lã animal e a pele de marta ou "vison" dos casacos exsudam fluidos densos em torno da aura das criaturas enfeitiçadas, favorecendo os espíritos malévolos para as espoliarem vitalmente no fenômeno comum de vampirismo! (Obra: *Magia de Redenção*, 11ª edição, pp. 89-90)

Emoções desequilibradas – proteção do duplo etérico

Considerando que os pensamentos desatinados provocam emoções indisciplinadas, gerando ondas, raios ou dardos violentos, que depois se lançam da mente incontrolada sobre o cérebro físico através do duplo etérico, é claro que o sistema nervoso do homem se destrambelha sob esse mar revolto de vibrações antagônicas. Em seguida, perturba-se a função delicada do sistema endocrínico, do linfático e do sanguíneo, podendo ocorrer a apoplexia pelo derrame de sangue vertido em excesso pela cólera, ou surgir o eczema, suceder a síncope cardíaca pelo frenamento súbito da corrente sanguínea alterada pelos impactos de ódio ou pela repressão violenta da vesícula em razão de uma "explosão" de ciúme. Todas as emoções rudes afetam o duplo etérico na sua tarefa de medianeiro entre o perispírito e o corpo físico. Porém, quando submetido a impactos agressivos do perispírito perturbado, o duplo etérico baixa o seu tom vibratório impedindo que os raios emocionais que descem da consciência perispiritual afetem o corpo carnal. É uma espécie de fuga vibratória como acontece à sensitiva quando é molestada na sua epiderme vegetal. (Obra: *Elucidações do Além*, 11ª edição, p. 203)

Encarnação – manifestação do espírito

O espírito, realmente, encarna-se; não nasce, não cresce, não envelhece e não morre propriamente na carne. É centelha cósmica da Chama Criadora, que é Deus; portanto, não renasce nem é destruído. O ego espiritual desce vibratoriamente ao mundo carnal, a fim de desenvolver a consciência e ter noção de si mesmo, passando a existir como entidade emancipada, porém subordinada às leis do próprio Criador, pois, embora o espírito seja eterno e disponha do seu livre-arbítrio, jamais se isola do Todo. E o seu autoconhecimento, ele o adquire mediante as deduções do seu mundo interior, que resultam do seu contato com o mundo exterior.

Assim, o espírito do homem não vive propriamente os períodos de infância, juventude e velhice, conforme acontece ao corpo físico. Nascer, crescer, envelhecer e morrer são apenas etapas adstritas à concepção de tempo e espaço entre o berço e o túmulo. O espírito manifesta-se temporariamente através do equipo de carne, nervos e ossos, que é a sua instrumentação de trabalho e aprendizado consciencial no ambiente do planeta.

Como Deus é o pano de fundo da consciência de todos os homens, jamais o espírito humano desvincula-se da Consciência Cósmica que o originou e lhe garante o atributo de existir. Nas múltiplas existências físicas, ele apreende os conceitos do pecado e virtude, do bem e mal, da saúde e enfermidade, do certo e errado, do inferior e superior, do impuro e puro, que assim lhe facultam apurar os valores divinos latentes em si mesmo.

Em consequência, o período de infância física do homem é uma etapa transitória, em que o espírito se manifesta algo reduzido na sua verdadeira capacidade já adquirida nas vidas pregressas. A sua ação amplia-se pela comunicação cada vez mais racional e consciente em equivalência com o crescimento do corpo. Diríamos que o espírito não nasce na Terra, mas acorda, aos poucos, da hipnose a que é submetido no Espaço, antes de encarnar, manifestando se tão clara e conscientemente quanto seja a capacidade e sensibilidade do seu equipo carnal em relação com o meio material. (Obra: *A Vida Humana e o Espírito Imortal*, 11ª edição, pp. 17-18)

Encarnações de inimigos – projetos

Realmente, há um programa básico e disciplinador das encarnações dos espíritos comprometidos entre si por mazelas pregressas, no qual se delineiam os principais acontecimentos da vida física, e os objetivos das prováveis evoluções espirituais. Daí, o motivo de existirem certos destinos fatais e inexoráveis na vida dos seres humanos, causadores de dramas, tragédias e catástrofes, contrariando o merecimento e as intenções dos encarnados. Em verdade, ao chegar o momento nevrálgico de a criatura cumprir determinada "cláusula" do seu programa cármico, esquematizado antes de renascer, nenhuma força ou interferência extemporânea do mundo poderá desviar ou modificar o acontecimento previsto. Malgrado as revoltas, os desesperos e mesmo as acusações contra Deus. É sempre o esquema "pré-encarnatório" desenvolvendo-se em suas etapas previstas no Espaço e aceitas pelo grupo de almas interessadas na composição da mesma família terrena.

Antes do renascimento físico, os mentores da espiritualidade sugerem as atividades terrenas e os procedimentos educativos mais proveitosos à renovação espiritual dos seus pupilos. Eles assinalam as aflições, dores e enfermidades que, embora façam sofrer, despertam os impulsos superiores, afastam dos vícios e enfraquecem as paixões escondidas no espírito, induzindo ao prazer transitório, mas nefasto. Ninguém se diploma para a angelitude antes de sua iniciação através da "porta estreita" das vicissitudes, dores, mortificações e desilusões da vida física, porquanto o espírito do homem encarna-se como "escravo" da carne e, paradoxalmente, deve aprender a libertar-se conscientemente desse mesmo jugo indesejável. (Obra: *Sob a Luz do Espiritismo*, 1ª edição, pp. 107-108)

Mecanismos Cósmicos de A a Z   173

Encarnações e individualidade definitiva

Apreciando o espírito, que é definitivo, em relação às inúmeras personalidades humanas modeladas nas sucessivas existências físicas, poderíamos supor a figura de um imenso colar, que aumenta sucessivamente no tempo e no espaço, pelo acréscimo incessante de novas contas, cada uma representando uma vida humana. Mas enquanto essas contas ou encarnações físicas podem variar na sua forma, cor, raça ou contextura pessoal transitória, o fio que as une não muda, porque é o espírito imortal a sustentar as diversas personalidades encarnatórias ou organismos carnais a se substituírem sucessivamente na superfície dos orbes.

Não importa se, em cada encarnação ou cada conta desse suposto colar, a personalidade humana chama-se João, Nero, Maria, Gandhi ou Paulo de Tarso. O certo é que o fio do colar é a individualidade eterna, que se emancipa no tempo e no espaço, fichada nos "Registros Cármicos" por um código sideral definitivo.[1]

Em cada existência física, o espírito plasma um tipo de organismo, cuja estrutura anatomofisiológica depende da herança biológica da família onde se encarna. Em seguida, recebe um nome adequado à raça ou parentela que lhe fornece a vestimenta anatômica, sem que isso lhe altere a identificação individual definitiva e figurada nos registros de origem sideral. A individualidade do espírito não se enfraquece, mas se desenvolve e se encorpa, tanto quanto for o seu comparecimento periódico às sucessivas vidas humanas. (Obra: *O Evangelho à Luz do Cosmo*, 10ª edição, p. 80)

Endereço vibratório e lei de afinidade

Assim, o maior êxito do feitiço fundamenta-se sobre a mesma lei de afinidade comum dos experimentos de física e química, a qual disciplina as relações e a propriedade dos

---

1 Os espíritos são classificados em "Departamentos de Reencarnações", no mundo espiritual, sob uma determinada sigla e número que lhes identifica a individualidade permanente, pois os nomes e as personalidades transitórias são de menos importância. (N. de Ramatís.)

corpos entre si. Ademais, as coisas impregnam-se das emanações dos seus possuidores, e por esse motivo podem servir de "endereço vibratório" para as operações de magia à distância, conforme é de uso e necessidade na bruxaria. Quanto aos efeitos mortificantes que atuam sobre as vítimas enfeitiçadas, os feiticeiros os conseguem através da "projeção" de fluidos agressivos e enfermiços, que desdobram nos campos eletrônicos dos objetos preparados sob o ritual de abaixamento vibratório. (Obra: *Magia de Redenção*, 11ª edição, pp. 30-31)

Energia sexual – força propulsora e criadora

A energia sexual é realmente a força propulsora da vida humana, porque, já vo-lo dissemos, é a fonte da criatividade em seus diversos aspectos e frequências, conforme os planos e campos da atividade onde atua. Mas, é como o fogo controlado – aquece, ajuda e cria; porém, descontrolado, produz o incêndio. Consequentemente, o homem, pelo abuso do sexo, consome indevidamente essa energia criativa que, às vezes, se manifesta como ambição, orgulho e egoísmo, e deve ser usada com harmonia, segundo as necessidades, jamais de forma insensata! (Obra: *O Evangelho à Luz do Cosmo*, 1ª edição, pp. 172-173)

Energias primárias – interiores

Em verdade, as energias primárias ou instintivas do mundo animal encontram-se adormecidas na intimidade da própria alma porque se trata do residual de forças que já lhe serviram quando da estruturação do corpo físico.

Os "pecados", ou seja, as atitudes, os pensamentos ou as emoções de ordem animal despertam essas forças e as excitam, fazendo-as aflorar à superfície do perispírito. Embora o termo não se ajuste perfeitamente à nossa idéia, diríamos que esses fluidos vigorosos e elementais terminam por "coagular" na intimidade do perispírito quando inflamados pelos impactos de emoções deprimentes e violentas. (Obra: *Mediunidade de Cura*, 12ª edição, p. 55)

Mecanismos Cósmicos de A a Z

Engendramento cármico – reencontros

O engendramento cármico está claríssimo na advertência de Jesus, quando disse que aquilo que fosse ligado na Terra também seria ligado no espaço. Assim é que os espíritos, quanto mais se odeiam e se digladiam na trama apaixonada da vida física, mais a lei cármica os aproxima e os reúne nas vidas futuras, fazendo-os sofrer entre si os seus próprios desmandos, até que desliguem o que foi ligado na Terra. A Lei, em seu fundamento essencial, é Amor e não ódio, e as algemas odiosas não podem ser rompidas violentamente, mas sim desatadas cordialmente pelos seus próprios autores e sob a mútua condescendência espiritual fraterna.

Ninguém no seio da vida poderá viver isolado; e muito menos se isolará dentro do ódio contra qualquer outro ser a quem considere seu adversário, pois a Lei sempre se encarregará de aproximar novamente os que se odeiam, até que, através dos recursos cármicos eficientes, consiga fazê-los se unir e se amarem. Por mais demoníaco que seja o ódio entre aqueles que se detestam, a cura definitiva está implícita na recomendação indiscutível de Jesus: "Reconcilia-te com o teu adversário enquanto estás a caminho com ele, para que não suceda que ele te entregue ao meirinho, o meirinho te entregue ao juiz e sejas mandado para a cadeia, de onde não sairás enquanto não pagares o último ceitil". Não há outra solução para o problema do ódio, pois é de lei sideral que tudo se afinize e se ame; que os astros se harmonizem pela coesão cósmica, que as substâncias se afinizem pela combinação simpática e que os seres se unam pela reciprocidade de afeto espiritual. (Obra: *Fisiologia da Alma*, 13ª edição, p. 274)

Engenheiros siderais – planejamento cósmico

Quando os Engenheiros Siderais planejam órbitas, ocasião em que estudam e examinam todas as atrações, repulsões, influências astrológicas e astronômicas dos corpos e partículas siderais futuras, os planos respectivos são alvo da atenção de inúmeras outras entidades. Estas entidades são espíritos angélicos, cujas auras impregnam globos e mesmo constelações celestes. Podeis ter uma apagada concepção do que sejam eles na figura dos matemáticos, anatomistas, geólogos, botânicos, zoologistas, sociólogos, legisladores, químicos ou físicos do vosso mundo, lembrando-vos, porém, de que estão absolutamente além da concepção humana.

Os cientistas do vosso mundo, tomados há pouco para comparação, não saem de experiências em torno do planeta Terra, esquadrinhando os valores miúdos do solo e do meio, mas os que mencionamos como cooperadores siderais estendem o seu labor a sistemas de sóis e de mundos milhares de vezes mais adiantados do que o vosso sistema e a vossa acanhada morada. Eles operam, com os seus conhecimentos, na organização de planos siderais que abrangem toda a cúpula da área cósmica a ser estudada. Empregam cálculos de matemática sidérea, em que os calculadores siderais prevêem para incontável número de anos-Terra todos os detalhes, movimentos e progressos dos mundos porvindouros, demarcando as exigências de aproximação e distanciamento recíproco dos astros, as suas influências sobre coordenadas magnéticas dos sistemas, a coesão e a reação dos satélites e de seus núcleos, inclusive todas as alterações e progressos das humanidades existentes de futuro nesses conjuntos planetários.

Esses planos desdobrativos, sob um ritmo ascensional e inteligente, reproduções herméticas de outros planos já sucedidos, é que permitem a pulsação implacável, desde o microcosmo das probabilidades de ondas eletrônicas até o macrocosmo das constelações rodopiando em torno de um núcleo, que pode ser o acúmulo sideral de bilhões de galáxias! Dentro desse ritmo, dessa pulsação continuamente ascensional, o progresso é um fator constante e a angelitude humana um evento consumado, porque são estes os objetivos fundamentais que sustentam os planos traçados pelos Engenheiros Siderais. (Obra: *Mensagens do Astral*, 13ª edição, pp. 101-102)

Engenheiros siderais – prepostos de Deus

Os Engenheiros Siderais são entidades espirituais de elevada hierarquia no Cosmo, as quais interpretam e plasmam o pensamento de Deus na forma dos mundos e de suas humanidades. Através da ação dinâmica do Verbo – que podeis conceituar como pensamento "fora de Deus" – aquilo que permaneceria em condições abstratas na Mente Divina revela-se na figura de mundos exteriores. Embora saibais que o pensamento puro do Onipotente é o princípio de todas as coisas e seres, pois "no princípio era o Verbo, e o Verbo estava com Deus, e o Verbo era Deus", como elucida João Evangelista, existem os elos intermediários entre o "pensar" e o "materializar" divino, que se constituem de leis vivas, operantes e imutáveis, que dão origem à matéria e à energia condensada. Esses conjuntos e leis vivas são os Engenheiros Siderais ou espíritos arcangélicos, que apreendem o pensamento divino e o revelam no plano denso da Criação, proporcionando até a vida microscópica, para formação das consciências menores. Essas entidades, que os iniciados conhecem desde os pródromos da Atlântida, são dotadas do poder e da força criadora no "sexto plano cósmico", no qual se disciplina a primeira descida dos espíritos virginais a caminho da matéria, através das sete regiões da ascensão angélica. Como os mais altos intermediários do pensamento incriado do Absoluto, até se plasmar a substância física, os Arcanjos Siderais consolidam os mundos e os alimentam em suas primeiras auras constelares ou planetárias, assim como as aves aconchegam os seus rebentos sob o calor afetuoso do amor materno. Todas as formas de vida estão impregnadas dos princípios espirituais; tudo tem alma e tudo evolui para estados mais sublimes, desde o elétron que rodopia no seio do átomo até às galáxias que giram envolvidas pelos poderosos "rios etéricos", que as arrastam como paina de seda ao sabor da corrente líquida. "Assim como é o macrocosmo, assim é o microcosmo" – reza a tradição espiritual desde os primórdios da consciência humana.

A separação é grande ilusão, uma aparência própria da ignorância humana, que está situada nos mundos materiais, pois o sonho de Ventura é um só para todos!

Os Engenheiros Siderais, ou Arcanjos da mais alta hierarquia cósmica, como entidades superplanetárias, ainda condensam e avivam o espírito descido até o microcosmo e ativam-lhe a dinâmica ascensional. (Obra: *Mensagens do Astral*, 13ª edição, pp. 418-419)

Epidemias e imunidade – força espiritual

Durante qualquer epidemia há um "eriçamento" do mesmo tipo de morbo psíquico, ou toxicismo coletivo, que permanece latente nos indivíduos saturados pela mesma espécie de desregramento mental e emotivo do passado. Os germes, então, encontram fácil acesso nos conjuntos ou grupos de indivíduos mais afinizados entre si, provocando os surtos epidêmicos. Mas é evidente que durante as epidemias também não perecem todas as criaturas.

E a prova de que não existem doenças mas doentes está em que, apesar de grassarem epidemias que atacam grande porcentagem das populações, muitos seres são completamente imunes ao contágio mórbido, tal como acontece com certos médicos, enfermeiros, frades, freiras e auxiliares, que atuam em asilos, hospitais, dispensários ou conventos algumas vezes infestados por moléstias contagiosas. A verdade é que não existe nessas criaturas o "élan" enfermiço, ou a essência mórbida que deveria alimentar o terreno favorável para a proliferação do germe responsável pela doença contagiosa. Falta-lhes, pois, o miasma de contato, ou elemento mórbido invisível que nutre e ajuda a progênie do vírus da moléstia. Inúmeros seres abnegados, tais como Francisco de Assis e outros, viveram entre leprosos ou tuberculosos sem que seus organismos protegidos pela admirável harmonia espiritual apresentassem qualquer dano ou moléstia! (Obra: *Fisiologia da Alma*, 13ª edição, p. 342)

Era da matéria x Era do espírito

"Era da Matéria", que até o momento tem sido regida pela belicosidade, cobiça, astúcia, cólera, egoísmo e crueldade, paixões mais próprias do instinto animal predominando sobre a centelha espiritual. Encontrai-vos no limiar da "Era do Espírito", em que a humanidade sentir-se-á impulsionada para o estudo e o cultivo dos bens da vida eterna, com acentuado desejo de solucionar os seus problemas de origem espiritual. As comprovações científicas da imortalidade da alma, através do progresso da fenomenologia mediúnica, reduzirão bastante a fanática veneração do homem pela existência transitória do corpo físico. Assim como o organismo carnal do homem em certo tempo verticalizou-se para servi-lo em nível biológico superior, o seu espírito também há de se erguer da horizontalidade dos fenômenos e dos interesses prosaicos da vida física provisória, para atuar definitivamente na frequência vibratória do mundo crístico.

A época profética que viveis atualmente, sob a emersão coletiva do instinto animal simbolizado na "Besta do Apocalipse", que tenta subverter o espírito do homem ainda escravo das formas terrenas é que produz essa ansiedade, esse nervosismo e essa inquietação das massas humanas, ateando o barbarismo das guerras e das revoluções, incitando as lutas de classes e os ódios racistas, enquanto os cientistas investigam como matar mais depressa por intermédio das armas nucleares. A humanidade terrena pressente que já chegou a sua hora angustiosa de seleção espiritual e consolidação planetária. O homem terá que se decidir definitivamente para a "direita" ou para a "esquerda" do Cristo, pois, conforme reza a profecia, serão separados os lobos das ovelhas e o trigo do joio.

Freme o magnetismo do ser humano à periferia do seu psiquismo exaltado pela energia animal, a qual emerge em sua desesperada tentativa de subverter os costumes, as tradições e a disciplina do espírito imortal. Os homens encontram-se confusos no limiar de duas épocas extremamente antagônicas, pois, justamente com o reiterado apelo do Alto para a cristificação humana, recrudesce também a efervescência do automatismo instintivo da vida animal. (Obra: *Mediunismo*, 13ª edição, pp. 30-31)

"Escada de Jacó" – os sete mundos

A mesma Pedagogia Sideral ensina que Deus, Brama ou o Universo, abrange sete mundos ou sete estados energéticos que se diferenciam conceitualmente sob a regência do ritmo setenário. Através dessa divisão, cabível na mente humana, torna-se mais fácil aquilatar o processo de "involução" ou "descida angélica" e o da "evolução" ou "ascensão espiritual".

Procurando situar-nos dentro dos gráficos mais conhecidos e que consideramos de maior clareza para esse entendimento, principalmente os que são manuseados entre os esoteristas, rosa-cruzes, teosofistas e hermetistas, expomos, resumidamente, a disposição dos sete mundos que servem de degraus diferenciais no abaixamento vibratório do espírito virgem, e que a tradição bíblica também simboliza no trajeto ascensional através da escada de Jacó:

1°) **Mundo de Deus**, a Matriz-Base, o Pensamento Original e Total;

2°) **Mundo dos Espíritos Virginais**, composto de sete regiões, de onde se originam os espíritos diferenciados em Deus, para iniciarem a sua trajetória através da substância material; origem iniciática dos veículos do homem;

3°) **Mundo do Espírito Divino**, em cujas regiões se originam as mais elevadas influências espirituais no homem;

4°) **Mundo do Espírito de Vida**, é a origem do segundo aspecto tríplice do espírito do homem;

5°) **Mundo do Pensamento**, dividido na região do "pensamento abstrato" que contém as idéias germinais da forma, vida e emoção dos reinos mineral, vegetal, animal e humano; na região do "pensamento concreto", zona mental, origem das forças arquetípicas e a mente humana, na figura de um foco que reflete o espírito na matéria, além dos arquétipos do desejo, emoção, vitalidade universal e da forma. (Aliás, esse mundo, em sua divisão perfeita do espírito humano e a mente, separa perfeitamente a personalidade provisória do mundo de formas e o ego concretizado no mundo interior do espírito.)

6°) **Mundo dos Desejos**, responsável pelo "corpo dos desejos", na seguinte disposição: – três regiões que compreendem o poder, a luz e a vida anímica, compondo a atração; a quarta região, que é o sentimento, as três últimas abrangendo os desejos, impressionabilidade e paixões;

7°) **Mundo Físico**, de suma importância para o atual conhecimento do homem comum, assim dividido: – região interior, etérica, forma do corpo vital, e região exterior, química, que compõe o corpo denso ou propriamente físico.

Mecanismos Cósmicos de A a Z   181

Destacamos especialmente a "região etérica" cujos veículos funcionam em bastante eletividade com as energias do sexto mundo, que é o formativo do corpo dos desejos, compondo-se, então, o corpo etereoastral, responsável pelos fenômenos imediatos no plano físico. (Obra: *Mensagens do Astral*, 13ª edição, pp. 441-442)

Esforço pessoal e subida evolutiva

A simples presunção de Jesus ter sido criado espiritualmente com um impulso de inteligência, virtude ou sabedoria inata, constituiria um privilégio de Deus a uma alma de sua preferência. Isso desmentiria o atributo divino de bondade e justiça infinitas do próprio Criador. Aliás, não há desdouro algum para o Mestre ter evoluído sob o regime da mesma lei a que estão sujeitos os demais espíritos, pois isso ainda confirma a grandeza do seu espírito aperfeiçoado pelo próprio esforço. Nenhum espírito nasce perfeito, nem possui qualquer sentido especial para a sua ascese espiritual à parte; todos são criados simples e ignorantes, cuja consciência ou "livre arbítrio" se manifesta através do "tempo-eternidade", mas sem anular o esforço pessoal na escalonada da angelitude. (Obra: *O Sublime Peregrino*, 16ª edição, pp. 26-27)

Espiritismo – libertador de consciências

O espiritismo, conforme já o dissemos, não tem como objetivo agrupar prosélitos ferrenhos e estimular movimentos intolerantes. É empreendimento libertador da consciência e não imposição de seita. Significa o generoso fermento vivo que acelera o psiquismo humano e incita o homem a se libertar quanto mais cedo possível de sua animalidade. A sua missão fundamental, como um catalisador divino, é modificar e exaltar as qualidades de tudo aquilo em que pode intervir ou influir. É o denominador espiritual comum aferindo os valores nobres de todas as almas, em vez de se tornar qualquer ruga sectária, isolando trabalhadores diferentes e que são devotados à mesma causa do espírito imortal.

Em face destas considerações, vereis que é perfeitamente descabida qualquer ironia ou descaso que alguns espiritualistas desavisados ainda emitem contra Allan Kardec e a sua codificação espírita. Nenhum dos seus postulados fere qualquer outro movimento religioso ou doutrina espiritualista, pois foram todos edificados sobre as raízes que milenariamente entrelaçam todos os movimentos consagrados à busca da Verdade. São princípios tão velhos quanto o espírito do homem; isentos de preconceitos de seita ou de casta, eles orientam o curso humano para os objetivos avançados da vida imortal superior. As obras de Allan Kardec foram inspiradas por elevados mentores dos destinos humanos e abalizados psicólogos siderais, conhecedores indiscutíveis das mais ínfimas necessidades da humanidade terrena. (Obra: *Mediunismo*, 13ª edição, p. 26)

Espírito – preexistente e sobrevivente

O homem não precisa morrer, carnalmente, para sobreviver em espírito. Assim como o escafandrista permanece o mesmo indivíduo, quer operando com dificuldade no fundo do rio ou, quando livre à superfície, inspirando o oxigênio puro e usufruindo do colorido natural e atraente das flores. O espírito humano, também, é sempre a mesma entidade, quer seja encarnado ou desencarnado. A morte física é tão-somente desligamento ou interrupção de um serviço, quando se partem as conexões que comunicam a vontade, o desejo e o poder do espírito sobre o seu corpo carnal.

Em suma, o corpo que é nascido de carne continua sendo a própria carne, enquanto o Espírito, que é "preexistente" e "sobrevivente" ao corpo, permanece o mesmo Espírito sem qualquer modificação em sua essência íntima. As restrições cármicas, que funcionam como recursos de restabelecer a harmonia espiritual nas vidas físicas, situam a entidade sideral, momentaneamente, numa condição educativa compulsória, mas não lhes anulam, nem reduzem o acervo já adquirido no tempo e no espaço. (Obra: *O Evangelho à Luz do Cosmo*, 10ª edição, p. 262)

Espírito da astronomia – a astrologia

Como a evolução humana é cíclica e em forma de espiral, fazendo a humanidade retornar sempre aos mesmos pontos já percorridos, embora abrangendo-os de planos cada vez mais altos, aproxima-se o momento do retorno cíclico em que os cientistas verificarão a lógica e a sensatez da astrologia. As suas leis, desconhecidas ou ridicularizadas, descobrirão em breve a beleza que se oculta nessa manifestação do pensamento criador de Deus, através do magnetismo cósmico que existe entre os astros! A astrologia pode ser considerada, sem receios, o espírito da astronomia; é o excesso de materialidade do homem do século XX que o distancia das leis espirituais cármicas que se situam na esfera astrológica. Assim como há ritmos zodiacais que disciplinam os elétrons em suas órbitas no seio do átomo, também existem os seus equivalentes que orientam os cursos dos astros no seio do Cosmo. Os sábios da antiguidade eram profundamente conhecedores destas assertivas, apesar de não possuírem instrumentação necessária para os conduzir às ilações científicas dos modernos aparelhos de laboratórios. E já naquele tempo afirmavam que, "como é o microcosmo, assim é o macrocosmo", ou, então: "aquilo que está em cima também está embaixo". No futuro, só a astrologia, respeitosamente estudada pelos astrólogos científicos, poderá explicar, positivamente, o que se dá desde o carma de um elétron em torno do núcleo atômico até o de uma constelação estelar; desde o impulso progressivamente contínuo, que há no seio de um simples mineral, até à coordenação "psicofísica" que conduz uma nação a constituir a humanidade angélica. O astrólogo, mesmo que não o considereis como um cientista, na acepção do termo oficial do academismo do vosso mundo, é um hipersensível, que capta o fenômeno em sua feição original e sabe quando se modifica o ritmo comum das sequências familiares. Assemelha-se ao maestro, cujo ouvido afinadíssimo é capaz de perceber se um músico desafina numa semifusa da partitura musical! Qualquer acontecimento no vosso mundo, mesmo a materialização de um elétron na órbita atômica, deve primeiramente ser pensado na Mente Divina! A astronomia pode catalogar o fenômeno quando já se projeta no campo consciencial da esfera científica, mas só a astrologia é capaz de vislumbrar o acontecimento na fase de sua ideação. Os astrônomos terrícolas podem prever os caminhos e o tempo percorrido pelos orbes na abóbada celeste, mas a astrologia assinala o espírito de vida que traça e determina esses objetivos. (Obra: *Mensagens do Astral*, 13ª edição, pp. 132-133)

Esquecimento do passado – piedade divina

É a piedade divina que faz o espírito encarnado não se lembrar das vidas anteriores, cujos acontecimentos trágicos e tenebrosos poderiam perturbá-lo nas futuras existências redentoras. O sacerdote, o médico, o militar, o professor ou advogado precisam viver a sua nova experiência reencarnatória, como se a fizessem pela primeira vez e estimulados pela esperança de um futuro feliz. Jamais poderiam atravessar a existência humana pacífica e conformada, ao reconhecerem no seio da mesma família as vítimas ou algozes do passado, aos quais se imantaram segundo as determinações da Lei do Carma.

A vida física então seria um inferno, caso os espíritos encarnados pudessem conhecer a trama das causas infelizes e culposas do passado, que os vinculam às vicissitudes, enfermidades e tragédias na retificação espiritual e compulsória do presente. Os homens desistiriam de qualquer atividade no campo da Ciência, Arte e até da Religião, caso conhecessem antecipadamente o seu destino doloroso e imodificável da vivência humana! O esquecimento do passado evita a previsão do futuro; e o homem então mobiliza as suas energias ocultas e empreende iniciativas, liquidando as dívidas pretéritas e progredindo para melhores dias futuros. Embora existam pessoas que podem recordar os quadros atrozes e culposos do passado, elas são incapazes de suportar a memorização trágica e, ao mesmo tempo, equilibrar-se no presente.[2] (Obra: *A Vida Humana e o Espírito Imortal*, 11ª edição, p. 281)

2 Espiritualmente, a recordação do passado depende muito da sensibilização psíquica aliada à compreensão de nossos equívocos de ontem, mas sem provocar desequilíbrios e complexos "pré-reencarnatórios". Mas, tecnicamente, o principal fundamento da recordação pregressa ainda é a natureza mais translúcida do "duplo-etérico", a ponte vital entre o perispírito e o corpo físico; portanto, o transmissor das ocorrências fixadas no arquivo do espírito. (Nota do Médium)

Mecanismos Cósmicos de A a Z

Esquema único – do átomo ao arcanjo

A observação e a lógica demonstram a existência de um único Sistema criativo dos espíritos individualizados no seio de Deus. A centelha espiritual surge simples e ignorante em todas as latitudes do Cosmo e, lentamente, através de incontáveis passagens e vivências ela irá evoluindo gradativamente, até onde a nossa mente humana é incapaz de vislumbrar ainda nos primeiros degraus de sua individualização.

O esquema evolutivo determinado por Deus é um só: a sensação do animal, a emoção do homem, a sabedoria e o amor do anjo e a criação plena do arcanjo. São condições inerentes a todos os espíritos, porquanto Deus não modifica o processo de sua criação fora do tempo e do espaço. Não existem duas espécies de processos evolutivos, em que uma parte dos espíritos progride exclusivamente no "mundo interno" e a outra inicia-se pelo "mundo externo". A matéria, conforme prova a ciência moderna, é apenas "energia condensada"; em consequência, não há mérito para o ser evoluir apenas no seio da "energia livre" ou qualquer demérito em submeter-se aos grilhões da "energia condensada". (Obra: *O Evangelho à Luz do Cosmo*, 10ª edição, pp. 162-163)

Estruturas orgânicas e nível evolutivo

O organismo carnal do homem é o refinamento final de todos os "testes" e experiências do psiquismo, após as múltiplas passagens através de todos os reinos da natureza e, especialmente, pelo reino animal, até lograr a metamorfose da consciência humana.

Na figura do macaco, a sabedoria do psiquismo ainda é instinto, que preserva e imita; jamais cria e resolve simples problemas. Falta-lhe a riqueza de simbolização, que é a base do pensamento intuitivo e lógico; também é mínima a substância irrigante dos lobos frontais, o que lhe impede a síntese e análise de conceitos, fundamentos da razão necessária à escalonada humana em direção à linhagem arcangélica.

Em consequência, há uma relação entre a estrutura orgânica e o nível evolutivo do ser, em que o êxito de sua manifestação requer uma organização que lhe corresponda às atividades mentais e mesmo espirituais. No entanto, os animais não são espíritos definidos ou entidades conscientes, mas apenas vinculados à alma-grupo governante da espécie, motivo por que as suas ações e reações são peculiares a todos os da mesma espécie. (Obra: *O Evangelho à Luz do Cosmo*, 10ª edição, pp. 100-101)

Éter cósmico – registro psicométrico

Em torno de cada objeto, animal, planta e do próprio homem existe uma "aura" invisível e receptiva, que capta, registra ou fotografa na sua "chapa" etérica todas as imagens ou vibrações que ocorreram na sua "presença".

Como analogia, podemos dizer que, assim como gravais as vibrações sonoras na cera de carnaúba para a confecção dos discos fonográficos, o Éter Cósmico grava ou registra todos os fatos circunjacentes. A mais sutil vibração de gesto ou de um pensamento, desde a queda de uma folha seca até a violência do furacão, permanece eternamente fixada na tessitura delicada do éter, num tipo de faixa vibratória que poderíamos denominar de "campo refletor". Sons, odores, imagens e demais frequências vibratórias são fenômenos que, no futuro, quando a vossa ciência estiver uníssona com a Fé que "remove montanhas", poderão ser captados através do aparelhamento indescritível aos vossos conhecimentos atuais. O cientista, no futuro, conseguirá captar as ondas sonoras registradas no éter, tornando-as audíveis, e proporcionará fascinante estudo investigando o passado, quando então o homem terreno usufruirá a grata alegria de ouvir cânticos, ruídos, melodias e a multiplicidade de sons que vibram na aura do orbe. A frase evangélica que diz: "não cai um cabelo de vossa cabeça, que Deus não saiba", resguarda uma grande verdade psicométrica. (Obra: *Elucidações do Além*, 11ª edição, p. 121)

Éter cósmico e a unidade

No Universo palpita algo desconhecido, operante e intermediário da Vida, que a ciência acadêmica, na falta de um entendimento além da palavra, denomina de éter-cósmico. Como todos os orbes, coisas e seres estão interpenetrados desse éter-cósmico e nada existe isolado nem distante de quaisquer relações; cada gesto, movimento ou pulsação de vida corresponde-se identicamente em todas as latitudes cósmicas. Eis por que todos os orbes estão interpenetrados, entre si, por energias que os incorporam igualmente, no fenômeno em que Deus-Espírito se expande para fora até à fase substância, embora continue sendo uma só Unidade. (Obra: *Mensagens do Astral*, 13ª edição, p. 359)

Eutanásia – decisão tresloucada

Infelizmente, a vaidosa sabedoria humana ignora que, sob tal decisão tresloucada, o espírito transfere para a próxima encarnação a mesma experiência dolorosa, e o expurgo tóxico fluido mais se avoluma, impedido pela indesejável eutanásia. Sob a técnica sideral, o processo higiênico drenador fica interrompido, mas não solucionado, uma vez que só se completa pela transferência total de certo "quantum" de toxicidade do perispírito para o "mata-borrão" vivo do corpo carnal. Não há outro método ou processo; numa analogia, um litro de água, para ser filtrada pela técnica comum exige um tempo certo para se concretizar completamente. (Obra: *Sob a Luz do Espiritismo*, 1ª edição, p. 93)

Eutanásia – prolongamento da vida

As leis humanas, como reflexo dos princípios que regem o Universo, a consideram crime perante os códigos legais e as religiões dogmáticas a classificariam entre os pecados.

Repetimos: ninguém tem o direito de matar qualquer ser, mesmo nos processos dolorosos insuportáveis e resistentes aos mais potentes analgésicos e, ainda, quando a previsão da ciência oficial for de morte.

O tempo de vida de cada criatura é resultado de suas necessidades evolutivas na experiência da vida terrena para a ascensão espiritual.

Como pode o homem, cego para o mundo maior, arrogar-se o direito de modificar o desenvolvimento anímico do indivíduo, se desconhece as razões da vida e da morte?

Pode livrar, aparentemente, o doente de suas aflições dolorosas, entretanto não o livra de suas obrigações espirituais no universo paralelo da matéria quintessenciada. Aliás, em Esparta – na Grécia Clássica – jogavam-se as crianças com defeitos físicos ou psíquicos do cimo da Rocha Tarpéia, como processo eugênico de eliminar os possíveis socialmente inúteis. Mas, isso ocorreu numa etnia bastante bárbara e primitiva.

Em circunstância alguma, por mais racional que seja a argumentação, cabe ao homem o direito de deliberar e julgar sobre a vida e a morte de seu próximo, ou a própria. Cada criatura traz um programa de vida, ao deixar o Além para reencarnar. Esse programa vivencial, diríamos, numa linguagem cibernética, é formado por vários projetos – profissional, social, familiar, onde estão previstas as metas máximas e mínimas, dentro de um tempo mais ou menos determinado e, além disso, o seu perispírito traz cargas pesadas de energias negativas que, no processo de higienização pessoal, passam para o mata-borrão carnal, com todas as dores e angústias devidas pelo ser eterno.

Por desconhecer esses preceitos da ciência espiritual, o próprio enfermo, julgando-se incapaz de aguentar o sofrimento, pede a morte, como alívio final, sem saber que as dores do psicossoma o acompanharão no outro mundo. Há o alívio dos padecimentos corporais e não da individualidade eterna; pois, a eutanásia interrompe o processo de desintoxicação psíquica dos resíduos cármicos densos, aderidos ao perispírito, resultantes das imprudências em vidas pregressas e da atual.

Inúmeros casos de morte clínica são relatados na medicina e, no entanto, retornam à vida em consequência de necessidades evolutivas.[3] (Obra: *Sob a Luz do Espiritismo*, 1ª edição, pp. 81-82)

---

3 Nota do organizador: Nos atuais estudos de tanatologia, nos casos de ressuscitamento após a morte clínica há uma coincidência das descrições sobre as ocorrências no período do falecimento, assim descrito por Raymond A Moody Jr. em *Reflexões sobre a vida depois da vida*:
"Um homem está prestes a morrer e, ao atingir o ponto máximo do sofrimento físico, ouve o médico declará-lo morto. Começa a ouvir um ruído desagradável, como uma campainha tocando muito alto e, ao mesmo tempo, sente-se em movimento rápido através de um longo túnel. Depois, encontra-se fora do seu corpo físico, mas, ainda no ambiente físico imediato, e vê o seu próprio corpo à distância,

Eutanásia – prolongamento da dor

Para os espiritualistas reencarnacionistas, constituiria um desperdício de tempo e energia apressar o desencarne de qualquer pessoa. Muitas delas necessitam ficar mais algum tempo no corpo carnal, cumprindo os seus ditames cármicos e, nesse caso, obrigaria a uma nova vida material para cumprir alguns dias ou meses completando o tempo necessário na eliminação de energias deletérias. (Obra: *Sob a Luz do Espiritismo*, 1ª edição, p. 81)

Evangelho – código moral definitivo

A razão é uma aquisição do espírito, fruto de observação, do desenvolvimento e da conclusão do homem operando na fenomenologia da matéria; enquanto a intuição é qualidade inata e permanente do espírito. Malgrado a importância, a natureza e o progresso na renovação da roupagem do mundo material, cuja transfiguração incessante o conduz para formas mais apuradas, graças à pertinácia do estudo e da pesquisa científica, o certo é que só o Espírito sobrevive e permanece imortal. Num campo vibratório mais sutil e mais interligado à matéria, preexiste e sobrevive o Espírito, que é o verdadeiro autor e sustentador da vida. Em consequência, como o Evangelho é um "tratado de Moral Espiritual", a fim de cata-

na posição de espectador, assistindo, assim, às tentativas de reanimação, numa situação vantajosa e invulgar, sob um estado emocional complexo. Passado algum tempo, acalma-se, e começa a habituar-se à sua nova condição, verificando que tem um "corpo", mas de natureza e possibilidades muito diferentes das do corpo que acabou de deixar. Em breve, começam a suceder outras coisas. Vêm ao seu encontro seres que o ajudam, e vê os espíritos de parentes e amigos mortos. Um ser cheio de amor, de uma espécie nunca encontrada – um ser de luz – surge diante dele. Este ser faz-lhe, não verbalmente, uma pergunta que o obriga a avaliar sua vida e ajudá-lo, mostrando-lhe a visão panorâmica dos principais acontecimentos por que passava antes de morrer. Então, encontra-se próximo de uma espécie de barreira ou fronteira que, aparentemente, representa o limite entre a vida terrena e o que a ela se segue. No entanto, percebe que tem de regressar à Terra, que a sua hora ainda não chegou. Nesse ponto resiste, pois agora, a sua experiência no Além fascina-o, e não deseja voltar. Sente-se inundado por uma intensa situação de paz, alegria e amor, mas, apesar disso, reencontra o seu corpo físico – e vive. Mais tarde, tenta contar aos outros, mas sente dificuldade em fazê-lo. Em primeiro lugar, não consegue encontrar palavras adequadas à descrição destes episódios extraterrenos. Compreende que os outros duvidam, não se refere mais ao assunto, mas, a experiência afeta profundamente a sua vida, principalmente, no que se refere aos seus pontos de vista sobre a morte e às suas relações com o mundo dos vivos."

lisar a realidade do anjo existente em potencial na intimidade do homem, é ele o verdadeiro orientador da atividade social e psicológica da humanidade. O Evangelho possui a única e insuperável fórmula "psicoquímica" capaz de estimular e aprimorar a avançada combinação "psicofísica" do homem superior em qualquer latitude geográfica do orbe.

A renovação da vida terrestre está programada no próprio espírito do homem, sob o esquema da vida superior divina. O tipo biológico terrícola do super-homem só é evidente sob a metamorfose disciplinada do Evangelho, do qual o Cristo-Jesus é o mais original representante.

Todos os períodos evolutivos do mundo já estão previstos no Evangelho, porque é o Código Moral definitivo e imodificável e, portanto, o esquema antropológico do super-homem, que também é a meta da própria ciência. Assim, quaisquer eventos superiores, esforços técnicos, sucessos psicológicos, estudos filosóficos ou aprimoramentos humanos, quando eles atingem um nível superior e incomum, só retratam as incomparáveis previsões que se esquematizam antecipadamente no Evangelho. (Obra: *O Evangelho à Luz do Cosmo*, 10ª edição, p. 130)

Evangelho – lei do Cosmo

O Evangelho não é simplesmente um repositório de máximas e advertências morais, nem somente código de preceitos exclusivos de qualquer instituição humana religiosa, devidamente credenciada para representar Deus na Terra. Em verdade, o Evangelho relatando a experiência vivida integralmente por Jesus, em 33 anos de sua vida física, é para demonstrar a todos as leis que governam e disciplinam o Universo. Os conceitos do Mestre Jesus, paralelamente à sua conduta e ação incomum, podem ser aceitos como um compêndio humano a expor os objetivos de Deus na Sua Criação. Enfim, repetimos: o Evangelho não é um Código Moral adequado a um certo tipo de humanidade, mas um tratado perfeito de bem viver, que pode orientar em qualquer época qualquer tipo humano, em qualquer longitude terrestre ou astronômica. Proporciona uma transmutação consciente evangélica, onde o homem termina vivendo a sua melhor experiência para Deus.

O Evangelho, portanto, é o "Caminho" da evolução indicado pelo Criador à criatura, constituindo-se numa fonte íntima de libertação do Deus em nós. O homem evangelizado é a criatura que vive corretamente no seu "mundo pequeno", a mesma pulsação criativa e vibração sublime do "mundo grande". Daí o motivo por que os velhos orientais já apregoavam há milênios, que o "macrocosmo está no microcosmo" e o "que está em cima está embaixo", enquanto a ciência moderna aceita que "átomo é a miniatura duma constelação e a constelação a amplitude do átomo". Integrando-se na vivência absoluta do Evangelho, o homem exercita-se no mundo transitório da matéria para assimilar e ajustar-se ao metabolismo da Lei Suprema do Universo. Em consequência disso, os preceitos morais expostos por Jesus refletem, também, os princípios do próprio Universo. (Obra: *O Evangelho à Luz do Cosmo*, 10ª edição, pp. 111-112)

Evangelho – tratado de medicina espiritual

Sem dúvida, as virtudes, como estados de espírito opostos aos que produzem o vício, são produtoras de fluidos sadios, que beneficiam a pessoa humana. Constituem a mais eficiente terapêutica para a cura da alma, pois a sua alta frequência vibratória vaporiza os fluidos mórbidos localizados no perispírito, consequentes às transgressões da Lei.

Daí, a sabedoria de Jesus, o Médico das Almas, quando exaltava a resignação, a humildade, o pacifismo e a renúncia como estados de espírito que conduzem à bem-aventurança eterna. O cultivo das virtudes evangélicas é garantia de saúde, pois a mente tranquila e satisfeita com os bens da vida é como o céu azulado iluminando a harmonia sublime da natureza. Ao contrário, a mente bombardeada pela cólera, pelo ódio, pela ira ou pela cobiça, lembra a noite tempestuosa crivada de relâmpagos e trovões, semeando a desordem e o pavor.

Por isso, a mansuetude, a ternura, o amor e a bondade têm seus símbolos equivalentes nos animais e aves mansos e inofensivos, como a ovelha e a pomba, e nas flores humildes, como a violeta.

Jesus recomenda o Evangelho à guisa de sublime tratado

192   Ramatís

de Medicina Espiritual, pois os seus ensinamentos são remédios potentes. E, além de "curarem" o homem delinquente, ajudam a volatilizar os maus fluidos adensados no seu perispírito. Para as "doenças" do orgulho, do ódio, da avareza, da maldade, do egoísmo, da cólera ou da cobiça, aconselha a medicação infalível da humildade, do amor, da filantropia, do altruísmo, da mansuetude, da bondade e da renúncia. É a Medicina Espiritual preventiva que, usada em tempo, evita lesões, atrofias e cicatrizes, provenientes do expurgo drástico e mórbido no processo de purificação espiritual. (Obra: *Sob a Luz do Espiritismo*, 1ª edição, p. 29)

Evangelho não condena – ilumina os caminhos

Não esqueçamos que a essência esotérica do pensamento de Jesus, enunciada no Evangelho, é sempre o fiel reflexo das próprias leis que coordenam e orientam a vida do espírito imortal na organização de sua consciência individual. O Divino Mestre jamais condenou o pecador; porém, adverte, insistentemente, quanto ao prejuízo que causa o pecado. Através do Evangelho, ele ilumina o caminho dos homens e aponta-lhes os escolhos dos vícios aniquilantes, os abismos das paixões perigosas e as ilusões do poder e das gloríolas humanas, que prejudicam a verdadeira vida do espírito imortal. Ensina a prudência humana para amainar os desejos indisciplinados e a sensatez para o espírito encarnado manter-se no rumo certo do norte espiritual. Recomenda ao homem viver no cenário do mundo material sem ferir ou dificultar a vivência dos demais companheiros em provas. Adverte quanto à ambição humana desmedida na posse dos "tesouros que as traças roem e a ferrugem come"; sobre o perigo do orgulho que explode e depois lança a alma no inferno fluídico dos charcos purificadores do Astral Inferior. Lembra quanto à perversidade, que depois fere tragicamente o próprio autor cruel, na lei implacável do choque de retorno, "onde cada um há de sofrer segundo as suas obras". O Evangelho não é julgamento ou condenação dos espíritos ainda incipientes, e que se turbam na escalonada espiritual evolutiva nos mundos de formas; mas é apenas um "Código Moral" de vida superior, algo semelhante a um manual cívico disciplinando a conduta do futuro cidadão sideral, sob a miniatura esquemática das próprias leis do Universo. Não é de sua função exclusiva disciplinar homens para viver felizes na vida humana transitória, porém, um tratado sublime e catalisador de conscientização para o mais breve ingresso do espírito ao banquete angélico e eterno do "reino de Deus". (Obra: *O Evangelho à Luz do Cosmo*, 10ª edição, pp. 242-243)

Evolução dos animais e alma-grupo

A consciência instintiva aprimora-se pouco a pouco pela seleção e graduação do próprio animal na sua escala ascendente, até merecer o equipo cerebral que lhe favoreça atingir o porte humano. Depois de modelar o duplo etérico situado entre si e o corpo de carne, ela afina-se e apura-se, elaborando o veículo astral,[4] que, depois, serve-lhe para manifestar a sua própria emotividade.

Transferindo-se da espécie animal mais primitiva para a imediata mais evoluída, o psiquismo do animal sensibiliza-se na sua contínua ascese e progressão para alcançar o cérebro do selvagem, do hotentote ou do homem da caverna. Atuando através de um sistema anatomofisiológico mais evolvido, é possível à alma instintiva centralizar e memorizar as suas ações e reações durante o intercâmbio com os fenômenos da matéria, aprendendo a mobilizar a substância mental e despertando um entendimento ainda infantil, mas já de ordem racional e progressiva. E, à medida que desenvolve a sua consciência individual, desprende-se gradualmente do comando instintivo do "espírito-grupo" que comanda a sua espécie e que é a fonte primária de sua formação psíquica.

4 Nota do Revisor: O corpo vital ou "duplo etérico", situado entre o psiquismo e a carne do homem ou do animal, e que depois da morte de ambos dissolve-se no meio etereofísico, encontra-se ligado à altura do baço, através do "chakra esplênico", o principal centro de forças etéricas responsável pela purificação sanguínea e absorção das energias do ambiente "fisiomagnético"! O corpo astral ou veículo da emoção, fixa-se no fígado do homem; e, juntamente com o corpo mental, forma o conhecido perispírito da terminologia espírita. Daí, pois, o fato de que as angústias, preocupações, aflições, frustrações, a cólera, o ciúme, a inveja, inclusive os descontroles nervosos, afetam a região hepática à altura do plexo solar ou abdominal. Em face dos desatinos habituais da humanidade terrena, a maioria dos homens sofre do fígado e a sua vesícula é preguiçosa, sendo bastante comum o tradicional tipo hipocondríaco, que vive sob tensão emocional ou abatimento moral, escravo do metabolismo hepático. É por isso que os chineses, na antiguidade, antes dos negócios, quanto às preocupações alheias, num gesto de cortesia, indagavam primeiramente, se o competidor encontrava-se bom da "barriga", ou do fígado!

Nesse trabalho árduo, lento e milenário, a consciência instintiva, pouco a pouco, aprende a usar o órgão mental de transição, que, no futuro, lhe dará ensejo para treinar a razão incipiente e assim receber certos delineamentos com circunvoluções fisiológicas condicionadas à estrutura ou constituição do futuro cérebro humano. (Obra: *Mediunidade de Cura*, 12ª edição, pp. 65-66)

Evolução e o amor pelos animais

Realmente, alguns santos do hagiológio católico, ou espíritos desencarnados considerados hoje de alta categoria, puderam alcançar o céu, apesar de comerem carne. Mas o portador da verdadeira consciência espiritual, isto é, aquele que, além de amar, já sabe por que ama e por que deve amar, não deve alimentar-se com a carne dos animais. A alma efetivamente santificada repudia, incondicionalmente, qualquer ato que produza o sofrimento alheio; abdica sempre de si mesma e dos seus gozos, em favor dos outros seres, transformando-se numa Lei Viva de contínuo benefício e, na obediência a essa Lei benéfica, assemelha-se à força que dirige o crescimento da semente no seio da terra: alimenta e fortifica, mas não a devora!

Essa consciência espiritual torna-se uma fonte de tal generosidade, que toda expressão de vida do mundo a compreende e estima, pela sua proteção e inofensividade. Sabeis que Francisco de Assis discursava aos lobos e estes o ouviam como se fossem inofensivos cordeiros; Jesus estendia sua mão abençoada, e as cobras mais ferozes se aquietavam em doce enleio; Sri Maharishi, o santo da Índia, quando em divino "samadhi", era procurado pelas aranhas, que dormiam em suas mãos, ou então afagado pelas feras, que lhe lambiam as faces; alguns místicos hindus deixam-se cobrir com insetos venenosos e abelhas agressivas, que lhes voam sobre a pele com a mesma delicadeza com que o fazem sobre as corolas das flores! Os antigos iniciados essênicos mergulhavam nas florestas bravias, a fim de alimentarem os animais ferozes que eram vítimas das tormentas e dos cataclismos. Inúmeras criaturas gabam-se de nunca haverem sido mordidas por abelhas, insetos daninhos, cães, ou cobras. Geralmente são pessoas vegetarianas, que assim mantêm integralmente vivo o amor pelos animais. (Obra: *Fisiologia da Alma*, 13ª edição, pp. 48-49)

Expansão da consciência e o trabalho

Seria incompatível com a sabedoria divina que Deus houvesse constituído a Ventura Eterna, numa espécie de cinematógrafo, destinado à sua platéia de anjos ociosos, que de asas abertas, no Espaço, vivessem eternamente contemplando a projeção dos mundos rodopiantes na tela do Cosmo. E nessa postura de inércia contemplativa através do tempo infinito, se resumiria a felicidade celestial. Ora, "O reino de Deus está em vós", "Eu e meu Pai somos um só", "O homem foi feito à imagem de Deus", são conceitos que exprimem com bastante clareza o mistério oculto da verdadeira vida do espírito. O trabalho é, pois, o fundamento, a lei através da qual se apura, refina e expande a consciência do espírito; movimento, ação e dinamismo com sentido construtivo em todos os planos do Universo, eis a vida. (Obra: *A Vida no Planeta Marte e os Discos Voadores*, 17ª edição, p. 494)

Expansão da consciência humana e sectarismos

A consciência humana, atuando em vários níveis da vida, é, basicamente, um instrumento de aferição contínuo, tão valioso quanto dinâmico, e o seu melhor aproveitamento será conseguido na mais incessante atividade crística e no menor apego às fórmulas envelhecidas da tradição dogmática. Ela se expande ao registrar e agir, em relação aos novos produtos de sua experimentação, e o seu volume será cada vez mais rico e pródigo tanto quanto o for a grandeza de sua própria experiência. Daí o motivo por que os dogmas religiosos e as doutrinas sectaristas, ou os agrupamentos fanaticamente ciosos de seus postulados estáticos, oferecem menores probabilidades de êxito, pois que se isolam e impedem a maior expansão da consciência, ante a menor comprovação das experiências alheias. (Obra: *Mensagens do Astral*, 13ª edição, p. 79)

F

Falanges de umbanda e defesas dos centros espíritas

Ademais, em face da agressividade que atualmente impera no mundo pelo renascimento físico de espíritos egressos do astral inferior para a carne, os trabalhos mediúnicos de umbanda ajudam a atenuar a violência dessas entidades que se aglomeram sobre a crosta terráquea tramando objetivos cruéis, satânicos e vingativos. As equipes de caboclos, índios e pretos experimentados à superfície da Terra constituem-se na corajosa defensiva em torno dos trabalhos mediúnicos de vários centros espíritas. Sem dúvida, conforme o pensamento dos kardecistas, o ideal seria doutrinar obsessores e esclarecer obsediados sem o uso da violência que, às vezes, adotam as falanges de umbanda. Em geral, tanto a vítima como o algoz estão imantados pelo mesmo ódio do passado. E, então, é preciso segregar a entidade demasiadamente perversa, que ultrapassa até o seu direito de desforra, assim como no mundo não se deixa a fera circular livremente entre as criaturas humanas. Tanto aí na Terra como aqui no Espaço, o livre-arbítrio é tolhido, assim que o seu mau uso principia a ferir os direitos alheios. (Obra: *A Missão do Espiritismo*, 11ª edição, p. 156)

Família carnal – ensejo divino

A família humana é justamente uma das mais importantes instituições sociais humanas, espécie de abóbada protetora, responsável pela perpetuação física dos seres humanos. Cabe-lhe, ainda, a obrigação de amparar a prole e educá-la, até a sua emancipação na luta pela sobrevivência terrena.

É através da união física entre os esposos, reciprocamente devedores, e sob o teto da família que se acelera a escalonada espiritual, em face do mútuo revezamento em várias encarnações – quando os filhos de ontem podem ser os pais de hoje, ou de amanhã. Quase sempre, os algozes das encarnações pretéritas tornam-se os pais das próprias vítimas de outrora, lapidando-se entre as dores e as preocupações angustiosas, causadas desde a infância aos descendentes carnais, ante as tradicionais doenças como gripe, febres, bronquites, cólicas, dores de ouvido, de dentes, sarampos ou amigdalites. Os perigos de contágio, as epidemias periódicas ou as enfermidades estranhas causam sustos e temores nos pais aflitos, que sofrem por ignorarem que as aflições junto ao leito das próprias vítimas do passado diminuirão suas dívidas encarnatórias.

Graças à sabedoria das leis eternas, apagando as lembranças do passado, os culpados de ontem terminam vinculados às suas vítimas, sentindo no imo da alma todas as agonias que elas enfrentam na existência, aprendendo a sublime lição de amar e servir. Através dos organismos carnais, gerados pela herança biológica da mesma família, os inimigos e comparsas de existências anteriores intercambiam as lições de afeto, desimantando-se, aos poucos, da frequência do ódio ativado pelas desforras e atrocidades pregressas. (Obra: *Sob a Luz do Espiritismo*, 1ª edição, pp. 112-113)

Família carnal x família universal

A família humana é o fundamento ou a miniatura da família universal, pois os laços consanguíneos apenas delimitam as vestimentas físicas e transitórias numa existência humana, mas sem eliminar a autenticidade espiritual de cada membro ali conjugado. Sem dúvida, a ancestralidade biológica ou a herança genealógica própria da constituição carnal reúne os mais diversos temperamentos espirituais sob uma só configuração consanguínea, a fim de estabelecer uma contemporização amistosa. O lar terreno significa a hospedaria da boa vontade, em que o homem e a mulher conjugam-se na divina tarefa de servir, amar e orientar os espíritos amigos ou adversos que, por Lei Sideral, se encarnam, buscando o amparo fraterno e dispostos a acertarem as contas pregressas! Acima do sentimento ególatra ou de "propriedade", que em geral domina os esposos na posse sobre os filhos, deve prevalecer o conceito elevado de irmandade universal, porquanto a realidade do espírito imortal não deve ser sacrificada às simpatias e posses do corpo carnal! (Obra: *A Vida Humana e o Espírito Imortal*, 11ª edição, pp. 44-45)

Família humana – conjunto de almas

A família humana é um conjunto de almas oriundas da mesma fonte divina; difere, apenas, em sua periferia, pela convenção terrena de cônjuges, filhos, pais ou parentes, cuja vestimenta consanguínea ancestral contemporiza a reunião de desafetos do passado, num treino ativo e em direção à futura família universal!

Os corpos carnais não passam de escafandros transitórios, que proporcionam aos espíritos encarnados o recurso de desempenharem as suas atividades na vida humana, enquanto desenvolvem os sentimentos fraternos e avivam as demais virtudes latentes no âmago da alma. Os interesses egocêntricos, as idéias artísticas, preferências políticas, tendências científicas, ambições sociais ou entretenimentos religiosos, são os ensejos que proporcionam às almas a melhoria de sua graduação espiritual. As dissidências tão comuns no seio das famílias terrenas resultam da diferença de idade espiritual entre os seus componentes, em que os mais primários produzem aflições, sofrimentos e prejuízos aos mais evoluídos, em face do mesmo vínculo cármico do passado. (Obra: *A Vida Humana e o Espírito Imortal*, 11ª edição, p. 45)

Fatalismo divino e amor avatárico

O "acaso" é coisa desconhecida no Cosmo, pois tudo obedece a um plano inteligente; e os mínimos acontecimentos da vida humana interligam-se às causas e efeitos em correspondência com o esquema do Universo Moral. Sem dúvida, há um fatalismo irrevogável no destino do homem a sua eterna Felicidade. Ninguém jamais poderá furtar-se de ser imortal e venturoso, pois, se isso fosse possível, Deus também desapareceria, porque o espírito humano é da mesma substância do Criador. Dentro do plano inteligente de aperfeiçoamento dos homens e dos mundos, o Alto atende aos períodos de necessidades espirituais das humanidades encarnadas, assim que elas se manifestam mais sensíveis para as novas revelações e evolução dos seus códigos morais.

Na época exata dessa necessidade ou imperativo de progresso espiritual, manifesta-se na Terra um tipo de instrumento eletivo a cada raça ou povo, a fim de apurar-lhe as idiossincrasias, ajustar o temperamento e eliminar a superstição. É uma vida messiânica de esclarecimento sobre o fanatismo religioso e o preparo de um melhor esquema espiritual para o futuro. Antúlio, o filósofo da Paz, pregou aos atlantes as relações pacíficas entre os homens; Orfeu deixou seu rasto poético e saudosa melodia de confraternização entre os gregos; Hermes ensinou no Egito a imortalidade da alma e as obrigações do espírito após a morte do corpo físico; Lao-Tse e Confúcio atenderam ao povo chinês, semeando a paciência e a amizade sob as características regionais; Moisés, quase à força, impôs a idéia e o culto de Jeová, um único Deus; Zoroastro instruiu os persas na sua obrigação espiritual; Krishna despertou os hindus para o amor a Brahma, e Buda, peregrinando pela Ásia, aconselhou a purificação da mente pela luz do coração. (Obra: *O Sublime Peregrino*, 16ª edição, pp. 214-215)

Fazedores de guerra – inferno íntimo

As almas enfermiças e tirânicas, que semeiam a dor, a fome e a orfandade mediante suas tropelias sangrentas, frutos de sua excessiva ambição e orgulho, transitam no Além, acompanhadas pelo mesmo cortejo dos seus velhos comparsas, que as insultam, as perseguem, as ameaçam e responsabilizam por todas as suas desditas, amarguras e desprezos. Algemadas às vítimas impiedosas e vingadoras, açoitadas pelas tempestades das regiões inferiores e mergulhadas nos pântanos mais repugnantes, sofrendo os sarcasmos dos próprios espíritos satânicos que as incentivaram ao genocídio, na Terra, elas vagueiam em bandos, torturadas até o dia em que possam renascer na matéria sob a bênção do esquecimento do passado.

Alucinadas e acometidas pela incessante superexcitação e angústia, do remorso, sem pouso e sem alívio, só lhes resta o recurso de encerrarem o seu inferno íntimo no biombo da carne terrena, a fim de amortecerem as lembranças cruéis do passado durante a fase sedativa de inconsciência entre o berço e o túmulo físico. (Obra: *Elucidações do Além*, 11ª edição, p. 31)

Fé – detonador psíquico/curas

A fé que, em certos casos, os enfermos depositam sinceramente nos seus curandeiros hirsutos e desasseados é, justamente, o detonador psíquico que lhes desata as próprias forças vitais latentes, desentorpece-lhes os músculos atrofiados ou renova-lhes os tecidos enfermos, assim como a corrente elétrica ativa as funções das células nervosas na conhecida neuroterapia dos "choques elétricos". É desse modo que se processam as curas de Fátima, de Lourdes, e os milagres das promessas ao Senhor do Bonfim, de Iguape, a Nossa Senhora da Penha, de Guadalupe ou do Rocio, inclusive nos tradicionais lugares santos, imagens que choram e as estampas que piscam ou se movem.

Assim é que, diante das estátuas, das imagens mudas ou nos lugares santos e miraculosos, os aleijados abandonam as muletas, os cegos vêem, os surdos tornam a ouvir e desaparecem as doenças mentais atrozes, embora os enfermos não tomem qualquer contacto direto com criaturas vivas. Eles alimentam em si mesmos o clima energético espiritual que os torna hipersensíveis e dinâmicos; ou então absorvem os fluidos curadores dos espíritos terapeutas que ali atuam em favor da saúde humana.

Aliás, a verdadeira fonte oculta e sublime das energias curativas encontra-se na própria intimidade espiritual da criatura, restando-lhe apenas saber mobilizar essas forças através da vontade e da confiança incomuns, para então ocorrer o sucesso terapêutico, que posteriormente é levado à conta de admirável milagre contrariando as próprias leis do mundo. Em consequência, desde que existem estampas, fontes de água, túmulos, imagens ou relíquias sagradas que podem servir de estímulo à fé humana e produzir as curas incomuns, por que, então, o curandeiro sujo e ignorante também não pode servir de alvo para essa mesma fé despertar as energias curativas do espírito imortal? Porventura o corpo físico, como um dos mais impressionantes reservatórios de forças criadoras, já não é um autêntico milagre da vida? (Obra: *Mediunidade de Cura*, 12ª edição, pp. 111-112)

Fé, intuição e ciência

A ciência não é o máximo poder do mundo, nem a garantia suficiente do que é real na vida; mas, paradoxalmente, é apenas um caminho para desenvolver a intuição e depois usá-la para descobrir os fundamentos do mundo oculto e a fonte autêntica da própria existência humana.

A fé é o produto da intuição, e a intuição é a linguagem oculta do Senhor a confabular em nossa intimidade. É a "Voz do Silêncio" da Divindade, em incessante intercâmbio com a sua criação, independente de fronteiras do tempo e do espaço. O homem socorre-se da instrumentação na pesquisa científica no mundo transitório da matéria, como recurso para desenvolver a sua capacidade de investigação através da vivência oculta do Espírito eterno e consciente. Em planetas mais evoluídos do que a Terra, não é a forma que orienta o homem, mas é o homem que orienta a forma. Não é o invólucro material o que deve induzir a existência íntima do espírito imortal; mas é o espírito indestrutível, quem modela a casca exterior perecível. O cientista busca o real da periferia da forma para a intimidade psíquica; então a sua fé se robustece, após satisfazer as exigências do raciocínio humano. E conforme diz Allan Kardec: "A fé só é fé quando pode encarar a razão face a face."

Partindo da investigação científica rudimentar e da pesquisa do fenômeno da estrutura material, o homem em busca da verdade penetra lenta e seguramente na intimidade de sua própria origem imortal. Ele aquece a sua fé pelo apuro da própria sensibilidade psíquica, que se sublima no esforço de perquirir e despertar, por ver e apalpar. O cientista também descobre o

202   Ramatís

fascinante esquema da vida, na sua própria intimidade oculta à visão comum. Então, alimenta a sua confiança e fé numa Inteligência e Sabedoria Psíquica, que deve ser responsável pela criação dos fenômenos disciplinados e inteligentes, comprovados satisfatoriamente pela ciência.

O Evangelho, além de mensagem de fé, que desperta no homem o seu potencial divino, ainda miniaturiza as leis do Cosmo, e que podem ser investigados cientificamente, de modo a corrigir todo raciocínio cego. (Obra: *O Evangelho à Luz do Cosmo*, 10ª edição, pp. 128-129)

Fé – convicção interna

Independente da vivência de cada alma, inegavelmente, Deus está conosco em todos os nossos caminhos. Fazer parte de nós a cada instante de nossas existências não significa isenção das responsabilidades que Ele nos revestiu. Não é possível o crescimento da consciência sem compromisso e sem obras realizadas. Observai que os peixes habitam gratuitamente os mares e são livres para se movimentarem. Contudo, devem nadar por si. Os vegetais não pagam impostos ao Grande Arquiteto pelo solo que ocupam. Todavia, devem produzir hortaliças, flores e frutos conforme a espécie. Em toda a natureza, não há nada que receba talentos para se esconder em passividade e nada produzir. Mesmo as estrelas longínquas encantam os céus à noite como os vagalumes. Fomos criados para realizar o melhor. As dúvidas e os embaraços são naturais no movimento evolutivo. Se a presença de Deus ainda não vos sacode o íntimo pela fé, observai tudo que vos cerca, a imensidão de bênçãos que se espraiam à vossa volta, sem que façais o mínimo esforço. Não pagastes eletricistas para a manutenção da luz do Sol nem mineiros para escavar o ar que vos infla os pulmões.

Colocando à luz da razão as riquezas ilimitadas ao vosso dispor no Cosmo imensurável, compreendereis a magnitude da inteligência que tudo vê. Assim, fortalece em vós a fé que ora bambeia. Confiai e realizai para o bem, com a convicção interna (fé) de que fizestes vossa parte, e tudo o mais virá por acréscimo divino. (Obra: *Medinuidade e Sacerdócio*, 1ª edição, pp. 106-107)

Mecanismos Cósmicos de A a Z

Feitiçaria – função retificadora

A dor desbasta a alma e ainda reduz-lhe as manifestações imprudentes, reajustando o ser à harmonia com a Vida Superior! O leito de sofrimento também cria a oportunidade da oração e da meditação, tão desprezadas na vida cotidiana; a catástrofe econômica cerceia os vôos insensatos da fascinação material; os embates emotivos e os choques morais conduzem o espírito em busca de lenitivos nas fontes espirituais. Por mais injusto e tenebroso que se vos afigure o feitiço, a sua vítima sempre se beneficia. As dores e atribulações são elementos purificadores e inerentes às reencarnações nos mundos físicos, objetivando o desabrochar da consciência espiritual do homem. A feitiçaria, portanto, como um processo incentivador do sofrimento físico, moral, mental e econômico, pode exercer proveitosa função retificadora dos desvios que o homem cometeu no passado e são prejudiciais à sua evolução espiritual.[1] (Obra: *Magia de Redenção*, 11ª edição, p. 286)

Feitiço – magia negra

Feitiço, sortilégio, bruxaria e enfeitiçamento significam operação de "magia negra" destinada a prejudicar alguém. Antigamente, a palavra feitiço ou sortilégio expressava tão-somente a operação de encantamento, ou no sentido benéfico de "acumular forças" em objetos, aves e animais e seres humanos. Daí, o feitiço significar, outrora, a confecção de amuletos, talismãs, escapulários e orações de "corpo fechado", cuja finalidade precípua era proteger o indivíduo.

O encantamento ou enfeitiçamento de objetos ou seres sempre implicava na presença de um mago, porque era um processo vinculado à velha magia. Mas em face de sua proverbial

---

1 Certo cidadão de algum realce na sociedade curitibana, decidido a abandonar a esposa e três filhos, por uma aventura amorosa, vendia febrilmente os seus principais bens, apurando dinheiro para fugir com uma atriz argentina, a qual atuava na principal boate da cidade. Súbito, cai de cama, prostrado por estranha enfermidade, que lhe minava o fígado, produzia-lhe terríveis dores de cabeça e tonturas cegantes. Após três meses de abnegação médica, socorros mediúnicos por parte de médiuns espíritas, umbandistas e curandeiros, foi descoberto um feitiço no seu travesseiro, com os apetrechos peculiares e um punhado de terra, que seria de cemitério. O cidadão curou-se, integrando-se novamente na vida digna que lhe era peculiar anteriormente, e hoje, quando relata o seu caso, o faz de bom-humor, abençoando o feitiço que o livrou de uma das mais espertas aventureiras portenhas!

subversão e incitado pelo instinto animal inferior, o homem logo percebeu nessa acumulação de forças e dinamização do éter físico de objetos ou seres vivos, um ótimo ensejo para tirar o melhor proveito a seu favor. Logo surgiram os filtros mágicos e as beberagens misteriosas, para favorecer amores e casamentos, enquanto se faziam amuletos com irradiações nocivas, com finalidades vingativas. A palavra feitiço, que definia a arte de "encantar" a serviço do bem, então passou a indicar um processo destrutivo ou de magia negra! (Obra: *Magia de Redenção*, 11ª edição, pp. 32-33)

Feitiço coletivo e elemental cancerígeno

Atualmente, rareiam, no vosso mundo, as terríveis fases de enfeitiçamento coletivo, naturais da época lemuriana e atlântida, em que certos povos se guerreavam através da prática ignóbil da feitiçaria, pois os seus espíritos ainda se achavam fortemente ligados a campos de forças do astral inferior. Esses povos atuavam sobre determinadas "energias elementais" da natureza, portadoras de uma atividade primária muito agressiva e exterminavam-se reciprocamente num processo de vinganças incessantes.

Inúmeras enfermidades de natureza incurável, entre as quais se destacam o câncer e a morféia nervosa, ainda são resultados cármicos de que padecem muitos espíritos participantes da bruxaria coletiva e individual do passado. Faz-se necessário o esgotamento completo desse elemental mórbido usado à larga e ainda latente em muitas almas, para que então desapareça a série de manifestações patológicas atuais, incuráveis. Graças à ação pacificadora de Jesus, criando sublime "egrégora" no vosso mundo e fonte de transfusão da Luz Divina que aniquila o reinado da Sombra, diminuiu o êxito do enfeitiçamento coletivo. O contato vibratório mais profundo com a "aura" do Cristo-Planetário, e o alimento incessante das preces e sacrifícios dos cristãos nos circos romanos em torno da mesma idéia espiritual libertadora, contribuiu bastante para anular a eficiência da bruxaria coletiva. No entanto, na Idade Média ainda ocorreram alguns casos de epidemia, alucinações, histerias coletivas, degradações e luxúria em massa, cujos desequilíbrios psíquicos foram realmente provocados por entidades diabólicas encarnadas, em detestável simbiose com espíritos malévolos. (Obra: *Magia de Redenção*, 11ª edição, pp. 44-45)

Feitiço verbal – a força do verbo

O enfeitiçamento ou a bruxaria, na realidade, pode efetivar-se pela força do pensamento, das palavras e através de objetos imantados, que produzem danos a outras criaturas. O enfeitiçamento verbal resulta de palavras de crítica antifraterna, maledicência, calúnia, traição à amizade, intriga, pragas e maldições. A carta anônima e até mesmo a reticência de alguém, quando, ao falar, dá azo a desconfiança ou dúvida sobre a conduta alheia, isso é um ato de enfeitiçamento. O seu autor é responsável perante a Lei do Carma e fica sujeito ao "choque de retorno" de sua bruxaria verbal, segundo a extensão do prejuízo que venha a resultar das palavras ou gestos reticenciosos desfavoráveis ao próximo.

A mobilização de forças através do verbo é predominantemente criadora, é uma ação de feitiçaria de consideráveis prejuízos futuros para o seu próprio autor, pois as palavras despertam idéias e estas, pelo seu reflexo moral de "falar mal" de outrem, produzem a convergência de forças repulsivas, as quais se acasalam à natureza do pensamento e do sentimento, tanto de quem fala como de quem ouve. Sem dúvida, esta espécie de bruxaria através de palavras, também varia conforme a culpa e a responsabilidade da criatura. (Obra: *Magia de Redenção*, 11ª edição, pp. 49-50)

Filtro divino – Cristo

O Cristo simboliza o Amor, em sua essência cósmica; é uma vibração sideral infinita, a qual distingue no ser o estado amoroso incondicional e infinitamente criativo. O espírito "crístico" é aquele que já ultrapassou a fronteira da egolatria, desfez a sua personalidade de "homem velho", ainda cultuada tão vigorosamente nos mundos físicos pelas criaturas ignorantes da realidade espiritual.

O amor é a natureza real de Deus. O homem só toma conhecimento da autenticidade divina do Amor Absoluto, através de sua própria manifestação crística. É um estado sideral superior e exclusivo dos anjos, que amparam os homens e, particularmente, aos arcanjos que vitalizam os planetas, as constelações e galáxias. São essas entidades transbordantes de amor que, em sua consciência sideral, incentivam, impelem e orientam as humanidades nos seus educandários de aperfeiçoamento planetário. Significam as fontes vivas de concentração e doação desse Amor Cósmico, que filtram na dosagem acessível às vidas menores. Lembram algo de transformadores siderais, que baixam a voltagem da Usina Divina para assim nutrir os astros e os seres. (Obra: *O Evangelho à Luz do Cosmo*, 10ª edição, p. 327)

Fluído mórbido específico – justiça divina

Realmente, cada pecado produz um fluido mórbido específico e também existem vírus eletivos aos mesmos. Por exemplo: – Os fluidos pecaminosos que a alma já traz aderidos ao seu perispírito desde suas existências pregressas, e que são resultantes dos pecados da calúnia, da vingança, do ódio, da crueldade e de atitudes demoníacas, que resultam em desgraças para o próximo, ao serem expurgados para o corpo carnal, são focos deletérios que nutrem o ultravírus causador do câncer, ainda não identificado pela vossa medicina. Trata-se de um residual fluídico tóxico e avassalante, cuja ação é lenta mas implacável, pois às vezes fica incubado no perispírito durante séculos até ser expurgado definitivamente através da carne.

É uma "carga" funesta que faz o espírito sofrer atrozmente no Além-túmulo, requerendo, quase sempre, a intervenção dos psicólogos siderais, no sentido de ser provocado um "despejo" mais intenso, que consiga aliviar o perispírito. Então, quando se processa essa descarga para o corpo físico, o seu impacto ataca o núcleo das células tenras, em crescimento, deformando-lhes a estrutura vital e fisiológica e predispondo-as a deformações horríveis e bastante dolorosas, embora sem denunciar focos parasitários.

Durante o alastramento indiscriminado desse residual mórbido, que alimenta o ultravírus cancerígeno, surgem ou formam-se tumores malignos, conhecidos da medicina por sarcomas, epiteliomas ou neoplasmas, porque destroçam o tecido epitelial ou conjuntivo. E se ataca a medula óssea pelo fenômeno da hiperplasia, então resulta o aumento dos glóbulos brancos no sangue, dando causa à temida leucemia, ainda incurável. No entanto, apesar da diversidade de tais manifestações, é sempre a mesma energia tóxica do vírus cancerígeno, também ainda inacessível às pesquisas e identificação dos vossos laboratórios. De forma idêntica, o homem que, em existências passadas, mobilizou os fluidos do egoísmo, da cobiça ou da apatia espiritual, alimenta os bacilos de Koch e adquire a moléstia contagiosa da tuberculose, que o obriga a afastar-se da família e a ficar isolado do convívio humano, a fim de sofrer na atual existência, justamente, os efeitos indesejáveis do abandono e do desprezo que também votou ao próximo. A lei é implacável, mas é justa, pois "a cada homem será dado conforme as suas obras", ou a semeadura é livre, mas a colheita é obrigatória! (Obra: *Mediunidade de Cura*, 12ª edição, pp. 56-57)

Fogo etérico – purificação espiritual

Quando há perigo de "petrificação" da escória aderida ao perispírito de almas embrutecidas no excesso das satisfações animais, há o recurso espiritual do "fogo etérico" ou "fogo purificador" ministrado pelos técnicos do Senhor. Isso lhes queima o excesso da crosta petrificada na mentalização e materialização de crimes, ódios, crueldades, tiranias e violências, que exerceram nas vidas físicas e ainda mais lhes aviva a idéia do Inferno. Porventura, também não usais processos incômodos e severos para a desintoxicação do corpo físico, como o "banho turco" ou a "sauna", que ajudam a expelir as toxinas?

Sob processos impossíveis de compreensão por vós, esses retardatários sofrem a ação benfeitora do fogo etéreo no seu perispírito compacto pelas substâncias petrificantes, que assim se desintegram e se volatizam, proporcionando alívio das dores e da ansiedade.[2] (Obra: *Sob a Luz do Espiritismo*, 1ª edição, pp. 36-37)

2 Trecho extraído do capítulo X, "Fogo Purificador", da obra *Obreiros da Vida Eterna*, ditada pelo espírito André Luiz a Chico Xavier. – "O trabalho dos desintegradores etéricos invisíveis para nós, tal a densidade ambiente, evita o aparecimento das tempestades magnéticas que surgem sempre, quando os resíduos inferiores

Força sexual – luz ou trevas

Nos prostíbulos, nos encontros de criaturas que traem os seus compromissos conjugais no ímpeto das paixões animalizadas, encontram-se, como os lendários vampiros, porém sexuais, marcando a sua presença pela indução erótica, levando os pobres encarnados a delírios passionais. Lastimavelmente, nesse intercâmbio vicioso entre vivos e mortos, entre devassos com corpo e devassos sem corpo, prolonga-se a nefanda condição escravagista da força sexual, na dominação animal. Repetem-se, assim, as velhas cenas fantásticas do Diabo e do homem vendedor de sua alma.

No entanto, a mesma força sexual usada com disciplina, como energia criativa de qualquer nível de vida, fundamenta também a ternura, a humildade, a afeição pura, o poder, a inteligência, a sabedoria e até o amor, ajudando o homem a conseguir o supremo equilíbrio que o ajusta definitivamente à angelitude. Através do trabalho perseverante dos milênios, o instinto sexual que se manifesta nos povos primitivos como posse absoluta transforma-se, cada vez mais, em força criativa nos mais diversos setores da vida humana, através das criaturas cientes da realidade imortal, conseguida pela constante busca da perfeição e beleza. (Obra: *Sob a Luz do Espiritismo*, 1ª edição, p. 176)

Força sexual e castidade

Todo gasto excessivo de forças sexuais destrói os elementos preciosos da vida psíquica, responsáveis pela ligação entre o mundo superior e a Terra, por cuja falta o homem é empurrado cada vez mais para o submundo do instinto animal inferior. Em sentido oposto, a economia e o controle das energias sexuais, quando disciplinadas pela mente, beneficiam extraordinariamente o médium. O fluido criador, quando acumulado sem a violência da contenção obrigatória, purifica-se pelo contato com as vibrações apuradas do espírito. Esse magnetismo vitalizante, poupado das glândulas sexuais, depois funde-se ao fluido supe-

---

de matéria mental se amontoam excessivamente no plano".
Vide, também, o capítulo "Que são os charcos do Astral Inferior", da obra *A Vida Além da Sepultura*, de Ramatís e Atanagildo, **EDITORA DO CONHECIMENTO**.

Mecanismos Cósmicos de A a Z

rior emanado do "chacra" coronário, irriga o cérebro e clareia a mente, despertando a função da glândula pineal à altura do "chacra" frontal e favorecendo a visão psíquica do mundo interior. Os abusos da prática sexual enfraquecem o cérebro, pois tanto o homem como a mulher exteriorizam a parte positiva e negativa da força sexual, que os órgãos responsáveis usam para a procriação. A maior parte das criaturas ignora que certa porcentagem dessa força constrói e alimenta o cérebro, por cujo motivo o seu gasto excessivo pode afetar a memória e retardar o raciocínio, enquanto o bom uso purifica as emoções e os pensamentos. Certas criaturas que abusam de afrodisíacos para multiplicar a prática sexual, em geral terminam enfermiças, imbecilizadas e retardadas, apresentando as síndromes "parckisionianas", devido ao esgotamento dos fluidos sexuais imprescindíveis à nutrição das células cerebrais.

Mas é necessário considerar que a castidade não pode ser fruto de uma reação exclusiva da mente, pois refreando as atividades do corpo, de modo algum o espírito consegue resolver um problema que só desaparece pela sua melhoria espiritual. Toda virtude deixa de ser virtude assim que a criatura delibera cultivá-la como algo à parte de si mesma, e que ainda exige vigilância contínua para se manter constante. O homem que procura ser modesto e, para isso, vigia todos os seus atos, preocupado em não decepcionar o próximo, na verdade termina cultivando a vaidade de ser modesto! Da mesma forma, não vos tornareis castos porque cultivais a castidade; mas isso o sereis quando, pela renovação íntima do vosso espírito, então fordes casto sem vos preocupardes em ser castos! (Obra: *Mediunismo*, 13ª edição, pp. 213-214)

Forças internas – curadoras

Há tempo, os médicos norte-americanos surpreenderam-se com o resultado de autópsias de grande número de indigentes, deserdados da terapêutica oficial, ao verificarem que os mesmos haviam sido portadores de úlceras gástricas ou duodenais, lesões cardíacas, infecções perigosas, tumores cancerosos, quistos, amebíases e sinais diabéticos. No entanto, o seu estado patogênico apresentava só os vestígios e cicatrizes dessas moléstias curadas pelos recursos espontâneos da própria natureza. Isso prova, mais uma vez, que há no íntimo da alma o trabalho de forças criadoras que, no silêncio misterioso da vida, atuam mesmo quando as criaturas lhe ignoram a ação. O importante é saber reunir essas forças sob uma vontade férrea ou por meio de um estado dinâmico, que é a Fé. (Obra: *Elucidações do Além*, 11ª edição, pp. 292-293)

Forças solares – prana, fohat, kundalini

Entre as inúmeras forças que emanam do Sol, fertilizando e interpretando as próprias energias dos orbes físicos que compõem o seu sistema planetário, a pedagogia espiritual do Oriente destaca três que são as mais importantes e úteis ao conhecimento da humanidade atual. São elas: "fohat", que é conhecido no Ocidente por eletricidade, e que pode transformar-se em calor, magnetismo, luz e força ou movimento; "kundalini", ou fogo serpentino, energia solar muito vigorosa, que se concentra no seio da Terra e depois flui violentamente para a periferia, ativando as coisas e os seres num impulso dinâmico de alto poder transformativo e criativo; finalmente, a terceira força ou elemento é o "prana", cuja energia ou vitalidade em potencial é responsável por todas as manifestações da vida no Universo. (Obra: *Elucidações do Além*, 11ª edição, p. 170)

Formação da consciência – acúmulo de experiências

A consciência humana compreende o estado de vigília do espírito quando ele se encontra ligado ou imerso no corpo físico. A consciência espiritual, no entanto, age diretamente no mundo divino do espírito como entidade eterna, ou seja, no seu plano "real" e definitivo. É a consciência imutável do ser que preexiste além do tempo "vida humana"; e manifesta-se independente das limitações acanhadas do "eu" ou do "mim", que constituem a personalidade do "ego" deslocado do seio do Cosmo onde "espaço e tempo" são infinitos.

A mente do homem não é a sua consciência eterna, mas,

Mecanismos Cósmicos de A a Z   211

sim uma espécie de "estação receptora e emissora", de amplitude restrita ou limitada aos conhecimentos, fenômenos e fatos dos mundos planetários, nos quais ela exercita o seu discernimento mediante o processo mental de raciocinar, atendo-se às contingências ou fases da infância, mocidade e velhice no ambiente de um mundo provisório ou irreal, pois se transforma e desaparece num prazo determinado.

Em tais condições, a consciência humana amplia-se, desenvolve-se pelo acúmulo das memórias daquilo que "ela vê, analisa e considera", em contacto com os ambientes dos mundos planetários onde o indivíduo ingressa nas suas reencarnações. Consequentemente, as lembranças do que vai sendo averbado na tela mental não significam a "realidade" espiritual imutável, mas apenas um "acervo" mental de caráter transitório, pois as idéias ou conhecimentos "mais perfeitos", que vão surgindo na mente, apagam as suas antecedentes, "menos perfeitas".

A mente humana raciocina à parte, sob uma condição relativa e transitória, muitíssimo pessoal em face da Consciência Infinita e Onisciente do Criador. Deste modo, ela, então, cria inibições, desejos, ansiedades, preconceitos, ideais, medos, concepções individualistas, que constituem o seu equipo próprio no desenrolar da sua existência.

A sua personalidade é conformada à sua experiência pessoal no ambiente em que se encontra; mas, de nenhum modo, isso é o real. Assim, a capacidade e o entendimento de cada criatura que se move numa direção simpática a si mesma fortalecem e alimentam o "ego" inferior como uma consciência separada do Ego Espiritual.

Assim se forja a consciência humana, pelo acúmulo de experiências e lembranças captadas pela mente em atuação no mundo material transitório e irreal. Lembra o perfume da flor, mas não é a própria flor. (Obra: *Mediunidade de Cura*, 12ª edição, pp. 134-135)

Formas-pensamento – influência

A humanidade pouco sabe ainda do poder criador ou destruidor que se encerra na simples emissão de um pensamento e que, agrupando as energias dispersas e emitidas por outras mentes que funcionam na mesma faixa vibratória, pode ser arregimentado para os objetivos mais perigosos. As "formas pensamento" que se plasmam continuamente nos centros cerebrais produzem substâncias imponderáveis para a rudeza dos sentidos físicos, mas grandemente influenciáveis no sistema nervoso e endocrínico, podendo tanto acelerar como retardar a produção de hormônios do sistema glandular. (Obra: *A Sobrevivência do Espírito*, 8ª edição, p. 301)

Formas-pensamento e ondas mentais

As ondas mentais, já o dissemos, lembram as ondas geradas pela pedra jogada sobre a superfície da água. Mas não são muito precisas na sua ação porque logo se desfazem onde incidem, sem produzir uma idéia completa na sua trajetória ou objetivo final. Enquanto a onda mental apenas desperta sensações semelhantes onde recai, já a forma-pensamento transmite a idéia mais completa, porque, além de fortemente sobrecarregada da substância mental de quem a emite, agrega-se facilmente ao campo do pensamento de outra pessoa e ali perdura a sua ação contagiante. O corpo mental do homem ao ser tocado por uma forma-pensamento diferente, tende a produzir na sua mente um pensamento semelhante ao que surge, tanto quanto seja o grau de sua receptividade. Sem dúvida, o poder e a ação dominante das ondas mentais e formas-pensamentos projetadas por alguém, variam conforme a força de vontade de quem as emite, enquanto também se enfraquecem tanto quanto mais longe estiverem de sua fonte original.

A onda de devoção, emitida por pessoa contrita em sua fé, também desperta noutra pessoa, propícia a tal sentimento, um estímulo de devoção, o qual será tão forte qual seja a força da onda mental e a sensibilidade do seu receptor. Da mesma forma, uma onda mental de natureza especulativa também aviva, na pessoa receptora, impulso para transações comerciais. (Obra: *Magia de Redenção*, 11ª edição, pp. 73-74)

"Forma-pensamento" – vida temporária

Enquanto as ondas mentais transmitem mais propriamente os sentimentos, as divagações e reminiscências de especulação propriamente psíquica, as formas-pensamentos recortam figuras nítidas ou configuram símbolos de uma natureza mais objetiva e compreensível para os clarividentes. Através da onda mental, há casos em que o vidente bem desenvolvido chega a ver a pessoa que a transmitiu, enquanto que a forma-pensamento só se impõe por sua própria imagem.

O pensamento produz uma série de vibrações no corpo mental e este então projeta uma porção de si mesmo, em perfeita conexão com a matéria mental circunstante. Desse fenômeno, gera-se uma forma-pensamento simples e pura, cuja configuração, radiação, vitalidade, brilho e colorido perduram tanto quanto seja a força ou a convicção de quem a emite.

A forma-pensamento, também conhecida por elemental ou elemental-artificial, lembra uma entidade vivente, temporária, mas dotada de intensa atividade e animada pela idéia-mater que a gerou. É um produto da própria alma, mas nutrida pela essência elemental vivificante e eletrônica do corpo. Quando maligna, move-se implacavelmente para impor-se sobre a pessoa escolhida para vítima e alimenta-se pela força do ódio, inveja, cólera, despeito, ciúme ou vingança, que encontra em sua trajetória até arremessar-se no seu alento vital selvático. É tão obstinada como a semente lançada no seio da terra, que germina, malgrado a sufocação do solo, e a ação destruidora dos vermes, que tudo fazem para devorá-la!

A forma-pensamento constitui-se de matéria sutilíssima, embora para alguns seja um produto fantasioso, pois, além de sobrecarregado de substância mental-astralina fortemente vitalizada pelo éter-físico, que se escoa pelo duplo etérico humano, também se impregna da eletricidade e do magnetismo biológico da criatura. Eletrizando-se no seu curso benéfico ou maléfico, ela atinge o objetivo qual dardo criador ou destrutivo, valendo conforme a intenção e o poder de quem a projeta.[3] (Obra:

---

3 Vide a obra *Formas de Pensamento*, de A. Besant e Leadbeater, da Editora Pensamento, de São Paulo. Também a obra *O Homem Visível e Invisível*, de Leadbeater, da mesma editora. Vide o capítulo XII, "Clarividência e Clariaudiência", da

214   Ramatís

Magia de Redenção, 11ª edição, pp. 74-75)

Fotóns perispirituais – defesas

A simples picada de um inseto no corpo físico faz o mesmo carrear água em torno da zona ofendida ou afetada, para enfraquecer o veneno ali injetado. Igualmente, o perispírito enfraquece ou desintegra os fluidos malfazejos que lhe penetram pela aura desguarnecida ante a invigilância espiritual do seu dono. Sem dúvida, essa defesa também será de tal êxito, quanto seja a contribuição espiritual do próprio ser. Os "fótons" perispirituais projetados pela Luz que é intrínseca do próprio homem, têm ação profilática e desintegram os maus fluidos. Em consequência, os médiuns também são protegidos naturalmente pela sua segurança perispiritual, embora essa resistência varie conforme a sua estrutura moral. Assim como os fluidos perniciosos agem de modo coercivo adensando a aura perispiritual das criaturas e favorecendo a nutrição de miasmas ou bacilos do astral inferior, os fluidos luminosos ministrados pelos espíritos angélicos são recursos profiláticos que ajudam a dissolver a carga dos fluidos infectos. (Obra: *A Missão do Espiritismo*, 11ª edição, p. 113)

Frequência vibratória e evolução

Há que entender, também, que Deus, acima de tudo é "Ciência Cósmica". Podeis conseguir a angelitude exclusivamente através dos caminhos silenciosos da meditação, ouvindo apenas aquela "Voz do Silêncio" que opera na intimidade espiritual. Mas não modificareis o processo único do mecanismo científico, que só eleva os estados inferiores para os estados superiores, através das mudanças de faixas vibratórias. Embora vos entregueis à idéia de que o vosso êxtase é apenas um "estado sublime e divino", na intimidade do mundo interno, os fenômenos que se sucedem, conduzindo-vos a essa sublimidade, estão perfeitamente subjugados pelas leis implacáveis que regem as altera-

---

obra *Nos Domínios da Mediunidade*, de André Luiz, edição da FEB, pág. 104, que assim diz: "Idéias elaboradas com atenção geram formas, tocadas de movimento, som e cor, perfeitamente perceptíveis por todos aqueles que se encontram sintonizados na onda em que se expressam".

ções vibratórias. Enquanto vos sentis eufóricos porque vencestes um estado inferior e lograstes um estado superior espiritual, na realidade científica do Cosmo, o vosso espírito conseguiu alcançar "frequências vibratórias" mais velozes e sutis, que já existem palpitantes na intimidade sideral. A frequência vibratória do "amor" humano é distintíssima da que se comporta sob a força destrutiva do ódio. A deslumbrante aura de Jesus é campo vibratório inacessível ao homem comum. (Obra: *A Vida no Planeta Marte e os Discos Voadores*, 17ª edição, p. 183)

Frutas – cobertura magnética dos órgãos

O homem é um condensador em miniatura no oceano do magnetismo cósmico, centralizando, sobre si, energias variadas e na conformidade dos seus estados mentais e espirituais. Cada órgão que compõe o seu cosmo celular, absorve e recupera-se com energia correspondente à sua função e necessidade, especificamente à sua forma e à sua tessitura. Os estados patológicos são fases de desperdício energético, ou má combinação de fluidos do magnetismo necessário ao órgão doente. Quando observais no campo físico a desarmonia orgânica, já, de há muito, esse desequilíbrio vem-se operando no campo invisível do magnetismo biológico. O sintoma visível, diagnosticável ou passível de uma descrição etiológica, é já a fase derradeira da causa debilitada na esfera imponderável. Consequentemente, o que primeiro deve ser realizado no campo invisível da energia magnética, que se debilitou, é a compensação com um conteúdo idêntico e compatível, para atender aos gastos energéticos além do normal. Concomitantemente a essa função que o homem exerce, de condensador vivo de energias magnéticas invisíveis, as frutas também são condensadores, embora menores e de outra espécie, captando, dosando e encorpando quotas de energias, na forma de órgãos vegetais emancipados, que operam em "causa própria". Desde que os cientistas terrenos lobrigassem a verdadeira natureza configuracional e "químico-magnética" das frutas, que agem em correspondência com as debilidades "biomagnéticas" de cada órgão do corpo humano, produziriam verdadeiros milagres no campo profilático, preventivo e mesmo terapêutico. Bastar-lhes-ia

216   Ramatís

indicarem espécies frutíferas cultivadas sob disciplina astrológica e em perfeita relação com o nascimento também astrológico de cada doente. A fruta teria por função fazer a cobertura magnética do órgão enfraquecido, atuando pelo seu divino quimismo inacessível aos instrumentos grosseiros do mundo material. Podeis avaliar, portanto, a verdadeira terapêutica com que a Divindade socorre os seus filhos, nas suas enfermidades, sem a violência das substâncias heterogêneas e mineralogicamente radioativas, que alteram comumente o labor endocrínico do corpo humano. (Obra: *A Vida no Planeta Marte e os Discos Voadores*, 17ª edição, p. 319)

G

Gestação – coordenação energética do perispírito

Durante o processo encarnatório, o perispírito é o centro coordenador das energias captadas no meio ambiente, em conexão com as energias de alta frequência irradiadas de sua própria intimidade. O fenômeno se processa, exatamente, no limiar do mundo físico e do reino oculto do espírito eterno. Enquanto a mulher se transforma na "médium da vida" ou funciona como "câmara de materialização" do espírito encarnante, as leis genéticas controlam a formação do corpo carnal, o qual se plasma, aos poucos, na tradicional reminiscência biológica desde a figura do protozoário, em trânsito pelas outras expressões como réptil, peixe ou demais configurações animais que constituem a escala evolutiva da célula ao ser humano.

Mas nesse processo de encarnação, o perispírito preexistente não desaparece numa fusão absoluta na estrutura do organismo físico, porém continua intacto no seu reino vibratório espiritual, embora acicatado pela natureza animal instintiva e própria da vida física no orbe. O perispírito é um organismo superior, cuja vibração sideral altíssima o impede de atuar diretamente no mundo material, sequer acionar um fio de cabelo do corpo carnal. Jamais ele poderia descer vibratoriamente do seu plano espiritual e inacessível aos sentidos físicos; paradoxalmente, o perispírito ainda necessita de outro "veículo" ou "corpo" intermediário, a fim de atuar e movimentar o próprio organismo físico que materializou.[1] (Obra: *O Evangelho à Luz*

---

1 N. de Ramatís. – Na sua função de matriz original dos corpos físicos, em cada

do Cosmo, 10ª edição, p. 287)

Graduação do psiquismo cósmico e consciência humana

Malgrado as dificuldades tão comuns para o intelecto humano perceber satisfatoriamente o esquema transcendental da vida espiritual, sublime e criativa do Universo, tentaremos expor-vos algo da metamorfose macrocósmica de Deus, no processo inverso da metamorfose microcósmica do homem.

Considerando-se que Deus é o Todo Ilimitado, que interpenetra, coordena e ativa a vida universal, é evidente que esse Psiquismo Cósmico precisa graduar-se em diversas frequências vibratórias, a fim de poder governar tão eficiente e coerentemente uma galáxia ou constelação de astros, como ajustar-se às necessidades sutis e ínfimas de um simples átomo de hidrogênio.

Sabemos que o elevado potencial da força elétrica original da usina deve ser abrandado ou graduado para menores voltagens através de transformadores apropriados, a fim de acionar desde o avançado parque de uma indústria, como um simples aparelho elétrico doméstico. Assim, o modesto fogareiro que funciona apenas com 110 volts de energia, seria fundido e carbonizado, sob o impacto poderoso e violento de uma carga de 10.000 volts.

Malgrado a singeleza desse exemplo de eletricidade, que deve reduzir a sua voltagem através de transformadores adequados às múltiplas necessidades e capacidades dos mais variados aparelhos e utensílios elétricos, a Mente Universal também exerce a sua ação criativa e aperfeiçoadora através de entidades espirituais, numa ação psíquica "transformativa", que então reduz vibratoriamente a Energia Cósmica Divina até ajustar-se ao consumo modesto de uma vida humana.[2]

encarnação, o perispírito é portador do modelo de todos os órgãos, sistemas e conexões, que também irão construir as duplicatas físicas idênticas. Assim, na redução perispiritual à condição de um feto, concomitantemente, também se reduzem todas as matrizes de órgãos, sistemas e zonas para comporem o futuro edifício anatomofisiológico, à medida que despertam no processo de sua materialização no ventre feminino.

2 Todo o nosso esforço nesta explicação é apenas na tentativa dinâmica para desemperrar a mente humana das formas e dos conceitos estratificados da vida física. Supondo-se a caminhada do espírito, numa estrada infinita e eterna, os nossos

O centro de consciência humana, que se organiza individualmente no seio do Psiquismo Cósmico, constitui-se num campo íntimo, ou na miniatura psíquica do próprio macrocosmo, assim justificando o aforismo de que "o homem foi feito à imagem de Deus". A consciência individual, ainda virgem e ignorante, mas excitada pelo dinamismo centrífugo, promove a sua ascese espiritual desde a transformação do átomo em molécula, da molécula em célula, da célula ao organismo, do organismo animal ao tipo humano e, depois, a metamorfose do homem até a configuração do arcanjo constelar.

Os atributos divinos miniaturizados no espírito do homem despertam e se amplificam à medida que ele desenvolve a sua consciência humana na experiência de mais vida, sabedoria e poder. O homem ainda vive sob os impulsos e as excitações da energia criativa do instinto animal, a qual lhe organiza a vestimenta de carne na face dos orbes físicos. Mas, depois que supera a animalidade, ele se converte num transformador sideral, capaz de absorver certo impacto energético do Psiquismo Cósmico, a fim de também distribuí-lo, gradativamente, na voltagem psíquica adequada à vida dos seres menos evoluídos. (Obra: *O Evangelho à Luz do Cosmo*, 10ª edição, pp. 86-87)

Grande plano – engenheiros siderais

Há um grupo de entidades superplanetárias, às quais melhor se ajusta a designação de Engenheiros Siderais, que traçam com antecedência de bilhões, trilhões ou sextilhões de anos – se assim quiserdes formar uma idéia de "tempo" na vossa mente – o esquema das rotas e órbitas dos astros, planetas, asteróides, corpos ou poeiras cósmicas, que formarão as futuras galáxias distribuídas na abóbada celeste.

A concretização dessa edificação sideral se faz dentro dos princípios disciplinados e eternos que derivam da mente divina, que abrange a execução completa do "Grande Plano" em desenvolvimento. Em virtude de essas órbitas ou planos de tráfego sideral consumirem, também, bilhões, sextilhões, etc.,

---

conceitos, exemplos e descrições só devem ser admitidos como balizas indicativas demarcando o rumo mais certo. (N. de Ramatís.)

de anos-Terra, para se completarem, as criaturas humanas não podem avaliar ou sequer ter uma idéia do seu desenvolvimento total, que escapa a qualquer exame dentro da exiguidade de cada existência terrícola. A média de duração da vida humana – digamos de 60 ou de 80 anos – é infinitamente pequena para permitir que se aprecie aquilo que só se completa em vários bilhões de anos terrestres. Lembrar-vos-íamos o símile aproximado de um micróbio que, vivendo um dia no vosso fígado, resolvesse estudar e descrever todo o ciclo completo de vossa existência física... Por isso, esses movimentos siderais se manifestam para vós na configuração de "leis imutáveis", dentro da disciplina do Todo, pois sempre os vedes fixos, certos, seguros e exatos em cada reencarnação. Para abrangê-los em sua totalidade, teríeis que sair da órbita terrena, postar-vos a distância do fenômeno e analisá-lo no espaço-tempo desses bilhões ou sextilhões de anos terrenos. (Obra: *Mensagens do Astral*, 13ª edição, pp. 100-101)

Governo do Universo e os orixás

Os orixás são aspectos diferenciados de Deus. Deus é indiferenciado de tudo o mais no Cosmo. Para se fazer "presente" no infinito universal e nas diversas dimensões vibratórias subjacentes, Ele criou os orixás, aspectos diferenciados de Si mesmo. Cada tipo de energia, fator ou raio, que é um orixá, se expressa de muitas formas. Cada um dos espíritos regentes planetários tem, sob seu encargo, legiões e legiões de almas em diversos estágios de desenvolvimento consciencial: reinos elemental, mineral, vegetal, animal e humano. São os co-criadores dos mundos que atuam através de ordens criativas e mantenedoras menores, sob os auspícios da sabedoria do Uno, o Incriado Imanifesto, ou melhor, Deus, que para nosso entendimento faz-Se em Trindade Divina: som, luz e movimento. Essas multidões de inteligências (espíritos) obedecem a vontade dos regentes maiores e estão continuamente elaborando os mundos e os diversos reinos da natureza pelo Cosmo infinito. A essas hostes de espíritos que trabalham na administração sideral podemos chamar de anjos, querubins ou, por afinidade, orixás, mesmo não os sendo, verdadeiramente, no aspecto energético. Nesse caso, são espíritos que atuam enfeixados nas energias, fatores ou raios divinos e se confundem com essas particularidades divinas. Obviamente, essas entidades não incorporam no mediunismo terreno. São os senhores das essências básicas, das forças da natureza, e os manifestadores dos fatores divinizados que determinam a governança cármica coletiva. Por desdobramento, cada espírito no mundo concreto, plano astral e físico, manifesta em si, numa escala infinitesimal, todas essas ondas fatoriais energéticas chamadas orixás. Dizia Jesus: "Vós sois deuses", referindo-Se a elas e às potencialidades latentes de cada alma. (Obra: *Medinuidade e Sacerdócio*, 1ª edição, pp. 101-102)

H

Habitat dos espíritos da natureza

Habitam a superfície da Terra, a atmosfera, as águas, as profundidades da subcrosta e os elementos ígneos invisíveis a vós. Eles fazem incansável trabalho, junto aos minerais, aos vegetais e demais sítios vibracionais da natureza, para o bem-estar dos animais, dos homens e de toda a vida em vosso orbe. Assim sendo, os espíritos da natureza formam agrupamentos inumeráveis compreendendo seres de vida própria, porém essencialmente instintiva. Estão classificados como gnomos e duendes (da terra), silfos e sílfides (do ar), ondinas e sereias (das águas) e salamandras (do fogo), entre outras denominações. (Obra: *O Evangelho à Luz do Cosmo*, 2ª edição, p. 199)

Harmonia e equilíbrio cósmico – lei do karma

Sem dúvida, examinando-se a conceituação evangélica do "Não julgueis para não serdes julgados" ou "Não condeneis para não serdes condenados", verifica-se que é a miniatura legislativa da própria lei de "Ação e Reação" ou o mecanismo sideral da Harmonia e Equilíbrio do Cosmo. São conceitos de vivência humana, mas, em sua amplitude, advertem sobre o próprio ritmo educativo do espírito sediado na carne. Assim, quem for condenado ou julgado, incorretamente, por culpa, insensatez, má-fé ou maledicência alheia, sofre um impacto perturbador, porque é desviado do seu curso normal evolutivo. A injustiça praticada pelas criaturas, umas contra as outras, produz uma alteração que é regulada por um princípio cósmico, o qual atua em "miniatura" no campo moral do ser encarnado, até corrigir-lhe o desvio prejudicial. É um ato moral, mas algo semelhante ao mesmo acontecimento científico, quando surge uma perturbação no campo de sustentação dos astros e sistemas constelares, em que ocorre qualquer desvio ou violência nas órbitas siderais e deve ser imediatamente reajustado. Mas um julgamento equívoco e iníquo não atinge apenas a vítima da calúnia ou injustiça, mas o seu sofrimento e sua humilhação provocados pela ação condenável alheia também podem estender-se aos demais familiares, amigos e até ao círculo de suas relações públicas. É algo semelhante ao que acontece com um astro desviado do seu curso ou ritmo cósmico, acontecimento perturbador que termina causando prejuízos aos seus satélites, que se ligam a ele pelo mesmo mecanismo astronômico Em síntese, este conceito é explicado cientificamente pela física: a cada ação corresponde uma reação de igual intensidade e sentido contrário. Pela psicologia, através do mecanismo de projeção, estamos julgando no outro ser nossas próprias imperfeições. (Obra: *O Evangelho à Luz do Cosmo*, 10ª edição, pp. 239-240)

Hierarquia cósmica – arcanjos

Há que não esquecerdes a significação do vocábulo "Cristo", no seio do Cosmo.

O Cristo Cósmico, em sua generalidade, é o segundo princípio emanado de Deus que, na forma do Amor, serve de coesão entre o seu Pensamento Original Incriado e os mundos que os Arcanjos ou Engenheiros Siderais revelam sob a vontade divina. Ele significa, pois, o estado absoluto do Amor no Cosmo; cimento de coesão entre os astros e a luz pura que alimenta o amor entre os seres. O Cristo Cósmico revela-se em Deus na plenitude do Amor Eterno; o Cristo Galaxial é o próprio Logos ou Arcanjo das Galáxias, mas destacado na sua expressão de Amor sobre os seus demais princípios do Poder, Sabedoria e da Vontade criadora; o Cristo Solar é também o mesmo Logos Solar, porém acentuado sideralmente no princípio do Amor, distinguido do Poder, da Vontade e da Sabedoria Solar; o Cristo da Terra, consequentemente, é a expressão absoluta do Amor do próprio Arcanjo do vosso orbe! (Obra: *Mensagens do Astral*, 13ª edição, p. 429)

Higiene astral – banho de luz

Na alma devotada ao mal, as sombras aderem como fuligem redutora do delicado funcionamento "etereoastral" do perispírito, resultando disso uma verdadeira restrição de vida. Então se processa acentuada redução vibratória; a temperatura desce à gelidez, o magnetismo se torna irritante e opressivo, porque se desequilibra na sua dosagem transcendental; as cores da aura baixam para o tom sujo e terroso, pesando no sistema perispiritual qual um denso manto de fluido pegajoso; o odor se torna tão repugnante, por vezes, que certos espíritos chegam a exalar emanações cadavéricas.

Enquanto os encarnados podem se apresentar com o corpo limpo e odorante, servindo-se dos recursos comuns do banho e do sabão perfumado, no mundo astral a desejada higiene só pode ser conseguida pelo banho de luz projetado na intimidade da alma. E essa luz, como já vo-lo dissemos, aumenta tanto quanto a alma se angeliza e reduz-se tanto quanto ela se degrada. (Obra: *A Sobrevivência do Espírito*, 8ª edição, pp. 293-294)

Hipnotismo e duplo etérico

O hipnotizador atua pela sugestão na mente do "sujet" e o induz ao transe hipnótico – e disso resulta o afastamento parcial do duplo etérico, que "fica à deriva" —, permitindo assim a imersão no subconsciente e impor-lhe a exteriorização da sensibilidade correspondente a cada uma das emoções ou sentimentos que o hipnotizador fixar. É algo parecido a uma "frincha" que se entreabre para o lado de cá, através da qual é possível até conseguir que o "sujet" manifeste e dê vivência aos estágios de sua infância e juventude ou mesmo de alguns acontecimentos e fatos das vidas pretéritas vividas pelo paciente.

Durante o afastamento do duplo etérico eleva-se a sua frequência vibratória porque ele também se liberta da função passiva de obedecer ao comando do perispírito. Deste modo, o "sujet" corresponde e obedece às intimações do hipnotizador e integra-se ou vive os estados psicológicos que lhe são sugeridos. Porém, somente os pacientes muito sensíveis, que ingressam facilmente no sono profundo, conseguem trazer à superfície da sua mente o acervo de suas vidas passadas. (Obra: *Elucidações do Além*, 11ª edição, p. 206)

Homeopatia – evolução das terapias

No tratamento da saúde humana devemos reconhecer a disciplina e ação de uma Lei Espiritual, que além de substituir gradativamente as técnicas terapêuticas de acordo com o progresso mental e científico do homem, preocupa-se fundamentalmente com sua maior elevação e cura psíquica. O homem é tratado no mundo material conforme seu grau de evolução espiritual. A medicina bárbara do passado, com o exagero do cautério a ferro em brasa, a excentricidade das ventosas, dos exutórios, das sanguessugas e da terapêutica escatológica, tratamento por meio de vomitórios e purgativos, foram degraus preparatórios intermediários para a medicina alopática do século atual, onde já se conta com o benefício da penicilina, das sulfas e da anestesia. A homeopatia é hoje o degrau superior da medicina do mundo, é também o "élan" de acesso à futura medicina psicoterápica pura e racional, quando o homem conseguir melhor aprimoramento espiritual. (Obra: *A Missão do Espiritismo*, 11ª edição, p. 237)

Homossexualismo – inversão reencarnatória

O espírito que, por exemplo, numa dezena de encarnações nasceu sempre mulher, a fim de desenvolver sentimentos numa sequência de vidas passivas na atividade doméstica, mas, por força evolutiva, precisa desenvolver o intelecto, a razão, atitudes de liderança e criatividade mental enverga um organismo masculino e, consequentemente, os caracteres sexuais de homem; entretanto, ele revive do perispírito suas reminiscências de natureza feminina. Depois de várias encarnações femininas e, subitamente, renascendo para uma existência masculina, raramente, predominam, no primeiro ensaio biológico, os valores masculinos recém-despertos, porque sente, fortemente, as lembranças psíquicas ou o condicionamento orgânico feminino. Em consequência, renasce e se desenvolve, no ambiente físico terreno, uma entidade com todas as características sexuais masculinas e, contudo, apresentando um comportamento predominantemente feminino. Assim, eclode a luta psicofísica na intimidade do ser, em que os antecedentes femininos conflitam com as características masculinas, ocasionando conflito dos valores afetivos, que oscilam, indeterminadamente, entre a atração feminina ou masculina. É o homossexual indefinido quanto à sua afeição, pelas exigências conservadoras e tradicionais da sua comunidade, para a qual ele é um "homem" anatomofisiologicamente, mas, no âmago da alma, tem sentimentos e emoções de mulher, recém-ingressa no casulo orgânico masculino. Apresentando todas as características da biologia humana do tipo masculino é, no campo de sua afeição e emotividade, uma criatura afeminada, malgrado os exames bioquímicos feitos serem característicos do sexo masculino. (Obra: *Sob a Luz do Espiritismo*, 1ª edição, pp. 196-197)

Homossexualismo – inversão reencarnatória II

No caso, ocorre o mesmo processo ventilado. O Espírito que viveu uma dezena de existências masculinas, situado em atividades extralar, desenvolvendo, mais propriamente, os princípios ativos, o intelecto, a razão e a iniciativa criadora, mais comandando e menos obedecendo, mais impondo e menos acatando, desenvolve uma individualidade algo prepotente e, às vezes, tirânica. Obviamente, ele precisa modificar o seu psiquismo agressivo ou violento pelas constantes atividades de lutador, guerreiro, onde a razão não permite qualquer prurido sentimental e, reconhecendo a necessidade de desenvolver o sentimento, é aconselhado a envergar um organismo carnal feminino, em algumas reencarnações reeducadoras. Nesse caso, é muito difícil expressar, de início, as características delicadas, ternas e gentis da mulher. A tensão perispiritual despótica, impulsiva e demasiadamente racional atua fortemente no novo corpo projetado para o sexo feminino e, por repercussão extracorpórea, ativa em demasia o cérebro, predispondo à ação da masculinidade sobre as características delicadas feminis. Daí, a conceituação da "mulher-macho", com a voz, gestos e decisões que lembram mais o homem. (Obra: *Sob a Luz do Espiritismo*, 1ª edição, pp. 198-199)

I

Idade sideral e evolução

Convém distinguir a idade que limita a personalidade humana transitória, a qual existe somente entre o berço e o túmulo físico, em cada encarnação, comparada à consciência sideral, ou entidade definitiva e inalterável, que se individualiza e se desenvolve na sucessão de séculos, milhões, bilhões e trilhões de anos. Através do perispírito, que é um organismo preexistente e sobrevivente a todas as mortes físicas, a consciência espiritual indestrutível manifesta-se em cada existência humana, materializando um novo corpo físico transitório, mas sem perder o acervo e a memória das experiências de todas as vidas anteriores. No aprendizado periódico, que o espírito do homem realiza na superfície dos orbes materiais, ele desenvolve tanto os seus poderes latentes criativos, como passa a conhecer cada vez mais a sua própria individualidade. (Obra: *O Evangelho à Luz do Cosmo*, 10ª edição, p. 79)

Idade sideral e mediunidade

A mediunidade não é fruto da carne transitória, nem provém de qualquer sensibilidade ou anomalia do sistema nervoso. Repetimos: é manifestação característica do espírito imortal. É percepção espiritual ou sensibilidade psíquica, cuja totalidade varia de indivíduo para indivíduo, pois, em essência, ela depende também do tipo psíquico ou do grau espiritual do ser. Embora os homens se originem da mesma fonte criadora, que é Deus, eles se diferenciam entre si, porque são consciências individualizadas no Cosmo, mas conservando as características particulares, que variam conforme a sua maior ou menor idade sideral. Há um tom espiritual próprio e específico em cada alma, e que se manifesta por uma tonalidade particular durante a manifestação mediúnica. É como a flor, que revela o seu perfume característico, ou então a lâmpada, que expõe a sua luz particular. (Obra: *Mediunismo*, 13ª edição, p. 30)

Identidade sideral – luz interna

Queremos advertir-vos de que não existe no Cosmo um tipo de alma absolutamente subvertida, porquanto somos todos oriundos da mesma essência fundamental do espírito de Deus, por cujo motivo também estaremos garantidos por uma partícula angélica, que intimamente nos impulsiona para o Bem. Em verdade, já nos originamos incapacitados para o "mal absoluto", porque a nossa finalidade é ascender para Deus, que é a fonte de nossa vida.

Podemos cobrir uma lâmpada elétrica com envoltórios os mais espessos e até pichar à vontade a sua superfície de vidro; no entanto, não conseguiremos extinguir a sua luz interior, que sempre há de permanecer debaixo da sua forma protetora de vidro, exceto se a desligarmos da energia fornecida pela usina. Isso também se dá conosco; somos impotentes para nos cobrirmos de trevas absolutas ou, então, extinguirmos o princípio criador em nossa alma. A fonte que nos gerou, constituída pela luz absoluta do Espírito Divino, ninguém poderá extingui-la, nem romper os elos que a ela nos ligam.

Essa luz íntima, que existe em nós todos, quer sejamos demônios ou anjos, é o cunho definitivo de nossa individualidade eterna, permanecendo como incessante atração para a fonte original que nutre e ilumina o Cosmo. É chama espiritual, indescritível, como garantia absoluta do "elo religioso" entre a criatura e o seu Criador; é a luz que realmente alimenta o nosso espírito em sua pulsação de vida eterna. Todas as existências malignas e de crueldades, das quais já temos participado no pretérito das trevas de nossa ignorância, significam alguns punhados de fuligem atirados sobre a eterna e formosa lâmpada de luz imorredoura, que forra a nossa consciência espiritual.

Quando todos os homens descobrirem em si mesmos a sua fulgurante identidade sideral, existente no profundo recesso do seu "ego", os seus esforços hão de convergir para a mesma Ventura, dispensando-se todas as religiões e doutrinas, que ainda discordam e separam, mas que serão desnecessárias depois que as criaturas comprovarem que são oriundas da mesma fonte criadora. Repetimos: não há alma absolutamente pervertida, pois, se assim fosse, justificar-se-ia a crença absurda e infantil no Diabo eterno. O mais execrável e cruel demônio das trevas, que puderdes conceber para o fundamento de nossas asserções mediúnicas, de modo algum poderá ser considerado eternamente maligno. Ele nunca poderia se libertar da divina centelha de luz, que também havia de pulsar na intimidade do seu ser e abalar a sua personalidade inferior forjada no tempo e no espaço. Em face do ritmo de ascensão sideral, que orienta implacavelmente o espírito para a luz, como base definitiva de sua consciência, o anjo gasta menos esforços para não prevaricar, do que as energias que o Diabo precisa despender para não se angelizar.

Assim como as almas benfeitoras, por qualquer descuido ou invigilância, podem entrar em contato com as zonas trevosas, os espíritos extremamente pervertidos também permanecem atentos e procuram endurecer os seus próprios ouvidos espirituais, a fim de não se deixarem vencer pela "voz silenciosa" que, no recesso de suas almas, os convida incessantemente para a gloriosa angelitude. Mesmo no âmago da alma extremamente perversa, a lâmpada divina permanece eternamente acesa, impedindo o completo domínio das Trevas. É por isso que os mais terríveis malfeitores do Além, terminam cedendo em sua rebeldia e crueldade, dobrando os joelhos, afogados pelos soluços de arrependimento, clamando por suas culpas e vencidos pela chama eterna do Espírito do Pai que, no âmago de suas almas, consegue atravessar as sombras espessas e modificar-lhes a consciência para a realidade do espírito angélico. (Obra: *A Sobrevivência do Espírito*, 8ª edição, pp. 290-292)

Mecanismos Cósmicos de A a Z

Ideoplastia perispiritual – poder mental

Desnecessário vos dizer que o instrumento mais poderoso e eficiente do espírito imortal é a Mente. Nada se faz ou se cria antes de o espírito operar no plano mental e ajustar-se à energia necessária para lograr o seu empreendimento no campo físico. O poder mental cria e destrói, redime ou infelicita; tanto pode ser exercido para o bem como para o mal. Os mundos físicos, na realidade, são os produtos materializados daquilo que Deus pensou em sua Mente Divina. Igualmente, o homem também é o produto de sua atividade mental, pois é o resultado exato do que pensou e praticou.

Assim, os espíritos de elevada categoria espiritual, poderosos no usufruto do seu poder mental, conseguem mentalizar suas antigas formas perispirituais de índios, pretos, caboclos e demais configurações primárias já vividas no passado. (Obra: *A Missão do Espiritismo*, 11ª edição, p. 186)

Ideoplastia perispíritual no Além

Enquanto, na Terra, o corpo físico se constitui de conformidade com as experimentações a serem tentadas pelo espírito encarnado, no Mundo Astral o perispírito revela na sua substância quintessenciada exatamente aquilo que é no seu psiquismo. São muito comuns as terríveis decepções quando, após a morte do corpo físico, muitas criaturas vêem aflorar à superfície de si mesmas as expressões e os contornos mais aviltantes e monstruosos, depois de desligadas de corpos belos e atraentes. As falsas virtudes, o verniz da ética social ou as hipocrisias religiosas pulverizam-se sob miraculoso passe de magia quando o espírito desregrado se revela no cenário do Além, expondo a nudez de sua consciência e sofrendo a tremenda decepção de haver iludido a si mesmo. Enquanto o corpo físico pode ser agradável, apenas pela sua linhagem ancestral biológica, no Além o belo é realmente o cunho da alma bondosa e sábia, porque é a forma real e projetada de sua intimidade espiritual. Da mesma forma, as figuras teratológicas, que povoam o Astral inferior e desafiam o mais ousado Dante para descrevê-las, são produtos exatos da

232   Ramatís

subversão espiritual e que muitas vezes se mascaravam na Terra sob o disfarce de um corpo formoso e tentador. Muitos homens afidalgados e mulheres sedutoras lançam-se ao Além-túmulo na figura de horrendos bruxos, que apavoram a si mesmos. (Obra: *A Vida Além da Sepultura*, 12ª edição, p. 372)

Idiomas no Astral – diversificação

Sem dúvida, nas colônias espirituais situadas em torno da crosta terráquea, os seus componentes falam o idioma das raças ali congregadas, tal como no mundo físico. Quando visitamos agrupamentos espirituais de outros povos, também servimo-nos de intérpretes, salvo quando se trata de entidades já desvencilhadas das formas materiais e dos nacionalismos do mundo, em que a telepatia pura é a sua habitual linguagem. Por isso, o Alto intensifica incessantemente a propagação do Esperanto entre os terrícolas, uma vez que já é idioma de grande influência na área espiritual adjacente à Terra.[1] (Obra: *A Missão do Espiritismo*, 11ª edição, p. 174)

Imantação divina – transitoriedade do mal

Deus é imanente em sua obra e, assim, o mal é relativo; significa um processo à parte do metabolismo angélico natural; é apenas um acontecimento isolado, uma resistência provisória mas de futura absorção pelo mecanismo ordeiro da evolução. É um retardamento natural na ascensão, a fim de se organizarem e estereotiparem as consciências espirituais nos mundos físicos.

[1] Vide a obra *A Sobrevivência do Espírito*, os diversos capítulos sobre o Esperanto, de Ramatís, Editora do Conhecimento. – Trecho extraído da obra *Entre Irmãos de Outras Terras*, comunicação de André Luiz, capítulo "Vinte Assuntos com William James": "Sabemos que o pensamento é idioma universal; no entanto, isso é realidade imediata nos domínios da indução ou da telepatia laboriosamente exercitada. Será possível tranqüilizar um doente com a simples presença da idéia de paz e otimismo, cura e esperança, mas não conseguimos prodigalizar-lhe avisos imediatos de tratamento sem comunicar-nos com ele através da linguagem que lhe é própria. Por outro lado, ocorrências de xenoglossia podem ser obtidas como se organizam espetáculos de encomenda. É necessário compreender, porém, que, no atual estágio da Humanidade, a barreira das línguas é limitação inevitável, de vez que, por enquanto, os desencarnados, em maioria esmagadora, comumente prosseguem arraigados ao ambiente doméstico em que viveram. Desse modo, os amigos espirituais ligados aos Estados Unidos, que aspirem a ser ouvidos, sem delonga, no Brasil, devem, de modo geral estudar o português".

Mecanismos Cósmicos de A a Z

Poderíeis ter empregado a expressão "uma longa escravidão", designativa de uma longa sequência natural do intercâmbio psíquico entre os espíritos diabólicos e aqueles que ainda apresentassem condições eletivas para materializarem as intenções pervertidas. Mas o espírito humano, o produto, o criado, é uma vontade menor, que está adstrita eternamente à Vontade Maior, que é o Criador, o qual pode sempre dirigir e movimentar a consciência criada para o destino que lhe traçou definitivamente. Que fim levariam as "absolutas" forças diabólicas, se Deus lhes retirasse o alento de vida que emana de si mesmo? Qual o poder "absoluto" da laranja podre contra a árvore generosa que lhe dá a vida? (Obra: *Mensagens do Astral*, 13ª edição, p. 414)

Imantação magnética – mundo de Mamon

Jesus apenas enunciou uma lei especificamente científica, a qual age de modo magnético no campo perispiritual do homem. O mundo poderoso de Mamon, através do campo de forças primárias, atua vigorosamente e prende o "dono" ao seu "objeto", caso não tenha prudentemente se libertado dessa atração.[2] É bem difícil o rico entrar no "reino dos Céu", advertiu Jesus aos judeus, porque se referia esotericamente ao que os espíritas conhecem como "imantação magnética" que sofre todo "possuído" e não "possuidor" dos bens da Terra. Assim, por força de sua avareza e apego aos valores transitórios do mundo físico, o espírito fica preso às regiões do mundo astralino inferior, curtindo angústias e sofrimentos incessantes, ante o medo de perder o que ainda lhe significa o maior bem da vida.

O "reino dos Céus" é imponderável em relação ao mundo compacto gravitacional e escravizante de Mamon. Os homens palmilham a face do seu orbe e não podem elevar-se por si

---

2 Trecho extraído da obra *Voltei*, do espírito de Irmão Jacó por intermédio da psicografia de Chico Xavier: "Não era possível efetuar a separação do organismo espiritual com maior rapidez. Esclareceu também que o ambiente doméstico estava impregnado por certa substância que classificou por "fluidos gravitantes", desfavorecendo-me a libertação. Mais tarde, vim a perceber que os objetos de nosso uso pessoal emitem radiações que se casam com as nossas ondas magnéticas, criando elementos de ligação entre eles e nós, reclamando-se muito desapego de nossa parte, a fim de que não nos prendam ou não nos perturbem". Capítulo: "Entre Amigos Espirituais". Obra editada pela Livraria da Fed. Espírita Brasileira.

mesmos, porque são escravos dessa atração gravitacional e, por esse motivo, eles constroem aparelhos mecânicos e com recursos aviatórios, mas sujeitos ao limite do gasto de combustível. No entanto, nos mundos espirituais, onde predominam os estados de espírito mentais, e, portanto, imponderáveis, e não as pressões do meio ambiente, todos se movem libertos de qualquer atração exterior opressiva. Poder-se-ia dizer que o anjo é completamente isento de qualquer ação gravitacional do "mundo de Mamon", e transita livremente pelas regiões paradisíacas sem qualquer óbice inquietador. Só o espírito completamente purificado da ganga material do mundo físico pode manter-se em absoluto e perfeito equilíbrio no ambiente da vida eterna espiritual. Em consequência, o pobre deserdado e despojado de qualquer bem do mundo, mais facilmente penetra no "reino dos Céus", porque nada mais o imanta na face dos orbes físicos, pois sua vida deserdada foi uma incessante expulsão do campo gravitacional das especulações e dos interesses inferiores. Sem dúvida, tudo isso lhe será de favorecimento incondicional, caso ele tenha se desprendido dos "tesouros da vida física", sem queixas, inveja, despeitos ou qualquer insatisfação. (Obra: *O Evangelho à Luz do Cosmo*, 10ª edição, pp. 201-202)

Imantação magnética – sofrimento dos desencarnados

Pouco a pouco o terrícola irá comprovando que detrás de muita superstição do passado escondem-se as mais inconfundíveis verdades. É óbvio que os objetos e as coisas do mundo físico são apenas núcleos de energias ali concentradas, mas sem consciência formada e capaz de exercer domínio sobre os seres vivos. Na realidade, as criaturas é que se deixam influenciar pelas coisas do mundo exterior, pois abdicam de sua vontade, escravizam-se a caprichos tolos e obsessões de posse, terminando por imantarem-se imprudentemente àquilo que na Terra é alvo de sua adoração fanática ou avareza.

Em inúmeras habitações terrenas ainda perambulam espíritos recém-desencarnados, bastante debilitados pelo sofrimento e demasiado apego e ciúme do que possuíam na matéria. Bastante saudosos, eles ainda hesitam em se afastar da rica biblioteca que adoravam egocentricamente, da coleção de selos raros, fruto de anos de labor infatigável, das jóias valiosas ou da vivenda luxuosa que haviam edificado para o "descanso" da velhice interrompido pela morte cruel. Há seres desencarnados ainda presos fortemente ao cachimbo de espuma, ao disco invulgar da radiola, à medalha exótica, ao troféu do melhor atirador de pombos, à relíquia pertencida a certo fidalgo inescrupuloso, ou então ao anel de brilhante herdado do bisavô.

São almas que atravessam a existência humana sofrendo mil sustos e angústias cada vez que, por descuido, esquecem onde ficou a jóia ou o objeto a que se encontram imantados. Giram em torno daquilo que os escraviza; narram detalhes voluptuosos e assoma-lhes o prazer ao rosto ante a posse da coisa rara, exótica ou cobiçada por outrem. Algumas, empenham toda a sua fortuna e o seu tempo colecionando as coisas mais exóticas, grotescas ou tolas, vivendo a existência terrena exclusivamente ligadas a motivos e fatos que se relacionem com a sua mania.

Desnecessário é dizer que essas criaturas, tão facilmente dominadas pela fixação mental dos objetos do mundo material transitório, logo em seguida à sua desencarnação deixar-se-ão arrastar inapelavelmente para junto das mesmas coisas com que em vida se deixaram fascinar. Os seus protetores não conseguem afastá-las das quinquilharias terrenas, a que se imantam derramando lágrimas de dor e soluços de desespero. Às vezes, demoram-se alguns anos interferindo no seio da família terrena, interpondo-se nas tricas domésticas, como se ainda vivessem no corpo físico. Doutra feita, angustiam-se, gritam discutem e até criam ódio aos parentes que resolvem se desfazer dos objetos ou bens que ainda os ligam fanaticamente à vida material. (Obra: *Elucidações do Além*, 11ª edição, pp. 126-127)

Imortalidade e conscientização

Cada espírito possui uma idade sideral correspondente ao seu tempo de "conscientização" no Cosmo. Assim, o selvagem que mal ultrapassa a linhagem animal organizando os primeiros sons da palavra humana, ainda é um ser primaríssimo e brutal, comparado à figura de um homem comum civilizado.

Todo espírito virgem e ignorante de sua própria origem cósmica e divina, num certo dia, inicia a sua própria conscientização de existir e, dali por diante, prossegue incessantemente desenvolvendo e aperfeiçoando a personificação espiritual. Embora qualquer espírito, quando adquire noção de existir ao se individualizar no seio da Energia Divina, parta de um momento dado, iniciando a diferenciação de sua consciência, daí por diante ele jamais será destruído ou desintegrado por toda a eternidade. Frisamos, pois, que todo espírito um dia "nasce" no seio do Cosmo, passando a vibrar como um ser distinto e com noção de sua própria existência pessoal. Em face de ser criado da essência de Deus, que é eterna, jamais desaparecerá depois de iniciar a sua própria individualidade. Sob rude exemplo, diríamos que o espírito de cada homem é como a gota do oceano, mas que um dia começou a ter noção pessoal de ser uma gota, embora sem desvincular-se do imenso oceano em que vive.

O processo de nascimento, desenvolvimento e emancipação consciencial é absolutamente único e, por esse motivo, o santo de hoje já foi o diabo de ontem, assim como o diabo de hoje será o santo de amanhã. Consequentemente, Hitler ainda será Gandhi, porque Gandhi poderia ter sido um Hitler, e Nero será um Francisco de Assis, porque Francisco de Assis poderia ter sido um Nero. Isso porque é o método de educação e conscientização do espírito no Cosmo, baseado no Amor e na Sabedoria, para atingir a beleza criadora. (Obra: *O Evangelho à Luz do Cosmo*, 10ª edição, p. 168)

Impacto do feitiço – reverberação

A ação maléfica se exerce principalmente naquele que foi objetivado para sofrer a carga do fluido depressivo. No entanto, como as "auras viscosas" dos objetos enfeitiçados podem fortalecer-se através dos próprios desequilíbrios psíquicos das criaturas humanas, que se encontram no raio de ação do feitiço, mesmo as que não foram visadas pela bruxaria poderão sofrer seus efeitos no astral enfermo. Há casos em que o impacto enfeitiçante ao incidir sobre a pessoa de aura invulnerável ou imunizada pela própria graduação espiritual superior, então refrata, podendo atingir outro familiar menos protegido.[3] O enfeitiçamento tanto provoca a doença psíquica na alma humana, por agir nos centros de forças do comando perispiritual, como atrai nuvens de bactérias nocivas, que penetram na circulação fisiológica da criatura. Os objetos ou seres transformados em fixadores de fluidos nefastos são os agentes do enfeitiçamento, à guisa de projetores de detritos fluídicos a sujarem a aura perispiritual da vítima. Criam em torno do enfeitiçado um campo vibratório de fluidos inferiores, o qual então dificulta a receptividade intuitiva de instruções e recursos socorristas a serem transmitidos pelos guias ou conhecidos "anjos-da-guarda", que operam em faixa mais sutil.

O esforço principal do feiticeiro é isolar a vítima desse auxílio psíquico, deixando-a desamparada na esfera da inspiração superior e entregue apenas a sugestões malévolas que lhe desorientam a atividade financeira, provocam perturbações emotivas, condições pessimistas e conflitos domésticos. Assim, os prejuízos da vítima no campo material aliam-se aos distúrbios doentios no campo psíquico, sob o comando exclusivo de almas perversas do mundo invisível. E tanto quanto mais a vítima se rebela ou se aflige, em vez de optar pela oração e vigilância às suas próprias imprudências emotivas e pensamentos adversos, ela também oferece maior campo de ação favorável para os espíritos desregrados infelicitarem a sua vida. Pouco importa se a pessoa merece ou não merece o impacto do feitiço, mas a sua segurança e defesa dependem exatamente de sua maior ou menor integração ao Evangelho do Cristo! É o estado de "cristificação" proveniente da vivência incondicional dos ensinamentos evangélicos, que realmente desintegra toda e qualquer carga maléfica projetada sobre o homem! Sem dúvida, são tão poucas as pessoas que já usufruem essa condição superior, que o processo de enfeitiçamento ainda produz

---

3 Ramatís explica-nos que qualquer pessoa pode ser enfeitiçada, mesmo quando não é visada diretamente pelo feiticeiro. No entanto, a sua defesa depende exclusivamente de sua maior ou menor evangelização! O dr. M. B., amigo do nosso grupo espiritualista, foi visado por uma carga enfeitiçante fortíssima; no entanto, dada a sua natureza excepcionalmente humilde, caritativa e evangélica, o impacto do feitiço refratou nele e atingiu espetacularmente o cão de estimação, o qual sucumbiu rapidamente, enrodilhado sob violenta prostração.

efeitos maléficos em quase todas as criaturas. (Obra: *Magia de Redenção*, 11ª edição, pp. 42-43)

Impacto mental e astralino – quebranto

O poder benéfico ou maléfico do espírito humano age por meio dos pensamentos e pelo corpo astral através dos sentimentos e emoções. É nos olhos que se acumula, particularmente, o bom ou o mau fluido mental, e que resulta a cada momento das boas ou más ações de nossa alma. Mesmo os poetas e literatos do mundo já gastaram toneladas de tinta para dizer que os "olhos são o espelho da alma"! Através deles projetam-se todos os matizes dos sentimentos e pensamentos das criaturas; por isso, a literatura romântica tradicional atribui aos seus personagens "olhos felinos, argutos, cobiçosos, balsâmicos, frios, amorosos, amargurados, cruéis e astuciosos", e outras dezenas de definições pitorescas, buscando identificar a multiplicidade de sentimentos e pensamentos do espírito nas suas relações íntimas com o mundo exterior. O fluido elaborado e potencializado no âmago do ser traz a sua marca ou característica pessoal, e quando flui pelo olhar, é energia que vitaliza, conforta e anima o próximo, ou então, a força que debilita, arruina e desanima. O olhar misterioso e hipnótico do mago a impor a sua vontade criadora nas almas mais débeis é um símbolo tradicional de forças existentes nos olhos, é a revelação da vivência íntima do espírito.

O quebranto, portanto, resulta do impacto mental e astralino fluídico lançado pelos olhos de alguém, sendo tão mórbido ou inofensivo, conforme seja o potencial e a natureza psíquica do seu autor. (Obra: *Magia de Redenção*, 11ª edição, pp. 170-171)

Impactos pré-reencarnatórios e teorias de Freud

Inúmeras psicoses do sexo, impulsos delinquentes, condutas excêntricas ou extravagantes, nada mais são do que produtos do impacto "pré-reencarnatório" do espírito naufragado no vórtice das paixões e dos instintos inferiores em vidas pregressas. Muitos complexos de inferioridade, de Édipo ou de Electra,

Mecanismos Cósmicos de A a Z 239

assinalados pelos experts da Psicanálise, são de projeções mórbidas do pretérito, e não reflexos da infância humana. Há frustrações seculares vibrando na contextura delicada do perispírito do homem, que jamais poderão ser curadas pela terapêutica de Freud fundamentada em uma só vida carnal. São acontecimentos que traumatizaram uma existência inteira no passado, cujos estímulos mórbidos ainda centuplicaram-se na vivência do espírito desencarnado e sob intenso desespero, no Além-túmulo. Os psicanalistas não poderão libertar seus pacientes de recalques ou complexos cuja origem se perde na trama secular ou milenária das encarnações pregressas. São distúrbios gerados pelo ódio, egoísmo, orgulho, pela ambição, crueldade, vingança ou cobiça. Em tais casos, os postulados brilhantes e sugestivos de Freud são inócuos para a solução de problemas espirituais, sensíveis unicamente à medicação do Evangelho do Cristo. Jamais os sentimentos e atos pecaminosos produzidos pelo espírito em suas vidas sucessivas podem lograr solução satisfatória na pesquisa de acontecimentos ocorridos na infância do homem, situados no prazo de uma só existência carnal. (Obra: *A Missão do Espiritismo*, 11ª edição, p. 135)

Incensos – purificação astral

O incenso que queimais nas igrejas ou em labores espiritualistas eleva o vosso pensamento para as cogitações espirituais superiores porque são essências de fragrância purificadora do astral. Não vos deprimem, mas hipersensibilizam-vos para as altas evocações porque atuam sob frequência vibratória do astral superior, enquanto os alcalóides, como substâncias orgânicas azotadas que debilitam a contextura vital, funcionam em faixas vibratórias de um astral coercitivo. Há odores que acionam o mecanismo sensual, arrastando o espírito à regência da esfera animal, e outros que favorecem a alma na ascensão para esferas de meditações sublimes. O perfume dos pessegueiros floridos, nos dias ensolarados da primavera, quando as pétalas esvoaçam quais lentejoulas faiscantes contra o céu azul e transparente, despertam-vos recordações saudosas das paisagens de luzes e flores edênicas, que decoram o verdadeiro habitat das almas bem formadas. A flor bela e o seu perfume inebriante, atuando no vosso psiquismo, aquietam o coração e suavizam a alma. (Obra: *A Vida no Planeta Marte e os Discos Voadores*, 17ª edição, p. 211)

Individualização espiritual do homem

O nascimento, a formação ou definição do espírito individualizado do homem, não é apenas um fato simples, primário, ou consequente de súbito fenômeno ocorrido no seio do Psiquismo Cósmico. A centelha, ou partícula espiritual, quando assinala o seu primeiro apercebimento íntimo e consciência de existir, ou se diferencia do Todo Divino, já é a etapa final de um longo processo em gestação através de todas as múltiplas formas do Universo. Não se trata de um acontecimento miraculoso, a diferenciar um novo núcleo de consciência particularizada no seio de Deus. Mas essa individualização consciencial só ocorre após o descenso vibratório psíquico, desde a forma galaxial, constelar e planetária até ultimar a sua filtração pela intimidade dos reinos mineral, vegetal, animal e definir-se no homem, como produto mais precioso e avançado.

Ao se criar um novo espírito no seio de Deus, ele já possui em si mesmo, latente e microcosmicamente, o conhecimento e a realidade macrocósmica do Universo. Isso acontece porque a individualização espiritual do homem só ocorre depois que o Psiquismo Cósmico efetua o seu completo descenso vibratório, ou seja, a inversão do "macro" até o "microcosmo". (Obra: *O Evangelho à Luz do Cosmo*, 10ª edição, p. 88)

Influência da mente no corpo humano

O espírito encarnado pensa pelo mental, sente pelo astral e age pelo físico. Através da mente, circulam "de cima para baixo" os pensamentos de ódio, inveja, sarcasmo, ciúme, vaidade, crueldade e orgulho, incorporando-se, em sua passagem, com as emoções de choro, medo, alegria ou tristeza, e que perturbam o equilíbrio do organismo físico. O medo ataca a região umbilical, na altura do nervo vagossimpático e pode alterar o funcionamento do intestino delgado; a alegria afrouxa o fígado e o desopila da bílis; o sentimento de piedade reflui instantaneamente para a zona do coração. A inveja comprime o fígado, extravasa a bílis, confirmando o velho refrão de que "a criatura quando fica amarela é de inveja". O medo produz suores frios e a adrenalina defensiva pode fazer eriçar os cabelos, enquanto a timidez faz afluir o sangue às faces causando o rubor. O homem fica mortalmente pálido diante da fera ou inimigo implacável; a cólera congestiona o rosto, mas paralisa o afluxo de bílis e enfraquece o colérico; a repugnância esvazia o conteúdo da vesícula hepática, cuja penetração na circulação produz náuseas e tonteiras. Há o eczema produto da cólera ou da injúria depois da intoxicação hepática, cujas toxinas mentais penetram na circulação sanguínea; a urticária é muito comum naqueles que vivem debaixo de tensão nervosa e das preocupações mentais. As emoções violentas, de alegria ou desespero, também provocam mortes súbitas pela síncope ou apoplexia.

Todas as partes do corpo humano são afetadas pela influência da mente, através do cérebro humano, cujas ondas de força descem pelo corpo e graduam-se conforme o seu campo energético. A onda de raiva faz crispar até as extremidades dos dedos; mas a onda emitida por um sentimento de doçura, bondade ou perdão afrouxa os dedos num gesto de paz. Há grande diferença entre a mão que amaldiçoa agitada por um sentimento de ódio, e a do gesto em que ela abençoa. Através do sistema nervoso, circulatório, linfático e endocrínico, as emoções alteram profundamente a função normal dos órgãos do corpo físico. (Obra: *A Missão do Espiritismo*, 11ª edição, pp. 233-234)

Influências espirituais – luz e trevas

Sem dúvida, há possibilidade de todos os "vivos" serem influenciados pelos espíritos desencarnados, que os espreitam incessantemente, valendo-se de qualquer suscetibilidade psíquica ou vulnerabilidade moral para insinuarem-se em suas intenções malévolas. É certo que nem todos os homens percebem psiquicamente a presença dos desencarnados, ou distinguem fluidicamente os bons dos maus espíritos, por cujo motivo afirmam-se completamente isentos de qualquer sensibilidade mediúnica.

242   Ramatís

Na verdade, o acontecimento é bem mais comum do que eles pensam, pois é constante a ação ou atuação dos espíritos no seio da atividade humana dos encarnados. Muitas pessoas, que se acreditam insensíveis à influência oculta do Além, mal sabem que há muito tempo são o prolongamento vivo de alguns desencarnados astutos e maus, reproduzindo no cenário do mundo físico os seus desejos subvertidos. Conforme já vos temos lembrado, tudo é uma questão de afinidade eletiva, em que os vivos sintonizam-se com os mortos, conforme o seu padrão mental e a natureza dos seus sentimentos cultuados na vida humana.

É preciso não olvidar que os espíritos desencarnados, que em sua maioria ainda se arrastam sobre a superfície terrena, algemados às paixões e aos desejos carnais insatisfeitos, não se devotam aos objetivos elevados, nem mesmo se preocupam em melhorar sua própria situação aflitiva ou condenável no Além. Alguns deles vagueiam vítimas de sua própria incúria espiritual e escravos das emoções animais primitivas, consequentes ao desleixo e desinteresse por sua própria sorte; outros, bastante experimentados nos labores repulsivos da obsessão e da perfídia, procuram intrometer-se na vossa vida material, insuflando-vos idéias errôneas e orientações confusas, a fim de levar-vos ao ridículo e ao desespero. Não recuam diante dos maiores obstáculos, desde que possam prejudicar a vossa estabilidade moral ou minar a vossa situação financeira.

Ociosos, exigentes, sensuais e escravos dos vícios terrenos, vampirizam as energias alheias, fazendo de suas vítimas na carne o prolongamento vivo e vicioso com que saciam algo de suas paixões impuras. Paulo de Tarso, em epístola aos Romanos, faz uma das mais vivas afirmações disso, quando proclama: "Estamos cercados de nuvens de testemunhos", confirmando que os homens estão cercados de massas de espíritos, que os vigiam em todos os seus atos e atividades da vida física. No seio da massa de espíritos levianos, malévolos e viciados, infiltram-se algumas almas benfeitoras, dispondo-se à luta heróica para converter esses desventurados das sombras e amenizar-lhes também a ação perniciosa sobre os encarnados.

São essas almas que, emergindo do mundo oculto, inspiram-vos para o Bem e tudo fazem para ajudar-vos na solução benfeitora dos problemas justos da vida humana, no esforço de libertarem o homem da tristeza das vidas planetárias. Infelizmente, enquanto um espírito consegue desviar-vos da senda tortuosa, há sempre dezenas de outras almas subvertidas que tudo fazem para arrastar-vos aos piores deslizes e equívocos espirituais. E, conforme já vos dissemos anteriormente, embora todas as criaturas sejam médiuns, a sua maior ou menor sintonia com os espíritos desencarnados também depende da natureza de sua sensibilidade mediúnica inferior ou superior. Todo homem é médium em potencial, e tanto pode relacionar-se ostensivamente com os desencarnados, pela fenomenologia mediúnica visível do mundo material, como recepcioná-los na intimidade de sua consciência imortal. (Obra: *Mediunismo*, 13ª edição, pp. 43-44)

Iniciação à luz do dia – mestre moderno

Já dissemos, alhures, que a vida dinâmica do homem do século XX, obriga-o a "iniciar-se" à luz do dia, no próprio ambiente social desde a manhã até a hora de cerrar os olhos para o descanso, à noite. O mestre moderno já não usa mais a barba e os cabelos compridos como os antigos patriarcas, pois cairia no ridículo. Conforme diz certo brocardo hindu, "o Mestre aparece assim que o discípulo está pronto" para os "testes" de sua iniciação espiritual, que o põem em prova ante o insulto do policial mal-humorado, do esbarrão do brutamontes, do egoísta ao furar a fila do ônibus, do palavrão do bêbedo obsceno, da especulação do mau negociante, da irritação do chofer do ônibus ou da avareza do ricaço.

O homem, assim, gradua-se, pouco a pouco, no experimento cotidiano da própria vida sem precisar de rituais, compromissos e juramentos dos templos iniciáticos de outrora.

Após tantas peripécias na vida terrena, enfrentando as vicissitudes e ingratidões próprias do mundo de efervescência tão primária, batido e massacrado pelas provas severas do sentimento em purificação, o homem é submetido à arguição do Evangelho de Jesus, a fim de se verificar a média do seu exame final nessa iniciação espiritual, em cada reencarnação. Antigamente os discípulos, firmados nos rituais dos templos iniciáticos, preparavam-se para, depois, viver no mundo como o atleta disposto a conquistar a vitória de si mesmo no campeonato da existência humana. Hoje, no ambiente da vida profana ele enfrenta os problemas que lhe excitam e graduam o espírito nas relações comuns com os seus companheiros de jornada física. (Obra: *Elucidações do Além*, 11ª edição, p. 95)

Iniciação à luz do dia – prática do amor

É evidente que os homens frequentam igrejas católicas, templos protestantes, sinagogas judaicas, mesquitas muçulmanas, pagodes chineses, santuários hindus, centros espíritas, "tatwas" esotéricos, lojas teosóficas, fraternidades rosa-cruzes ou terreiros de umbanda, buscando o conhecimento e o conforto espiritual para suas almas enfraquecidas. Mas o seu aperfeiçoamento não se processa exclusivamente pela adoração a ídolos, meditações esotéricas, interpretações iniciáticas, reuniões doutrinárias ou cerimoniais fatigantes. Em tais momentos, os fiéis, crentes, adeptos, discípulos ou simpatizantes só aprendem as regras e composturas que terão de comprovar diariamente no mundo profano. Os templos religiosos, as lojas teosóficas, confrarias iniciáticas, instituições espíritas ou tendas de umbanda guardam certa semelhança com as agências de informações, que fornecem o programa das atividades espirituais recomendadas pelo Alto e conforme a preferência de determinado grupo humano.

Mas as práticas à "luz do dia" graduam os discípulos de modo imprevisto porque se exercem sob a espontaneidade da própria vida dos seres em comum. Aqui, o discípulo é experimentado na virtude da paciência pela demora dos caixeiros em servirem-no nas lojas de compras, ou pela reação colérica do cobrador de ônibus; ali, prova-se na tolerância pela descortesia do egoísta que fura a "fila" de espera, ou pela intransigência do fiscal de impostos ou de trânsito; acolá, pela renúncia e perdão depois de explorado pelo vendeiro, insultado pelo motorista irascível ou prejudicado no roubo da empregada.

Assim, no decorrer de nossa atividade humana, somos defrontados com as mais graves arguições no exame da paciência, bondade, tolerância, humildade, renúncia ou generosidade. Fere-nos a calúnia dos vizinhos, maltrata-nos a injustiça do patrão, magoa-nos a brutalidade dos desafetos, ou somos explorados pelo melhor amigo. (Obra: *A Missão do Espiritismo*, 11ª edição, p. 25)

Inspiração do Alto – objetivos éticos

Os guias nunca vos deixam sem assistência espiritual, seja qual for a necessidade de vossa vida. Mesmo em relação aos problemas comuns da vida cotidiana, alguém do "lado de cá", sempre vos presta a cooperação desinteressada. Mas isso é feito através da via-inspirativa ou da sugestão benfeitora, em que vos fica o mérito da boa escolha, de acordo com o vosso discernimento espiritual.

Sob qualquer hipótese, os protetores só vos inspiram nos negócios honestos e nas realizações benfazejas, e afastam propositadamente os seus pupilos das transações lucrativas, quando disso possam resultar prejuízos materiais ao próximo. Eles evitam-vos toda vantagem ou conforto da vida carnal, desde que tal coisa possa agravar-vos a dívida cármica com consequente prejuízo para o espírito imortal.

São sempre inescrupulosas as rogativas que alguns católicos, espíritas, umbandistas ou outros religiosos fazem aos seus guias, orixás ou santos, para que os ajudem a vender objetos defeituosos, coisas desvalorizadas ou efetuar transações incorretas, assim como saber quem pode ter surrupiado o talher de prata ou ludibriado-lhes no troco. Os desencarnados sensatos não aceitam, no Além, a função de Investigadores de Polícia à procura dos penduricalhos da matéria. Quando vos inspiram é para agirdes unicamente no sentido do bem, pois o seu principal escopo é livrar-vos do comprometimento espiritual que mais tarde pode lançar-vos nos charcos pestilentos do mundo astral. (Obra: *Mediunismo*, 13ª edição, p. 244)

Intensidade da dor e pensamentos

Todo efeito é o resultado de uma ou de várias causas e,

poderíamos ajuntar, diante da Inteligência no Universo também terá uma finalidade. E a dor deve ser considerada um bem em qualquer reino da natureza, porém, muitas vezes, escapando às nossas percepções grosseiras. Examinemos o reino mineral. O mármore, sofrendo as dores causadas pela ação do cinzel e do malho, transforma-se numa bela escultura. O diamante bruto, em brilhante valioso, e outros exemplos.

No reino vegetal, além das experiências modernas que parecem demonstrar a sensibilidade da planta, quando agredida, ainda poderíamos citar a semente, a qual para dar nova planta, necessita despojar-se do invólucro externo pela dor do apodrecimento.

Quanto ao reino animal, observamos, já nas formas unicelulares, a irritabilidade e o instinto de defesa diante das agressões. E nos pluricelulares, desde os espongiários até os hominídeos, há um sistema nervoso, a princípio rudimentar e simples, para depois alcançar a mais alta complexidade no homem, que além da parte motora e sensitiva é a rede das funções nobres da mente – inteligência, pensamentos, juízos, imaginação e, sobretudo, os estados de consciência em suas mais variadas expressões.

É essa consciência em seus vários níveis, que é proveniente do espírito em busca de sua divinização.

São os pensamentos e os atos do espírito que determinam a maior ou menor intensidade das dores, pelas quais há de passar, pois do equilíbrio e da paz da consciência espiritual do ser é que resulta a estabilidade magnética ou eletrônica do perispírito e do corpo físico. Parece ser o plano de Deus, a Harmonia e o Equilíbrio perpétuo do Cosmo. Qualquer instabilidade que se manifeste no mais ínfimo fluir da vida requer sempre o imediato reajustamento para não perturbar o Todo harmônico. (Obra: *Sob a Luz do Espiritismo*, 1ª edição, pp. 16-17)

Intercâmbio de espíritos entre os mundos

Entre os pesquisadores reencarnacionistas, é de senso comum que existem inúmeros orbes habitados além da Terra, conforme o próprio Jesus se referiu, ao dizer: "Na casa de meu Pai há muitas moradas".

Consequentemente, há um incessante intercâmbio migratório entre os espíritos de outros orbes habitados, que se revezam em reencarnações educativas, devidamente controlados pelas autoridades siderais, e responsáveis pelo povoamento de todas as latitudes do Cosmo. Os mundos físicos, além de escolas de educação espiritual, ainda são verdadeiros laboratórios de pesquisas criativas, a fim de o Alto conseguir novos tipos humanos mais sadios, estéticos e afins a novos meios físicos. Em consequência, os orbes oferecem toda espécie de ensaio psicofísico, no sentido de o gênero humano alcançar as configurações mais sensíveis e favoráveis, com a finalidade de se manifestar mais a sabedoria e poder criativo do espírito eterno. Há um incessante intercâmbio entre os espíritos de todos os mundos, o que justifica a presença excêntrica de encarnados num mesmo orbe, cuja estatura pode ser além ou aquém do tipo comum e tradicional dos seus habitantes. (Obra: *O Evangelho à Luz do Cosmo*, 10ª edição, pp. 308-309)

Intuição – sentir Deus

O verdadeiro saber humano não se manifesta pelo intelecto, porém, pela intuição. Deus, que é o Todo, o Cosmo, o Espírito Infinito, desde que seja intelectualizado pelo homem, ou definido pela criatura, teria de ser limitado, circunscrito, reduzido. Essa definição não pode ser real, uma vez que o infinito, o ilimitado, o incriado é impossível de ser definido pela parte que é apenas criada. No campo científico o homem pode satisfazer o seu intelecto, formalizando e delimitando as suas ações ambientes, porque define detalhes entre as fronteiras do que vai conhecendo. Mas só a intuição, que é a própria manifestação cósmica de Deus, pode compensar a impossibilidade de o intelecto definir o Todo pela parte. Sentir Deus filtrando-se pela parte, que é o homem, é mais exato e mais certo do que saber Deus abrangido pelo espírito humano. E como esse "sentir Deus" aumenta tanto quanto aumenta a consciência da parte em direção à consciência cósmica do Todo, o intelecto nunca poderá defini-Lo, porque não pode alcançá-Lo dentro de uma fórmula fixa e matemática. Considerando a consciência humana uma circunferência, que se dilata tanto quanto evolui esse homem, e Deus um conjunto de raios que partem do centro em todas as direções, verificareis que, por mais expansão que obtiver a consciência humana, nunca poderá alcançar os raios que partem para o infinito. Daí a impossibilidade de a parte humana definir o Todo Cósmico. (Obra: *A Vida no Planeta Marte e os Discos Voadores*, 17ª edição, p. 133)

Intuição Pura – "a voz do silêncio"

A pureza cristalina da Intuição Pura foi o apanágio dos seres de alta estirpe espiritual e que delinearam roteiros de luzes para o vosso orbe, qual o fizeram Crisna, Confúcio, Pitágoras, Buda, Jesus, Francisco de Assis e outros que, em peregrinação pela vida física, conservaram-se permanentemente ligados às esferas sublimes do espírito superior, qual ponte viva a unir o mundo exterior da matéria à intimidade do Espírito Cósmico. A Intuição Pura é a "voz sem som", a "voz interior", a "voz do som espiritual", que fala na intimidade da alma; é a linguagem misteriosa, mas verdadeira e exata, do próprio Eu Superior guiando o ego lançado na corrente evolutiva das massas planetárias.

Assim como a razão auxilia o homem a compreender e avaliar a expressão fenomênica das formas do mundo material, a Intuição lhe permite "sentir" todas as leis ocultas e "saber" qual a natureza original do Espírito Criador do Cosmo. Referindo-nos à Intuição, como o ensejo divino de elevação à Consciência Cósmica do Seu Autor Eterno, diz a linguagem poética dos yogas: "Antes que a Alma possa ver, deve ser conseguida a harmonia interior e os olhos da carne tornados cegos a toda ilusão. Antes que a Alma possa ouvir, a imagem (o homem) tem de se tornar surda aos rugidos como aos segredos, aos gritos dos elefantes em fúria, como ao sussurro prateado do pirilampo de ouro. Antes que a Alma possa compreender e recordar, deve ela primeiro unir-se ao Falador Silencioso, como a forma que é dada ao barro se uniu primeiro ao espírito do escultor. Porque então a Alma ouvirá e poderá recordar-se. E então ao ouvido interior falará a Voz do Silêncio". (Obra: *Mediunismo*, 13ª edição, p. 37)

Mecanismos Cósmicos de A a Z

J

Jesus e o jejum

É a terapêutica do jejum o processo que melhor auxilia o espírito a drenar as substâncias tóxicas que provêm do astral inferior pois, devido ao descanso digestivo, eliminam-se os fluidos perniciosos. A Igreja Católica, ao recomendar o jejum aos seus fiéis, ensina-lhes inteligente método de favorecimento à inspiração superior. As figuras etéreas dos frades trapistas, dos santos ou dos grandes místicos, sujeitos a alimentação frugal, comprovam o valor terapêutico dessa alimentação. O jejum aquieta a alma e a libera em direção ao mundo etéreo; auxilia a descarga das toxinas do astral inferior, que se situam na aura humana dos "civilizados".

Aliás, já existem no vosso mundo algumas instituições hospitalares que têm podido extinguir gravíssimas enfermidades sob o tratamento do jejum ou pela alimentação exclusivamente à base de suco de frutas. Jesus, a fim de não reduzir o seu contato com o Alto, ante o assédio tenaz e vigoroso das forças das trevas, mantinha a sua mente límpida e a governava com absoluta segurança graças aos longos jejuns, em que eliminava todos os resíduos astrais, perturbadores dos veículos intermediários entre o plano espiritual e o físico. O Mestre não desprezava esse recurso terapêutico para a tessitura delicada do seu perispírito; não se esquecia de vigiar a sua própria natureza divina, situada num mundo conturbado e agressivo, que atuava continuamente como poderoso viveiro de paixões e detritos magnéticos a forçarem-lhe a fisiologia angélica. Evitava sempre a alimentação descuidada e, quando sentia pesar em sua organização as emanações do astral inferior, diminuía a resistência material ao seu espírito, praticando o jejum, que lhe favorecia maior libertação para o seu mundo celestial. Nunca vimos Jesus partindo nacos de carne ou oferecendo pernis de porco aos seus discípulos; ele se servia de bolos feitos de mel, de fubá e de milho, combinados aos sucos ou caldos de cereja, morangos e ameixas. (Obra: *Fisiologia da Alma*, 13ª edição, pp. 43-44)

K

Kama - Manas – desejo e mente

Tão ligados vibratoriamente são os corpos mental inferior e astral, nos espíritos encarnados e numa enorme massa de desencarnados, que acabam iguais à lâmina que não fica fora do seu estojo. O desejo e a mente (o conjunto kama-manas dos orientais) são companheiros inseparáveis até a libertação total do ciclo carnal. Obviamente, o corpo mental inferior não conseguirá se satisfazer sem os demais corpos densos. Como o corpo astral é mais facilmente manipulado, acaba por sofrer os descaminhos mentais rapidamente, projetando-se facilmente para os antros de sexo, bebida e glutonaria do Umbral inferior.

O desejo animalesco, como um tornado que a tudo destrói, impõe a busca desenfreada do prazer. O corpo mental inferior está constantemente estimulando o corpo astral para que sirva aos vícios que automatizou pela memória.

Nos homens que ainda estão lutando para interiorizar a reforma moral, quando o corpo físico não cede aos desejos sensórios, acaba levando o corpo astral a rebelar-se a sair, no plano vibratório correspondente (no caso, os subplanos mais baixos do mundo astral), numa busca cega de satisfação das exigências prazerosas antecipadas pelo corpo mental inferior, o que causa grande ansiedade, pois o ente antevê os gozos que o esperam. No cidadão pouco desenvolvido moralmente, se rotiniza a corrida desenfreada atrás da realização dos sentidos, tornando-o um ser que pensa e fala, mas não difere dos animais. (Obra: *Elucidações do Além*, 2ª edição, pp. 118-119)

Karma – causa e efeito

Em verdade, não há um júri punitivo no Espaço, ou instituição penal com a finalidade exclusiva de julgar e acertar as contas dos desencarnados sob o conceito de "olho por olho, dente por dente"! As leis cármicas traduzidas pelos aforismos de "Quem com ferro fere com ferro será ferido", "A semeadura é livre, mas a colheita é obrigatória", ou, ainda, "Terás de pagar até o último ceitil", são muito suavizadas pelo outro conceito de auto-responsabilidade, que assim diz: "A cada um será dado segundo as suas obras". Não se trata de sentenças ou leis punitivas determinando castigos aos pecadores, ou impedindo mulheres de procriarem filhos porque os rejeitaram no passado. Trata-se simplesmente de consequências técnicas, em que os efeitos resultantes derivam de causas semelhantes. É evidente que a "causa gelo" gera o frio, enquanto a "causa fogo" produz o calor, assim como um quilo de pólvora é uma causa que produz um efeito tão destrutivo, conforme seja o potencial da força ali acumulada e liberta durante a explosão! Assim, o homem rico, que consome a sua fortuna em seu exclusivo bem, e disso resultam prejuízos alheios, estabelece uma "causa" culposa pelo abuso do livre-arbítrio, devendo corrigi-la ao sofrer os seus efeitos danosos noutra vida, quando então enfrentará a prova da miséria como a terapêutica para o seu reequilibrio espiritual. (Obra: *A Vida Humana e o Espírito Imortal*, 11ª edição, pp. 100-101)

Karma – educação, não punição

Em obras anteriores já vos temos explicado que a Lei do Carma não pune, mas reajusta. Malgrado ela vos pareça uma lei draconiana ou processo corretivo severo demais, em que a causa equívoca mais diminuta também gera um efeito milimetricamente responsável, tudo isto se sucede sempre objetivando a felicidade do espírito e o mais breve desenvolvimento de sua consciência angélica. O Carma é a lei benfeitora que indica o caminho certo ao viajante despreocupado ou teimoso, corrigindo-lhe os passos titubeantes e os desvios perigosos, a fim de ajustá-lo mais depressa à sua ventura imortal. A humanidade terrena já se encontra suficientemente esclarecida para compreender que o seu sofrimento decorre, em particular, das suas infrações contra a Lei que justamente opera em seu favor! Uma vez que Jesus já deixou elevados ensinamentos que marcam o roteiro para o homem viver em perfeita harmonia com a Lei Cármica, e que regulam o equilíbrio da Vida e da ascensão angélica, jamais se justificam as reclamações humanas sob o pretexto de qualquer injustiça divina! Mesmo entre a vossa humanidade, a ignorância da Lei não é motivo para o infrator se eximir de sua responsabilidade! Deus não é um cérbero atento e implacável que intervenha punitivamente em cada momento em que vos equivocais; o pagamento do "ceitil por ceitil" é efetuado automaticamente pelo próprio espírito faltoso e, se a isso ele se sujeita, é porque costuma entrar em conflito com as regras que dirigem a sua ascensão espiritual. Então há de sofrer a ação contrária, da Lei, assim como a criança que queima a mão no fogo, não porque este seja vingativo e a castigue, mas apenas porque é um elemento comburente. Deus não cataloga ofensas praticadas por seus filhos, assim como não concede condecorações àqueles que o lisonjeiam constantemente. Ele apenas estabeleceu leis equânimes e sábias, que agem sob a égide do próprio bem. Elas arrebanham os retardatários, os rebeldes e os teimosos que ainda estacionam à margem dos caminhos da vida ilusória da forma, ajustando-os novamente ao curso exato de sua ventura espiritual. (Obra: *A Fisiologia da Alma*, 13ª edição, pp. 260-261)

Karma – eutanásia – suicídio

Só pode dispor da vida o seu Criador, através de seus prepostos, por ser Ele o gerador e, consequentemente, unicamente a Ele cabe cessá-la. Quem assim age é por desconhecer os desígnios vivenciais, cuja finalidade é promover a ventura eterna de seus filhos.

Pedir a morte pela eutanásia ainda é uma forma de autodestruição consciente; é o suicídio deliberado, conforme afirmam os mestres da espiritualidade. O homem é o produto dos seus próprios pensamentos e, por esse motivo, deve sofrer todos os efeitos danosos de sua vida particular, ou gozar dos prazeres de uma vida correta. Logo, sob qualquer hipótese, o enfermo sem qualquer esperança, que nasceu estigmatizado por uma enfermidade ou defeito anatômico, ainda está colhendo os efeitos de sua própria vontade. Sob a "Lei do Carma", "cada um colhe segundo as suas obras". Portanto, é tão condenável a prática da morte piedosa pela eutanásia, quanto pedir a morte e exigi-la num suicídio deliberado.

Como ninguém sabe, ao certo, o tempo de vida do paciente, caso pretenda aliviá-lo dos sofrimentos atrozes, incorre na sanção das leis divinas, uma vez que interfere indebitamente no programa do Senhor e da libertação espiritual do moribundo. A enfermidade, por mais aflitiva, prepara o homem para a sua vivência espiritual. E as dores e sofrimentos efetuam a limpeza do perispírito, a fim de ele chegar ao mundo imaterial, vestido com a "túnica nupcial" de convidado pelo Mestre. (Obra: *Sob a Luz do Espiritismo*, 1ª edição, p. 85)

Karma – feitiço volta contra o feiticeiro

Em verdade, toda criatura que deseja o mal a outrem, quer o faça pelo pensamento, pela palavra ou através de objetos imantados de maus fluidos, é sempre um feiticeiro, um quimbandeiro ou um mago negro; enfim, um agente do mal a semear prejuízos alheios. O feitiço compreende todo o prejuízo ou mal praticado contra o nosso próximo. As histórias e as lendas do mundo são unânimes em afirmar que o autor do feitiço sempre sofre o inevitável choque de retorno do próprio mal que pratica ou manda fazer. Quem não paga na mesma existência o malefício alheio, há de sofrer no futuro o retorno violento da carga deletéria que projetou e castiga o seu autor, justificando o velho aforismo de que "o feitiço sempre volta-se contra o feiticeiro". (Obra: *A Missão do Espiritismo*, 11ª edição, p. 195)

Karma – lei cósmica

Carma é palavra que deriva do sânscrito (kri) ou seja

"fazer". Os hindus são os que mais a empregam, considerando-a como vocábulo técnico mais apropriado para designar a ação e o seu efeito correspondente nas encarnações sucessivas dos espíritos na Terra. Para eles, toda ação é Carma; qualquer trabalho ou pensamento que produzir algum efeito posterior é Carma. É a lei de Causa e Efeito, como a chamais, com seu saldo credor ou devedor para com o espírito encarnado. Os atos praticados por pensamentos, palavras ou obras, nas vidas anteriores, ou seja em vidas subsequentes, devem trazer venturas ou acarretar desgraças aos seus próprios autores, na proporção entre o bem e o mal que deles resultou. Os seus efeitos, portanto, atuam posteriormente sobre a felicidade, a vontade, o caráter e os desejos do homem em suas vidas futuras. Embora pareçam anular o livre arbítrio, são forças que resultam sempre dos próprios atos individuais do pretérito. É o efeito agindo e dominando a própria vontade do ser, mas reagindo exatamente de acordo com as próprias causas que ele engendrou. A lei de Causa e Efeito registra as ações boas ou más; a lei do Carma procede ao balanço das ações registradas e dá a cada espírito o "saldo" que lhe cabe em resultados bons ou maus.

Metafisicamente, a palavra "Carma" refere-se ao destino traçado e imponderável, que atua tanto nas coisas animadas como nas inanimadas, pois rege e disciplina todos os ciclos da vida, que vão desde o finito ao infinito, do átomo à estrela e do homem ao Universo! Há, pois, o Carma do homem, o da família, o da nação, o do continente e o da humanidade. E, assim como se engendram destinos futuros fundamentados nos atos ou pensamentos do homem – que serão regidos e disciplinados pelo seu Carma – também os orbes que balouçam no espaço obedecem a um determinismo cósmico, de reajustamento de sua massa planetária, em concomitância com o efeito das causas coletivas de suas próprias humanidades.

Há que considerar, portanto, desde o Carma atômico que rege o princípio de vida microscópica no Cosmo, para a formação da matéria, até o Carma do Universo, que então já é a Lei Cósmica manifestada fora do tempo e do espaço. (Obra: *Fisiologia da Alma*, 13ª edição, p. 256-257)

Karma – processo científico para a alforria espiritual

O homem é produto exato do seu pensamento; e a "cada um será dado segundo suas obras". O que o espírito alimenta e vive no seu psiquismo, materializa no corpo e no cenário do mundo. As virtudes evangélicas proporcionam a estabilidade mental e emotiva, assegurando o equilíbrio das coletividades microbianas do corpo físico e, assim, mantêm a saúde. Os crimes e vícios, no entanto, perturbam e bombardeiam a contextura da carne, estabelecendo a desarmonia ou enfermidade. Por isso, dentro do conceito cármico de ser "a semeadura livre, mas a colheita obrigatória", o espírito viverá, no futuro, conforme a natureza da sua vida no presente. Através do cientificismo do Carma, é o próprio espírito que mobiliza as forças retificadoras dos seus equívocos e prejuízos. Na verdade, a Lei funciona de modo equitativo, pois o espíritoególatra, isolado da humanidade, em vida futura, tem uma doença que o afasta do convívio humano pelo perigo do contágio. Daí o motivo por que as doenças destruidoras e cancerígenas não encontram medicação adequada, e o único antídoto que conhecemos, atualmente, é a inversão dos seus polos negativos sob a força do Amor e o medicamento da oração. Comumente, criaturas boníssimas morrem de câncer, surpreendendo o mundo por essa anomalia aparentemente censurável perante a Justiça Divina; no entanto, trata-se de pessoas que, deliberadamente, adotaram a terapêutica do amor e da bondade, a fim de superarem os delitos gerados pelo ódio, pela vingança ou pela crueldade no remoto passado. Enquanto despejam para a carne os fluidos indesejáveis, destrutivos e cancerígenos, recuperam-se, transformando o ódio em amor e a crueldade em bondade. (Obra: *Sob a Luz do Espiritismo*, 1ª edição, pp. 24-25)

Karma – reajuste – educação

A Lei do Carma ou Lei de Causa e Efeito não atua deliberadamente num sentido punitivo, mas ela reajusta os atos dos espíritos nas vidas futuras, de modo a compensarem as frustrações ou delinquências pregressas.

Mecanismos Cósmicos de A a Z

Aliás, mesmo nas esferas espirituais adjacentes à crosta terráquea, ainda não foram eliminadas todas as incógnitas da vida; em consequência, podem ocorrer acidentes imprevistos e falhas técnicas no processo reencarnatório, liquidação cármica e procriação de filhos! Mas não há prejuízos definitivos para os espíritos na sua vivência humana, porque as frustrações de hoje serão compensadas por outros ensejos salutares no futuro. A carne é transitória; só o espírito permanece íntegro e sobrepaira acima de todas as mutações e circunstâncias adversas! A Terra é a "alfaiataria" que confecciona os "trajes" de nervos, ossos e músculos para os espíritos vestirem na sua vida física e relacionarem-se com os fenômenos e acontecimentos materiais. Em cada existência, os espíritos se revestem de traje adequado ao seu novo trabalho educativo, a fim de cumprirem o programa assumido no Espaço antes do renascimento! (Obra: *A Vida Humana e o Espírito Imortal*, 11ª edição, pp. 40-41)

Karma – reajuste para a vida eterna

Não existe o Mal absoluto nem o castigo deliberado por Deus; mas todo o sofrimento humano é produto das contradições do homem contra as leis da Vida. O castigo é apenas o reajuste do espírito ao sentido progressista de sua ventura eterna. As leis de Deus, que regulam as atividades e o progresso espirituais não se comovem pelas súplicas melodramáticas dos homens, nem se vingam da rebeldia humana. Os estados de sofrimento e os corretivos resultam da perturbação humana no cientificismo de aplicação dessas leis benfeitoras.

Por isso, a filosofia, a religião e a ciência do mundo envidam todos os seus esforços no sentido de solucionar os problemas difíceis gerados pelos homens em todos os setores da vida. Deus não quer o castigo do homem, mas a sua felicidade. Se a homeopatia não deve sanar os efeitos ruinosos de pensamentos e sentimentos maus do ser para não turbar a Lei do Carma, nem o espiritismo deveria esclarecê-los antes de pecar, pois isso também elimina do homem o ensejo dele sofrer por coisas que fatalmente desejaria fazer. (Obra: *A Missão do Espiritismo*, 11ª edição, p. 235)

Karma – reeducação espiritual

A Lei Espiritual, por exemplo, em lugar de violentar a alma doente de tirania e sujeitá-la a uma terapia alopática, que pode eliminar drasticamente os efeitos sem extinguir a causa da enfermidade, prefere submetê-la à dinâmica corretiva das doses homeopáticas e situá-la entre os tiranos menores. Ela então apura e decanta gradativamente o seu estado espiritual enfermiço do passado.

No primeiro caso o tirano seria punido alopaticamente, pelo fato de a tirania ser considerada digna da mais drástica eliminação; no segundo, a Lei do Carma reeduca o tirano, fazendo-o sentir em si mesmo, em doses homeopáticas, os mesmos efeitos tirânicos e daninhos que semeou alhures. Mas deixa-lhe o raciocínio aberto para empreender a sua retificação psíquica. (Obra: *A Missão do Espiritismo*, 11ª edição, p. 239)

Karma – reeducação espiritual II

Porventura, o ciclo das reencarnações não é uma terapêutica Divina, que obriga o espírito a se retificar e a progredir compulsoriamente, situando-o nos ambientes hostis ou entre a parentela terrena adversária, para fazê-lo purgar as suas enfermidades espirituais? Quantas vezes o homem é cercado pela deformidade física, por uma moléstia congênita ou paralisia orgânica ou, ainda, sujeito às vicissitudes econômicas e morais, obrigado a enquadrar-se nos ditames do Bem. Mas, nem por isso, o espírito perde o mérito de sua retificação espiritual pois, diante da escola implacável da vida física, é ainda a sua consciência que realmente decide quanto a aproveitar ou desprezar a inexorável terapêutica cármica, aplicada compulsoriamente pela Lei justa, do Pai. (Obra: *A Missão do Espiritismo*, 11ª edição, p. 243)

Karma da Terra – libertação

No entanto, se o desejardes, em nenhum momento vos será negado o ensejo de libertação do Carma da Terra e a consequente promoção para outros orbes mais evoluídos. Mas a verdade é que a vós mesmos cumpre o desatamento das algemas e dos compromissos assumidos no pretérito para com o mesmo e a humanidade. Essa libertação, sem dúvida, exige completa renúncia aos valores e interesses terrenos; é a fuga vibratória para o mundo do Cristo e a integração incondicional aos seus postulados evangélicos que, em verdade, são as leis que regem o reino eterno do espírito. O afinamento crístico e o desinteresse absoluto pelas competições do mundo e para com "os tesouros que as traças roem e a ferrugem come", é que terminam rompendo as algemas planetárias. Enquanto a maioria dos homens segue animalescamente a sua marcha evolutiva sob o aguilhão implacável da dor e do sofrimento, alguns outros preferem antecipar a sua libertação cármica, envidando os mais heróicos esforços e entregando-se à mais completa renúncia a todo desejo, interesse a afeição pelas ilusões das formas materiais. (Obra: *Fisiologia da Alma*, 13ª edição, p. 271)

Karma e a falta de filhos

É mister não considerardes a Lei do Carma como uma organização miraculosa que deva intervir, de súbito, para modificar extemporaneamente certos quadros comuns da vida. Em verdade, ela significa um processo de cientificismo sideral, sujeito a variações conforme as ações benéficas ou maléficas dos próprios espíritos em evolução, mas não age no sentido de modificar a sua estrutura fundamental.

Como exemplo mais significativo do motivo da falta de filhos, lembramos-vos os casos de completa aberração e desvirtuamento sexuais, os quais atuam tão fortemente no psiquismo diretor da alma, que as reencarnações futuras se realizam em absoluta esterilidade. A ausência de estímulos psíquicos criadores, provocada pela direção lasciva dada à energia sexual, desfavorece a natalidade, malgrado o desejo ardente dos futuros pais de procriarem. Em tal caso a Lei, embora tenda para a prodigalidade de filhos, não pune intencionalmente os faltosos, mas estes é que se sujeitam a uma impossibilidade que a sua própria perversão lhes criou. Aqueles que no passado se negaram a ter filhos ou, então, que por falta de amor os abandonaram no mundo, produziram em si mesmos as causas transcendentais negativas que devem gerar efeitos também negativos, no futuro, compondo assim seus destinos infelizes. Se a própria mente cria causas perturbadoras e consequentes efeitos negativos, é óbvio que ela mesma está estabelecendo as reações futuras. (Obra: *A Vida Além da Sepultura*, 12ª edição, p. 349)

Karma e instrutores da humanidade

A Lei Cármica não pune, mas "reajusta". O processo de retificação espiritual propende para um só objetivo, que é consolidar a consciência ignorante e depois emancipá-la na sua configuração individual no Cosmo. É um processo severo e disciplinado, mas sempre ascensional, visando a ventura do espírito, o qual, à medida que gradativamente aumenta ou amplia a sua área de consciência e afina o seu sentimento, opera a metamorfose do animal em anjo. No caminho da evolução espiritual, a Lei Cármica encarrega-se de indicar o caminho certo do viajante despreocupado e teimoso, corrigindo os desvios que o retardam no caminho da angelitude. Desde o princípio do mundo o Criador tem enviado aos homens instrutores espirituais, que encarnam em todas as latitudes geográficas e entre os povos mais exóticos do orbe terráqueo, dando-lhes em linguagem pátria e acessível a todo entendimento as rotas exatas do caminho certo e das realizações ascensionais do espírito. Eles têm aconselhado tudo o que se deve fazer em todos os momentos de angústias e complicações humanas, apontando os labirintos ilusórios e afastando as sombras perturbadoras. Hão deixado sobre a Terra ensinamentos de todos os matizes e em todas as línguas, nos moldes mais científicos ou nas asas da poesia mais pitoresca, tudo de conformidade com a ética divina e a legislação da verdadeira e definitiva pátria espiritual. Nenhum povo e nenhuma criatura deixou de ser atendida, pois cada homem é o prolongamento de uma extensa cadeia de renascimentos em que, através de várias raças, ambientes e oportunidades diferentes, o seu espírito trava conhecimento com todas as formas de doutrinas e ensinamentos ministrados pela pedagogia sideral, a fim de desenvolver em si mesmo o sentido da universalidade e a definitiva consciência de sua imortalidade. (Obra: *A Sobrevivência do Espírito*, 8ª edição, pp. 350-351)

Karma e livre-arbítrio

A palavra "Karma" é originária do sânscrito, antigo idioma hindu consagrado nos templos iniciáticos; ela procede da raiz "Kar" (fazer ou agir) e do sufixo "Ma" (o efeito e a ação). Assim, o "Karma" significa a lei em que toda causa gera efeito semelhante, que abrange o próprio destino dos homens, quando todos os atos e todas as causas vividas pelos espíritos em existências físicas anteriores ficam posterior e hermeticamente vinculados aos seus efeitos semelhantes no futuro. "Karma", portanto, é essencialmente a "causa" e o "efeito", enfim, o controle dos acontecimentos originais aos seus resultados posteriores. Sob o mecanismo cármico ocorre a retificação que equilibra, esclarece, segrega, mas fortifica, pois obriga o devedor à liquidação mais breve de sua dívida pregressa, mas também o liberta para decidir quanto ao seu futuro.

Não é uma lei especificamente punitiva, pois se disciplina rigorosamente, também premia generosamente o bom pagador, comprovando a lei de que será dado "a cada um conforme as suas obras". O carma, que deriva da Lei Divina ou da pulsação da própria Lei Cósmica, também regula o "livre-arbítrio", pois concede maior liberdade de ação e poder ao homem, tanto quanto ele adquire mais sabedoria e se torna, espiritualmente, mais responsável. Assim como os pais afrouxam a liberdade dos filhos à medida que eles se tornam mais cuidadosos, experientes e adultos, a Lei do Carma amplia o campo de ação e responsabilidade do espírito, tanto quanto ele se emancipa e se conscientiza no curso educativo da vida. (Obra: *O Evangelho à Luz do Cosmo*, 10ª edição, pp. 223-224)

Karma e vivência atual

Infelizmente, conforme preceitua a lei cármica, a "semeadura é livre, mas a colheita é obrigatória". Em consequência, mesmo depois de nortearmos a agulha de nossa vida espiritual para o

Norte do Cristo, ainda temos de colher os frutos ruins da sementeira imprudente do pretérito. Embora a criatura viva atualmente uma conduta sadia e benfeitora, nem por isso ela fica livre dos efeitos daninhos que resultam dos seus desatinos pregressos. A criança, que por traquinagem ou rebeldia espalha o lixo no jardim ou nas calçadas, é obrigada a recolhê-lo novamente, embora prontifique-se a jamais cometer tal desatino. Quem transforma o seu lar num salão de festas sob a prodigalidade alcoólica, depois terá de limpar o assoalho, os móveis e tapetes, mesmo que deplore a sua imprudência. O homem que, num momento de cólera, envenenou a cisterna de água pura, mesmo depois de arrependido terá de esgotá-la completamente para mitigar a sede.

O espírito que em vidas anteriores serviu-se indiscriminadamente de energias subvertidas para semear prejuízos e dores alheias, a fim de usufruir egoisticamente os bens prematuros, mesmo depois de convertido ao bem, ainda sofre os efeitos dos seus atos ruinosos. A Lei Cármica não atua como processo punitivo das ações irregulares e pecaminosas do espírito, mas apenas determina o ônus "a cada um segundo as suas obras"! (Obra: *O Evangelho à Luz do Cosmo*, 11ª edição, p. 168)

Karma planetário – matança de animais

Enquanto o sangue do irmão menor verter tão cruelmente na face da Terra, os espíritos desencarnados também terão farto fornecimento de "tônus vital" para a prática nefanda do vampirismo, obsessão e feitiçaria. Sob a justiça implacável da Lei do Carma, a quantidade de sangue vertida pelos animais e aves, resulta, por ação reflexa, em igual quantidade de sangue humano jorrado fratricidamente nos morticínios das guerras e guerrilhas! Cada matadouro construído no mundo proporciona a encarnação de um "Hitler" ou "Átila", verdadeiros flagelos, semeadores de sofrimento da humanidade, como executores inconscientes da lei cármica – a semeadura é livre, mas a colheita é obrigatória! Jamais a guerra será eliminada da face da Terra, enquanto explorardes a "indústria da morte" mediante esses abomináveis matadouros e frigoríficos de aves e animais, pois estes, como os homens, são filhos do mesmo Deus e criados para a mesma felicidade. A Divindade não seria tão estulta e injusta, permitindo que o homem dito racional seja feliz enquanto massacrar o irmão menor, indefeso e serviçal, pois ele também sente! Ademais, os espíritos diabólicos que obsidiam, vampirizarn e enfeitiçam, são os irmãos desencarnados ainda escravos da ignomínia do carnivorismo, tal qual fazeis atualmente. Em verdade, é bem diminuta a diferença entre os vampiros desencarnados, que se satisfazem com o sangue cru, e os vampiros encarnados, que preferem comê-lo ou batê-lo até transformá-lo em chouriço de rótulo dourado! Infeliz humanidade terrena, ainda escrava de um círculo vicioso, em que os "vivos" dotados de razão trucidam os "vivos" irracionais para beber-lhes o sangue e devorar-lhes as carnes; e então, depois, enfrentam o cruciante sofrimento de verem os filhos ou parentes irem para o massacre organizado dos campos de batalhas! Estadistas, filósofos, psicólogos, sacerdotes, líderes espiritualistas e governos têm gasto toneladas de papel e rios de tinta em congressos, campanhas, empreendimentos e confraternizações para implantarem a paz do mundo e festejando tais congraçamentos com banquetes de vísceras sangrentas de aves e de animais, cujo sangue vertido é exatamente a causa da infelicidade das guerras! A Divindade jamais poderia rebaixar o seu espírito de justiça e amor por todos os seres, concedendo a paz e a ventura ao homem racional, que firma a sua existência sobre os escombros sangrentos do irmão menor!

Convertem-se os terrícolas em escravos do mundo oculto ao servir de "'repastos vivos"dos espíritos tenebrosos, vinculados às paixões mais aviltantes! Por isso, o enfeitiçamento e a obsessão alastram-se no vosso mundo, nutridos pelo sangue derramado das aves, dos animais e dos próprios homens massacrados carnicamente nas guerras abomináveis! Jorra o sangue nos pisos dos matadouros e aviários modernos sob os gemidos cruciantes dos animais e aves indefesos; mas jorrará também o sangue humano nas ruas, praças, lares e campos floridos sob a lei de causa e efeito do Carma! (Obra: *Magia de Redenção*, 11ª edição, pp. 24-25)

Kundalini – "fogo serpentino"

A serpente da lenda de Adão e Eva, responsável pela tentação de Eva comer a maçã proibida, caracteriza, justamente, um dos poderes mais criativos e ao mesmo tempo destrutivos, que é a posse do espírito imortal. Trata-se do fogo serpentino, conhecidíssimo dos ocultistas, rosa-cruzes, iogues, teosofistas e budistas, o qual sobe pela coluna vertebral, partindo do centro de forças etéricas, ou "chacra cundalíneo", situado na extremidade da espinha, que controla o sexo, irriga o cerebelo e ativa as energias mentais concretas. A força poderosa que ali se armazena lembra o fogo da brasa dormida. Sob um controle espiritual superior, modela um Jesus poderoso na liderança e socorro às almas sofredoras; mas desperto por espírito ambicioso, inescrupuloso e mau, produz um Hitler. E assim como o "chacra cundalíneo" consagra um santo pela aplicação benfeitora de sua energia tão poderosa, ele também destrói no seu vórtice flamejante o infeliz que lhe subverte o sentido criativo. Tanto ativa e cria, como escraviza e destrói, sob a sua fabulosa energia em eclosão.[1] (Obra: *O Evangelho à Luz do Cosmo*, 10ª edição, p. 326)

Kundalini – prejuízo do carnivorismo

Embora Jesus tenha condicionado que o "homem perde-se pelo que sai da boca e não pelo que nela entra", qualquer humanidade planetária um grau acima da terrícola é essencialmente vegetariana, pois além de sua preferência por tal alimentação, também é profundamente piedosa para com os animais. Sem dúvida, nem todos os vegetarianos são espíritos superiores, assim como nem todos os sacerdotes são santos. Tanto Davi, o salmista, como Hitler, o "Fuhrer", eram abstêmios e vegetarianos, porém, médiuns excepcionais das hostes

---

1 O chacra cundalíneo e fundamental do "duplo etérico", que se situa na base da espinha, região do sacro, é o centro condutor mais potente da vida física primária. Atua mais propriamente no "gânglio prostático", ou na próstata, gânglio intersticial de ação importante nos fenômenos genitais, como ovulação na mulher e produção de hormônio testicular no homem. O fluxo energético cundalíneo é dócil, como o animal domesticado, sob o controle de uma vontade digna e superior: mas, num cobiçoso, libertino ou ambicioso, "amarra" o ser às formas escravizantes da matéria.

Mecanismos Cósmicos de A a Z   265

diabólicas tentando o domínio sobre a Terra! Na intimidade de suas almas ferozes, eles sabiam que o álcool e o fluido "etereofísico" do animal exsudado da carne, perturbam e reduzem o potencial da energia "Kundalini", que aflui pelo centro de força etérico do mesmo nome, situado no "duplo-etérico", à altura do plexo-sagrado e na base da coluna vertebral.[2]

Mas os espiritualistas conscientes de suas tarefas e responsabilidades espirituais são vegetarianos e evitam a herança depreciativa do carnivorismo, reconhecendo que todos os animais também são seres dotados de um psiquismo ativando-lhes o sentimento e a razão para desabrochar neles a consciência humana. O homem que já se sente uma centelha emanada da Consciência Cósmica de Deus, mas ainda prossegue a extrair prazeres no epicurismo da alimentação carnívora, é porque não entendeu que os impulsos da ascese angélica não se firmam na ingestão da carne dos irmãos inferiores. (Obra: *A Vida Humana e o Espírito Imortal*, 11ª edição, pp. 105-106)

Kundalini e desenvolvimento moral

O Kundalini é um combustível poderoso, que flui da intimidade terráquea ou das zonas de maior ebulição primária, onde as energias criadoras do planeta fundem-se num abraço selvático e agressivo, embora elas sejam o sustentáculo da vida rudimentar no orbe. Mas são forças que alimentam a vida primária, selvática e vigorosa; constituem-se na forma do éter físico grosseiro, em ondas, para alimentar a natureza animal, se o seu dono não for um espírito superior.

Por isso os mestres espirituais do Oriente evitam de ensi-

---

2 Kundalini, energia poderosa extravasada do Sol, que embebe e mistura-se à força telúrica do planeta terráqueo e jorra de modo centrífugo, como um fogo líquido ou serpente chamejante a subir da base da coluna vertebral do homem e avançando pela medula espinhal em ondulações turbilhonantes e serpentinas. Acelera a rotação dos demais "chakras" e faz pressão violenta quando se defronta com a energia espiritual descida pelo chakra coronário, no topo da cabeça do homem. Kundalini é força adormecida, como um braseiro sob as cinzas, espécie de serpente de fogo enrodilhada, que, ao despertar, aviva o poder primário do homem, podendo libertar sábios, santos e iogues, mas escravizar os tolos, fracos de vontade, e destruir os imprudentes! É a simbólica e enganosa serpente que fez Eva, o espírito, tentar Adão, o corpo, dando ao homem o poder de criar no mundo físico depois de expulso do Paraíso da contemplatividade, a fim de adquirir consciência individual no amanho doloroso da carne.

266 Ramatís

nar o método de desenvolver o chacra cundalíneo, a fim de que os homens de paixões do mundo inferior não sejam suas vítimas por lhes faltar a força moral superior. De outro modo, eles serão vítimas de sua própria imprudência, tal qual já aconteceu a diversos magos do passado, que subestimando o poder das forças planetárias desatadas através do seu próprio corpo etérico, terminaram destruindo-se no vórtice das mesmas e sem poder controlá-las, tal qual o cavalo indócil que, em disparada, arrasta a carruagem mal sustida pelo cocheiro debilitado.

No entanto, o cundalíneo também é um chacra utilíssimo, pois em função normal e disciplina biológica própria do homem superior, ele reativa os demais chacras através do fluxo do seu fogo serpentino, que se acumula e se distribui à altura do plexo sagrado.

Sob o comando de um espírito superior, como Buda, Jesus ou Francisco de Assis, cuja vida foi de absoluta função sacrifical em favor da humanidade, a energia primária do cundalíneo sublima-se pela contínua aplicação somente às coisas elevadas, fazendo que os seus resíduos deletérios baixem para o subsolo do próprio planeta de onde provieram. (Obra: *Elucidações do Além*, 9ª edição, pp. 234-235)

L

Labor – fundamento das coisas sublimes

Os colares de astros e mundos rodopiantes no Universo provam que Deus não é uma "espiritualidade estática" ou "criador inerte", mas ativo e laborioso, numa incessante atividade fecunda em todas as latitudes do Cosmo. Os elétrons que giram em torno dos núcleos atômicos do microcosmo e os astros que se movem ao redor dos sóis no macrocosmo demonstram que o trabalho é a ação básica de qualquer atividade da Consciência Divina! Deus pensa e cria o Macrocosmo; o anjo trabalha e cria o microcosmo! Os santos, artistas, gênios e condutores de multidões são produtos fundamentais de um labor incessante e aperfeiçoável, pois a atividade, em qualquer plano cósmico, é um "ritualismo" iniciático, que disciplina e dinamiza os movimentos ascensionais do Espírito para despertar-lhe o conhecimento e o poder divinos!

O labor é o fundamento das coisas mais sublimes do mundo; o trabalho obstinado de um homem estóico sobre o piano produziu na esfera da música o gigante chamado Beethoven; da persistência no manejo de tintas, resultaram os gênios como Rubens, Ticiano, Da Vinci ou Rafael; o labor teimoso do buril sobre a rigidez da pedra fez a glória de Miguel Ângelo; a própria santidade de Francisco de Assis modelou-se na sua atividade desprendida e fatigante em favor dos desgraçados! Foi o trabalho mental movendo o raciocínio acerca dos mistérios da vida e da existência do espírito que plasmou a figura benfeitora e grandiosa de Buda e do sublime Jesus!

No âmago da bolota já existe a microssíntese da gigantesca árvore do futuro carvalho; mas é graças ao trabalho exaustivo e incessante que ela desabrocha e cresce no seio da terra até se transformar no vegetal benfeitor! O minúsculo fio do regato, que escorre das encostas do Peru, só adquire as prerrogativas do majestoso rio Amazonas após o árduo trabalho de abrir sulcos na terra, cavar as pedras e desenvolver as forças adormecidas sob o primeiro impulso de vida latente na gota de água! (Obra: *A Vida Humana e o Espírito Imortal*, 11ª edição, p. 149-150)

Laboratórios planetários e libertação humana

Embora a vida física seja escola meritória, que proporciona ao espírito mergulhado na carne transitória o desenvolvimento de sua consciência, o certo é que as fortíssimas raízes lançadas pelo instinto animal retardam o homem por muito tempo sob o guante do sofrimento redentor. A dor, na vida material, é quase sempre o corolário imediato dos prazeres descontrolados.

Eis por que, embora devamos reconhecer a importância indiscutível do curso experimental da vida terrena, significando a valiosa oportunidade que auxilia o despertamento da centelha sideral emanada do Criador e situada na carne humana, temos sempre insistido quanto à necessidade de o homem aprender a sua lição espiritual com a maior urgência, a fim de se libertar o mais cedo possível das formas escravizantes da matéria. Malgrado esse benefício prestado pela carne, à alma, no seu aprendizado angélico, é implacável a sua ação atávica e bastante difícil desatar suas algemas milenárias. Desde que a angelitude é a condição definitiva que Deus instituiu para todos os seus filhos criados de sua própria Consciência Cósmica, é justo que o espírito se sirva eficientemente dos laboratórios planetários que lhe facultam as provas redentoras; mas deve ser sensato e trabalhar tanto quanto possível para lograr essa ventura, a que têm direito indiscutível. (Obra: *Mediunismo*, 13ª edição, p. 16)

Lapidário do tempo – esmeril da dor

Durante o processo de aperfeiçoamento e expansão de sua

Mecanismos Cósmicos de A a Z

consciência, o espírito tem de sofrer as injunções naturais do mundo onde atua. E essa luta através da organização carnal, provoca reações pacíficas ou rebeldes, calmas ou dolorosas, que servem de aprendizado no campo da vida eterna do espírito.

O homem, no estágio rudimentar de sua evolução, pode ser comparado ao diamante bruto, espiritualmente, porém para eliminar as impurezas, perder as arestas dos defeitos anímicos e atingir a beleza radiosa do brilhante, precisa do atrito do esmeril da dor e da ação desse lapidário incomparável, o tempo. Nos mundos mais evoluídos, usa a camurça macia do amor traduzido em serviço ao próximo. (Obra: *Sob a Luz do Espiritismo*, 1ª edição, p. 14)

Lar terrestre – planejamento reencarnatório

Somos obrigados a vos recordar que, dentro da sabedoria da Lei Cármica, não há injustiça nos destinos humanos, pois a cada um ela dá conforme a sua obra e o seu merecimento; a semeadura é livre, mas a colheita é obrigatória.

As almas que se reúnem para compor um lar terrestre o fazem disciplinadas pelas causas que geraram no passado, devendo sofrer exatamente as suas consequências. A Lei é de absoluta equanimidade em qualquer situação de vossas existências e, se desconfiais de sua justiça, é apenas porque desconheceis as causas justas que geram efeitos também justos.

Os espíritos que devem reencarnar são sempre convocados com bastante antecedência pelos mentores siderais do Além, que lhes expõem os planos de reajustamento e reeducação em futuro contato com o mundo material. Assim, os lares terrenos são frutos de cuidadosos planos elaborados com bastante antecedência. (Obra:(Obra: *A Vida Além da Sepultura*, 13ª edição, p. 348)

"Lavagem" perispiritual – a dor

A dor quebranta a rudeza e humilha o orgulho da personalidade humana; obriga o espírito a centralizar-se em si mesmo e a procurar compreender o sofrimento. Na introspecção dolorosa, pela ansiedade de solver o seu problema aflitivo, ele tem de reconhecer a precariedade, a presunção e a vaidade de sua figura transitória no mundo de formas.

Assim como o calor vaporiza as gorduras ou o fogo apura a fusão do ferro para a têmpera do aço, a dor é como a energia que aquece a intimidade do espírito e o ajuda a volatizar as aderências indesejáveis do seu perispírito ou da "túnica nupcial" da parábola do Mestre Jesus. É um processo caracteristicamente de "lavagem" ou "limpeza" no tanque das lágrimas, onde há a ação benfeitora e cáustica da dor.[1] (Obra: *Sob a Luz do Espiritismo*, 1ª edição, pp. 20-21)

Lei cármica – reguladora da causa e efeito

Eis por que dizemos que a mesma Lei sábia que rege o mecanismo do Universo também se amolda e se ramifica gradativamente para regular o movimento dos elétrons no seio dos átomos. Os astrônomos conhecem a infalibilidade de certas leis que disciplinam o curso dos astros; os químicos sabem quais são os fatores reagentes, exatos e indiscutíveis, que orientam a afinidade de suas combinações costumeiras; os matemáticos reconhecem a precisão dos cálculos que geometrizam o Universo, enquanto a humanidade já principia a compreender que o homem também é o plano matemático do futuro anjo!

Há uma lei indesviável, uma lei cármica reguladora da causa e do efeito, que tanto transforma a bolota em carvalho, a lagarta em libélula, como o celerado no ungido do Pai! Na verdade, uma Vontade Diretora espraia-se por tudo e sobre todos, como um imperativo de segurança e harmonia cósmica, tendo por único fim a Beleza e a Perfeição. O Carma, como um ritmo submisso dessa vontade superior, é a própria pulsação do Criador atuando em ciclos disciplinadores, desde as órbitas dos elétrons até às órbitas dos sistemas solares. É por isso que, em face do equilíbrio e da ordem absoluta na manifestação criadora do Universo, o conhecimento iniciático desde os tempos pré-históricos afiança que "o que está em cima também está embaixo", e "o que está no átomo também está no Universo".

---

1 Vide o capítulo "A importância da dor na Evolução Espiritual" da obra *Fisiologia da Alma*, de Ramatís, **EDITORA DO CONHECIMENTO**.

(Obra: *Fisiologia da Alma*, 13ª edição, p. 266)

Lei de ação e reação

Sem dúvida o conceito de Jesus de "cada um colhe o que semeia", em equivalência com outras máximas, "a cada um segundo as suas obras", "quem com ferro fere, com ferro será ferido" ou, ainda, "pagarás até o último ceitil", evidencia a presença de um princípio, legislativo de "causa" e "efeito", que decorre da própria Lei única de "ação" e "reação" do Cosmo.

O conceito de que devemos "colher conforme a semeadura" demonstra a existência de leis disciplinadoras e coordenadoras, que devem proporcionar o resultado efetivo conforme a natureza e intensidade de causa fundamental. Evidentemente, quem semeia "cactos", jamais há de colher "morangos", assim como quem movimenta uma causa funesta também há de suceder-lhe um resultado funesto. O efeito destrutivo de um projétil depende exatamente do tipo da intensidade da força que o impeliu. Todas as causas ocorridas no mundo material agrupam, atritam e movimentam elétrons, átomos e moléculas de substância física. Da mesma forma, quando o homem mobiliza e gasta combustível espesso, lodoso e quase físico do mundo astralino para vitalizar as suas atividades mentais inferiores, ele se torna o centro da eclosão de tais acontecimentos negativos e censuráveis, porque deve sofrer em si mesmo o efeito nocivo e danoso da carga patológica acionada imprudentemente. Mas se eleva o seu campo mental e emotivo vibratório à frequência mais sutil, a fim de utilizar energia superior para nutrir bons pensamentos e sentimentos, esse combustível sublimado, então, se metaboliza no perispírito sem deixar-lhe resíduos enfermiços. (Obra: *O Evangelho à Luz do Cosmo*, 10ª edição, p. 212)

Lei de correspondência vibratória e a língua humana

Tudo na vida se submete à consagrada lei de correspondência vibratória, a qual disciplina o ritmo propulsor de simpatia ou de antipatia, que se manifesta nas relações evolutivas da vida. Sob essa lei sideral inviolável, ou os homens se amam sob um padrão afetivo de mútua nutrição espiritual, ou então se odeiam sob a ação das próprias energias que se degradam. Há quem goste exclusivamente da luz para dar expansão ao seu júbilo interior, enquanto outros preferem as trevas para ambiente eletivo de suas emoções. Enquanto o beija-flor prefere a luz do Sol para se fartar no perfume das flores, o morcego, embora também seja alado, aguarda a noite tenebrosa para realizar os seus banquetes macabros. Assim também ocorre com a linguagem humana; enquanto o homem desbragado, fescenino e libidinoso aprecia o baixo calão para revelar a sua preferência interior pervertida, as almas educadas e espiritualizadas não só sentem repugnância ante o anedotário indecente, o palavreado ignóbil e a malícia irreverente, como também preferem o emprego de linguagem correta e elevada.

Enquanto há idiomas semelhantes a filigranas de arte sonora, que deixam no ar um sentido de poesia superior, outros apenas se revelam na forma de grossa algaravia, cuja confusão de vocábulos, que se atropelam aos golfões, mais se parece com seixos atirados em cavernas de cimento! (Obra: *A Sobrevivência do Espírito*, 8ª edição, p. 232)

Lei dos contrários – caminho para a evolução

Apesar da existência de uma só Unidade Divina, ou seja, a Suprema Lei do Universo, que governa e disciplina os fenômenos da vida espiritual e física, o espírito do homem parte da dualidade, ou do contraste, para, então, se ajustar conscientemente ao monismo de Deus. Ele desperta a sua consciência individual percorrendo a senda da evolução espiritual, baseado no conhecimento e domínio das formas, mas sempre balizado pelo dualismo das margens opostas. A sua noção de existir, como alguém destacado no seio da Divindade, firma-se, pouco a pouco, nas convenções de positivo e negativo, branco e preto, sadio e enfermo, masculino e feminino, direito e torto, acerto e erro, virtude e pecado. É a chamada lei dos contrários, tão aceita pelos hermetistas. (Obra: *O Evangelho à Luz do Cosmo*, 10ª edição, p. 192)

Mecanismos Cósmicos de A a Z   273

Lei do trabalho – dinamiza contextura espiritual

O trabalho, na sua exigência compulsória, disciplina e fortalece, obrigando o homem a concentrar-se num ritmo sadio e criador, que lhe dinamiza a contextura espiritual, despertando e aflorando as qualidades latentes herdadas de Deus! É um processo ou recurso técnico de aperfeiçoamento espiritual operando no mundo de formas, que acelera a sublimidade angélica inata no ser humano, por força de sua procedência divina! Até o escravo em condições degradantes e explorado pelo senhor insaciável pode desenvolver as virtudes de submissão, resignação, paciência e estoicismo, dinamizando os seus poderes espirituais na atividade produtiva que é o trabalho. Muitos magnatas, cuja fabulosa resistência, produtividade e perseverança criadoras os elevaram a níveis da indústria e do comércio mundial, desenvolveram esse potencial em vidas pregressas e comumente no serviço compulsório da escravidão. Na atividade de um labor escravocrata, eles puderam exercitar a vontade, treinar a persistência através do espírito atento e vinculado a objetivos e interesses dos seus senhores. (Obra: *A Vida Humana e o Espírito Imortal*, 11ª edição, p. 146)

Lei Suprema – consequências dos desvios

Esses acontecimentos trágicos não serão produto de uma súbita intervenção de Deus, mas uma consequência natural da transgressão das leis imutáveis que disciplinam o movimento dos orbes e as suas integrações em ritmos siderais mais evolutivos. Resulta então, daí – como vos ditamos há pouco – perfeita sincronização entre o evento "físico-planetário" e a sua humanidade, que faz jus à aplicação da lei de que "quem com ferro fere com ferro será ferido". Esse fim de mundo é um insignificante acontecimento no ínfimo grão de areia que é o vosso globo, nada tendo de incompatível com a bondade de Deus, que criou o Cosmo para o efeito de perfeita harmonia e beleza planetária! Assim como o acontecimento com Sodoma significa, para o vosso orbe, um fato local, o "fim de tempo" da Terra é, também, um fugaz acontecimento "local" no Cosmo, determinado pela lei suprema da harmonia moral do Todo. É justo que, infringindo as leis que incessantemente são lembradas pelos profetas e instrutores espirituais, tenhais que sofrer as sanções que elas especificam para os infratores. As leis do tráfego, no vosso mundo, estão resumidas nas tabuletas que marginam as estradas e que advertem os condutores de veículos quanto às suas responsabilidades; acaso considerais injustiça o fato de serem as vossas infrações a essas leis punidas pelas autoridades constituídas? Deus também estabeleceu e anunciou princípios imutáveis, que disciplinam o ritmo ascensional da vida em todas as latitudes cósmicas. Esses princípios, quando transgredidos pelo homem, criam-lhe sanções naturais, assim como a lei de causticidade do fogo faz queimar a mão imprudente, e o princípio corrosivo do ácido corrói o estômago do leviano que o ingere. Entretanto, o fogo, em si, não é um mal, porque de sua natureza comburente podeis aproveitar o que é útil para vossa existência atribulada, assim como do ácido colheis apreciável benefício para a química do vosso mundo!

Nessa conformidade, a dramaticidade do "fim de mundo" há de ser correspondente à soma total das infrações cometidas pela vossa humanidade no tráfego ascensional do espírito para a perfeição. Nesse caso não está em foco a bondade nem tão pouco uma suposta perversidade do Pai, porém a infração à lei.
(Obra: *Mensagens do Astral*, 13ª edição, pp. 95-96)

Leitura do perispírito – natureza psíquica

Cada perispírito possui o seu odor, magnetismo, cor e temperatura, que constituem o fundo permanente da aura perispiritual e revelam o tom definitivo ou o sinal identificador do grau de evolução da entidade espiritual. É um verdadeiro livro completamente aberto, e exposto sem subterfúgios à visão dos mentores siderais; não há nele possibilidade de qualquer artificialismo ou esconderijo para se ocultarem as mazelas da alma. Enquanto as almas daninhas se atritam incessantemente, no conflito de suas próprias manifestações torpes, as benfeitoras ainda mais se estimam e se conjugam na extirpação de seus defeitos, reconhecendo que a vida angélica é um estado de pureza interior.

A configuração do perispírito e os fenômenos que com ele

Mecanismos Cósmicos de A a Z   275

sucedem representam a síntese moral da própria alma, revelada para o exterior. Assim como na Terra argutos e hábeis quirólogos conseguem avaliar a estrutura psicológica e o caráter de certas pessoas, apenas porque lhes examinam a contextura e aparência das mãos, no Além a ciência transcendental de leitura do perispírito também permite identificar com facilidade a natureza psíquica dos espíritos em aprendizado primário. (Obra: *A Sobrevivência do Espírito*, 8ª edição, pp. 288-289)

Lembranças dos sonhos e perispírito

O perispírito não é apenas um organismo estruturado com a substância do mundo astral invisível, mas ainda é interpenetrado pela essência mais sutil do plano mental, que também impregna profundamente toda a intimidade do orbe terráqueo e o põe em contato direto com a Mente Constelar, que é a responsável pelo progresso e sustentação cósmica do sistema em que viveis. Quando durante os sonhos o perispírito fica em liberdade, a sua visão depende muitíssimo da intensidade e da natureza da carga energética que ele já conseguiu movimentar e assimilar em sua própria contextura, e que o coloca mais vivamente em contato com os acontecimentos no mundo astral. As imagens astrais que, através do fenômeno da repercussão vibratória, depois se transmitem do cérebro perispiritual para o cérebro físico, serão evocadas com tanta clareza ou obscuridade quanto tenha sido o êxito de sua focalização pelo próprio perispírito fora do corpo carnal. Como o perispírito sofre em sua contextura até a influência da própria alimentação material, os carnívoros, por exemplo, são mais letárgicos em sua sensibilidade psíquica, porque as fortes emanações de uréia e de albumina que exsudam as vísceras animais durante a digestão, costumam obscurecer o delicado tecido etereoastral. O vegetarianismo[2] contribui para higienizar a estrutura do perispírito, livrando-o dos fluidos viscosos da aura do animal sacrificado, cuja carne se decompõe no estômago humano; recorda o fato de que as

---

2 Nota do Revisor – Vide a obra *Fisiologia da Alma*, **EDITORA DO CONHECIMENTO**, onde Ramatís usando a mediunidade semimecânica do seu médium Hercílio Maes, escreveu o mais completo tratado sobre o assunto, onde aborda além do vegetarianismo, diversos outros temas originais como homeopatia, câncer, alcoolismo etc.

lentes dos óculos se conservam límpidas quando não sofrem os efeitos da gordura exsudada pelo calor do rosto. Os exercícios "prânicos" respiratórios, a catarse mental, as reflexões elevadas e a disciplina esotérica, que avivam a memória e potencializam a vontade, também contribuem muitíssimo para que a consciência da criatura se mantenha desperta quando, durante o sono, consegue sair em corpo astral. (Obra: *A Sobrevivência do Espírito*, 8ª edição, pp. 246-247)

Ligações energéticas – pais e filhos

Após o espírito reduzir no mundo espiritual o seu perispírito até atingir a forma fetal e depois ajustar-se ao ventre materno para o preenchimento físico, ele também socorre-se das energias do campo magnético perispiritual do progenitor carnal, a fim de facilitar o processo reencarnatório.

Os clarividentes podem explicar que durante os nove meses de gestação, tanto o espírito encarnante como os seus progenitores carnais mostram-se perfeitamente entrelaçados entre os seus perispíritos. Através dessa simbiose fluídica, ou espécie de casulo protetor, são absorvidas rapidamente todas as emanações viciosas, prejudiciais e tóxicas do ambiente, assim como se atenuam os impactos de cargas mal-intencionadas, que possam ferir o espírito indefeso no seu processo encarnatório.

O próprio espermatozóide doado pelo homem ainda continua por certo tempo ligado a ele pelos laços ocultos do éter-físico; e à medida que o encarnante vai desatando na matriz materna a sua configuração peculiar, ele também absorve as energias paternas, malgrado o sustento físico da mãe! Daí, a lenda da "quarentena" dos silvícolas, que guardavam o leito enquanto a esposa gestava, porque tratando-se de encarnação excessivamente dispendiosa de energismo vital, como era o índio, ocorria um verdadeiro vampirismo filial, chegando a produzir forte prostração, sintomas de anemia e baixa função esplênica! (Obra: *A Vida Humana e o Espírito Imortal*, 11ª edição, p. 57)

Liturgias – libertação da matéria

Há milênios, o povo não estava em condições de entender a "técnica" ou "processo científico" das cerimônias e liturgias que os sacerdotes e instrutores de alta envergadura espiritual compunham para atrair e ajudar os encarnados na libertação dos liames da matéria. Os atlantes, caldeus, assírios, hebreus e principalmente os hindus e egípcios, inspirados pelos numes da espiritualidade superior, organizavam seitas religiosas, construíam templos apropriados, compunham liturgias, devotavam a Natureza e múltiplos deuses, mas aplainando o caminho para a unificação de Moisés e o Evangelho de Jesus. Apesar do julgamento desairoso de muitos críticos radicalistas, no âmago de quase todas as religiões que ainda estendem seus ramos verdejantes até vossos dias, existe uma "contextura iniciática", velada por símbolos, imagens, altares e objetos, práticas e cerimônias excêntricas, que escapa aos próprios fiéis e a sacerdotes primários.

Impossibilitado de entender e comandar as forças poderosas a serviço da mente humana, o povo ativava os poderes inatos do espírito imortal de modo indireto e pela sugestão do cerimonial exterior. Mesmo na esfera dos esportes, sabemos que diversos tipos de jogos e competições humanas não passam de verdadeiro cerimonial com o objetivo importante de despertar e desenvolver os recursos vitais do corpo físico. O manuseio de símbolos e alegorias são estímulos e coordenações a fim de atrair os sentidos da alma para um só objetivo de progresso espiritual. Embora inconsciente do objetivo oculto do que presencia, a alma se aprimora por "tabela" durante a submissão, o respeito e a devoção no templo, que lhe favorece a harmonia do campo mental e lhe produz estímulos para desenvolver um ritmo superior. (Obra: *A Missão do Espiritismo*, 11ª edição, pp. 81-82)

Livre arbítrio – relatividade

Aquilo que considerais um determinismo implacável, a tolher o vosso livre arbítrio, é apenas o equipo de leis que emanam do espírito planetário do orbe terráqueo e lhe regulam tanto o ajuste planetário como o crescimento harmonioso de sua humanidade. Quando vos ajustardes a essas leis evolutivas e só souberdes operar cm vossu benefício espiritual, sem entrardes em conflito com a coletividade, ser-vos-á facultado o exercício do livre arbítrio de modo ilimitado. Por enquanto, o homem terrícola não pode usufruir o direito de exercer a sua vontade absoluta, pois até nas suas relações genésicas ainda se mostra inferior aos próprios animais, que as respeitam e praticam só em épocas adequadas e exclusivamente com a finalidade de procriar. Em face do extremo egoísmo, cupidez e crueldade do atual cidadão terreno, a vossa vida seria de contínua desordem e conflito, se os poderes humanos pudessem gozar impunemente do seu livre arbítrio! (Obra: *Fisiologia da Alma*, 13ª edição, p. 262)

Livre-arbítrio e aprendizado

O espírito do homem tem o "livre-arbítrio" e pode agir até onde não prejudique o companheiro. Mas é insensato se maldizer ou rebelar-se contra Deus, quando ele, somente ele, é o responsável direto por tudo o que fizer de mal ou de bem. A legislação disciplinar é tão-somente no sentido de promover a indesviável ventura de seus filhos e ajustá-los ao caminho certo e redentor, sem qualquer intenção punitiva. O homem deve aprender corretamente cada lição ministrada pela vida nas escolas planetárias, sofrendo as regras disciplinares desse curso educativo, a fim de fazer jus aos direitos incondicionais no futuro e aos poderes incomuns no seio do Universo. O livre-arbítrio dilata-se em sua área de poder e capacidade, tanto quanto o espírito também desperta a sua consciência e já manifesta um comportamento tão sensato e correto, que jamais causa prejuízos ao próximo. (Obra: *O Evangelho à Luz do Cosmo*, 10ª edição, p. 65)

O Livro dos médiuns – segurança doutrinária

Sob qualquer hipótese, os espíritos benfeitores da área espírita sempre preferem comunicar-se pelos médiuns cujo desenvolvimento mediúnico se orientou principalmente pelas normas expostas em *O Livro dos Médiuns*, que ainda é o admirável repositório de regras sensatas e advertências salutares,

Mecanismos Cósmicos de A a Z

concretizadas só depois de copiosa experimentação mediúnica. É obra que pode ajudar o progresso do candidato a médium, distanciando-o das decepções e do desperdício de tempo, como é muito comum no desenvolvimento empírico e inexperiente. Kardec estudou profundamente as características psicológicas dos médiuns e classificou-os também de conformidade com o tipo de sua faculdade mediúnica em floração, disciplinando-lhes a imaginação exacerbada das comunicações incipientes dos primeiros dias. Organizou-os em grupos afins e graduou-lhes a capacidade de realização, selecionando os médiuns positivos, calmos, seguros, devotados, coerentes e modestos daqueles que são improdutivos, lacônicos, nervosos, inseguros, vaidosos ou preguiçosos. (Obra: *O Evangelho à Luz do Cosmo*, 13ª edição, pp. 24-25)

Lobisomem – ideoplastia perispiritual

O lobisomem ainda é vestígio da lenda forjada pela possibilidade de um desencarnado materializar o seu corpo astral, quando é portador de um "facies" animalesco![3]

Em face do recurso de ideoplastia perispiritual, que impele o espírito a assumir a configuração mais adequada ao tipo de paixão ou virtude dominante em si, o lobisomem é uma figura semi-humana, representativa do espírito ainda acicatado pela ferocidade e voracidade do lobo! Então, as pessoas de dupla vista ou videntes, às vezes, conseguem identificar essas infelizes entidades, que estereotipam na sua face ou todo perispiritual a cópia do lobo, do suíno ou do abutre. A metamorfose do homem ou mulher em lobo, que se processa através da extraordinária elasticidade do perispírito sob a ação do fenômeno da licantro-

3 Trecho extraído da obra *Libertação*, de André Luiz, por Chico Xavier, e final do capítulo "Em Aprendizado", o qual esclarece bem o caso: "Alguma semelhança era de notar-se, mas, afinal de contas, a senhora tornara-se irreconhecível. Estampava no semblante os sinais das bruxas dos velhos contos infantis. A boca, os olhos, o nariz e os ouvidos revelavam algo de monstruoso". – Ainda da obra *Libertação*, capítulo "Operações Seletivas": "A sentença foi lavrada por si mesma! não passa de uma loba, de uma loba, de uma loba!
À medida que repetia a afirmação, qual se procurasse persuadi-la a sentir-se na condição do irracional mencionado, notei que a mulher, profundamente influenciável, modificava a expressão fisionômica. Entortou-se-lhe a boca, a cerviz curvou-se, espontânea, para a frente, os olhos alteraram-se dentro das órbitas. Simiesca expressão revestiu-lhe o rosto".

pia, também pode resultar de hipnose praticada no Espaço, ou mesmo de sortilégios tenebrosos sob o comando de magos-negros experimentados no caso. Mas esse fenômeno é mais comum no "lado de cá", embora tal materialização de lobisomem também possa ocorrer nos lugares ermos, em encruzilhadas de estradas ou mataria densa, onde exsuda-se um éter-físico vigoroso e agreste, capaz de proporcionar alguma combinação de ectoplasma.

No entanto, tal estigma de licantropia perispiritual às vezes perdura até à próxima encarnação, quando se trata de uma entidade esclerosada no mal, pois os elementos enfermiços e plásticos do perispírito chegam a influir na formação anatômica do nascituro, plasmando-lhe o "facies" do lobo, cavalo, suíno, tigre, bovino, abutre, mocho ou bode! Trata-se, ainda, de uma instintiva e incontrolável reminiscência do tempo em que as forças animais caldeavam a configuração do equipo carnal humano. O corpo físico, nesse caso, conturba-se na sua expressão fisionômica ante a indesejável plástica do perispírito estigmatizado pela linhagem animal.

O povo, no seu senso comum, costuma estigmatizar tais criaturas pela semelhança do temperamento do animal a que elas se parecem mais semelhantes, apontando, antifraternalmente, o "cara de cavalo", "cara de boi" ou "cara de suíno"! Realmente, há homens brutos, de mandíbula inferior prognata, que parecem dar patadas à menor objeção, e que desde cedo os comparam ao cavalo; alguns movem-se pelo mundo a ruminar como os bois, aos quais se assemelham. Homens de maus instintos e avaros têm os olhos miúdos e nariz recurvo, lembrando o abutre; alguns rostos balofos, lustrosos, de certo ar embrutecido, são próprios de criaturas glutônicas, que se deliciam com as iguarias mais detestáveis, tal qual faz o suíno indistintamente no chiqueiro.

Em sentido oposto, espíritos bondosos, ternos e humildes, que passam pela face do orbe deixando um rasto de benefícios e saudades, também são lembrados pelo povo de modo lisonjeiro, pois os associam às manifestações de aves ou animais ternos, dóceis e generosos! Há, também, criaturas pacíficas e ternas que lembram a mansuetude das pombas ou a delicadeza do beija-flor pela sua alimentação frugal e vegetariana; há moças efusivas e febricitantes como as rolas morenas; ou tranquilas e

Mecanismos Cósmicos de A a Z   281

recatadas, evocando o canto saudoso do rouxinol!

Por isso, Jesus, o Amado Mestre, a fonte de ternura e amor, onde a humanidade pode mitigar a sua ansiedade de paz e ventura, ficou consagrado entre os homens pela imagem inofensiva e terna do Cordeiro do Senhor! (Obra: *Magia de Redenção*, 11ª edição, pp. 201-202)

Logos da Terra – caminho, verdade e vida

O Arcanjo, Logos ou Cristo Planetário da Terra, cuja luz e essência vital manifesta-se em perfeita sincronia e sintonia com a vontade e o plano criador de Deus na construção do Universo, é o alimentador da humanidade terrestre. Na sua característica sideral de transformador ou intermediário entre o humano e o divino, o Arcanjo então é o "Caminho, a Verdade e a Vida", porque o espírito do homem só alcança a sua libertação da matéria depois que atinge uma frequência espiritual elevada. E quando Jesus advertiu, que "Ninguém irá ao Pai senão por mim", esotericamente explicava que enquanto o homem não viver e não fizer o que ele fez, também não poderá vibrar com o Cristo do orbe, pois ainda não encontrou o "Caminho, a Verdade e a Vida".[4] (Obra: *O Evangelho à Luz do Cosmo*, 10ª edição, p. 164)

Logos Solar – imanente em todo sistema

O Sol do vosso sistema planetário é o local exato em que atua a consciência do Arcanjo, Engenheiro, Construtor ou Logos do Sistema Solar, que é o Alento e a própria Vida de todo o conjunto de seus planetas, orbes, satélites ou poeiras siderais, inclusive os seres e as coisas viventes em suas crostas materiais. Esse Logos não se situa, com o seu sistema Planetário, num local ou latitude geográfica do Cosmo; o que o distingue principalmente é o seu estado espiritual vibratório,

---

4 "E eu ouvi uma grande voz no céu, que dizia: 'Agora foi estabelecida a salvação, e a fortaleza, e o reino de nosso Deus e o poder do seu Cristo, porque foi precipitado o acusador de nossos irmãos, que os acusava dia e noite diante de nosso Deus'. (Apocalipse, 12:10). Evidentemente, João referia-se ao Cristo Terráqueo, ao Arcanjo da Terra, pois o Satanás enxotado simboliza a própria comunidade de espíritos, rebeldes ao Amor do seu Cristo Planetário, em face de suas diretrizes exclusivas em detrimento da coletividade.

inacessível ao entendimento humano. O homem ainda concebe o "alto" e o "baixo", ou o "puro" e o "impuro", quando só existe uma Unidade Cósmica, indescritível, visto que não há outra Unidade ou outro Deus para termo de comparação. O Espírito, Arcanjo ou Logos Solar, do vosso sistema, está presente e interpenetra todo o campo do sistema solar que emanou de si mesmo, em harmoniosa conexão com as demais constelações e galáxias que se disseminam pelo Cosmo e que, por sua vez, são presididas, respectivamente, por outras consciências arcangélicas, e que formam progressivamente a inconcebível humanidade sideral. Desde o astro solar até à órbita mais distante do vosso sistema, a consciência arcangélica se estende em todos os sentidos e coordena todas as ações que ocorrem nesse campo de vida, constituído de orbes e humanidades, e sob a supervisão excelsa da Mente Divina. Através do oceano etérico concentrado pela sua Consciência Mental, e que banha e interpenetra também as fímbrias dos átomos dos mundos que condensou em si mesmo, o Logos do sistema solar também atua na consciência dos outros Arcanjos menores que corporificaram os planetas e os governos em espírito. Dificilmente podereis conceber a operação harmônica de uma consciência solar, quando comanda instantaneamente as humanidades que palpitam sobre a Terra, Marte, Júpiter, Saturno e outros mundos que apresentam os mais variados matizes conscienciais. O Logos Solar é o condensador sideral que absorve o elevado energismo demasiadamente poderoso da Mente Divina e retém em si mesmo o "quantum" sideral inalcançado pelos espíritos menores. Ele materializa, na forma de um sistema planetário e viveiro de almas sedentas de ventura, uma das peças componentes da engrenagem cósmica, que faz parte de um Grande Plano ou do conhecido "Manvantara" da tradição oriental. (Obra: *Mensagens do Astral*, 13ª edição, pp. 422-423)

Lugares ermos – "assombrações"

Nos lugares ermos, onde ocorreram homicídios tenebrosos e tragédias brutais, em que a vida foi cortada subitamente, os "cordões vitais", que através do duplo etérico ligam o perispírito ao corpo físico, rompem-se violentamente. Pelos seus fragmentos, ainda palpitantes, expele-se então o tônus vital das vítimas, ficando impregnado no solo adjacente, assim como também adere à "seiva" etérica dos arbustos ou dos vegetais em derredor. E os espasmos das vítimas, na sua luta para não morrerem, projetam, igualmente, forte saturação no éter circunvizinho; e só decorrido certo tempo, o seu duplo etérico, desligando-se do perispírito e do corpo físico, desintegra a toxidez mórbida que satura o ambiente.

Acresce, ainda, que nos lugares mais inóspitos e de pouco trânsito humano o fluido telúrico, substancioso e virgem, é imune às vibrações estranhas; e por isso, o éter torna-se mais acessível à captação vibratória dos fluidos emitidos pelos sentidos. Conforme já vos explicamos, o tônus vital que flui das "pontas" do cordão vital, quando este é seccionado na desencarnação, fica bastante impregnado de ectoplasma, tornando os lugares onde ocorrem crimes e tragédias horripilantes num ambiente "ectoplasmizado".

Nos lugares "assombrados" existe uma espécie de cortina etereoastral de fluido ectoplásmico muito densa; e este fato possibilita aos espíritos sofredores, vingativos, zombeteiros ou traumatizados, do astral inferior, fazerem ouvir suas vozes e ameaças, seus gritos ou gemidos, causando pavor aos "vivos" que surgem nesses lugares.

Tais fenômenos assustadores ainda se manifestam mais perceptíveis aos sentidos dos encarnados se o viandante ou a pessoa que permanece na zona "assombrada" for portadora de mediunidade. (Obra: *Elucidações do Além*, 11ª edição, pp. 167-168)

Luxúria e lascívia – efeitos cármicos

Os estados de espírito classificados pelos dez mandamentos são os que mais agravam a situação reencarnatória das almas imprudentes e vítimas dos descontroles mentais e emotivos, e levam-nas às piores consequências e sofrimentos futuros. No caso em foco, as seduções e os prazeres desbragados na esfera sexual são acontecimentos enquadrados entre os prejuízos a outrem e a si mesmo, em que o indivíduo extremamente sensual, lascivo e impudico vive semeando mentiras, decepções, angústias e tristes destinos na sua faina de satisfazer o instinto animal. Assim, impregna a contextura delicada do seu perispírito, já vibrando em nível mais humano e tendendo à liberação lenta da ação imantadora e gravitacional da matéria, com as forças primárias e densas de uma paixão mais primitiva, que aumenta a atração material.

Em sua queda vibratória, retarda-se a circulação "etéreo-magnética" do perispírito, e degrada-se a configuração num sentido regressivo à esfera da animalidade, onde domina o fluido ou energia sustentadora da luxúria; em consequência, o perispírito do homem ou da mulher extremamente libidinosos perde muito de sua qualidade e configuração humana, em favor da velha figura do animal, que já estaria sendo vencida em parte. É um retrocesso psíquico, culminando num retardo perispiritual--físico em direção a uma forma de licantropia reencarnatória, cujos traços e reações traem sempre esgares e modulações animalescas, as cintilações dos olhos, o arfar das narinas, a boca lasciva à semelhança dos animais em seus brinquedos no cio. Pelo mesmo fenômeno, podem-se observar certas criaturas estigmatizadas no mundo físico, pela sua matriz perispiritual plasmar-lhes a configuração física seguindo as linhas de forças das paixões, viciações ou estados de espírito mais ao nível da animalidade. Pelo magnetismo animal, traem nas fisionomias indícios de seus sentimentos mais frequentes, nos quais predominam energias primárias, dando-lhes certas configurações peculiares. Ao homem de brutalidade espiritual, a sabedoria popular dá o apodo de "cara de cavalo", ao glutão, de "cara de boi", ao astucioso, "cara de raposa", ao avarento, "cara de abutre" ou ainda ao luxurioso, "cara de bode"; e a mulher pérfida, com agressividade inusitada, é cognominada "cara de cobra" ou "jararaca". (Obra: *Sob a Luz do Espiritismo*, 1ª edição, pp. 226-227)

Luxúria e lascívia – efeitos cármicos II

Caso se trate de uma entidade extremamente pecadora pelo excesso de lubricidade, cujo perispírito vibra na faixa do descontrole emocional, e sob o domínio do combustível inferior da

Mecanismos Cósmicos de A a Z   285

animalidade lasciva, há de modelar, na próxima existência física, um tipo desbragado nos diversos sentidos em que essa energia predominante inferior deve atuar na sua modulação carnal.

Comumente, fere não só o campo cérebro-perispiritual; modifica as linhas de forças construtoras da fisionomia humana, e produz tão grave vulnerabilidade psicofísica, que os demais vícios ou delinquências menores existentes na intimidade do reencarnado, e menos ofensivos, terminam também se dinamizando.

Impõem a sua influência na formação anômala, desde o campo neurológico até o sistema reprodutor, produzindo-se um tipo de aspecto predominantemente luxurioso, mas débil, perigoso ou psicopata, pela característica de maldade e impiedade, na infelicitação de mulheres vítimas de sua sanha erótica. É agravado ainda pela impotência e esterilidade, proteção da Lei para evitar a continuidade de um binômio perispiritual e físico tão indesejável. Descontrolado pela sexualidade, extravasando por todos os poros do corpo, mas impotente e com dificuldades motrizes, é a criatura obscena, cuja fisionomia mais parece a tela cinematográfica projetando os "facies" dos animais mais afins da luxúria do pernicioso residual do perispírito, na própria tortura de não lograr a satisfação sexual, na compensação obscena e na incessante irritação e atividade neuromuscular, cansando a mente, levando-o ao delírio e, depois, prostrando-o numa fadiga delirante! No monturo de carne deformada pela configuração grotesca, no aspecto repulsivo, chocante e agressivamente sexual, jaz a figura do famigerado "don juan", desencaminhador de donzelas incautas, o conquistador de moçoilas tolas, inexperientes e apaixonadas facilmente pelas promessas e mistificações, afogado no próprio fluido de sua atividade anterior, extremamente irresponsável.

Sem dúvida, é extensa a gama de comprometimentos e reparações no campo de qualquer ação culposa ou dolosa, que deve sofrer para se redimir qualquer espírito delinquente, agravando-lhe a situação pelas demais atividades complementares e contrárias ao bem, resultantes do sentimento fundamental. No caso extremo do tarado sexual, agrava-se sua situação retificadora, quando, no exercício de sua atividade ilegal, ainda deu vazão a outros sentimentos como ódio, avareza, gula, alcoolismo, toxico-

286   Ramatís

mania, ciúme, ira ou astúcia. O cortejo de energias mobilizadas do mundo animal, termina decorando-lhe a figura semi-humana na próxima encarnação, de modo a eclodir através do perispírito sacrificado e fluir para o meio ambiente até o derradeiro alívio! (Obra: *Sob a Luz do Espiritismo*, 1ª edição, pp. 227-228)

Luz cósmica de Deus e libertação da animalidade

Essa luminosidade que palpita por trás das formas materiais transitórias, tão intensa e pura quanto mais intimamente se possa penetrar da essência do espírito, vai-se tornando mais visível ou identificável, em concomitância com o progresso espiritual das criaturas. Mais profundamente, tereis que procurá-la, e a encontrareis, buscando maior intimidade com Deus, no ideal crístico que transforma o animal em anjo. O homem que em vosso mundo caminha exaustivamente no seio da floresta, abrindo extenso cipoal para encontrar a luz do dia, lembra o espírito fatigado, que peregrina através das configurações físicas, para, enfim, lobrigar a Luz do Criador. Jesus lembrou-vos significativamente: "O reino de Deus está em vós". Daí a pronunciada ascendência de luz que se revela nas atividades marcianas, na feição da citada "luz polarizada", porque se trata de um mundo límpido, sem as sombras de quaisquer paixões inferiores. E essa luz, mais atestável sob a visão psíquica, aumenta de pureza e intensidade à proporção que vos libertais das paixões de cólera, ciúme, ódio, luxúria ou perversidade; pois tais deprimências baixam o teor vibratório do magnetismo divino que interpenetra todos os seres, dando lugar às sombras espessas que afastam a alma da Fonte Refulgente do Pai. As desarmonias mentais ou psíquicas são emanações semelhantes às nuvens densas em dias ensolarados e que roubam ou absorvem os raios vitalizantes do Sol. A aura etérica e astral de Marte recebe, continuamente, o hálito perfumado da espiritualidade dos seus moradores; o seu ar magnético é pleno de eflúvios puros, ansiedades angélicas e júbilos afetivos, que exsudam dos conclaves de religiosidade pura, dos intercâmbios afetuosos e das realizações estéticas no reino das flores, da música e da pintura. A persistência sublime de "desejos ascensionais" e a procura constante de "mais luz" e "mais amor" geram sempre uma claridade eletiva para atrair a Luz Cósmica da intimidade de Deus. (Obra: *A Vida no Planeta Marte e os Discos Voadores*, 11ª edição, pp. 72-73)

Luz crística – eclosão endógena

Durante a eclosão da luz crística que se manifesta na intimidade de toda criatura, isto é, num processo endógeno ou de "dentro para fora", o espírito do homem deve aperceber-se do mistério de sua origem divina, mas sem surpresas, sem violência e a coesão de conhecer-se a si mesmo. Ele deve reconhecer e compreender o processo que o torna um "ser-indivíduo", à parte, no Cosmo, embora sem fundir-se com o Todo Criador, mas de modo gradativo e sem os hiatos desconhecidos. Seria um absurdo a consciência plena do homem ser-lhe revelada num passe de magia ou fruto de uma revelação integral e instantânea.

Desde que o espírito pudesse reconhecer-se instantaneamente como uma consciência global ou completa, marcando a sua verdadeira posição e distinção no seio de Deus, sem passar por um processo ou aprendizado espiritual gradativo, então os mundos planetários que compõem as escolas educativas jamais teriam razão de existir. No entanto, as almas dos homens são "entidades espirituais" virgens e diferenciadas no seio da própria Consciência Cósmica, que depois desenvolvem a sua consciência física e individual pelo acúmulo de fatos e das imagens vividas nas existências carnais ou nos intervalos de sua permanência no mundo astralino. A sua memória, no entanto, cresce e se amplia no infinito do tempo e do espaço, até consolidar-se num apercebimento consciente do ser-indivíduo, que dali por diante sente-se uno e inconfundível no seio do próprio Criador. (Obra: *Elucidações do Além*, 11ª edição, pp. 81-82)

Luz íntima – força desintegradora

Jesus disse: "Bem-aventurados os que sofrem resignados, porque deles é o reino dos Céus". Realmente, o espírito, ao aceitar o seu sofrimento como oportunidade de purificação espiritual e ajustar-se à bem-aventurança da resignação, eleva o seu "quantum" de luz interior e vaporiza grande parte dos venenos aderidos ao perispírito. Expurga-os para o meio ambiente, num processo de sublimação psíquica, em vez de fluírem completamente pela carne mortificada. E evita o acréscimo de novos resíduos nocivos. Todos os agentes enfermiços do mundo psíquico, tais como germens, bacilos, vírus, elementais ou tóxicos cruciantes, não resistem à força desintegradora da luz íntima ao se projetar do espírito elevado. É por isso que certas criaturas permanecem imunizadas, mesmo quando atuam no meio das enfermidades epidêmicas ou contagiosas, porque já eliminaram grande parte do morbo psíquico que lhes adensava o perispírito. (Obra: *Sob a Luz do Espiritismo*, 1ª edição, p. 27)

M

Mal – fase provisória na evolução

A verdade, entretanto, é que o Mal (cuja existência se atribui à obra de Satanás) é expressão transitória e sem prejuízos definitivos, porque se conjuga com a bondade e a justiça de Deus, que é a eterna sabedoria, poder e amor! No trabalho que o homem empreende para atingir em sua evolução a situação angélica, o esforço ascensional cria a aparência da existência de um mal que, entretanto, desaparece gradativamente, à medida que o espírito se vai aproximando do seu verdadeiro destino. O processo que transforma grãos de trigo em saborosa farinha nutritiva; bagos de uva em vinho generoso, e cascalho diamantífero em brilhante fascinante pode ser considerado como um mal para com as substâncias ou materiais que lhe sofrem a ação compulsória e coercitiva? Assim, o sofrimento, a dor e o cortejo de resistências humanas que criam o mal, atribuído à ação de uma suposta entidade malévola, são fases provisórias no divino processo de aperfeiçoamento das almas, e que elas sempre louvam quando atingem o estado de angelitude. O que chamais de influência satânica não passa, portanto, de um acontecimento comum na vida da alma e no mecanismo que amadurece a consciência espiritual, para fazer-lhe sentir que deve evoluir para o fim para o qual foi criada. A resistência contra a Luz e o Bem, que a princípio se verifica na alma, é que gera o mal que atribuís à ação de Satanás, mal esse que desaparece quando a luz do Cristo faz a sua eclosão no mundo interior da criatura. (Obra: *Mensagens do Astral*, 13ª edição, p. 280)

Mal e sofrimento – transitórios

O mal é tão-somente uma condição transitória, de cujo reajuste sempre resulta um benefício futuro ao próprio autor. Mesmo sob a perversidade humana que mata outro ser vivo, o criminoso só destrói o "traje" carnal provisório e subalterno da vítima, sem atingir-lhe o espírito imortal. Assim, o princípio de causa e efeito proporciona uma nova existência física para a vítima, ensejando-lhe mais proveito e compensação, porque foi perturbada no seu ciclo de evolução espiritual. O homicida, sob a mesma lei retificadora, então é recolhido à oficina do sofrimento, a fim de retificar o desvio mórbido, que o torna uma criatura ainda dominada pelas ações negativas. Depois ele retoma a mesma estrada de aperfeiçoamento espiritual, prosseguindo de modo a despertar os valores eternos da imortalidade e alcançar a sua própria ventura.

O mal ou o sofrimento são etapas do mesmo processo evolutivo, cuja ação é transitória e tende sempre a um resultado superior. Poder-se-ia considerar que é um mal a agressividade dos insetos, vermes e aves contra a planta na sua luta para crescer; no entanto, tudo isso não passa de elementos que interferem e obrigam o vegetal à maior concentração de energias íntimas na defesa, culminando no sucesso do seu próprio desenvolvimento. O mal é tão-somente acidente na escalonada evolutiva, a fase de negativa que perturba, mas se corrige, prejudica e depois compensa, e que desaparece tanto quanto o espírito firma a contextura definitiva de sua consciência.

Sob a lei de "cada um colhe o que semeia", todo mal pode causar dor e sofrimento para o seu próprio autor, o que então não é injustiça, porque a mesma lei compensa a vítima. Contudo, disso resulta também a purificação do pecador e consequente melhoria de qualidade espiritual. São considerados "atos malignos", porque eles causam prejuízos a outrem; mas se a vítima é ressarcida vantajosamente no curso de sua própria imortalidade, então desaparece o estigma detestável do "mal", que é compensado pelo "bem" mais breve a que faz jus pelo seu sofrimento. O mal que foi feito a Jesus, há dois mil anos, prossegue libertando milhares e milhares de criaturas de todos os sofrimentos

Mecanismos Cósmicos de A a Z

inimagináveis; o mofo que resulta do mal do apodrecimento das substâncias transformou-se na abençoada penicilina, que restabeleceu a vida a incontável número de enfermos desesperados.[1]

(Obra: *O Evangelho à Luz do Cosmo*, 10ª edição, pp. 33-34)

Mandato mediúnico – mediunidade de prova

Há grande diferença entre o médium cuja faculdade é aquisição natural, decorrente de sua maturidade espiritual, e o médium de "prova", que é agraciado imaturamente com a faculdade mediúnica destinada a proporcionar-lhe o resgate de suas próprias dívidas cármicas. Através de processos magnéticos, que ainda vos são desconhecidos, os técnicos do Astral hipersensibilizam o perispírito daqueles que precisam encarnar-se com a obrigação de trabalhar, pelo serviço da mediunidade, a favor do próximo, e também empreender a sua própria recuperação espiritual.

No Além existem departamentos técnicos especializados, que ajudam os espíritos a acelerar determinados centros energéticos e vitais do seu perispírito, despertando-lhes provisoriamente a sensibilidade psíquica para a maior receptividade dos fenômenos do mundo oculto, enquanto se encontram encarnados. Esse é o mandato mediúnico ou a transitória faculdade concedida a título de "empréstimo" pelo Banco Divino. Mas é também a arma de dois gumes, que exige severa postura moral no mundo, pois ela tanto situa o seu portador em contato com os espíritos benfeitores como também o coloca facilmente na faixa vibratória sombria das entidades do astral inferior.

Embora a faculdade mediúnica pareça a alguns um privilégio extemporâneo, contrariando o conceito de Justiça e Sabedoria de Deus, essa "concessão" prematura ao espírito faltoso implica justamente em sua maior responsabilidade e trabalho laborioso espiritual. Não é, pois, a graça "fora de tempo", que exime a alma de preocupações e dos obstáculos futuros na sua evolução espiritual; é somente o "empréstimo"

---

1 Vide a obra *Magia de Redenção*, em que Ramatís demonstra o reajuste e a redenção do autor do próprio ato destrutivo ou perverso, quando apanhado pela Lei de Retificação Espiritual é submetido ao processo purificador. Aliás, o ditado de que o "feitiço sempre se volta contra o feiticeiro" adverte de que o efeito maligno depois atinge o seu autor, mago ou feiticeiro, e o conduz a melhorar o seu espírito pela própria carga que recebe de retorno e movimentou em prejuízo do próximo.

que lhe permite ressarcir-se de suas tolices e insânias cometidas no passado, compensando o tempo perdido com um serviço extraordinário. Os Mentores Siderais, apiedados dos espíritos demasiadamente onerados em seu fardo cármico para o futuro, lhes oferecem assim a oportunidade do reajuste mais breve para alcançarem a ventura mais cedo.

Então o médium é o espírito que renasce na matéria já comprometido com a obrigação de exercer um trabalho constante a favor da idéia da imortalidade da alma, inclusive o dever de melhorar a sua própria graduação espiritual. Embora seja agraciado prematuramente com um sentido psíquico mais avançado e ao qual ainda não fazia jus, o médium sinceramente devotado à sua definitiva recuperação espiritual no serviço sacrificial mediúnico poderá transformar em uma faculdade "natural" aquilo que lhe era somente uma faculdade de "prova". Evidentemente, isso é difícil, mas não impossível, pois alguns raros médiuns lograram alcançar a graça da faculdade mediúnica natural, pela graça da faculdade de prova. (Obra: *Mediunismo*, 13ª edição, pp. 69-70)

Manifestações do amor – aspectos

Eis por que têm sido tão diversas as manifestações do Amor pelos benfeitores da humanidade. Aqui, desenvolve-se e progride a medicina ou a física, graças ao sacrifício ou abnegação de um Pasteur, Édison ou Marconi; ali, Pitágoras, Sócrates ou Spinoza devotam todo o seu pensamento em amenizar a angústia humana pelo medicamento sutil da filosofia; acolá, o gênio de Da Vinci, o espírito agitado de Van Gogh, as privações e a tristeza de Rembrandt, também geraram a beleza e o encanto misterioso da pintura, manifestando o seu amor ao homem pela magia das cores. Beethovem, o gigante da música, doa ao mundo a Nona Sinfonia, o testamento do Amor em sons; Mozart extingue-se ainda moço, deixando as mais fascinantes melodias para a criatura humana; Bach deixa um monumento musical alicerçado no conceito de que "o objeto de toda música devia ser a glória de Deus!" Tolstoi, Dickens, Cervantes, Victor Hugo e outros manifestaram esse amor tentando novos roteiros na esfera social e moral do mundo; Marco Polo, Colombo e outros o fizeram na tentativa de estreitar as distâncias da Terra para o mais próximo convívio dos homens.

Portanto, é sempre o Amor manifestando-se nos coloridos mais variados, em conformidade com a índole de cada ser. Muitas vezes o sábio, o gênio ou o cientista principiam aquecendo o amor em si mesmos, numa satisfação ainda ególatra. No entanto, eis que transborda esse amor além das necessidades e da contenção do ser, para se transformar em doação ao mundo e em benefício da humanidade. (Obra: *O Sublime Peregrino*, 16ª edição, p. 92)

Mantras – ação etéreo-astral

"Mantras", tão familiares aos iogues, são peças idiomáticas sagradas que, pela harmonia de sílabas ou letras – quando pronunciadas em sua pureza iniciática – despertam no psiquismo e no organismo físico do homem um energismo incomum e proporcionam estados de desprendimento e euforia espiritual. As palavras "mântricas" possuem grande poder de ação no campo etérico astral, assim como aceleram, harmonizam ou ampliam as funções dos "chacras" do duplo etérico, enquanto que, atuando à superfície do perispírito, auxiliam a sintonização do espírito às manifestações da vida física e favorecem a justa ação do pensamento sobre o sistema cerebral. (Obra: *A Sobrevivência do Espírito*, 8ª edição, p. 206)

Mantras – palavras mágicas

"Mantras", como peças idiomáticas consagradas pelo uso superior, são letras e sílabas de articulações harmoniosas, cuja musicalidade iniciática provoca um estado vibratório peculiar no espírito dos seus articuladores. Quando essas palavras são pronunciadas num ritmo ou sonoridade peculiar e sob forte concentração mental, elas despertam no organismo físico do homem um energismo incomum, que depois proporciona certo desprendimento astral. Aliás, possuem a peculiar faculdade de acelerarem o sistema de "chakras" situados no duplo-etérico,

294   Ramatís

principalmente na região laríngea, cardíaca e frontal. Em sua ação no campo etereoastral do homem, além de harmonizarem as funções dos centros de forças etéricos, os "mantras" propiciam ao sistema neurocerebral um estado de tranquilidade psíquica só comparável à tão desejada "paz de espírito"! Como todas as palavras se revestem de energia mental e astral do homem, elas atuam em todos os planos da vida oculta e física, dando curso às vibrações sonoras, que baixam para o campo da matéria e produzem uma sensibilidade incomum.

As palavras mágicas ou "mantras" revelam também, na sua mentalização disciplinada e sonorização de ritmo ascendente, o caráter, a força e religiosidade ou a ternura espiritual do homem ou do povo que as enunciam.

Assim, os "mantras" escolhidos para as práticas religiosas e esotéricas, no passado, eram selecionados nas expressões verbais medianeiras das idéias do mais elevado teor espiritual. O idioma mântrico antigamente, tão peculiar e familiar nos templos e confrarias iniciáticas, tinha por função específica unificar o pensamento de todos os instrutores e discípulos numa disposição emotiva e frequência mental sublimadas, compondo assim o clima eletivo para a manifestação dos elevados instrutores do mundo espiritual.[2] (Obra: *A Vida Humana e o Espírito Imortal*, 11ª edição, pp. 158-159)

Mantras – palavras sagradas

Não se constroem "mantras" sob a frialdade científica nem por caprichos esotéricos de simples ajustes de vocábulos, pois não despertariam efeitos espirituais superiores na alma humana. Em verdade, são as próprias palavras, que se consagram em "mantras" pelo seu uso elevado, transformando-se em verdadeiras "chaves verbais" de ação espiritual incomum sobre os diversos veículos ocultos e físicos de que se compõe o homem. Elas congregam as energias e as próprias idéias ocultas dos seus cultores, associando as forças psíquicas benfeitoras, que

---

2 A tradicional concentração espírita depois das preces de abertura de trabalhos mediúnicos guarda certa afinidade com a postura mantrânica, embora esteja bem longe da realidade mágica ou incomum que tal recurso provoca entre os que sabem manusear a técnica dos *mantras*.

depois se convertem em vigorosos despertadores espirituais.

Ademais, há nas palavras sublimes certa musicalidade terna e vigorosa, doce ou agreste, que acionada progressivamente pode alcançar a intimidade atômica da matéria e alterar-lhe a coesão íntima, causando modificações inesperadas. Existe muito fundamento científico na tessitura de certas lendas do passado, quando determinadas palavras, pronunciadas sob forte concentração, podiam agir na matéria, como a frase mágica do "Abrete-Sésamo", na história pitoresca de "Ali-Babá e os Quarenta Ladrões". A cultura, a ciência, o ideal e a religiosidade e o grau de espiritualidade de um povo, também cria-lhe um timbre ou cunho esotérico firmado no mundo oculto pela sua "Egrégora Mental". (Obra: *Magia de Redenção*, 11ª edição, p. 62)

Manvantara – dia e noite de Brahma

Assegura a vossa ciência que o Universo se encontra em fase de contínua expansão: assemelha-se a gigantesca explosão dilatando-se em todos os sentidos. Efetivamente, a imagem está mais ou menos aproximada nessa idéia dinâmica da realidade. Entretanto, como o tempo no vosso mundo é relativo ao calendário humano, não vos seria possível avaliar essa explosão na eternidade da Mente Divina. Supomos que, para Deus, esse acontecimento dinâmico entre o principiar e cessar a explosão é tão instantâneo, como o explosivo que rebenta no espaço de um segundo terrestre. No entanto, desde os velhos iniciados dos Vedas e dos instrutores da dinastia de Rama, esse tempo de expansão, que é justamente quando Deus cria e depois dissolve o Universo exterior, é conhecido por "Manvantara", e significa um período de atividade e não de repouso, podendo ser conhecido no Ocidente como um "Grande Plano", ou uma "Respiração" completa do Criador, dividida na diástole e sístole cósmicas.[3]

Em verdade, aquilo que para Deus se sucede no tempo simbólico de um segundo, para nós, suas criaturas, abrange

---

3 N. do M. – Conforme os Vedas, uma respiração ou pulsação macrocósmica de Brahma, ou Deus, corresponde a uma respiração microcósmica do homem. Os hindus também costumam definir por "Manvantara", um período de atividade planetária, em que se constituem e se aperfeiçoam sete raças humanas. Vide a obra *O Sublime Peregrino*, de Ramatís, principalmente o capítulo "Considerações Sobre o Grande Plano" e "O Calendário Sideral".

um total de 4.320.000.000.000 de anos terrestres, qual seja o tempo decorrido de um "Manvantara", ou "Grande Plano", que perfaz a simbólica "Respiração Divina", em dois períodos, cada um de 2.160.000.000.000 de anos, e constitui a fase da condensação da matéria e a fase de transformação da matéria em espírito, passando sempre pela energia, para então existir só o Universo-Espírito. O Cosmo, eliminada a idéia de tempo e espaço, é apenas uma "Noite Feérica" numa infinita festa de beleza policrômica, decorrendo sob a visão dos Espíritos Reveladores da Vontade e da Mente Criadora Espiritual Divina.

O Universo, portanto, é a sucessão consecutiva de "Manvantaras" ou "Grandes Planos", a se substituírem uns aos outros, nos quais se forjam as consciências individuais, que, nascidas absolutamente virgens e ignorantes, são lançadas na corrente evolutiva das cadeias planetárias. Em seguida, despertam, crescem, expandem-se e absorvem a noção relativa do "bem" e do "mal", do "belo" e do "feio", do "sadio" e do "enfermiço", conforme as zonas e latitudes geográficas onde estagiam, até lograrem a consciência do seu próprio destino e alçarem-se às faixas superiores da angelitude. Sucessivamente, os espíritos já angelizados ainda galgam níveis cada vez mais sublimes para atingir as frequências arcangélicas, através de outros "Grandes Planos" ou "Manvantaras", assumindo as responsabilidades de comandos planetários e até constelares. Arcanjos emancipados e liberados de quaisquer condições opressivas e restritivas do Universo, eles passam a orientar e guiar as novas humanidades planetárias, almas infantis, que vão surgindo e conquistando também a sua ventura pelo despertamento da consciência nessa sucessão de diástoles e sístoles cósmicas. Esta é a Lei eterna e justa; os "maiores" ensinam os "menores" a escalonarem a senda evolutiva divina, e que foi tão bem simbolizado para a mente humana na conhecida escada de Jacó bíblica, quando os anjos descem e sobem comunicando a Vontade e a Sabedoria de Deus aos homens.

Sob tal esquema elaborado pelo Criador, a consciência espiritual do homem, à medida que cresce esfericamente, funde os limites do tempo e do espaço, para atuar noutras dimensões indescritíveis. Abrange, então, cada vez mais, a magnificência do Universo em si mesma e se transforma em Mago a criar outras

Mecanismos Cósmicos de A a Z   297

consciências menores em sua própria Consciência Sideral. (Obra: *O Evangelho à Luz do Cosmo*, 10ª edição, pp. 75-76)

"Manvantara" – prazo para a ascensão

Há um prazo determinado para o espírito humano libertar--se espontaneamente do jugo ilusório da vida material e alçar-se aos mundos superiores! Quando ele persiste além desse prazo convencionado pela Lei Espiritual Evolutiva, e ainda se obstina como escravo das sensações animais da vida física retardando a sua ventura sideral, então desperta através de recursos compulsórios cármicos, pois como disse o Cristo Jesus: "Não se perderá uma só ovelha do rebanho do Senhor!"

Em cada "Grande Plano" ou conhecido "Manvantara" da escolástica hindu,[4] isto é, o período em que surgem e desaparecem os mundos físicos nos ciclos da "descida energética" até situar-se na forma de matéria, os espíritos destacados em Deus para adquirirem a sua consciência individual não podem ultrapassar o prazo previsto nessa simbólica fornada sideral no Cosmo! A Lei Espiritual preceitua "a cada um segundo as suas obras" e apressa a marcha dos retardatários ainda fascinados pelas ilusões do mundo material. Os alunos espirituais que são reprovados nos ciclos escolares planetários devem recuperar o tempo perdido noutro curso idêntico e intensivo, a fim de lograrem a aprovação e enquadrarem-se em tempo no processo do "Grande Plano" em realização. E o sofrimento então funciona como acelerador e retificador, que ajusta o espírito negligente ao roteiro certo de sua própria ventura espiritual! (Obra: *A Vida Humana e o Espírito Imortal*, 11ª edição, p. 118)

Manvataras e fraternidade cósmica

O Universo é a sucessão consecutiva de "Manvantaras" ou "Grandes Planos", a se substituírem uns aos outros, nos quais formam-se também as consciências individuais, que nascidas

---

4 Vide o capítulo "Os Engenheiros Siderais e o Plano da Criação" da obra *Mensagens do Astral*, e o capítulo "Considerações sobre o Grande Plano e o Calendário Sideral", da obra *O Sublime Peregrino*, ambas de Ramatís e editadas pela **EDITORA DO CONHECIMENTO**.

absolutamente ignorantes e lançadas na corrente evolutiva das cadeias planetárias, elas despertam, crescem, expandem--se, absorvem o "bem" e o "mal" relativos às faixas ou zonas onde estacionam e depois, conscientes do seu próprio destino, atingem o grau de angelitude. Deste modo, os espíritos angélicos, como consciências participantes do Grande Plano, passam então a orientar e "guiar" aqueles seus irmãos, almas "infantis" que vão surgir no próximo Grande Plano ou "Manvantara" vindouro. Esta é a Lei Eterna e Justa; os "maiores" ensinam os "menores" a conquistarem também sua própria Ventura Imortal. A consciência espiritual do homem, à medida que cresce esfericamente, funde os limites do tempo e do espaço para atuar noutras dimensões indescritíveis; abrange, então, cada vez mais, a magnificência real do Universo em si mesma, e se transforma em Mago a criar outras consciências menores em sua própria Consciência Sideral. (Obra: *O Sublime Peregrino*, 16ª edição, p. 65)

"Mata-borrão vivo" – corpo físico

Repetimos ser o corpo físico como um "mata-borrão" vivo, absorvendo na sua carne os fluidos deletérios ou morbo invisível do perispírito, os quais, depois da morte, dispersam-se na terra do cemitério, através da decomposição cadavérica. Esse processo de limpeza do perispírito da escória inferior, e imprópria à sua contextura tão delicada, produz dores, sofrimentos e enfermidades físicas.

Evidentemente, a carga tóxica ou o morbo psíquico incrustado no perispírito desagrega-se pela concentração de forças do próprio espírito na fase "dor-sofrimento" e flui pela atração natural e magnética do corpo físico. Mas nessa fluência para a carne, perturba o bom funcionamento dos "chacras" do duplo etérico,[5] causando desequilíbrio na distribuição da energia vital e provocando manifestações enfermiças. Depois, o fluido tóxico perispiritual atinge o sistema nervoso, infiltra-se para as glândulas endócrinas, afeta o sistema linfático, insinua-se pela circulação sanguínea, produz a proliferação microbiana ou as

---

5 Vide o capítulo "O duplo etérico e suas funções" da obra *Elucidações do Além*, de Ramatís, **EDITORA DO CONHECIMENTO**.

lesões orgânicas, resultando em moléstias diversas.

É fácil entender serem as toxinas, oriundas do psiquismo mórbido, disseminadas por todo o organismo, até encontrarem os pontos mais vulneráveis, previamente determinados pelo carma no pano de fundo das predisposições biológicas. (Obra: *Sob a Luz do Espiritismo*, 1ª edição, p. 21)

Mau olhado – descarga fluídica

A mente humana é uma estação emissora! Na pessoa estigmatizada pelo mau-olhado, a substância mental excita-se facilmente, quando sob a força de algum desejo veemente, emoção violenta ou sentimento incontrolável. Os fluidos constritivos, em circuito magnético, descarregam-se sobre os objetos, vegetais, aves, animais ou seres humanos!

Sob o impulso detonador da mente, essa descarga fluídica ou jato maléfico atinge o campo etereomagnético dos objetos ou seres, e ali adere, penetrando, pouco a pouco, na sua constituição física. Sabe-se que certas crianças alvoroçam os vermes intestinais e adoecem quando são frustradas por algum desejo veemente de guloseimas, brinquedos ou mesmo caprichos excêntricos. Isso prova que um capricho ou desejo ardente nutrido por forte emoção também pode produzir e lançar impactos fluídicos daninhos sobre a própria criatura, a ponto de desarmonizar-lhe o equilíbrio vital das coletividades microbianas responsáveis pela organização carnal.

É óbvio que uma carga fluídica violenta lançada sobre outros seres delicados, como aves, pássaros, animais de peque no porte ou crianças tenras, ainda pode causar perturbações mais graves, se, além de sua natureza agressiva, ainda conduzir as emanações mentais de ódio, raiva, inveja ou ciúme. Conforme seja a quantidade de fluidos nocivos que se acumulam à altura da região visual das pessoas de mau-olhado, disso também resulta o grau de intoxicação magnética fluídica onde incide. A carga maciça do raio vermelho projetado do mau-olhado, reveste-se do energismo mental, astral e etéreo do seu portador, e na sua descarga afeta o duplo etérico de aves, plantas ou seres, ali incorporando o fluido danoso e produzindo os efeitos letárgicos opressivos, desarmônicos e até destrutivos. (Obra: *Magia de Redenção*, 11ª edição, pp. 124-125)

"Maya" – libertação necessária

O espírito do homem só conseguirá libertar-se do "Maya"[6] que o prende à roda das encarnações humanas, quando ele espontânea e corajosamente extinguir todos os desejos e atividades do mundo físico, para aspirar exclusivamente à vivência no mundo angélico. Já dizia Paulo de Tarso que somente depois de "morrer" o homem velho e renascer o "homem novo", o espírito consegue alçar o seu vôo para os planos de ventura sideral eterna.

Jesus frisou, categoricamente, quanto à imensa diferença que existe entre o plano espiritual do "reino de Deus" e o "mundo de César" da existência humana, com todas as suas fascinações, ciladas e desejos, que aprisionam o espírito nas teias sedutoras das vidas transitórias e fundamentalmente inglórias.

O reino de Deus significa a vivência liberta do espírito imortal, em que tudo é definitivo, certo e venturoso, cujos seres felizes jamais se turbam pelo medo, angústia e aflições próprias dos mundos transitórios, onde o homem se desgasta no uso indiscriminado dos cinco sentidos físicos e, ainda, sofre a influência extra-sensória do mundo oculto, que é condizente com o mundo físico criado pelo próprio homem.

O homem que busca o "reino de Deus" e enseja a sua libertação dos ciclos encarnatórios só consegue livrar-se do jugo carnal, após exterminar qualquer interesse ou paixão pela matéria. Enquanto existir o mínimo desejo sobre os valores e prazeres físicos, malgrado os esforços de ascese sideral, o espírito lembra a águia que, ao sulcar a amplidão dos céus, ainda se aflige pela necessidade de mitigar a sede e matar a fome no solo físico. Essa libertação há de ser cruciante, mas definitiva, um rompimento implacável dos valores e bens do mundo material, assim como fizeram os grandes luminares da espiritualidade. (Obra: *O Evangelho à Luz do Cosmo*, 10ª edição, p. 221)

---

6 "Maya", vocábulo tradicional do sânscrito, que significa a "ilusão" da vida física, o que se transforma, envelhece e desaparece; o que não persiste e o homem se enleia como na teia de aranha, imantado pela força atraente das formas físicas e por elas aniquilado.

Mecanismos Cósmicos de A a Z

Mediador plástico – perispírito

Explica o próprio Allan Kardec, em suas obras, o seguinte: "A Vida dos Espíritos é a espiritual, que é eterna; a corpórea é transitória e passageira, verdadeiro minuto na eternidade". O Espírito, portanto, é a entidade imortal, e sem forma de homem; enquanto o perispírito é o seu invólucro, ou seja, o seu corpo etéreo estruturado também com os fluidos mentais e astrais que o envolvem e dão-lhe a configuração humana. No dizer de Kardec, o Espírito é a "chama, a centelha ou o clarão etéreo", espécie de luz material, que se justapõe ou conjuga ao perispírito a fim de lhe ser possível baixar e ajustar-se a um mundo planetário sob a configuração de um corpo físico ou humano.

É evidente que se o Espírito é sem forma e assemelha-se a um clarão, centelha ou chama imortal, sendo o núcleo real da vida do homem, ele precisa de corpos ou elos intermediários que lhe facultem descer vibratoriamente até poder manifestar--se mediante o corpo carnal, na Terra. Esses corpos mediadores plásticos, que estabelecem a interligação do mundo espiritual com a matéria, são constituídos com a essência ou substância do plano físico em que o espírito tem de ingressar. Assim, o perispírito que, há cem anos, Kardec descreveu como um "corpo vaporoso", no intuito de evitar discussões que prejudicariam a doutrina espírita ainda no início de sua codificação, hoje já pode ser estudado em seus verdadeiros aspectos e detalhes, abrangendo a sua estrutura fisiológica ou orgânica.

Sabeis que não existem distâncias "métricas" entre o reino do Espírito eterno e o mundo material, pois essa pretensa separação é apenas a diferença dos estados vibratórios de cada plano, entre si. Mesmo nesse instante em que vos ditamos estas palavras, viveis simultaneamente no mundo espiritual, mas ligados a um organismo carnal. Não é preciso ocorrer a vossa morte corporal, para sobreviverdes em espírito, pois na realidade sois sempre Espírito imortal, embora encarnado ou sujeito a um corpo físico mediante o elo do perispírito, a fim de, em caráter transitório, poderdes viver subordinados às limitações do mundo terráqueo.

É óbvio que o Espírito, em face de sua natureza superior e vibração sutilíssima, para "encarnar-se" na carne, ele precisa

302   Ramatís

servir-se de veículos intermediários. Assim como o raio do Sol não pode mover um vaso de barro, o Espírito, pela sua natureza imaterial também não seria capaz de movimentar diretamente um corpo físico. Em resumo: entre o Espírito e o corpo carnal existe um "espaço" ou "distância vibratória", que precisa ser preenchido pelos corpos, veículos ou elos confeccionados da mesma substância de cada plano intermediário.

Considerando-se que o perispírito é justamente o equipo ou o conjunto de outros corpos imponderáveis e reais, que preenchem esse intervalo vibratório, é evidente, então, que não pode ser um "corpo vaporoso", qual uma nuvem sem pouso certo no Espaço. (Obra: *Elucidações do Além*, 11ª edição, pp. 88-89)

Médium de prova e duplo etérico

Os médiuns de "prova", isto é, aqueles que se encarnam na Terra com a obrigação precípua de cumprirem o serviço mediúnico e especialmente os de fenômenos físicos que elaboram e consomem ectoplasma, já renascem com certo desvio na linha magnética vertical dos pólos positivo e negativo do seu perispírito. Por causa de uma intervenção deliberada que os técnicos siderais processam no seu perispírito antes deles encarnarem-se, então a linha magnética perpendicular que desce do alto da cabeça, passa pelo umbigo e cruza entre os pés do homem para dividi-lo hipoteticamente em duas metades iguais, desvia-se mais à esquerda, em diagonal, atravessando assim a zona do baço. O perispírito, com esse desvio magnético inclinado alguns graus à sua esquerda, cuja linha deveria cruzar-lhe os supercílios, e dali por diante passa sobre o olho esquerdo findando-lhe entre os pés, termina por também modelar no útero feminino um duplo etérico com esse mesmo desvio à esquerda do corpo físico. Desta forma e em obediência às linhas de forças que lhe forçam o desvio à esquerda do corpo físico, o duplo etérico se transforma na janela viva constantemente aberta para o mundo oculto e pondo o homem em contato mais íntimo com os fenômenos extraterrenos. Então, esse homem é um médium, ou seja, o indivíduo que pressente e ausculta a vida invisível mediante fenômenos incomuns. (Obra: *Elucidações do Além*, 11ª edição, pp. 188-190)

Mecanismos Cósmicos de A a Z   303

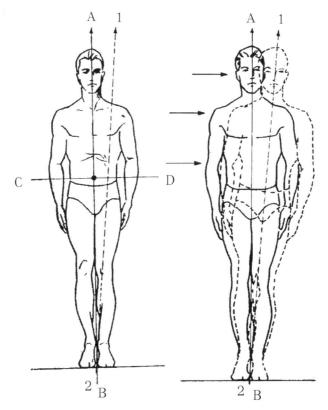

Linha AB, a perpendicular que passa entre os supercílios do homem e o divide em duas metades, passando entre os pés.

Linha "1""2" (interrompida), a mesma perpendicular desviada à esquerda, sobre a altura do baço, o "abre" à mediunidade prematura, pois o perispírito e o duplo etérico ficam algo desviados à esquerda do corpo físico, como janelas vivas entreabertas para o Além.

Mediunidade – apanágio de todas as criaturas

Sim, porque todos nós transmitimos para o ambiente da matéria os mais variados tons do nosso espírito, assim como sempre influenciamos os demais companheiros pelos nossos pensamentos, atos e sentimentos. Há homens que, devido ao seu espírito prenhe de otimismo e incessantemente afeito ao bem, são médiuns da alegria, da esperança, do ânimo e da confiança, sempre convictos dos elevados objetivos espirituais da vida humana.

Outros, pessimistas inveterados, vertem constantemente de sua intimidade psíquica o mau humor que tolda o azul do céu mais puro da jovialidade alheia e se transformam indesejavelmente nos médiuns da melancolia, da tristeza, da descrença, da aflição e do desânimo. A mente do homem encarnado é o campo que reflete a sua vida interior, assim como transfere para o mundo exterior tanto o seu comportamento anímico quanto os pensamentos dos espíritos encarnados ou desencarnados dos mais variados matizes, que o influenciam em suas relações cotidianas.

Não há dúvida, pois, de que todas as criaturas são médiuns. A mediunidade não é faculdade adstrita somente a alguns seres, ou exclusivamente aos espíritas, mas todos os homens, como espíritos encarnados na matéria, são intermediários das boas ou más inspirações do Além-Túmulo. É evidente, entretanto, que a faculdade mediúnica se manifesta de conformidade com o entendimento e o progresso espiritual de cada criatura.

Em geral, as criaturas humanas ignoram ou não percebem a sua faculdade mediúnica porquanto, sendo esta fruto da sensibilidade psíquica, nem todos têm noção de quando participam dos fenômenos do mundo oculto, e assim os confundem facilmente, tomando-os como se fossem manifestações comuns da vida física. Mesmo os homens que se dizem ateus ou são descrentes da imortalidade da sua própria alma, nem por isso estão isentos da mediunidade. Eles também podem ser instrumentos inconscientes de inúmeras ações, fenômenos e inspirações dos desencarnados. (Obra: *Mediunismo*, 13ª edição, p. 38)

Mediunidade – patrimônio do espírito

A mediunidade é um patrimônio do espírito; é faculdade que se engrandece em sua percepção psíquica, tanto quanto evolui e se moraliza o espírito do homem. A sua origem é essencialmente espiritual e não material. Ela não provém do metabolismo do sistema nervoso, como alegam alguns cientistas terrenos, mas enraíza-se na própria alma, onde a mente, à semelhança de eficiente usina, organiza e se responsabiliza por todos os fenômenos da vida orgânica, que se iniciam no berço físico e terminam no túmulo.

A mediunidade é faculdade extra-terrena e intrinsecamente espiritual; em sua manifestação no campo de forças da vida material, ela pode se tornar o elemento receptivo das energias sublimes e construtivas provindas das altas esferas da vida angélica. Quando é bem aplicada, transforma-se no serviço legítimo da angelitude, operando em favor do progresso humano. No entanto, como recurso que faculta o intercâmbio entre os "vivos" da Terra e os "mortos" do Além, também pode servir como ponte de ligação para os espíritos das sombras atuarem com mais êxito sobre o mundo material. Muitos médiuns que abusam de sua faculdade mediúnica e se entregam a um serviço mercenário, em favor exclusivo dos seus interesses particulares, não demoram em se ligar imprudentemente às entidades malfeitores dos planos inferiores, de cuja companhia dificilmente depois eles conseguem se libertar. (Obra: *Mediunismo*, 13ª edição, pp. 29-30)

Mediunidade – recurso de emergência

As velhas escolas espiritualistas só puderam iniciar os homens que já revelavam qualidades ou tendências para o conhecimento superior. Admitiam exclusivamente os discípulos de capacidade psíquica e adestramento mental que já pudessem corresponder aos "testes" severos e às arguições complexas exigidas pelos Mestres dessas confrarias. Os candidatos eram selecionados através de provas que lhes identificavam as qualidades superiores, mas os céticos, os curiosos e os menos aquinhoados em espiritualidade, isto é, os que mais precisavam de esclarecimentos espirituais, esses ficavam à margem, reprovados pela sua insuficiência. Enfim, eram admitidos os mais esclarecidos e desaprovados os mais necessitados.

Por isso, o Alto então optou pela prática mediúnica, embora reconhecesse tratar-se de um evento ainda imaturo para os homens escravos das paixões inferiores, agrilhoados aos postulados separatistas de pátria, raça e religiões, que servem de combustível às guerras fratricidas. A mediunidade, portanto, é recurso de emergência, espécie de "óleo canforado" para erguer a vitalidade espiritual do terrícola e mantê-lo desperto para a severa arguição do Juízo Final. Não importa se os ensinamentos e segredos das confrarias iniciáticas foram vulgarizados pelo espiritismo e traído o sigilo dos templos, mas a verdade é que o Alto assim proporciona os recursos de salvação a todos os homens. Então, salve-se quem quiser, mas o Senhor tudo fez para "não se perder uma só ovelha". (Obra: *A Missão do Espiritismo*, 11ª edição, p. 119)

Mediunidade e carnivorismo

Isso depende da natureza das comunicações, do ambiente e do tipo moral do médium. Se este for criatura distanciada do Evangelho, não passará de fácil repasto para os espíritos glutões e carnívoros, que hão de se banquetear na sua aura poluída de fluidos do astral do porco ou do boi. Se se tratar de criatura evangelizada e afeita aos comunicados de benefício humano, será então protegida pelos seus afeiçoados, embora portadora de repulsiva carga de eructações astrais incomodativas às entidades presentes mais evoluídas.

Mas o carnívoro e glutão pouco produz no trabalho de intercâmbio com as esferas mais altas; o seu perispírito encontrar-se-á saturado de miasmas e bacilos psíquicos exsudados da fermentação das vitualhas pelos ácidos estomacais, criando-se um clima opressivo e angustiante para os bons comunicantes. Com as auras densas e gomosas das emanações dos médiuns carnívoros que, fartos de retalhos cadavéricos, se apresentam às mesas espíritas, os guias sentem-se tolhidos em suas faculdades espirituais, à semelhança do homem que tenta se orientar sob pesada neblina ou intensa nuvem de fumaça asfixiante.

O que prejudica o trabalho do médium não é apenas a dilatação do estômago, consequente do excesso de alimentação, ou os intestinos alterados profundamente no seu labor digestivo, ou pâncreas e fígado em hiperfunção para atenderem à carga exagerada da nutrição carnívora, mas é a própria carne que, impregnada de parasitas e larvas do animal inferior, contamina o perispírito do médium e o envolve com os fluidos repugnantes do psiquismo inferior.

Mecanismos Cósmicos de A a Z

Os centros nervosos e o sistema endócrino da criatura se esgotam dolorosamente no trabalho exaustivo de apressar a digestão do carnívoro sobrecarregado de alimentação pesada, comumente ingerida poucos minutos antes de sua tarefa mediúnica. Como os guias não se podem transformar em magos miraculosos, que possam eliminar, instantaneamente, os fluidos nauseantes das auras dos médiuns glutões e carnívoros, estes permanecem nas mesas espíritas em improdutivo trabalho anímico, ou então estacionam na forma de "passistas" precários, que melhor seria não trabalhassem, para não prejudicarem pacientes que ainda se encontrem em melhor condição psico-astral. (Obra: *Fisiologia da Alma,* 13ª edição, pp. 73-74)

Mefistófeles – degrau evolutivo

Como não, há privilégio na indesviável ascensão espiritual, e todos os filhos de Deus evolucionam para a angelitude, os anjos já foram os diabos de ontem; e, o que é mais importante: o pior diabo será um dia o melhor anjo. Deus, o Absoluto Criador Incriado, está em tudo o que criou. Em consequência disso, ninguém se perde em seu seio, e os Mefistófeles sobem, também, a infinita escadaria para a Perfeição. Havendo um só Deus eterno e bom, que provê, imparcialmente, a felicidade de todos os seus filhos, os mefistófeles e os diabos não passam de "fases" letivas na escolha educacional do espírito divino. São períodos experimentais em que se forjam os futuros habitantes do céu; significam degraus entre a animal e o anjo. Mefistófeles, na realidade, é o curso pré-angelical que fica entre a consciência primária e a cósmica do anjo. (Obra: *Mensagens do Astral,* 13ª edição, p. 45)

Mensageiros angélicos – "redução vibratória"

A mensagem espiritual transmitida das esferas elevadas para o mundo físico exige antecipadamente atencioso planejamento e, além disso, os mensageiros responsáveis pela sua divulgação benfeitora devem ser auxiliados tecnicamente na sua descida gradativa, para as camadas fluídicas cada vez mais inferiores. A redução vibratória pelo adensamento gradativo do perispírito deve ser realizada em perfeita correspondência com o tempo de trabalho e o "quantum" de energia disponível no ambiente em que as entidades deverão atuar. A entidade superior que voluntariamente se devota ao serviço espiritual junto aos encarnados deve ser poupada tanto quanto possível ante a opressão angustiosa dos fluidos densos sobre a sua delicada vestimenta perispiritual.

Mesmo no mundo terrestre não se exige a permanência de alguém por longas horas em local impróprio à sua organização física ou de emanações agressivas senão pelo tempo exato para cumprir-se ali a tarefa determinada. Seria absurdo, por exemplo, exigir-se que o encarregado de alimentar animais no jardim zoológico devesse permanecer longas horas em cada jaula infecta, para depois cumprir a tarefa que exige alguns minutos.

O serviço sideral junto à Terra é supervisionado matematicamente pelo Alto, sendo previstos todos os acontecimentos favoráveis ou desfavoráveis durante o "descenso" vibratório das entidades angélicas, cujo prazo é cuidadosamente determinado, a fim de não ficar oprimido em demasia o energismo perispiritual dessas almas sublimes. Quando elas se propõem a auxiliar os encarnados, necessitam revestir-se de uma couraça protetora de fluidos densos, que lhes estorvam os movimentos mais diminutos, tal como acontece com os antigos mergulhadores que, submetidos a dificultosa permanência no fundo dos rios, só depois que abandonam o escafandro à superfície das águas é que podem se mover desembaraçadamente. (Obra: *Mediunismo,* 13ª edição, pp. 78-79)

Mente – fonte energética

Os homens não produzem substância mental inferior ou superior, mas a utilizam em sua virgindade cósmica para modelar os pensamentos e concretizar seus desejos bons ou maus. Quando a energia mental é consumida no uso de pensamentos sublimes, ela se eleva e se volatiza, passando a influir sobre outras mentes afins às mesmas virtudes. Mas se a utilizam para fins ignóbeis, então produzem resíduos detestáveis, que aderem ao perispírito dos seus próprios autores e infelicitam-lhes a vida. A Mente, portanto, é a fonte energética do pensamento que cria a ventura ou a desventura do seu agente. (Obra: *Sob a Luz do Espiritismo,* 1ª edição, p. 152)

Mente – usina energética

A mente é algo como uma usina a produzir energias; quando se descontrola ou é tomada pela raiva, ódio, cólera, inveja ou ciúme, emite determinados feixes de ondas de forças, que perpassam pelo campo "etereoastral" da zona cerebral do perispírito, fazendo baixar o padrão vibratório da energia mental que ali já se encontra em liberdade. Produz-se, então, um fenômeno que muito bem poderíeis designar como sendo uma "coagulação mental astral", lembrando o caso da onda de frio que, ao atuar no seio da atmosfera do vapor d'água, solidifica-o na forma de gotículas. Assemelha-se, também, à corrente elétrica que perpassando por uma solução salina, produz a tradicional precipitação verificada em laboratórios de química e física.

Da mesma forma, as ondas mentais alteradas também intoxicam a própria atmosfera astral e invisível em torno do cérebro, produzindo substâncias que baixam vibratoriamente, tornando-se nocivas, e por esse motivo devem ser eliminadas da zona psíquica ou do campo áurico do homem. A glândula hipófise, a regente dinâmica do sistema endócrino e a mais influente no sistema nervoso, sofre então, pela sua delicadeza, a maior parte do impacto violento e agressivo da mente desgovernada, fazendo esse impacto repercutir nos demais órgãos da rede glandular, do que resulta aceleração e precipitação de hormônios inoportunos na circulação sanguínea, com a consequente intoxicação do organismo. A Natureza, orientada pelo senso divino, expulsa a carga inoportuna para o mundo exterior, através das vias emunctórias do corpo, como sejam os rins, intestinos e pele. Daí se verificar, amiúde, que as criaturas mais violentas, coléricas, irritáveis, pessimistas ou ciumentas são vítimas quase sempre de alergias inespecíficas, urticárias, nefrites, eczemas neuro-hepáticos, surtos de disenteria ou hemorróidas, como frutos dos desequilíbrios mentais e descontroles psíquicos. Os hipocondríacos, por exemplo, vivem num infeliz círculo

310   Ramatís

vicioso; quando o fígado enferma, altera-se o seu psiquismo, e quando este se desarmoniza, são eles que enfermam o fígado. (Obra: *A Sobrevivência do Espírito*, 8ª edição, pp. 209-210)

Mente cósmica – manifestação no homem

O Universo é produto do pensamento ou da Mente de Deus. Mas, Deus não só criou o Cosmo e toda a vida nos campos materiais, como é o sustentáculo dessa vida, distribuindo-a, equitativamente, entre toda a criação.

A Mente Cósmica, de amplitude infinita, que impregna todas as coisas e todos os seres, tanto atende aos pensamentos e à vida dos anjos, como atende aos mundos materiais e aos seres inferiores. Lembra a condição da luz, que se gradua aos nossos olhos de acordo com as circunstâncias do meio onde se manifesta e dos veículos que lhe são intermediários. Há grande diferença de qualidade e poder entre a luz de uma vela e a de um lampião de querosene, a de uma lâmpada elétrica e a de um farol de alta voltagem.

Assim, a Mente Cósmica, ao filtrar-se pelo homem, restringe o seu potencial à respectiva função e graduação humana, ou ao meio por onde atua. Indubitavelmente, há grande diferença na qualidade da substância mental que atende ao desenvolvimento instintivo do selvagem, em comparação à que impulsiona os avançados raciocínios do cientista. E, consequentemente, não pode haver igualdade entre a energia mental própria de ambientes inferiores e a sublimidade que cogita das conquistas morais e materiais referentes à evolução da humanidade.

Em verdade, cada espírito possui, em si mesmo, a poderosa energia mental de alto nível criador e também a do mais baixo campo de vida, dependendo do seu tipo, de seus objetivos e do ambiente onde atua. Porém, a Mente Cósmica jamais se modifica em sua essência, embora se manifeste através de vários caracteres humanos e reinos materiais, tal como a luz do Sol, que não se altera em sua origem, quer seja filtrada por vidros coloridos, opacos, ou translúcidos. (Obra: *Sob a Luz do Espiritismo*, 1ª edição, pp. 153-154)

Mecanismos Cósmicos de A a Z 311

Mente espiritual, instintiva e intelectual — futuro, passado e presente

A Mente Espiritual é o porvir, assim como a Mente Instintiva é o passado; e o Intelecto, o que está para se processar no presente. A Mente Espiritual é produtora de sentimentos excelsos e derrama-se pela consciência do homem, como a luz invade os cantos frios de uma gruta escura.

As aspirações, as meditações puras e sublimes, proporcionam ao homem a posse, cada vez mais ampla e permanente, do conteúdo angélico da Mente Espiritual; e o ego humano capta, no seu mundo assombroso, os conhecimentos mais incomuns, através da intuição pura. Sem dúvida, tal fenômeno não pode ser explicado pelo Intelecto, que só fornece impressões, símbolos, cunhos, fatos, credos e propósitos tão provisórios como a figura do homem carnal. Por isso, o sentimento de fraternidade, a mansuetude, a bondade, a renúncia, o amor e a humildade não são elaborados pelo frio raciocínio, mas, trazem um sentido cálido de vida superior, que se manifesta acima da torpeza e da belicosidade do mundo material.

A Mente Espiritual, cuja ação se exerce através do "chacra coronário",[7] ainda é patrimônio de poucos homens, os quais se sentem impelidos por desejos, aspirações e sonhos cada vez mais elevados, crescendo, sob tal influência sublime, para a maior intimidade e amor com o plano Divino. Ela nutre a confiança nos motivos elevados da existência e alimenta a Fé inabalável no âmago do ser, enfraquecendo a força atrativa do domínio animal e acelerando as forças íntimas do espírito imortal. (Obra: *Sob a Luz do Espiritismo,* 1ª edição, pp. 166-167)

Mente espiritual x intelecto x mente instintiva

O Intelecto é seco e frio nos seus raciocínios, pois, não vibra mesmo quando fortemente influenciado pela Mente Espiritual. No entanto, pela constante e progressiva atuação da Mente Espiritual desenvolve-se no homem a Consciência Espiritual que, pouco a pouco, vai despertando a sensação misteriosa da

---

7 Chacra coronário, centro responsável pela sede da consciência do espírito.

realidade da existência do Supremo Poder Divino. Reconhece-se tal evento quando, no homem, começa a se desenvolver a compaixão, o despertar gradativo do seu senso de justiça superior e um contínuo sentimento de fraternidade.

Só a Mente Espiritual proporciona os empreendimentos superiores e sua ação sobrepuja o Intelecto, pois, aviva o Amor entre os homens e os impele a semear a ventura alheia, como condição de sua própria felicidade.

Assim, a luta entre a Consciência Espiritual do homem, identificando-lhe a natureza superior, e a Mente Instintiva, que tenta escravizá-lo ao seu domínio inferior, é algo de épico e angustioso. Desse combate exaustivo, incessante e desesperador, então, surgiu a lenda de que o homem é aconselhado à esquerda pelo demônio e, à direita, inspirado pelo anjo. Na realidade, essa imagem simbólica representa a Mente Instintiva com o seu cortejo da experiência animal inferior, tentando o homem a repetir os atos do jugo animal; do outro lado, a Mente Espiritual, na sua manifestação e convite sublime, é bem o emblema do anjo inspirando para a vida superior. (Obra: *Sob a Luz do Espiritismo,* 1ª edição, pp. 167-168)

Mente evangelizada – remove "sombras"

Sim; e por isso deveis manter em nível superior as vossas ações e pensamentos, valendo-vos da faixa protetora do Evangelho, que é muitíssimo extensa e abrange todas as atitudes e modos de ação do espírito ligado à matéria. As comunicações mais recentes, de espíritos missionários, por meio de médiuns de confiança, ensinam-vos que os estados de confiança e de otimismo espantam as trevas em torno da aura humana, enquanto que as atitudes de compungimento, melancolia, pessimismo e saudosismo amargurado hostilizam o sentido benfeitor da vida doada por Deus e estabelecem nuvens sombrias que aumentam o desespero e a descrença nos bens espirituais.

Assim sendo, compreendereis que não basta evitar o vício em sua expressão unicamente material, quer seja o do fumo, o da bebida, o jogo ou a perversão, mas é preciso que vos liberteis do vício do culto aos pensamentos negativos e dos rosários de lamúrias quando tudo não vos sucede a contento dos vossos caprichos e desejos. O "sede pacíficos", do Mestre Jesus, adverte contra as rebeldias mentais, quando a alma, teimosamente, considera as vicissitudes humanas como infelicidades propositais, ao passo que são apenas produtos do burilamento angélico. Esse ensinamento de Jesus implica na idéia de resignação para com as diretrizes do Criador e em se admitir que Ele está certo, porque é o mais Justo e o mais Sábio. E que, apesar dos males mais intensos da vida humana, ninguém conseguirá roubar do espírito do homem a sua felicidade eterna.

A mente, sob o impulso dinâmico criador e positivo, é potencial que remove o manto de sombras que os perversos do invisível estendem sobre as criaturas; mas aqueles que se amoldam à natureza enfermiça dos pensamentos negativos, na verdade, são produtores de fluidos que constituem as energias usadas pelos operadores das trevas. (Obra: *A Vida Além da Sepultura,* 12ª edição, p. 402)

Mente instintiva – acervo espiritual

A Mente Instintiva é realmente a sede ou o lugar, onde na intimidade do homem, permanecem em estado latente as paixões, emoções, sensações, os apetites, instintos, sentimentos, impulsos e desejos da natureza grosseira e violenta, porque são provindos da época de sua formação animal. Cabe ao homem disciplinar e dominar essas forças vivas que herdou da "fase animal" e lhe fazem pressão interior. Deve examinar-lhes as ações intempestivas, os impulsos sub-reptícios e submetê-los ao raciocínio superior, antes de agir. Sem dúvida, já foram energias louváveis na construção de sua animalidade, mas, podem se transformar em forças prejudiciais, quando sobrepujam o domínio intelectual ou a razão.

Aliás, a própria guerra entre os homens ainda é um produto do domínio da Mente Instintiva, nas coletividades, exacerbando-lhes as paixões, os desejos e impulsos, que já foram bons, na época da formação animal, mas, são "ruins", quando mobilizados depois que o homem raciocina. É certo que a fome, a sede ou o desejo sexual animal são anseios justos e impres-

314 Ramatís

cindíveis, que a Mente Instintiva transmite aos homens para prosseguir ativos no plano físico. No entanto, apesar dessa justificativa, angeliza-se mais cedo o homem frugal, abstêmio e de continência sexual, porque tais práticas, além do limite fixado pelas necessidades humanas, terminam por escravizar o homem aos grilhões da vida inferior animal. As botas grosseiras são boas e adequadas para serem usadas nos terrenos pantanosos e sujos; mas, é um erro injustificável, se os homens teimam em usá-las no assoalho limpo e lustroso dos palácios que habitam.

No entanto, as coisas do mundo instintivo não devem ser condenadas, porque todas são úteis e boas no seu devido tempo e lugar, significando degraus benfeitores na escalonada do espírito, através das formas dos mundos. O mal provém de o homem usar, exageradamente, ou fora de tempo, as coisas já superadas da fase animal. Assim, a brutalidade, a malícia, a violência, a desforra, a astúcia ou a voracidade, embora sejam qualidades louváveis e necessárias à sobrevivência, ao crescimento e à proteção dos animais sob a direção da Mente Instintiva, hão de ser um grande mal, quando a serviço do homem, que já possui o discernimento superior do raciocínio. Isso é um bem necessário e justificável praticado entre os animais; mas, é um mal, quando usado extemporaneamente pelos homens. Daí, a curiosa identificação de alguns pecados com certos tipos de animais, pois, a traição é instinto do tigre, a perfídia é da cobra, o orgulho é do pavão, a glutonice é do porco, a crueldade é da hiena, o egoísmo é do chacal, a libidinosidade é do macaco, a fúria é do touro, a brutalidade é do elefante e a astúcia é da raposa.

Considerando-se que a Mente Instintiva atua mais fortemente nas criaturas primárias, incipientes e de pouco intelecto, podemos comprovar-lhe a ação mais vigorosa e dominante nos agrupamentos aldeônicos, selváticos ou nas multidões entusiastas ou enfurecidas, em cujo ulular descontrolado se percebe a atuação de um só "espírito grupal" ou instinto, em manifestação através de muitos corpos. (Obra: *Sob a Luz do Espiritismo*, 1ª edição, pp. 158-159)

Mecanismos Cósmicos de A a Z   315

Mercúrio e campos magnéticos da vida oculta

O mercúrio sempre foi considerado um metal de extraordinária afinidade com o homem, pois acusa facilmente, aos psicômetros e radiestesistas, as diversas variações na circulação do éter-físico, através do duplo etérico, o qual relaciona o perispírito com o corpo físico. Era considerado pelos magos antigos um metal que catalisa o prana ou a "força viva" dos corpos, para o crescimento e a maturidade, agindo pelo corpo etérico dos vegetais e minerais. Ademais, a sua composição química é fortemente influenciável pela força gravitacional da Lua e pelos eflúvios astralinos dos orbes mais próximos da Terra. É o único metal líquido à temperatura ordinária e que se dilata com absoluta regularidade; é o único dissolvente físico de metais, formando ligas ou amalgamas com a maioria deles. Em dispersão coloidal, era empregado desde a Idade Média na forma de pomada contra as doenças da pele e parasitárias, isto é, enfermidades predominantemente de origem miasmática, psíquicas e próprias do descenso vibratório de germens ocultos do mundo astralino! A peculiar constituição física do mercúrio, como "intermediário" entre o estado líquido e sólido, lembra perfeitamente a importante função do duplo etérico humano, que une o mundo oculto através do perispírito ao mundo material do corpo carnal! Assim como o duplo etérico exerce a sua ação exatamente no limiar onde termina o mundo espiritual e principia o mundo material, o mercúrio age também na fronteira do reino líquido e do reino sólido!

Não é apenas um metal extraordinariamente sensível à pressão barométrica e à temperatura, utilíssimo para a confecção de barômetros, termômetros e manômetros; mas os antigos já o usavam magneticamente preparado para assinalar as variações do éter humano e a natureza das projeções mentais e emotivas alheias.[8] O próprio nome do mercúrio, originário do latim, quer dizer "mensageiro dos deuses"! Há, portanto, muita lógica e procedência no seu uso peculiar, como um dos mais sensíveis barômetros e amuletos de registro das manifes-

---

8 No reino vegetal, a arruda possui qualidades algo semelhantes ao mercúrio, quando funciona à guisa de um "barômetro vegetal", revivescendo na sua cor e aspecto sadio, quando sob bons fluidos, e amarelecendo sob os fluidos ruins.

tações dos campos magnéticos da vida oculta. (Obra: *Magia de Redenção*, 11ª edição, pp. 176-177)

Metamorfose espiritual – rasgar o véu maternal

"O reino dos Céus é tomado pela violência e são os violentos que o arrebatam", cujas palavras de Jesus aludiam mais propriamente a um acontecimento específico de conversão ou metamorfose espiritual. Isso é fruto de uma decisão inexorável, que só acontece às criaturas espiritualmente preparadas e decididas a romper os liames inferiores, que ainda prendem o seu espírito às paixões e aos vícios gerados na imantação ao corpo físico. O espírito do homem efetua a sua ascensão lenta e demoradamente, vivendo estágios espirituais, que o preparam através das vidas carnais educativas. Mas, comumente, ele só alcança a sua definitiva libertação num momento de súbita violência, em que, dominado por sublime impulso, então, rasga o véu da vida ilusória da animalidade. Lembra a flor que, depois de um longo período de gestação à luz criadora do Sol, entreabre-se de chofre sem quaisquer etapas graduáveis.

O conceito evangélico em exame, lembra também o sentido de todos os empreendimentos e criações, que após vencerem demorados períodos preparatórios e de amadurecimento interior, então, eclodem em sua etapa final num arremesso súbito e violento. O espírito do homem também desperta e desenvolve-se, vida por vida, através da concentração íntima da síntese dos experimentos educativos, que efetua nos mundos físicos e são os ativadores da maior amplitude da consciência sideral. (Obra: *O Evangelho à Luz do Cosmo*, 10ª edição, pp. 264-265)

Mimetismo – proteção divina

Sem dúvida, toda criação é intrinsecamente protegida por Deus, o Criador, que promove os meios de subsistência e de sobrevivência adequados a cada espécie de ave, réptil, inseto ou animal. Embora ainda predomine no mundo a lei do "mais forte", em que as espécies mais débeis são facilmente destruídas pelos tipos mais bem agraciados pela natureza, não há prejuízos

Mecanismos Cósmicos de A a Z 317

definitivos, porque destruindo os corpos carnais transitórios, o psiquismo que comanda cada espécie permanece inalterável.

Poderíamos considerar que os corpos das aves, insetos, répteis e animais são apenas vestimentas passageiras, em processo de adestramento e aperfeiçoamento, a fim de servirem mais tarde às exigências das mentes individualizadas. É uma fase de evolução em que esse psiquismo ativa-se pelas experiências vividas no orbe, inclusive nas próprias situações dramáticas ou trágicas.

No entanto, além do cuidado fundamental da Divindade em proporcionar mais tempo de vida orgânica à ave, ao animal, réptil ou inseto, ainda exercita pela vestimenta carnal mais instintiva a ação de um futuro psiquismo mais bem elaborado. O Criador proporcionou na busca da vida um sistema de "autoproteção" particular a certas espécies de insetos, répteis, aves e animais, que lhes permite uma defesa ou dissimulação mais adequada para maior probabilidade de sobrevivência no ambiente onde vivem. Trata-se do fenômeno de "mimetismo" e imitado pelo homem nas guerras fratricidas sob o nome de "camuflagem", o qual disfarça convenientemente aves, répteis, insetos e animais, de modo a iludirem ou desorientarem as espécies mais fortes e agressivas, que deles se alimentam.

O mimetismo disfarça ou confunde o ser no meio ambiente onde vive e o ajuda a passar despercebido na sua luta pela sobrevivência. (Obra: *O Evangelho à Luz do Cosmo*, 10ª edição, pp. 59-60)

"Mini-Deus" – o ser humano

No âmago da consciência individual de cada homem, Deus é o fundamento eterno e a unidade espiritual de todos os seres. Jesus também já afirmava, através do seu Evangelho, que o "reino de Deus está no homem", ou que "o homem e Deus são um só". Daí o motivo por que o Gênese, na Bíblia, também confirma que o homem foi feito à "imagem de Deus", isto é, possui em si mesmo a miniatura de todos os atributos do Criador. O homem é um "minideus", assim como a gota de água é um minioceano", conceito que os velhos mestres orientalistas já corroboravam há milênios, através do ensino de que o "macrocosmo", ou o mundo grande, está no "microcosmo", o mundo pequeno, assim como "o que está em cima, está embaixo", ou seja, "o que está em Deus está em sua criatura". Analogamente, pode-se dizer que o átomo em equilíbrio é a miniatura de uma constelação de astros, enquanto uma constelação é um átomo cósmico. (Obra: *O Evangelho à Luz do Cosmo*, 10ª edição, p. 78)

Missa – elevação espiritual

Mormente tratar-se de um ato exterior é digno de todo o respeito humano, porque trata-se de uma cerimônia capaz de harmonizar a mente dos seus fiéis e afastar-lhes os pensamentos daninhos ou maledicentes, fazendo-os convergir para um só objetivo de elevação espiritual. Enquanto os homens assistem à missa, numa atitude tranquila, respeitosa e eletiva à idéia de Deus, treinam as forças do espírito no sentido divino. Embora se trate de cerimônias convencionais, que não ensejam novos conhecimentos espirituais ao homem, é sempre um estágio salutar de "consciência mental", em favor de uma elevação superior. Muitíssimo melhor que os católicos gastem seu precioso tempo no culto externo e dogmático da Igreja Católica, do que vê-los no culto censurável do jogo, do álcool, da orgia ou da maledicência nos ambientes viciosos e censuráveis. (Obra: *A Missão do Espiritismo*, 11ª edição, pp. 77-78)

Moléstias – alma enferma

A saúde e a enfermidade são o produto da harmonização ou desarmonização do indivíduo para com as leis espirituais, que do mundo oculto atuam sobre o plano físico. As moléstias, em geral, têm o seu início no mundo psíquico e invisível aos sentidos da carne, advertindo que a alma está enferma. O corpo carnal é o centro de convergência de todas as atividades psíquicas do espírito encarnado, e o seu comportamento orgânico ou fisiológico depende fundamentalmente dos pensamentos e dos sentimentos do ser. Obviamente, desde que o homem controle sua mente e evite os bombardeios perniciosos que lhe sacodem toda a contextura carnal, ele goza mais saúde, porque deixa as coletividades microbianas de sua constituição celular operarem satisfatoriamente na composição do organismo físico. (Obra: *A Missão do Espiritismo*, 11ª edição, p. 233)

Morte física – descerra o "Véu de Isís"

Entretanto, como a morte descerra o "Véu de Ísis" para todos aqueles que jornadeiam pela carne, também se apresenta ao viajeiro sarcástico, invigilante ou descrente, o momento em que despertará para a realidade do Além-túmulo, devendo então pôr-se em contato direto e implacável com a sua própria consciência. E muitos logram o ensejo de avaliar o mérito ou o demérito das fraternais comunicações mediúnicas, quer os espíritos afetuosos lhes hajam enviado para minorar-lhes as angústias da travessia perigosa, quer se suceda depois da cova deserdada do pobre ou do rico mausoléu ornamentado pelos relevos do mármore luxuoso.

Então o recém-desencarnado, sem mistérios, simbolismos ou sofismas, defronta-se com a oportunidade de verificar quão sublime e vantajoso lhe resulta o culto incondicional do Evangelho de Jesus, ou então ser-lhe-á provado quão dolorosa e deserdada é a situação no Além, para aqueles que se devotam excessivamente ao culto das paixões da carne provisória. (Obra: *A Sobrevivência do Espírito*, 8ª edição, p. 16)

Morte física – processo liberatório

Já é tempo de o homem terreno eliminar esse temor infantil da morte, pois, na verdade, Deus é o "pano de fundo" de toda consciência humana, promovendo a felicidade de todos os seus filhos.

O "inferno" é um estado de sofrimento transitório criado na própria consciência do ser em "queda" quando deixa o mundo material onerado por culpas de natureza censurável. Deus, o Pai Magnânimo, não se sente ofendido com os pecados de seus filhos, porque os considera apenas almas enfermas, necessitadas de tratamento retificador.

Aliás, no final de todo sofrimento ou vicissitude moral há sempre o bem resultante da certeza de que todos os sofrimentos ou provações são degraus para se alcançar o trono da angelitude.

320   Ramatís

A morte é um processo liberatório que faculta ao espírito imortal o seu retorno à pátria verdadeira, ampliando-lhe, também, a área de sua compreensão espiritual da vida além da morte física. Quando isto for compreendido em toda sua plenitude, desaparecerão os choros, os desesperos e as revoltas junto dos esquifes fúnereos do mundo, dando lugar ao sentimento de amor pelos que partem, mas que voltarão a encontrar-se pela certeza de que eles são imortais! – E o espírita tem por obrigação precípua aprofundar-se no estudo de sua própria imortalidade, libertando-se das muletas das opiniões alheias condicionadas aos temperamentos indecisos, ociosos e demasiadamente ortodoxos. Quando o homem se descobre a si mesmo, ele é o vencedor da morte, pois desperta para a vida imortal do espírito. (Obra: *Mediunidade de Cura*, 12ª edição, pp. 246-247)

Movimentos ascensionais e mente divina

O espírito é o "agente" que concretiza, progressivamente, todos os pensamentos contidos na Mente Divina e que, como centelha, evolui da inconsciência de grupos instintivos dos reinos inferiores para a forma de consciência individual humana, quando então se dá o despertar do raciocínio da hipnose animal para a ascese angélica. Essa interminável sucessão de movimentos ascensionais é sempre assistida por inteligências cada vez mais altas na infinita hierarquia espiritual. Assim como o espírito que ainda habita o organismo do homem das cavernas precisa de um guia que lhe sobrepuje apenas a precária inteligência e o sentimento, e lhe conheça de perto as primeiras necessidades, uma consciência tão ampla, como a de Jesus, inspira-se pela sublime entidade que é o Arcanjo Gabriel, espírito planetário diretamente ligado ao Logos do Sistema Solar. A graduação dos espíritos orientadores situa-se harmonicamente na economia do Cosmo. Assim como não requereis Einstein para o ensino da aritmética no curso primário, também não há necessidade de um Arcanjo Planetário para ensinar o homem comum a compulsar as primeiras páginas do Evangelho. (Obra: *Mensagens do Astral*, 13ª edição, pp. 360-361)

Mecanismos Cósmicos de A a Z   321

"Multiplicador de frequência" – o amor

Os mundos materiais formam os degraus vibratórios que a alma excursiona, em sua "longa" viagem de retorno ao seu verdadeiro habitat de Luz Eterna. A "descida" ou a bíblica "queda angelical" vos exige que a posse do "antigo estado edênico" se faça sob o disciplinado processo de desvestimento das formas materiais. A Luz está em vós e nunca deixou de estar convosco; palpita na vossa intimidade e vos cria os anseios que traduzis em "desejos de libertação". Não são as prosaicas mudanças de faixas vibratórias, que realmente vos darão o conteúdo da Luz Eterna que permanece íntegra em vossa intimidade espiritual, mas é o maior alcance dessas zonas de vibração mais elevadas, que vos permitirão maior liberdade da Luz Espiritual. Os santos tradicionais do vosso mundo, que mereceram realmente a "graça" de maior refulgência espiritual, não foram presenteados com ofertas de "luz adicional", mas resplandeceram "graças" à sua própria luz interna. Atingindo faixas vibratórias superiores, tornaram-se mais translúcidos, gozando maior quota consciencial de luz. Quando Francisco de Assis, extasiado, identificou a presença do Sublime Jesus, o mecanismo científico sideral, no plano invisível, não deixou de agir sob o domínio das leis eternas que governam as mutações em qualquer latitude cósmica. O santificado padre, que é um símbolo de Beleza e Amor na estrada abençoada de vossa vida, só alcançou o plano crístico, onde Jesus atua, após ultrapassar a trivialidade comum das fronteiras vibratórias reguladas pela Lei Suprema de Correspondência Vibratória. O Amor em sua plenitude expansiva e na sua profundidade crística, é o maior "multiplicador de frequência" para a alma atingir as esferas espirituais inconcebíveis ao espírito reencarnado na matéria. Esse mesmo Amor transbordante da intimidade da Criação, é que sob a Lei Imutável da Ciência Cósmica de Deus, flui pelo canal vivo do Cristo, para em vosso mundo ativar as "frequências vibratórias" que registram desde a mais singela meditação até o êxtase misterioso da fusão com o Pai. (Obra: *A Vida no Planeta Marte e os Discos Voadores*, 17ª edição, pp. 185-186)

Ramatís

Música – canais cósmicos sonoros

A música possui a virtude de formar verdadeiros "canais cósmicos sonoros", das forças curativas do espírito; e os livros fundamentais de todas as doutrinas espiritualistas estão repletos de episódios em que a música é parte integrante das emoções sublimadas. Assim como as cerimônias ritualistas impressionam pelas suas pompas exteriores, a música empolga a alma pela sublimidade de suas vibrações sonoras. A música, pelo mistério que possui, consegue hipnotizar o homem-animal; e despertando nele o homem-espírito, põe-lhe a consciência em sintonia com os Poderes Divinos. Grande parte das realizações no plano da intuição, em Marte, se deve à influência que a música exerce na alma. Selecionando melodias para os ouvintes, os marcianos conseguiram despertar emoções criadoras de objetivos superiores. Através dos sons excelsos, apurou-se a sensibilidade do espírito e este se desvencilhou, mais cedo, da "ganga" da música sensual, mórbida ou maliciosa, que rebaixa a alma. (Obra: *A Vida no Planeta Marte e os Discos Voadores*, 17ª edição, pp. 260-261)

Música – físico, emocional, espiritual e mental

A música age no físico, emocional, espiritual e mental. É necessário que os vossos psicólogos, compositores e cientistas se interessem pela propagação da música criadora de sentimentos elevados, em vez de conjunto de melodias estimulantes de recalques libidinosos. Ela é impulso de vida, dinâmica e criadora; serve para o modelamento harmônico da alma e do corpo. Embora se manifeste, também, alentando emoções regionais e os anseios locais, na feição de música popular, há que ser cordial e límpida, que sensibilize a alma e afaste as insinuações torpes. É linguagem alta, divina, que não deve ser convertida em ritmos lascivos, ou insinuantes à malícia, aos crimes de lesa-beleza. É admissível o ritmo inocente e brutal do selvagem, pois está em consonância com a rudez de seu ambiente; mas não quanto ao civilizado, que já sabe distinguir a diferença entre a melodia superior e a fescenina. O desejo de mais breve

Mecanismos Cósmicos de A a Z   323

angelitude exige, também, maior familiaridade à música que traz o brado emotivo e a ansiedade de pássaros cativos, como foram os vossos esclarecidos compositores da música divina. Tanto quanto o homem ascensiona para o Alto, mais ele se aproxima da mensagem da música, como alta manifestação da Natureza Divina. (Obra: *A Vida no Planeta Marte e os Discos Voadores*, 17ª edição, p. 262)

Música – linguagem universal

A música em qualquer latitude é linguagem universal; é uma dádiva que Deus concede ao espírito para a sua ventura eterna. É poesia cósmica expressa em sons, em vez de palavras. É a composição sonora que vibra pelo infinito, sob a batuta do Regente Divino; traz em sua intimidade a palpitação da própria Natureza; plena de forças criadoras, contendo em si a Beleza, a Poesia, a Inspiração e o Êxtase. Manifesta-se sob os desígnios amorosos do Pai Eterno, a todos os seus filhos. A sua mensagem é sentida mesmo através da emotividade rude e primária do selvagem, embora seja música monótona, cujo ritmo cansa e desagrada ao civilizado. No entanto, quando o próprio silvícola se impregna do calor e da energia criadora da música, o seu ritmo letárgico e indiferente cria vida e alento. O batuque enfadonho penetra, implacavelmente, na psique dos mais desprevenidos e, às vezes, o transe hipnótico comprova a força que há na linguagem dos sons, embora primitivos. É a função verdadeira da música na alma, em qualquer estado espiritual e situação geográfica do mundo. Deus provê o anjo no seu cósmico entendimento, dando-lhe o êxtase através da música das esferas, mas envia também, ao seu filho que mal inicia os rudimentos de linguagem no seio da floresta, a mensagem viva dos sons que lhe aquecem os sonhos primitivos e lhe amansam a alma embrutecida. (Obra: *A Vida no Planeta Marte e os Discos Voadores*, 17ª edição, p. 239)

Música sacra – emoções e sentimentos espirituais

A principal função da música sacra, como símbolo interpretativo da "música celeste", é desmaterializar a personalidade inferior, para eclodirem sentimentos definitivos do anjo criador.

No seio de um templo religioso ou de qualquer instituição espiritualista, a música deve apurar a emotividade e adoçar a razão humana, fazendo vibrar os sentimentos mais pacíficos e generosos dos ouvintes. Se a música profana transmite o sentimento ou emotividade do seu autor, as músicas sacras trazem em suas harmonias a mensagem sonora dos anjos. É um cântico divino, em que o homem se despersonaliza buscando a Poesia, a Beleza e a Inspiração de Deus, como alimento à sua consciência espiritual.

Por isso, a música executada no seio das igrejas deve libertar os fiéis, isolando-os das lembranças ou preocupações terrenas a fim de elevá-los às regiões sublimes do espírito eterno. É linguagem divina falando aos homens através da vida interior do espírito imortal.

O templo católico, protestante ou de qualquer outra seita religiosa deve ser o ambiente de "recolhimento" aos fiéis cansados ou decepcionados das lutas do mundo profano. Assim como é dever dos católicos deixarem no limiar do templo os seus pensamentos daninhos, perturbados ou indisciplinados, também cumpre ao sacerdócio oferecer aos fiéis sugestões ou recursos adequados, que aproximem as criaturas da concepção sublime dos mundos celestiais. A igreja deveria significar a estação de repouso para o espírito fatigado de emoções violentas, de competições e astúcias do mundo, poder libertar-se de pensamentos negativos ou mundanos. Tudo deve ser mobilizado de modo a sugerir, exaltar e extasiar o crente para esquecer a matéria e viver as emoções superiores do espírito. São antípodas o mundo religioso e o mundo profano, pois o primeiro estatui a vida do espírito e o segundo estimula as taras animais. (Obra: *A Missão do Espiritismo*, 11ª edição, pp. 85-86)

Mútua obsessão – círculo vicioso

Muitas das vítimas e dos algozes, que se acham mútua e obsessivamente enredados pelos laços do ódio e da vingança, ainda requerem alguns lustros para que então se efetue a sua libertação espiritual. Embora a Lei Cármica – que disciplina todas as ações de causa e efeito para a Ventura Espiritual – tenha uma técnica e seja um processo inflexível na sua execução, são as próprias almas culposas que marcam realmente o seu tempo de funcionamento para a devida retificação psíquica. É de lei sideral que, aquilo que for atado na Terra, também nesta deverá ser desatado.

Os mentores e os técnicos espirituais não podem intervir e violentar drasticamente esse círculo vicioso de mútua obsessão entre os terrícolas, ainda incapazes da humildade e do perdão e que o reforçam com a vaidade, o orgulho, o ódio, a crueldade e a vingança, distanciados, como estão, da terapêutica evangélica criada por Jesus. Considerando-se que o obsessor e o obsidiado são dois enfermos que se digladiam mutuamente em terrível crise de amargura gerada pelo ódio ou pela vingança, é óbvio que o tratamento mais eficaz exige que sejam drenados os tóxicos que lhes corroem a intimidade psíquica, para que depois se possa substituí-los pelo bálsamo abençoado que provém do amor e do perdão. (Obra: *A Vida Além da Sepultura*, 12ª edição, p. 313)

326   Ramatís

N

Novas consciências – mesmas oportunidade

Assim, existem, simultaneamente, no Universo, tantos espíritos novos e infantis, como antigos e adultos, mas cuja graduação ou gabarito espiritual depende exatamente do tempo em que eles principiaram a ter noção de existir. Em todos os instantes da Vida, nascem, surgem ou se iniciam novas consciências, isto é, novos espíritos individualizam-se no Universo e adquirem a noção particular de existir, embora continuem vinculados sempre à fonte criadora Divina. Deus não concede privilégios especiais e extemporâneos, mas proporciona, equitativamente e sem quaisquer preferências ou simpatias, os mesmos ensejos de conscientização e aperfeiçoamento a todas as suas criaturas. Nenhum espírito é, originariamente, superior a outro, mas todos possuem em estado latente o mesmo poderio, a mesma capacidade, sabedoria e o anseio evolutivo rumo à fonte criadora. As consciências majestosas e interplanetárias dos anjos e arcanjos, que iluminam e nutrem a intimidade psíquica dos orbes e das constelações astronômicas, não passam de entidades emancipadas sob o mesmo processo espiritual e evolutivo, que preside a gestação e o desenvolvimento da consciência de todos os filhos de Deus. (Obra: *O Evangelho à Luz do Cosmo*, 10ª edição, p. 82)

Número 7 e número 12

Pitágoras já vos disse que sete é o número sagrado e perfeito. Sete é o número das idéias benéficas ou maléficas, tradição que se conceituou desde os povos Árias. O setenário, presente em todas as manifestações principais, tanto no vosso mundo como no Cosmo, é o número perfeito que sela um remate supremo à perfeição criadora do Pai! Corresponde, também, ao número dos planetas astrológicos, que têm suas esferas "etereoastrais" em contínuo intercâmbio e influência com a aura astral da Terra, produzindo as combinações fluídicas do campo astronômico do vosso orbe e as disposições descritas na pitoresca linguagem da Astrologia. O número doze identifica um profundo Juízo entre os israelitas, e esteve sempre presente em todas as suas mais importantes renovações de ordem espiritual e consolidações de poderes no mundo. Doze eram as tribos de Israel, das quais a de Issacar forneceu a melhor e maior cota de profetas sagrados da Bíblia. Essas tribos descendiam, também, dos doze filhos de Jacó, conforme narra o "Gênesis". Doze é o número de meses do ano; doze o dos apóstolos; doze são os planetas em torno do Sol, nove dos quais já estão descobertos por vós. (Obra: *Mensagens do Astral*, 13ª edição, p. 234)

O

Objetos de feitiçaria – núcleos de energia condensada

Os objetos materiais utilizados para firmar a feitiçaria são apenas os "núcleos" de energia condensada ou congelada, conforme conceituou Einstein, sobre a verdadeira natureza da matéria. Eis por que os feiticeiros não precisam arremessar objetos ou coisas materiais sobre as vítimas escolhidas para o enfeitiçamento. Eles dinamizam a energia ou o potencial elétrico contido na intimidade dos mesmos, produzindo as combinações fluídicas que depois se projetam funestamente através dos endereços vibratórios. (Obra: *Magia de Redenção*, 11ª edição, p. 30)

Objetos de feitiço – condensadores

Os objetos usados e trabalhados pelos feiticeiros desempenham a função de captadores de energias inferiores e servem de condensadores, que baixam as vibrações fluídicas do ambiente em que são colocados. Embora sendo matéria, tais objetos vibram no campo etéreo-astral, porque são também energia condensada. Sob a vontade vigorosa dos feiticeiros, que agem na intimidade eletrônica da substância, ou seja, no seu "elemental", produz-se uma excitação magnética ou superatividade, mas em sentido negativo, que depois atinge a aura da vítima a que eles estão vinculados pelo processo de bruxaria, rebaixando o campo vibratório para alimentar expressões deprimentes de vida oculta. (Obra: *Magia de Redenção*, 11ª edição, pp. 40-41)

Objetos enfeitiçados – estações receptoras

Na lei de "correspondência vibratória", a matéria reage sobre a matéria, a eletricidade sobre a eletricidade, o magnetismo sobre o magnetismo, o fluido sobre o fluido, a radiação sobre a radiação, o pensamento sobre o pensamento e o sentimento sobre o sentimento. E como os objetos, coisas e seres do mundo, apesar de sua contextura e configuração física, são campos das mais variadas energias condensadas ou materializadas do Cosmo, eles podem ser ativados por forças do mesmo nível de vibração e descarregar sua carga saturada sobre pessoas visadas pelos feiticeiros!

A vítima vincula-se ao mesmo campo subvertido dos objetos enfeitiçados através do seu duplo etérico, convertendo-se numa estação receptora de maus fluidos, espécie de excêntrico fio-terra, que recebe o impacto ofensivo e descarrega resíduos para o solo num fluxo contínuo de carga e descarga. (Obra: *Magia de Redenção*, 11ª edição, pp. 83-84)

Ondas mentais – coagulação etéreo-astral

A mente humana, quando tomada de raiva, ódio, cólera, inveja ou ciúme, produz energias agressivas que perpassam pelo cérebro perispiritual e fazem baixar-lhe o padrão vibratório, alterando também as demais energias astralinas e etéricas que ali se encontram em circulação. Então, produz-se um fenômeno que podia ser definido por "coagulação" etéreo-astral, lembrando o caso da onda de frio que, ao atuar no seio da atmosfera do vapor de água, solidifica-o na forma de gotículas. Lembra, também, a corrente elétrica perpassando por uma solução salina, quando produz a precipitação verificada em laboratórios de química e física.

As ondas mentais também ficam alteradas e intoxicam a própria atmosfera mental em torno do cérebro humano, produzindo substâncias que, baixando vibratoriamente, tornam-se nocivas e devem ser eliminadas do campo psíquico e áurico do homem. Mas elas, em vez disso, penetram na circulação humana afetando o sistema endocrínico, linfático, nervoso e

330 Ramatís

sanguíneo, produzindo doenças de origem ignorada. Por isso, as criaturas violentas, coléricas, irritáveis, pessimistas, ciumentas, invejosas e que se injuriam facilmente, quase sempre são vítimas de alergias inespecíficas, urticárias, nefrites e eczemas neuro-hepáticos, surtos de disenteria ou hemorróidas, consequentes do desequilíbrio mental e descontrole psíquico.[1] Os hipocondríacos, por exemplo, são criaturas que vivem presas a infeliz círculo vicioso; elas alteram-se perturbando o psiquismo; e quando este desarmoniza, então adoece o fígado!

Da mesma forma, as ondas mentais, astralinas e etéricas viajam pelo mundo oculto até à pessoa objetivada, no seu impacto enfeitiçante e penetram-lhe na fisiologia do corpo provocando enfermidades. (Obra: *Magia de Redenção*, 11ª edição, pp. 70-71)

Organismo carnal – "fio terra" para toxinas psíquicas

A Administração Sideral classifica como virtudes todos os pensamentos e atos dignos e nobres que o homem pratique; e como pecados, todos os seus pensamentos e atitudes opostas ou contrárias ao bem.

Considerando, então, que, todos os atos têm como causa ou matriz, o pensamento (do espírito), torna-se evidente que os pecadores são enfermos da alma.[2] E, ao contrário do que estabelece a ética da maioria das religiões, as suas transgressões não ofendem a Deus; mas a eles próprios, exclusivamente.

Sob tal contingência, o organismo carnal que a generosida-

---

1 Os tipos de eczemas são mais curáveis pela homeopatia e até por benzimentos, por causa de sua origem mais psíquica, geralmente afetando pessoas facilmente encolerizáveis. Entre os produtos homeopáticos para o tratamento de eczemas figuram *Grafites*, *Rhus Tox*, *Anacardium*, *Petroleum* e outros. No entanto, um dos mais terríveis eczemas pegajosos provindo de um insulto injurioso, em pessoa extremamente encolerizável, pudemos curá-lo com a homeopatia de *Staphisagria*, acrescida de *Chelidonium Maj*, como drenador.

2 Nota de Ramatís: Perdoe-me o leitor mais esta digressão sobre a saúde e a enfermidade, assunto já abordado em nossas obras anteriores, mas o Alto recomenda que devemos insistir em indicar aos terrícolas quais são as causas mórbidas ocultas e responsáveis pela sua própria desventura no mundo físico. Já é tempo de o homem certificar-se e convencer-se de que a saúde do seu espírito imortal é que regula e mantém o equilíbrio da saúde do corpo físico transitório. Aliás, na velha Grécia, de Sócrates, Apolônio de Tyana, Platão, Pitágoras e outros renomados pensadores helênicos, já se encarava seriamente o conceito de "alma sã em corpo são", como uma advertência da influência benfeitora ou maléfica, que a mente exerce sobre o organismo carnal.

de do PAI faculta ao espírito para redimir-se, sofre o impacto compulsório de enfermidades cruciantes, pois o corpo humano até mesmo depois de "cadaverizado" é uma espécie de "fio-terra" a descarregar na intimidade da terra a "ganga" de fluidos tóxicos que estava aderida à contextura delicadíssima do perispírito. Durante os momentos pecaminosos, o homem mobiliza e atrai, do mundo oculto, os fluidos do instinto animal, os quais, na sua "explosão emocional", convertem-se num resíduo denso e tóxico, que adere ao corpo astral ou perispírito, dificultando então ao homem estabelecer ligação com os espíritos do plano superior, devido ao abaixamento da sua vibração mental. E se ele não reage, termina por embrutecer-se. Porém, mais cedo ou mais tarde, a consciência do pecador dá rebate; e então, o espírito decide recuperar-se e alijar a "carga tóxica" que o atormenta. Mas, nesta emergência, embora o pecador, já arrependido, esteja disposto a uma reação construtiva no sentido de purificar-se, ele não pode subtrair-se aos imperativos da lei cármica (causa e efeito) do Universo Moral, ou seja: – a recuperação da saúde moral do seu espírito enfermo só poderá ser conseguida mediante aquele esmeril que se chama Dor e o lapidário que se chama Tempo. E, assim, como decorrência de tal determinismo, o corpo físico que ele veste agora, ou outro, em reencarnação futura, terá de ser, justamente, o dreno ou válvula de escape para expurgar os fluidos deletérios que o intoxicam e o impedem de firmar a sua marcha na estrada da evolução.

As toxinas psíquicas, durante a purificação perispiritual, convergem para os tecidos, órgãos ou regiões do corpo; mas insistimos em explicar que esse expurgo deletério, processado do perispírito para a carne, produz as manifestações enfemiças de acordo com a maior ou menor resistência biológica do enfermo. Entretanto, os técnicos do Espaço podem acelerar ou reduzir o descenso dos fluidos mórbidos, podendo também transferi-los para serem expurgados na existência seguinte ou então serem absorvidos nos "charcos" do Além, se assim for de conveniência educativa para o espírito em prova. De qualquer modo, a provação será condicionada ao velho provérbio de que "Deus não dá um fardo ou uma cruz superior às forças de quem tem de car-

332 Ramatís

regá-la".[3] (Obra: *Mediunidade de Cura*, 12ª edição, pp. 48-49)

Orgãos físicos – matrizes perispirituais

Conforme já explicamos alhures,[4] o perispírito é um organismo definitivo, hipersensível, consideravelmente mais aperfeiçoado do que o corpo físico transitório; é, enfim, o molde original, a matriz ou "contraparte" astralina, que tanto preexiste no nascimento físico como sobrevive à morte do corpo. Todas as emoções de sentimentos deprimentes da Alma repercutem na contextura sutilíssima do perispírito, dando lugar a afecções mórbidas no mesmo, as quais, por sua vez, repercutem e afetam o corpo carnal, pois este, na realidade, é o seu fiel prolongamento ou reprodução materializada.

A mínima infecção ocorrida no fígado carnal do homem basta para também mudar a cor, a densidade, a temperatura, a luminosidade, o magnetismo, o odor ou o tipo de éter-físico circulante no fígado-matriz, ou seja, da contraparte "hepático-astral" existente no perispírito. Os sinais cromosóficos, as alterações magnéticas, a transparência ou a luminosidade que o fígado perispiritual apresente à visão dos espíritos terapeutas e aos clarividentes terrenos, servem para indicar-lhes a natureza e a gravidade da doença que grassa no fígado do corpo carnal.

Qualquer alteração na saúde física, por menor que seja, perturba o bom funcionamento dos "chakras" ou centros de forças etéricos situados no duplo etérico que é o intermediário entre o corpo físico e o perispírito. E desta conexão resulta que toda e qualquer emoção deprimente dinamizada pela consciência do homem, os seus efeitos tóxicos se manifestam e eviden-

---

3 Nota do Médium: A respeito desse provérbio popular, os espíritos relatam a história de certa mulher que, depois de admitida à presença do Anjo do Destino, queixou-se amargamente da injustiça de Deus, por fazê-la carregar, na Terra, uma cruz de peso superior às suas forças. Atenciosamente, o Anjo mandou-a entrar no recinto onde se guardavam os modelos de todas as cruzes destinadas aos encarnados e autorizou que ela escolhesse a cruz que mais lhe conviesse. Depois de experimentar diversas cruzes nos seus ombros frágeis, a mulher, satisfeita, escolheu a que ela julgou melhor e mais adequada para carregar dali por diante. Diz a história que o Anjo, em seguida, mandou-a ler o nome da pessoa que deveria carregá-la; e, então, com grande espanto, a mulher identificou nela o seu próprio nome.
4 Vide cap. "Noções sobre o Perispírito e suas delicadas funções.", da obra de Ramatís *A Sobrevivência do Espírito*; cap. VI, "O Perispírito", da obra *Roteiro*, de Emmanuel, editada pela Livraria da Federação Espírita Brasileira. (N. do R.)

Mecanismos Cósmicos de A a Z

ciam tanto no perispírito como no organismo carnal.[5] (Obra: *Mediunidade de Cura*, 12ª edição, pp. 147-148)

---

5 Nota do revisor: Vide o cap. "A Saúde e a Enfermidade", da obra *Fisiologia da Alma*, de Ramatís, **EDITORA DO CONHECIMENTO** e o cap. "Novos Aspectos da Saúde e a Enfermidade", da mesma obra.

P

Pai – Filho – Espírito Santo

A confusão é consequente da concepção iniciática dos três princípios básicos divinos numa só Unidade, em que Deus é Pai, Filho e Espírito Santo ou Agente na forma. As religiões dogmáticas tornaram demasiadamente humanos esses três "princípios", transformando-os em três "pessoas" da Santíssima Trindade. Na realidade, o Pensamento Incriado Gerante, como princípio original do Cosmo, atua, em sua manifestação exterior, através de um "elo", que é o segundo princípio intermediário denominado o atributo Criado e Criante, mais tradicionalmente conhecido pelo **Cristo**, o Amor ou a Coesão planetária. O terceiro princípio apenas criado, na alegoria do **Espírito Santo**, ou seja, o espírito que pratica a ação, plasmando-se na forma, materializa a Vontade de Deus pelo seu Pensamento Incriado, recebendo o **sustento** através do Cristo Cósmico, o segundo princípio Criado Criante. Isto posto, esse segundo princípio, o **Cristo,** ou **Deus-Filho,** não desce até à configuração material, para compor a forma física ou incorporar-se como energia acumulada, em que o terceiro princípio se situa. Na figura de "ponte viva" entre o Pensamento Original Incriado e o terceiro princípio plasmado no Cosmo material, o **Cristo Cósmico** é realmente a parte que não atinge a vibração letárgica da expressão-matéria e, portanto, não faz o descenso até esta fase, porque é o **elo** entre o **pensar** interno e o **existir** no exterior. É o canal que, no Cosmo e no seio do próprio Absoluto, une as duas margens extremas da Criação – o Deus Pai, Pensamento

Incriado, ao Deus-Espírito Agente, na configuração material. E Jesus confirma essa condição crística do Amor Cósmico – que é o divino simbolismo do Deus-Filho – quando afirma no seu Evangelho: "Eu sou o **Caminho**, a Verdade e a Vida". Nessa hora, era o Cristo Planetário da Terra que falava por Jesus, isto é, um prolongamento do Cristo Cósmico ou do princípio de Coesão Cósmica e Amor Espiritual. A divina iniciação da vida humana obedece fundamentalmente ao esforço hercúleo para a alma alcançar esse Elo Crístico que se mantém unindo o Pensamento Incriado de Deus e a sua própria emanação, que é a matéria vestindo a sua idéia fundamental e cuja vontade é transmitida pelo seu Filho, o Cristo Cósmico. (Obra: *Mensagens do Astral*, 13ª edição, pp. 466-467)

Palavras – consequências no corpo físico

É óbvio, pois, que, sendo as palavras irascíveis o instrumento que interpreta as emoções desequilibradas ou violências mentais, devem produzir visíveis modificações orgânicas, como chaves do psiquismo desequilibrado, assim como as palavras desarmônicas por natureza exigem esforços à parte, para serem pronunciadas, enquanto outras associam estados enfermiços e fazem abater o ânimo espiritual, influindo no físico. Quando louvais o próximo com palavras de amor ou de paz, elas despertam estados de afetividade, otimismo e esperança, o que já não sucede se as expressões forem de ódio ou de rancor. As palavras despertam idéias e produzem estados emotivos diferentes, no homem; repetimos-vos: são chaves verbais que vos alteram ao ouvi-las ou ao pronunciá-las, ocorrendo então consequências diferentes no psiquismo e, consequentemente, no corpo físico. (Obra: *A Sobrevivência do Espírito*, 8ª edição, pp. 210-211)

Palavras boas ou más – efeitos no perispírito

Os estudiosos podem verificar, pela atenciosa auscultação mental, que as combinações de sílabas repercutem em certos pontos do organismo, qual seja nas glândulas endócrinas, nos plexos nervosos, nas zonas cerebrais, nas mãos, nos pés, nas pontas dos dedos e demais órgãos. Em consequência, é fácil de comprovar-se o efeito produzido pelas palavras boas ou más, que atuam no perispírito humano modificando-lhe a estabilidade, alterando-lhe a circulação "mental astralina" e o seu comportamento energético com o duplo-etérico. Daí, existirem palavras "trágicas", "tenebrosas" ou "fatídicas", que funcionam supercarregadas de maldade e ódio, como terríveis dardos do feitiço verbal projetados veementemente sobre determinada vítima. Da mesma forma, há os "mantras", palavras abençoadas, "chaves-mágicas" do passado, que ajudam a desenvolver corretamente os chacras etéricos, pela sua sonora combinação mental, astral, etérica e física. (Obra: *Magia de Redenção*, 11ª edição, p. 60)

Passe – transfusão energética

Considerando-se que as enfermidades físicas, em geral, são provenientes da desarmonia psíquica, intoxicação ou debilidade magnética vital do perispírito, os passes magnéticos ou fluídicos são recursos que proporcionam verdadeiras transfusões de energia através do "duplo etérico", insuflando-as pelos plexos nervosos e ativando também o sistema glandular para proceder às devidas correções orgânicas. Em geral, já existe uma contínua vampirização do magnetismo humano entre os próprios encarnados quando, sob a regência da Lei dos vasos comunicantes, os mais débeis sorvem as energias magnéticas dos que são mais vigorosos ou gozam de mais saúde.

O passe é uma transfusão de fluidos espontâneos e benfeitores, sem dúvida tão eficientes e poderosos quanto o seja o potencial emitido pela vontade do seu agente. Pode mesmo ser considerado um elemento catalisador que, agindo no paciente, acelera-lhe as forças estagnadas e desperta o campo eletrônico do psiquismo diretor do organismo carnal. O passista inteligente, regrado em sua vida, senhor de uma vontade forte e afeiçoado à alimentação vegetariana, consegue insuflar vigorosas cotas magnéticas nos órgãos doentes, elevando-lhes não só a frequência vibratória defensiva das células, como também auxiliando a substituição das células velhas e cancerosas por outras células novas. (Obra: *Fisiologia da Alma*, 13ª edição, p. 431)

"Pecados"e virtudes – energias afins

Em rude analogia, diríamos que os pecados exigem um combustível pesado, de odor desagradável e resíduo denso, algo semelhante ao óleo cru usado nos motores de explosão, enquanto as virtudes requerem apenas energia sublimada, de fácil volatilização, tal qual o motorzinho elétrico, que se move com a carga de 110 volts sem deixar vestígios residuais.

Isso também sucede de modo algo parecido com o residual fluídico inferior, que resulta dos pecados do homem, quando, depois de imantar-se à tessitura apurada do perispírito, precisa ser expurgado para a carne. No entanto, a energia dos fluidos ou vibrações emitidas pelas virtudes como o amor, a ternura, a alegria, a mansuetude, a humildade, o perdão, o altruísmo, a benevolência, a filantropia, a castidade e outras, não deixam no perispírito quaisquer resíduos que precisem ser drenados para o corpo, sob o processo doloroso das enfermidades. Já o fluido grosseiro e hostil, procedente dos instintos da vida animal, torna-se virulento; e depois, quando baixa para a carne, aloja-se na pele, causando chagas, afecções cutâneas ou eczemas; e se, no seu curso mórbido, depara com órgãos ou região orgânica mais debilitada, então se condensa e se aloja, seja no pulmão, no intestino, no pâncreas, no fígado, rins, estômago, no baço, nos ossos, ou mesmo no sistema linfático, endocrínico ou sanguíneo. (Obra: *Mediunidade de Cura*, 12ª edição, p. 54)

Pedagogia espiritual e evolução humana

O principal objetivo da pedagogia espiritual é conduzir o homem ao seu aperfeiçoamento angélico, pois em sua intimidade permanece indestrutível a centelha espiritual, que é emanação do próprio Criador. A função do mundo físico, astral e mental, é proporcionar às almas a oportunidade de se tornarem conscientes de si mesmas, pois, embora elas existam aparentemente separadas, todas são oriundas da mesma fonte criadora.

Os caprichos, as teimosias, a preguiça, a negligência e os

descasos espirituais, que significam os pecados dos seres, Deus os tolera porque representam as fases do processo evolutivo, em cuja luta heróica eles vão tomando conhecimento de si mesmos e desfazendo-se dos prejuízos e equívocos que retardam a ascese angélica. O homem deve decidir conscientemente sobre aquilo que já o satura na vida transitória material, pois a sua libertação das ilusões da carne deve ser efetuada sem violências ou imposições draconianas, que somente o empurram para a frente, mas não o esclarecem.

Os pecados, que são combatidos e esconjurados por todos os instrutores religiosos, são apenas os equívocos da alma titubeando na sua marcha pelas estradas planetárias. Assim como o jovem estudante reconhece mais tarde e lamenta os erros cometidos nas provas do seu exame colegial, apontados pelo professor, o espírito do homem lastima depois o tempo perdido nos seus equívocos espirituais, tudo fazendo para recuperar-se dos deslizes condenáveis.

Assim como não vos é possível cultivar flores formosas sem que primeiramente sepulteis suas raízes no solo adubado com detritos repugnantes, o espírito do homem também só desenvolve os seus poderes e alcança sua glória angélica depois de fixar-se no seio da matéria inferior dos mundos planetários. (Obra: *Mediunismo*, 13ª edição, pp. 202-203)

Pensamento – gênese do feitiço

Sem dúvida, quer seja feitiço verbal ou mental, o pensamento é sempre o elemento fundamental dessa prática maléfica, pois não existem palavras sem pensamentos e sem idéias. Quando o homem fala, ele mobiliza energia mental sobre o sistema nervoso, para então acionar o aparelho de fonação e expressar em palavras as idéias germinadas na mente. E o feitiço mental ainda pode ser mais daninho do que através da palavra, pois é elaborado demorada e friamente sob o calculismo da consciência desperta, em vez de produto emotivo do instinto incontrolável. O enfeitiçamento verbal produzido pela maldição ou pela praga pode gerar-se num arrebatamento de cólera, contrariedade ou desforra de natureza mais emotiva ou explosiva, produzindo mais fumaça do que ruínas! Faltando-lhe a premeditação, que confirma o impacto ofensivo, também pode ser menos prejudicial. (Obra: *Magia de Redenção*, 11ª edição, p. 69)

Pensamento – matéria quintessenciada

O pensamento é uma vibração da mente; ainda é matéria, embora sutilíssima, que provoca a ruína de outrem, quando lançado sob o impacto tóxico da mente vingativa. É um fenômeno análogo ao da luz, pois se propaga em ondas, as quais vão-se enfraquecendo à medida que aumenta a distância que percorrem. Mas o pensamento é muitíssimo superior ao fenômeno da luz, porque ele é uma vibração de matéria mais quintessenciada e a sua produção exige múltiplos fenômenos fisiológicos do corpo humano.

Aliás, a concentração cerebral, exigida pela função de pensar, faz afluir para o cérebro maior volume de sangue. Os médicos provam isso, atualmente, com uma pessoa deitada numa balança, pois esta inclina-se para baixo, assim que se processa a atividade da pessoa pensar. É evidente que os pensamentos vão muito além das palavras, principalmente quando são vitalizados por uma pessoa de vontade forte e experimentada, que então pode guiá-los tão seguramente quanto o operador à distância maneja o seu controle remoto.

O homem, ao pensar, imprime impulsos vibratórios no seu corpo mental, resultando, simultaneamente, a produção de "ondas" e de "formas-pensamentos". Conforme a lei de repercussão vibratória, a vibração do corpo mental se propaga pela matéria que a rodeia, assim como a vibração da campainha se dissemina pelo ar atmosférico ou ambiente onde é acionada. A atmosfera e o éter, que interpenetram todas as coisas do macro e do microcosmo, estão impregnados de substância mental proveniente da própria Mente Cósmica e respondem prontamente a quaisquer impulsos vibratórios da mente humana. Esses impulsos mentais vibratórios produzem uma espécie de ondulação, à semelhança das ondas produzidas pelas pedras lançadas sobre a superfície da água e que se propagam em todas as direções e muitas dimensões, assim como acontece

340   Ramatís

com a irradiação da luz do Sol ou de uma lâmpada. As ondas mentais, que se formam e expandem-se em todas as direções, são multicores e opalescentes, mas se debilitam à medida que se difundem a maior distância, lembrando o fenômeno que acontece comumente com as bolhas ou bolas de sabão, que vão se diluindo conforme o seu tempo de vida. (Obra: *Magia de Redenção*, 11ª edição, pp. 71-72)

Pensamento – real como o ar

Há médiuns e ocultistas bem desenvolvidos ou clarividentes inatos, que podem ver os pensamentos; outros os sentem; e, no futuro, a ciência poderá pesar e identificar os pensamentos através de instrumentação de elevada precisão. O pensamento é tão real como o ar que nos rodeia a vida material. Comumente, a sua forma sutil, invisível e de aparência nebulosa, lembra um vapor de água, que varia na cor, densidade e na sua conformação característica, em perfeita sincronia com o temperamento e o poder do homem que pensa. Quando os pensamentos são emitidos com veemência e nutridos por aquela "fé que remove montanhas", da enunciação do Amado Mestre Jesus, eles então absorvem boa quantidade de prana ou fluido vital, que mais fortifica a contextura benéfica ou maléfica que lhes deu origem, multiplicando-lhes a ação em curso para determinado objetivo. Os pensamentos emitidos por diversas pessoas, visando incessantemente a mesma finalidade num certo ambiente, terminam por dar-lhe uma cor ou tom mental, facilmente reconhecido pelas pessoas mais sensíveis. (Obra: *Magia de Redenção*, 11ª edição, pp. 80-81)

Perfectibilidade humana – consciência livre, desimantada

É evidente que tendes de vos basear nos conceitos relativos e conhecidos do vosso mundo físico para, então, deduzirdes, comparativamente, na concepção melhor possível do Absoluto. Se o animal é uma fase e composição primária, que esquematiza e plasma a futura configuração humana, o homem, por sua vez, é uma fase primária da concepção do "super-homem" ou do futuro anjo. No vosso entendimento, o anjo ou super-homem deve ser uma criatura emancipada das ilusões, paixões, dos caprichos e desejos que ainda o prenderiam à matéria. Há de ter uma consciência na plena posse de todas as experiências efetuadas nos mundos educativos do universo físico, completamente livre de quaisquer problemas e desejos, que possam imantá-la à periferia dos orbes planetários. Nada deve atraí-la em direção ao campo gravitacional imantador físico, pois deve estar desligada dos acontecimentos e fenômenos da vida humana, como se eles jamais existissem.

Em caso contrário, apesar de já situar-se nos ambientes paradisíacos, não usufrui da ventura a que fez jus, uma vez que ainda o convocam da Terra desejos, prazeres e paixões de ordem física.[1] O anjo ou super-homem é a entidade que, em face de sua libertação absoluta de todos os campos e planos da vida terrícola, então se move em pleno direito ao trânsito incondicional do Cosmo, sem sofrer qualquer atração do mundo exterior da matéria. (Obra: *O Evangelho à Luz do Cosmo*, 10ª edição, pp. 247-248)

Perispírito – complexo metabolismo transcendental

O perispírito, embora seja um organismo de impossível comprovação pelos sentidos físicos comuns, também possui todos os órgãos e sistemas adequados à produção e manifestação de todos os fenômenos algo similares à vida física. Assim, existe no seu complexo metabolismo transcendental, um comando único, o qual divide e subdivide-se em várias estações e subestações perispirituais, a fim de controlar e desenvolver

---

1 Cabe, aqui, a reprodução do seguinte trecho do capítulo "Treino para a Morte", da obra *Cartas e Crônicas*, pelo espírito de Irmão X, através da mediunidade de Chico Xavier, que assim descreve:
"Preliminarmente, admito deva referir-me aos nossos maus hábitos. A cristalização deles, aqui, é uma praga tiranizante. Comece a renovação de seus costumes pelo prato de cada dia. Diminua gradativamente a volúpia de comer carne dos animais. O cemitério na barriga é um tormento, depois da grande transição. O lombo de porco ou o bife de vitela, temperados com sal e pimenta, não nos situam muito longe dos nossos antepassados, os tamoios e os caiapós, que se devoravam uns aos outros. Os excitantes largamente ingeridos constituem outra perigosa obsessão. Tenho visto muitas almas de origem aparentemente primorosa, dispostas a trocar o próprio Céu pelo uísque aristocrático, ou pela nossa cachaça brasileira. Tanto quanto lhe seja possível, evite os abusos do fumo".

desde o campo de magnetismo, calor, luz, cor, assim como os sentidos de olfato, paladar, audição e coordenação da palavra verbal e escrita. A vida mental e emotiva do homem concretiza-se graças ao complexo e avançado metabolismo, que lhe confere o poder da memória, assim como o de gravar o acervo de suas experiências pregressas. Mas é ainda a mente que proporciona ao espírito desencarnado o fabuloso poder de volitar, qual seja o de se transportar tão rapidamente como o pensamento, às regiões mais distantes e latitudes mais diferentes da região sideral. Somente o equipo mental do perispírito exigiria muitos séculos para o homem mais estudioso e sábio conhecer 10 por cento de sua fabulosa estrutura. Maravilhoso instrumento de conexão entre o reino divino e o mundo material, o perispírito é que proporciona o ensejo para a vida psíquica plasmar-se em exuberantes configurações humanas e permitirá, no futuro, a sublimação dos homens em anjos. (Obra: *O Evangelho à Luz do Cosmo*, 10ª edição, pp. 276-277)

Perispírito – corpo imortal

O espírito do homem, em essência, é uma centelha ou chama de luz tão vinculada ou participante de Deus, como a gota no oceano. Sem dúvida, por força de sua origem divina, jamais ele poderia adoecer ou regredir em sua natureza hígida eterna. Mas ao iniciar a individualização ou conscientização no Universo, precisa construir um arcabouço para a sua ação, e que o identifique particularmente entre os demais seres do mundo. Assim, quando principia a relacionar o seu interior espiritual com o exterior energético ou físico da vida, nos mais diversos planos e latitudes do Cosmo, a fim de sentir e saber conscientemente, essa fagulha virgem e lucífera necessita de um medianeiro ou veículo de eficaz comunicação.

Através de séculos e milênios de experiências, efetuadas, lenta e incessantemente, o espírito vai plasmando os elos de comunicação, e que num "descenso vibratório" lhe permite agir na lentidão vibratória da matéria e, simultaneamente, no seu próprio e real campo espiritual. Trata-se, portanto, de um instrumento de intercâmbio com todos os fenômenos e

Mecanismos Cósmicos de A a Z   343

acontecimentos, que ocorrem em sua intimidade e, também, no ambiente a que se relaciona. Manifestando-se nas incessantes e sucessivas vivências em planetas, cada vez mais evoluídos e aprimorados, o espírito, então, organiza essa roupagem ou centro consciencial eterno, gravando e compondo o acervo de sua memória no tempo e no espaço, à guisa de indestrutível e progressivo "video-tape". Trata-se do maravilhoso e imortal organismo, que Allan Kardec denominou de "perispírito", e o explicamos mais detalhadamente nesta mesma obra, inclusive quanto aos motivos por que ele gera as enfermidades congênitas e quais as retificações sob a Lei do Carma tão conhecida dos reencarnacionistas. Além de o perispírito promover a configuração ou aspecto humano em torno da centelha espiritual eterna, transforma-se, em definitivo, no centro de toda atividade do ser. E, partindo dessa configuração humana, mais primitiva ou grosseira, milênio por milênio, submetido a incessante aperfeiçoamento através de todas as energias do mundo físico e do reino espiritual, então, sublima-se até a beleza angelical, consagrando-se à guisa de maravilhosa lâmpada viva a expluir de sua intimidade eterna a luz divina. Eis por que, no "Festim de Bodas", o perispírito, então, se consagra na figura fascinante e lucífera da "túnica nupcial", a vestimenta eterna do Espírito.[2]
(Obra: *O Evangelho à Luz do Cosmo*, 10ª edição, pp. 269-270)

Perispírito – corpo mental e corpo astral

O perispírito não é, pois, um "corpo vaporoso", conforme a enunciação kardecista, mas um equipo complexo e capaz de atender as mais variadas atividades e desejos do espírito imortal. Considerando-se que a doutrina espírita é movimento de natureza popular, destinado a todos os "não iniciados" nas particularidades do mundo oculto, o Alto então aconselha que seja resumido o estudo do perispírito, tanto quanto possível, evitando-se a saturação mental que perturba os adeptos e médiuns ainda imaturos em tal assunto. Eis por que preferimos especificar esse estudo do seguinte modo: Espírito, a centelha

2 N. do M. - Vide o capítulo "A túnica nupcial" desta obra, em que Ramatís estende-se longamente sobre a natureza e estrutura do perispírito e suas decorrências na vida física, conforme os estados de alma do homem.

ou a Luz Imortal sem forma; o Perispírito, abrange o corpo mental que serve para pensar; o corpo astral, que manifesta a emoção, os desejos, os sentimentos; o Duplo Etérico, com o sistema de "chacras" ou centros de forças etéricas (isto é, o corpo transitório de éter físico e situado entre o perispírito e o corpo físico, o qual se dissolve depois da morte do homem); e finalmente, o Corpo Físico, como a derradeira peça a ligar o Espírito imortal ao mundo material.

Assim, pelo simples fato de o perispírito abranger o corpo mental que é a fonte do pensamento e o corpo astral, que dá vida aos desejos, sentimentos e emoções humanas, ele já se revela um instrumento inconfundível e de assombrosa complexidade, e não o "corpo vaporoso" citado na codificação kardecista por força da época. Ele é, realmente, a "ponte viva", para o Espírito alcançar a matéria e atuá-la de modo a impor suas idéias e os seus desejos. No Universo não existem fantasias nem milagres, mas tudo obedece a um processo de Ciência Cósmica regido por leis invariáveis, que regem o aperfeiçoamento das coisas e dos seres. É óbvio, pois, que a operação de "pensar", "desejar" ou "sentir" do espírito, exige sistemas, órgãos e mecanismos adequados na contextura do perispírito, em vez dele ser um corpo vaporoso semelhante à fumaça.

É sabido que as poses ou estados emotivos do homem produzem em seu corpo determinadas reações psicofisiológicas que interferem com o sistema nervoso cérebro-espinhal, endocrínico, linfático, sanguíneo, ósseo, muscular e outros fenômenos específicos. Portanto, muito mais importante do que o corpo de carne é a estrutura anatomofisiológica do perispírito, que é a sua matriz original e organismo "preexistente" ao nascimento e sobrevivente à morte física. (Obra: *Elucidações do Além*, 11ª edição, pp. 92-93)

Perispírito – ferramenta divina

Os magos antigos, quando ensinavam aos seus discípulos as relações do espírito com a matéria, empregavam o símbolo corriqueiro de uma viatura puxada por um cavalo sob a direção de um cocheiro. O cocheiro representava o espírito, a inteligência, o princípio diretor; a viatura, o corpo – o princípio movimentado – e o cavalo a força intermediária, o princípio motor, ou seja, o conjunto que hoje o espiritismo denomina de "perispírito". O cavalo, por ter de puxar a viatura e ser mais forte que o cocheiro, precisa de ser controlado por meio das rédeas, que lhe tolhem o desejo de disparar; a princípio, exige contínua atenção para com a sua indocilidade, mas, quando já completamente domesticado, dispensa excessivos cuidados nesse sentido. O cavalo desembestado faz tombar a sua viatura com os choques desordenados, enquanto que o animal dócil é garantia de longa vida para o seu veículo! O perispírito humano, como princípio motor, pode ser comparado, também, a um cavalo pleno de energias, que fica atrelado entre o princípio diretor do espírito e o princípio a ser movimentado nas ações individuais. É um molde preexistente ao corpo carnal e sobrevivente à desencarnação física; é a sede das forças combinadas do mundo material e do mundo astral. Nesse invólucro etereoastral casam-se as energias que ascendem do mundo inferior animal e as que descem do mundo angélico superior; é a fronteira exata do encontro dessas duas expressões energéticas, que ali se digladiam, em violenta efervescência e luta heróica para o domínio exclusivo! O ser humano assemelha-se, então, a uma coluna de mercúrio, pois que fica também colocado entre dois climas adversos, que se defrontam, para a glória do espírito ou para a vitória das paixões inferiores.

O perispírito (ou o cavalo alegórico dos magos antigos), quando negligenciado o seu comando por parte do espírito, indisciplina-se ao contacto com as forças selvagens alimentadas pelo mundo inferior, e então o "sangue" sobe até chegar aos freios do animal! Portanto, aquele que perde o domínio psíquico e se deixa vencer pelas paixões bestiais, da cólera, da luxúria ou da devassidão, está implicitamente incluído na afirmação apocalíptica de que o sangue lhe subiu até chegar aos freios do cavalo! (Obra: *Mensagens do Astral*, 13ª edição, pp. 247-248)

Perispírito – veste indestrutível

É evidente que já haveis compreendido, através dos estudos

346   Ramatís

espirituais, que o corpo físico é o "efeito" e não a "causa" da vida psíquica; em rude exemplo, podeis compará-lo a um encorpado "mata-borrão", capaz de absorver todas as substâncias exaladas pelo psiquismo do espírito encarnado. Do mesmo modo, a natureza das manifestações do corpo carnal depende fundamentalmente das funções do perispírito, pois este é realmente o verdadeiro molde ou o plasmador da configuração do organismo físico. Em verdade, o perispírito suporta simultaneamente a carga da vida humana em dois planos diferentes: o físico e o Astral, embora ambos estejam profundamente interpenetrados, tanto em sua origem como na produção de seus fenômenos. É veículo preexistente ao nascimento e que pelo fato de sobreviver à morte do corpo físico, é dotado de um energismo e produção vital muito intensos, que se disciplinam sob o seu inteligente automatismo milenário. É o equipo mais completo e valioso do ser humano, significando a sua veste indestrutível e o seu arquivo inalterável, onde se conserva toda a memória da alma, acumulada no pretérito.

As células nervosas do corpo físico, além de suas propriedades e manifestações objetivas, são núcleos sobrecarregados de eletricidade inteligentemente armazenada pelo perispírito. Os neurônios não servem unicamente para atender o curso das sensações exteriores, mas são também responsáveis pelas mensagens que os neurônios perispirituais lhes transmitem, como fruto das impressões internas enviadas pela consciência do espírito. Se são complexos os elementos físicos classificados pela ciência e que no cérebro carnal funcionam à semelhança de interruptores, fusíveis, condutores, condensadores e osciladores constituídos pelos "plexos", agrupamentos de gânglios nervosos e filamentos neurocerebrais na área do sistema nervoso, muito mais importantes e complexos são eles quando se referem ao cérebro do perispírito. Este significa admirável estação radiofônica, submissa ao serviço da mente, e ativada por indestrutível potencial de energias, ondas e emissões da mais alta frequência vibratória, o que presentemente ainda é inacessível mesmo à mais avançada instrumentação científica.

É central elétrica, funcionando entre o plano invisível e o material, atendendo às mensagens que são captadas no campo

Mecanismos Cósmicos de A a Z   347

da vida física e expedindo as sugestões provindas do mundo interior do espírito. Daí os múltiplos problemas complexos e dolorosos que oferecem os infindáveis casos de obsessões e fascinações, pois, durante a execrável função obsessiva e a troca de poderosas energias magnéticas subvertidas, fica lesado o maravilhoso patrimônio do cérebro perispiritual, tornando-se infeliz depósito de venenos produzidos pela mente satanizada e o odioso desejo de vingança. (Obra: *A Vida Além da Sepultura*, 12ª edição, pp. 320-321)

"Piteiras vivas" – mecânismo

Se o indivíduo, em virtude de se submeter completamente ao jugo do vício do fumo, vier a enfraquecer a sua conduta moral, arricar-se-á a se transformar numa exótica e oportuna "piteira viva" para saciar o vício dos fumantes desencarnados do astral inferior, pois as almas desregradas e malfeitoras que, além disso, eram viciadíssimas na Terra com o uso do fumo, ficam presas ou chumbadas à crosta terráquea, vivendo momentos de angústia inenarráveis, em virtude de não poderem satisfazer o desejo de fumar, devido à falta do corpo carnal que deixaram na cova do cemitério. Só lhes resta então um recurso maquiavélico para poderem saciar o desejo veemente de fumar, qual seja o de se aproximarem de criaturas encarnadas que possam vibrar simpaticamente com suas auras enfermiças, e assim transmitir-lhes as sensações etéricas da queima do fumo.

Essas almas envidam esforços para ajustar os seus perispíritos aos perispíritos dos encarnados que, além de se igualarem a elas na conduta moral, ainda sejam escravos do vício do fumo; colam-se a eles como se fossem moldes invisíveis, procurando por todos os meios haurir desesperadamente as emanações desprendidas do cigarro. Isso acontece porque o fumo, além de sua característica volátil no mundo material, interpenetra as baixas camadas do mundo astral, devido a possuir, como tudo, a sua cópia fluídica, que então é absorvida avidamente pelos desencarnados que se conseguem afinizar à aura dos fumantes encarnados.

Mas isso não os deixa completamente satisfeitos, porquanto é bastante reduzida a quota que podem absorver no eterismo do tabaco incinerado; então lançam mão do recurso de acicatar suas vítimas para que aumentem a sua ração diária de cigarros, donde se descobre a causa de muitos fumantes se dizerem dominados por estranha força oculta que os impede de se livrarem do vício e ainda os faz fumar cada vez mais.

É claro que essa desagradável sujeição a espíritos atrasados só pode ocorrer para com aqueles que, além do vício escravizante do fumo, ainda se entregam a deslizes morais perigosos, que podem atrair para junto de si muitos desencarnados delinquentes e viciados. (Obra: *Fisiologia da Alma*, 13ª edição, pp. 120-121)

Plano cósmico – harmonia universal

Os astros, satélites, planetas, sistemas, constelações e galáxias não estão sujeitos a leis que variem de época para época, mas circunscritos unicamente à disciplina da Lei Perfeita e Imutável do Cosmo. Em toda a Criação, essa Lei organiza e rege, numa só pulsação harmônica e vital, todo o eterno pensar de Deus, e materializa no campo exterior o sucesso do Grande Plano Mental elaborado pelo Divino Arquiteto! É como um relógio de precisão, absolutamente certo e exclusivamente harmônico. Não há ocorrência imprevista nos eventos siderais; tudo é manifestação exata de uma causa alhures já planejada com toda exatidão. Até o mísero pó estelar que esvoaça num viveiro de astros gigantescos é um acontecimento previsto e disciplinado nesse plano cósmico, no qual se eliminam todas as surpresas e equívocos. (Obra: *Mensagens do Astral*, 13ª edição, p. 321)

Plantas – influência solares, lunares e astrológicas

Desde o tempo dos Essênios, sabia-se das propriedades das plantas no tratamento das doenças do corpo físico, do duplo etérico e corpo astral, variando a sua força terapêutica, incidência etérica e psíquica, conforme a influência positiva ou negativa do seu astro governante. As plantas não só recebem a influência e a ação mais física ou vital do Sol e da Lua, correspondente à noite e ao dia, como absorvem e catalisam o magnetismo do planeta ascendente através do duplo etérico

Mecanismos Cósmicos de A a Z   349

ou matriz fundamental, existente entre o organismo físico e o perispírito. Certas plantas receitadas para o tratamento de enfermos nascidos sob a influência astrológica da Lua, devem ser colhidas antes do Sol nascer, a fim de conservarem o fluxo ou magnetismo lunar. Outras, no entanto, devem ser colhidas ao entardecer, porque precisam acumular maior potencial de energismo solar e raios infravermelhos. (Obra: *A Missão do Espiritismo*, 11ª edição, p. 211)

Plantas lunares e solares

Bem sabeis que as plantas são poderosos condensadores vegetais, que sugam e absorvem as mais variadas energias do meio ambiente, desde as radiações do Sol até o magnetismo da Lua, ou seja, dia e noite. Assim como as plantas solarianas devem ser colhidas, de preferência, nas horas em que elas se encontram mais impregnadas de magnetismo do Sol, as plantas lunares pedem providência contrária, ou seja, a colheita quando estão fundamentalmente fartas do magnetismo lunar. A colheita antes de o Sol nascer tem sua razão no fato de que o astro-rei é um poderoso dissolvente do magnetismo e das influências noturnas, o que deve ser evitado por aqueles que desejam servir-se da maior quantidade de magnetismo da Lua, depositado na planta durante a noite. As plantas conhecidas como lunares são vigorosos condensadores ou transformadores, porque dão melhor agasalho ao fluido que captam e absorvem. Quando devem ser empregadas na cura de enfermidades que se casam com as más influências da Lua, essas plantas precisam ser portadoras de um poder dissolvente, atômico, no campo magnético, capaz de dispersar o "quantum" maléfico projetado pelo próprio astro. Esta terapêutica recorda perfeitamente o processo da homeopatia, em que "os semelhantes curam os semelhantes". Do mesmo modo devem ser colhidas e utilizadas as demais plantas planetárias, sejam as de Vênus, de Marte, de Júpiter ou de Saturno, isto é, no momento em que estejam mais sobrecarregadas do magnetismo do astro com que se relacionam. (Obra: *Mensagens do Astral*, 13ª edição, p. 143)

350 Ramatís

Plasticidade perispiritual – aspectos variados

Naturalmente, em cada nova encarnação, o perispírito na sua redução fetal, perde o aspecto familiar e hereditário da vida anterior, a fim de absorver e se materializar com a substância herdada do novo grupo consanguíneo onde resolveu nascer. (Obra: *O Evangelho à Luz do Cosmo*, 10ª edição, p. 281)

Poder mental – modela destinos

Atribuindo-se a Deus nossas virtudes, Ele é infinitamente Bom, Sábio, Justo, Magnânimo, Poderoso e o Autor indiscutível do Cosmo, planejado na Sua Mente. E, sendo o homem uma centelha, fagulha ou chama emanada do Criador, indubitavelmente, também herdamos essas qualidades, embora isso aconteça de modo finito e de acordo com a nossa compreensão e capacidade espiritual. Não só a Bíblia assegura que "o homem foi feito à imagem de Deus", como, o próprio Jesus, mais tarde, confirma tal conceito, observando: "Eu e meu Pai somos um" ou ainda "Vós sois deuses".

Assim, poderemos mobilizar o fabuloso poder da mente, modelando os nossos destinos para objetivos venturosos, porque, em nossa intimidade espiritual, ele permanece indestrutível por ser o alento e a sabedoria do Pai. Muitos homens passaram pelo mundo produzindo fenômenos incomuns, que os classificaram de "magos" poderosos, pois, não só dominavam as leis da natureza, como processavam modificações no próprio organismo. Através do poder fabuloso da mente, eles levitavam, desmaterializavam objetos e chegavam a se transportar de um local para outro, além de exercerem toda sorte de interferência no seu organismo, conforme narra a história iniciática sobre os famosos iogues Babají, Lahiri Mahasaya e Nagendra Bhaduri.

Feitos à imagem de Deus, nós também possuímos a miniatura do poder, da glória e da sabedoria divinas. O fracasso, o infortúnio, a ignorância e o mal são frutos exclusivos de nossa incapacidade de mobilizarmos a miraculosa energia da mente. São de profunda significação oculta as palavras de Jesus, quando diz "Aquele que crê em mim, também fará as obras que eu faço, e ainda mais". Evidentemente, o Mestre aludia ao governo da mente, porque o pensamento é a base de todas as manifestações da vida, que nos possibilita crer e fazer. (Obra: *Sob a Luz do Espiritismo*, 1ª edição, pp. 142-143)

Poder mental – porta do "céu" ou do "inferno"

Os pensamentos sublimes e altruístas são de vibração muito rápida e sutil, alimentados por um combustível diáfano, que não deixa resíduos no perispírito. Quando atraídos por outras mentes afins, eles também ativam os sentimentos e as emoções superiores. Mas tratando-se de pensamentos mais raros, só influem em seres de boa estirpe sideral. As idéias, sugestões e criações mentais sobre o amor, a paz e o bem, em verdade, são energias extraordinárias e de qualidade incomum, que adubam o crescimento sadio do espírito humano. Há pensamentos científicos, religiosos e teosóficos, que influem preferencialmente em certo setor da atividade humana.

Os pensamentos malévolos, vingativos, coléricos e odiosos imantam-se de magnetismo inferior e sobrecarregam-se de fluido mental, astralino e etéreo, de baixa vibração, agindo tão eficaz e rapidamente na atmosfera terrena, que justificam realmente o velho refrão: "O mal propaga-se mais fácil que o bem"! Enquanto a energia diáfana utilizada pelos bons pensamentos volatiliza-se do perispírito absorvida pelo éter superior, a substância mental e astralina necessária para sustentar e mover os pensamentos daninhos e pecaminosos adere fortemente à vestimenta perispiritual, formando escórias que, mais tarde, produzem sofrimento ao serem drenadas para a carne, ou desintegradas nos charcos terapêuticos do astral inferior.

O homem é o que pensa; o seu espírito, quando escravo das manifestações desregradas, faz da mente apenas o instrumento de sua relação egoísta com o mundo inferior; e depois da morte submerge-se num mar de magnetismo viscoso e aderente. Mas eleva-se aos níveis angélicos sob a lei de que "os humildes serão exaltados", quem usa o poder mental para aniquilar as paixões do mundo animal, em vez de hostilizar o próximo! (Obra: *Magia de Redenção*, 11ª edição, pp. 72-73)

"Ponto hipnótico" – fascinações/obsessão

Igual processo se efetua, sob a direção dos espíritos malfeitores, sobre aquele que eles pretendem fascinar para conseguir as suas realizações diabólicas; ativam-lhe o "desejo central" inferior, que identificam no âmago do encarnado, dando-lhe força e excitando-lhe a imaginação, num processo gradativo e incessante, que muito lembra a marcha progressiva da hipnose. Então esse "desejo central" vai aflorando à consciência desperta da vítima, pintando-lhe quadros de realizações agradáveis e possibilidades grandiosas e avivando-lhe o campo emotivo sob perigoso narcisismo, até que o trabalho das trevas consiga alimentar no terreno da alma a grande paixão oculta, que será doravante o motivo da fanática sedução. Essa paixão será então o "centro hipnótico" ou o "ponto hipnótico" maligno, que absorverá toda a atenção do obsidiado e, enquanto isso, os obsessores se apossam do seu sistema nervoso e coordenam o seu campo intuitivo, para então levá-lo a servir-lhes de instrumento vivo de suas maquinações perigosas. Em verdade, os trevosos nada mais fazem do que explorar qualquer paixão, vício ou capciosidade oculta da criatura, que na forma de "desejo central" predominante seja o mais indicado para o cultivo na forma de paixão incontrolável. (Obra: *A Vida Além da Sepultura*, 12ª edição, pp. 324-325)

"Ponto hipnótico" e mecanismo obsessivo

No psiquismo do ser humano, há quase sempre um "tema fundamental" predominante e que, sendo vulnerável às sugestões mefistofélicas do Além, pode servir de motivo básico para se formar esse "centro" ou "ponto hipnótico" necessário ao êxito da obsessão. É por isso que comumente se diz que os nossos maiores adversários estão no seio de nossa alma e devem ser combatidos em nossa própria intimidade, pois, na verdade, as nossas mazelas e vícios são os alicerces perigosos em que os malfeitores desencarnados se firmam para impor-nos o comando obsessivo. Desde muitíssimos anos, a voz amiga do Além adverte o homem de que o segredo de sua segurança espiritual ainda provém do "conhece-te a ti mesmo".

Mecanismos Cósmicos de A a Z

Os obsessores se dedicam maquiavelicamente a explorar esse "desejo central" predominante, quase sempre ignorado do seu portador e, se a vítima não tiver consciência exata de sua situação, ou desprezar a fiel observância do Evangelho de Cristo, é certo que não tardará a se submeter ao comando e aos desejos torpes do Astral inferior. Assim como o hipnotizador encarnado consegue criar o desejado "ponto hipnótico" no seu paciente, o obsessor procura transportar para a consciência em vigília, do encarnado, o seu "desejo fundamental", que tanto pode ser uma incontida vaidade, um grande orgulho ou desejo de comando despótico como também uma represada luxúria, sensualismo ou mesmo a propensão para os entorpecentes ou o alcoolismo.

O obsidiado, ignorante dos verdadeiros objetivos do obsessor, mas responsável pelo descontrole de suas emoções e pensamentos, é conduzido docilmente à criação de um "centro hipnótico" ou de fascinação, que pouco a pouco constitui sua atração psíquica, tornando-se um "clichê mental" ou a "idéia fixa". Logo isso se transforma em vigorosa força comandando-lhe a zona cerebral, onde se localiza a sua bagagem subconsciente e o controle dos instintos animais do pretérito; sorrateiramente os gênios das trevas impõem-se através daquela "distração" fixa, passando a comandar o sistema nervoso e a excitar cada vez mais as emoções e os desejos de sua vítima.

A criatura é obsidiada porque se distraiu com a sedução que constitui o seu "ponto hipnótico"; afrouxa então a vigilância em torno de sua habitação carnal, porque está voltada exclusivamente para um objeto que a domina emotivamente. Isto sucedido, os espíritos daninhos procuram favorecer os desejos da criatura e as suas realizações perigosas, prolongando o transe sedutor, com o que se firma cada vez mais o "ponto hipnótico", que lhes permitirá maior acesso ao equipo físico da vítima. (Obra: *A Vida Além da Sepultura*, 12ª edição, pp. 330-331)

"Porta estreita" – caminho para a felicidade

Sem dúvida, à medida que o homem mais se integra à vivência dos postulados evangélicos, ele diminui a força e o êxito na sua luta feroz no seio da humanidade impiedosa.

Justifica-se, assim, a própria advertência do Cristo-Jesus, quando diz que o "seu reino não é deste mundo" e "Dai a César o que é de César e a Deus o que é de Deus", ou ainda, que "Não se pode honrar a Deus e a Mamon". Mas como a ascese espiritual ou aprimoramento angélico é um problema de critério individual ou mesmo de interesse particular do espírito, pouco importa o prejuízo do homem na vida física, só porque se integra absolutamente aos postulados evangélicos que anulam a personalidade humana. Em verdade, dessa condição de absoluta renúncia franciscana, é que resulta o processo ou o único caminho esquematizado pelo Magistério Sideral, a fim de o espírito lograr a sua autêntica e definitiva libertação. O caminho é difícil e atroz, não resta a menor dúvida, e é veementemente criticado e subestimado pelos gozadores sensuais do mundo. Mas à angelitude só é possível o ingresso pela "porta estreita", inclusive a exigência de "entregar a camisa a quem lhe furtar a túnica" e, ainda, "caminhar mais uma milha, com quem o obriga a andar a primeira milha".

Não se trata de imposições draconianas ou mortificações exigidas por Deus, à guisa de "provas" de iniciação sideral e concessão de prêmios aos candidatos que lograrem a vitória de si mesmos. Mas é tão-somente um processo de técnica sideral, o único caminho ensinado e vivido por Jesus até o seu último suspiro no Calvário. Assim como a semente precisa renunciar a si mesma, no subsolo, para desintegrar a sua velha forma e ressurgir na figura da nova espécie vegetal pródiga de flores e frutos, o homem deve renunciar a sua velha personalidade humana pela metamorfose da individualidade eterna. Através da "porta estreita", o espírito se desbasta do residual inferior da animalidade, desimanta-se das paixões coercitivas e supera os desejos subversivos, fluindo de si a luz, que é o motivo da vida, e o amor, que é o sustentáculo da Ventura Eterna. (Obra: *O Evangelho à Luz do Cosmo*, 10ª edição, pp. 122-123)

Praga e maldição – forças destruidoras

Há pouco explicamos que a criatura, quando abençoa, expressa-se num gesto sereno, simpático, agradável e cativante, como reflexo exterior do sentimento magnânimo que lhe vai na alma! Mas tudo se modifica quando ela maldiz, porque então mobiliza energias inferiores e agressivas, que revelam o seu estado espiritual de ira, turbulência e desatino espiritual, numa aparência repulsiva e atrabiliária.

O praguejador crispa as mãos e os olhos fuzilam despedindo faíscas de ódio; dilatam-se as narinas sob o arfar violento do amor-próprio ferido, ou entorce-se o canto dos lábios sobre os dentes cerrados! A fisionomia fica congesta e retesada, delineando o "facies" animal na sua fúria destruidora. Sem dúvida, há pessoas que também maldizem ou rogam pragas tão despercebidamente, como a usina elétrica projeta a sua força mortífera e silenciosa através dos diversos transformadores que a conduzem até o objetivo final. Mas a carga pensada e concentrada sob uma vontade diabólica e fria, assim como o veneno, disfarça-se e mata no copo de água cristalina, é o feitiço silencioso e de força penetrante como a rosca sem fim! Consoante as leis de afinidade energética, esse feitiço mental e verbal, além do seu impulso original, alimenta-se, dia a dia, sob o pensamento perverso da pessoa extremamente vingativa.

No entanto, a praga ou a maldição proferida abertamente pela pessoa temperamental e sem controle emotivo, é impulso mais inofensivo do que a carga enfeitiçante e destruidora, que se forja lenta e calculadamente no quimismo do laboratório consciente mental. E o povo então considera inofensiva a praga que sai da "boca pra fora", mas arrepia-se quando ela parte do coração! (Obra: *Magia de Redenção*, 11ª edição, pp. 53-54)

Prana – "Eletricidade biológica"

Dizem os médicos, como se fora notável descoberta moderna, que a eletricidade biológica é o elemento dinâmico propulsor do trabalho dos nervos; é a força viva que age no campo neuro--muscular. No entanto, há milênios isso já era conhecidíssimo dos velhos iniciados caldeus, egípcios, etíopes e indus, que a denominavam de "prana", isto é, o elemento magnético e cósmico vital, muito familiar das escolas espiritualistas do Oriente e de todos aqueles que investigam os fenômenos do mundo oculto.

Essa energia, que tanto impregna o perispírito como interpenetra os interstícios de todo o organismo carnal, também se subordina, na sua manifestação, a leis bastante semelhantes aos princípios que disciplinam a energia elétrica. Consequentemente, o "prana" ou a eletricidade biológica classificada pela Medicina acadêmica escoa-se facilmente pelo corpo humano através da rede nervosa, e principalmente pelas pontas dos dedos ou dos cabelos, em obediência a princípios ou leis muito parecidas às que regem a manifestação de eletricidade, na sua forma de energia dinâmica em dispersão ou "fuga" pelas pontas. O "prana", portanto, como a eletricidade biológica, também foge ou dispersa-se pelas pontas dos dedos ou dos cabelos dos homens; em sentido inverso, ele transforma-se em energia estática e polariza-se em torno dos órgãos e regiões esféricas do corpo físico.

Eis por que é possível aos radiestesistas experimentados atestar o grau de vitalidade orgânica do homem examinando as oscilações negativas ou positivas dos pêndulos de prospecção, os quais se movimentam conforme a frequência das ondas eletromagnéticas, que são emitidas pelos corpos ou seres na forma de energia dinâmica ou estática.

Em consequência, os plexos nervosos são fontes de "prana" armazenado ou de eletricidade biológica polarizada, constituindo-se nas reservas energéticas, que a qualquer momento transformam-se em energia dinâmica fazendo a conexão dos órgãos físicos e as suas respectivas contrapartes ou matrizes situadas no perispírito, que são extremamente sensíveis à atuação dos espíritos desencarnados. (Obra: *Mediunismo*, 10ª edição, pp. 118-119)

Prana – "Sopro da vida"

Prana é palavra de origem sânscrita e traduzida textualmente, quer dizer "sopro de vida", ou energia vital. Para os orientais e principalmente entre os hindus ela possui significação mais ampla, sendo considerada a manifestação centrífuga de um dos poderes cósmicos de Deus. Para a escolástica hindu só há uma vida, o prana, tido como a própria vida do Logos.

Prana é a vida manifestada em cada plano de atividade do espírito eterno; é o sopro vital de cada coisa e de cada ser.

Mecanismos Cósmicos de A a Z   357

Na matéria ele é a energia que edifica e coordena as moléculas físicas, ajustando-as de modo a comporem as formas em todos os reinos, como o mineral, o vegetal, o animal e o hominal. Sem prana, sopro indispensável, não haveria coesão molecular nem a consequente formação de um todo definido, pois é ele que congrega todas as células independentes e as interliga em íntima relação sustentando as formas. A coesão celular formada pelo prana assegura a existência de uma consciência vital instintiva, garantindo uma unidade sensível e dominante, que atua em todos os demais planos internos da Vida. (Obra: *Elucidações do Além*, 11ª edição, p. 171)

Prana e a escala cromosófica

Os vegetais, os animais e os homens assimilam e irrigam--se de prana, como o elemento fundamental de sua vida, mas possuem uma cor em sintonia perfeita com o seu tipo biológico e suas atividades psíquicas. Enquanto Francisco de Assis desenvolveu o seu chacra cardíaco e pôde destacar-lhe a cor rósea, peculiar do matiz prânico do Amor, Nero, por exemplo, nutria-se de um prana vermelho sujo e arroxeado, de vitalidade extremamente sensual, vivificadora das práticas sexuais. Cada um dos sete matizes do prana possui função distinta na vida do homem, pois enquanto o tom amarelo-claro, formoso e transparente alimenta as atividades superiores do intelecto, já o amarelo sujo e opaco, de aspecto oleoso, é mais próprio do homem animalizado, cujas elucubrações cerebrais só operam nas regiões profundas do mundo instintivo.

Só em casos raríssimos o homem seria capaz de absorver em si mesmo todo o conteúdo setenário do prana, e então, adquirir a plenitude de consciência desde o mundo mental, astral, etéreo até o físico. O próprio Buda, cujo intelecto era de nível super--humano, revelava um tom dourado despedindo cintilações na transfusão prânica pelo chacra coronário, mas não manifestava, ainda, o branco absoluto da síntese total do prana. Em sentido oposto, Rasputin, o mago das trevas, nutria-se de um prana físico escuro, a síntese negativa dos sete matizes inferiores, mas que puderam fortalecê-lo a ponto de resistir fisicamente a toda sorte de tentativas de assassinato na corte de Nicolau II, tendo mesmo neutralizado as reações tóxicas de fortes doses de arsênico e enfrentado a metralha de projéteis destruidores. (Obra: *Elucidações do Além*, 11ª edição, pp. 176-177)

Práticas católicas – dinamização da vontade

Assim, inúmeras práticas aconselhadas pela Igreja Católica Romana são normas para ajudar aos seus prosélitos ao treino incessante de libertação. O "sacrifício" da missa obriga os católicos a se desligarem do mundo profano durante o tempo em que o sacerdote oficia a Deus; a postura de joelhos, o acompanhamento nas orações, as concentrações durante a elevação do cálice e outras fases da liturgia significam pequenos esforços da alma dinamizando sua vontade numa condição superior e benfeitora. O ambiente iluminado da nave, recendendo a incenso, os altares e as imagens de santos na homenagem poética das flores, as toalhas brancas de profundo asseio, o tremeluzir das velas, os paramentos de arabescos dourados, a vibração das orações coletivas ou dos cânticos, como aves flutuando, sustentadas pela sonoridade grave do órgão, significam um breve "chamamento" do espírito para a libertação da carne e meditação sobre o mundo divino. A Religião, no sentido lato da palavra, é união do ser com o Criador, e esse sentimento divino deve-se apurar no âmago do homem e pairar acima das exigências escravizantes da carne. Por isso, as cerimônias católicas são de molde a fazer convergir nos seus adeptos a vontade, os sentimentos e desejos num exercício de libertação sob a inspiração dos símbolos e liturgias elevadas.

O cenário colorido e iluminado da nave, as imagens, os cânticos e as cerimônias representam as forças do céu, num apelo à visão humana para o desligamento do mundo profano e o exercício espiritual em direção ao mundo divino. O incenso é a síntese do néctar das flores e inebria o olfato eliminando todos os odores profanos; a música sacra, na sua harmonia auditiva, aquieta a alma e não estimula os sentidos físicos, enquanto as orações traçam fronteiras protetoras em torno dos crentes. Tudo isso ajuda o espírito a se familiarizar com as disposições

Mecanismos Cósmicos de A a Z

emotivas superiores, num condicionamento hipnótico para o céu. (Obra: *A Missão do Espiritismo*, 11ª edição, pp. 80-81)

Prece – efeitos sublimes

É um dos recursos eficientes que eleva e reorganiza a harmonia "cosmo-psíquica" do homem, pois abranda as manifestações animais instintivas, afasta os pensamentos opressivos, dissipa a melancolia, suaviza a angústia e alivia o sofrimento da alma. Embora o homem nem sempre se aperceba dos efeitos positivos e benfeitores que recebe por intermédio da oração, ele retempera suas forças espirituais e se encoraja para enfrentar com mais otimismo as vicissitudes e os sofrimentos próprios da existência terrena, pois mobiliza esse potencial criador da Vida, que aproxima o homem do ideal da Angelitude. (Obra: *Elucidações do Além*, 11ª edição, pp. 103-104)

Prece – efeitos sublimes II

Figurai a prece como um detonador psíquico que movimenta as energias excelsas adormecidas na essência da alma humana, assim como a chave do comutador dá passagem, altera ou modifica as correntes das vossas instalações elétricas. Sem dúvida, a capacidade de aproveitamento do homem durante o despertamento dessas forças sublimes pelo impulso catalisador da oração depende tanto do seu grau espiritual como de suas intenções. Aliás, o espírito, ao liberar suas energias no ato da prece, ele melhora a sua frequência vibratória espiritual, higieniza a mente expurgando os maus pensamentos e libera maior cota de luz interior.

Daí o motivo por que alguns santos purificaram-se exclusivamente pelo exercício da prece, enquanto outros só puderam fazer pelo treino do sofrimento. Em ambos os casos, a purificação é fruto da dinamização das forças espirituais na intimidade do ser, embora varie quanto ao seu processo. No primeiro, é um procedimento espontâneo catalisado pela prece; no segundo, em decorrência do exercício da dor. Por conseguinte, o homem também se purifica pelo hábito constante dos bons pensamentos, pois estes mantêm no campo vibratório de sua mente um estado espiritual tão benéfico como o que se produz nos momentos sedativos da oração.

No entanto, se a criatura se descura da prece, ou seja, deixa de "orar e vigiar", eis que, então, a dor se encarrega de ativar as reações morais necessárias para, mais tarde, libertarem-na compulsoriamente do guante do mundo animal. Nenhum auxílio é tão salutar e eficiente para manter o equilíbrio moral do Espírito, como o hábito da oração, pois a criatura confiante, sincera e amorosa, religa-se a Deus. (Obra: *Elucidações do Além*, 11ª edição, p. 104)

Prece – recurso divino

A prece, em sua verdadeira essência, é um esforço que a alma empreende para elevar-se vibratoriamente às correntes superiores. Exercita-se momentaneamente, procurando ampliar a estatura do espírito; tenta a libertação transitória da forma, que a seduz e hipnotiza, no ciclo das vibrações letárgicas. A prece, proporcionando essa fuga momentânea, auxilia o espírito a imergir na essência divina que lhe caldeia a estrutura consciencial. O "orai e vigiai", na divina voz de Jesus, bem vos adverte da necessidade que ainda tendes do exercício da prece, que é ginástica moral, para desenvolver os "músculos" do espírito. A oração apressa a "ascensão"; acelera a vibração espiritual e isola a alma do contato asfixiante da forma. Habitua, pouco a pouco, o homem, para o futuro comportamento do anjo. O espírito apazigua-se, enternece, o instinto recua, atemorizado, ante a fragrância da luminosidade que emerge do íntimo de quem ora com fé. O próprio facínora, caído de joelhos, na oração de agudo arrependimento, desprende fagulhas santificantes do espírito, e mais tarde, abrasado em incêndio de amor, se transformará em anjo potencial, porque seus atos, idéias e conduta formam um estado quase permanente de oração. Na realidade, eles, nessas atitudes, são a "prece viva". Ante a predominância dos estados inferiores como sejam a maledicência, a calúnia, a obscenidade, irritação, inveja, ciúmes, vaidades, indiferença ao sofrimento alheio, que são comuns aos terrícolas, faz-se necessária maior soma de preces, para a alma reajustar-se, momentaneamente, à vibração superior. (Obra: *A Vida no Planeta Marte e os Discos Voadores*, 17ª edição, pp. 498-499)

Prece por moribundos – banho de amor

A prece em favor do enfermo ainda é o recurso balsâmico mais aconselhável e benfeitor, pois, além de envolvê-lo sob um manto de vibrações sedativas, ainda o ajuda a suportar, corajosamente, seu estado mórbido. É o socorro psíquico capaz de aquietar a alma em dolorosa agonia e prestes a abandonar o mundo físico, porque a oração fervorosa não só produz clareiras de luz no ambiente, como facilita a interferência auxiliadora dos bons espíritos. É um banho vibratório, refrescante, acalmando o espírito do doente e ajudando-o a partir em paz para o mundo astral; inclusive, proporciona o ensejo de vislumbrar mais cedo os familiares e amigos que o esperam nas portas do Além-túmulo.

Diante da morte do corpo carnal, ajuda o espírito eterno a libertar-se suavemente dos laços físicos. O desespero diante da separação física inevitável, os gritos e as revoltas íntimas dos familiares inconformados jamais impedem o desenlace já previsto pela implacabilidade da Lei. Assim, enquanto a prece traça fronteiras vibratórias na defesa fluídica e serve de auxílio psíquico, o agonizante pode desligar-se do casulo de carne, lembrando a ave que alça o seu vôo, fugindo do solo em busca da amplidão livre do céu. (Obra: *Sob a Luz do Espiritismo*, 1ª edição, p. 99)

Presença de Deus – consciência paulatina

Sob a força do instinto animal de conservação do indivíduo, o espírito arrecada e acumula bens e valores, aliciados incessantemente no mundo exterior, a fim de ativar e compor o núcleo de sua consciência pessoal, que é preenchida pelas experiências e conclusões no educativo intercâmbio "psicofísico". Apercebendo-se das leis e dos motivos que regem o equilíbrio das vidas planetárias, pode concluir sobre a Inteligência Suprema, que é na realidade o agente causal e disciplinador dos fenômenos e acontecimentos exteriores. O homem sente intimamente a presença de Deus, como a fonte sublime e infinitamente sábia que criou, cria e governa o Universo. Sob o domínio das leis rudes e draconianas do mundo de Mamon, que o acicatam sem descanso para compor e plasmar a sua consciência individual, é incessantemente sensibilizado por esse intercâmbio psíquico. Então, se apercebe, pouco a pouco, da presença divina oculta, mas diretiva para o próprio aperfeiçoamento, que lhe atua na intimidade humana elaborando a metamorfose angélica.

Sem dúvida, enquanto o espírito serve no mundo educativo e transitório de Mamon, ele ainda não pode distinguir lucidamente quanto à realidade do "reino de Deus", o qual é a vida autêntica na Espiritualidade. Não há razão de separação entre os dois mundos espiritual e material; pois o homem é tão-somente um espírito materializado na face física da Terra, orbe que também não passa de um "quantum" de energia universal ali compactada. O espírito encarnado ausculta, mas não se apercebe de sua realidade divina, porque ainda não desenvolveu os sentidos espirituais adequados para desfrutar desse evento superior. (Obra: *O Evangelho à Luz do Cosmo*, 10ª edição, p. 194)

Pretos velhos – Bandeirantes da luz

Raros umbandistas percebem o sentido específico religioso da umbanda, no sentido de confraternizar as mais diversas raças sob o mesmo padrão de contato espiritual com o mundo oculto. Sem violentar os sentimentos religiosos alheios, os pretos velhos são o "denominador comum" capaz de agasalhar as angústias, súplicas e desventuras dos tipos humanos mais diferentes. São eles os trabalhadores avançados, espécie de bandeirantes desgalhando a mata virgem e abrindo clareiras para o entendimento sensato da vida espiritual, preparando os filhos e os habituando a soletrar a cartilha da humildade, para mais breve entenderem a própria mensagem iniciática do espiritismo. (Obra: *A Missão do Espiritismo*, 11ª edição, p. 142)

Processo evolutivo – caminho comum

Quem hoje é um pecador ou diabo, no futuro será anjo ou

santo. Assim, Nero ainda será um Jesus, porque Jesus, alhures, pode ter sido um Nero, tanto quanto Hitler ainda será um Gandhi, porque Gandhi, também, poderia ter sido um Hitler. Ante o determinismo do processo evolutivo, que é justo, equânime e sem privilégios para os filhos de Deus, a centelha espiritual mais ínfima do Cosmo um dia há de ser um Logos Solar,[3] embora essa maturidade sideral só ocorra após a criação e a destruição de alguns universos físicos.

Ainda sob o invólucro de um Tamerlão, ou Gêngis Khan, Deus serve-se dos atributos divinos ali existentes, e modela a criatura à sua imagem. Lenta e inexoravelmente, no residual da própria animalidade, gesta-se a consciência radiosa de um anjo e o comportamento sublime de um santo, tanto quanto no próprio lodo malcheiroso, também brota o lírio ou jasmim perfumados. (Obra: *O Evangelho à Luz do Cosmo*, 10ª edição, pp. 82-83)

Procriação – Função cósmica

O renascimento de espíritos na matéria é de vital importância no Espaço, pois, além de proporcionar a indenização do passado culposo, ainda melhora a graduação espiritual e apressa a ventura angélica do ser. A procriação de filhos deve ser encarada essencialmente como um fato técnico ou científico, que em vez de um melodrama social ou moral humano, é princípio favorável espiritual.

Um corpo de carne é o mais valioso recurso para o espírito desencarnado prosseguir a sua ascensão venturosa, enquanto pode olvidar a lembrança cruciante de suas culpas pregressas no abençoado esquecimento do passado. O cérebro físico não pode expor acontecimentos de que não participou no pretérito; e, assim, cada nova existência oferece novos estímulos retificadores e benfeitores ao espírito prevaricador. O biombo de carne funciona à guisa de mata-borrão olvidando o passado, a sustar o vínculo "consciencial" dos deslizes e mazelas pregressas. O esquecimento encarnatório ajuda o espírito a operar mais livremente na nova existência, pois ignorando as provas que deverá

---

3 Logos Solar, Espírito Planetário do Sol, Consciência Espiritual que centraliza o progresso dos orbes, que formam cada constelação solar.

enfrentar alhures, anima-se para organizar uma existência mais saudável e proveitosa. Se o homem pudesse recordar perfeitamente a trama de sua vida anterior, calculando os proventos a colher, mas, também, as crises de sofrimento e desesperos morais dos efeitos cármicos, jamais ele teria qualquer senso de iniciativa na vida física, certo dos seus esforços inúteis contra um destino fatalista! (Obra: *A Vida Humana e o Espírito Imortal*, 11ª edição, pp. 81-82)

Profetas – duas ordens diferentes

Mesmo nos eventos proféticos, não há regra sem exceção. Para vossa melhor compreensão, distinguiremos duas ordens de profetas que se diferenciam no modo de operar: alguns, em transe, têm visões do futuro, porque penetram mais intimamente nos bastidores espirituais, onde os Mentores dos Orbes planejam a configuração dos mundos para o intercâmbio humano; outros percebem em si próprios os "clichês" ou as matrizes em que se delineiam os fenômenos futuros; parece-lhes que a consciência se desprende das fronteiras comuns do mundo material, perdendo a noção de espaço e tempo e sentindo os acontecimentos futuros no próprio presente. Os videntes de maior expansão consciencial vibram em frequência mais alta e captam os chamados "arquétipos" dos acontecimentos em sucessão.

Assim como, na linguagem de Jesus, "o reino de Deus está dentro do homem", a consciência do profeta, qual gota do oceano espiritual, em que mergulha, amplia-se em todos os sentidos e abrange maior porção do próprio oceano, ou seja, das obras de Deus. (Obra: *Mensagens do Astral*, 13ª edição, pp. 178-179)

Profetas – sensibilidade aguçada

Valendo-se de sua natureza psicofísica, mais apurada, que lhes permite maior alcance extracorpóreo, inclusive excelente percepção cerebral na esfera do éter-refletor, em cujo plano se processa o registro da memória da Natureza.

Em alguns casos, como nos de João Evangelista, Daniel e Ezequiel, os Mentores Siderais resumem os acontecimentos futuros e os sintetizam no campo etereoastral dos profetas que, então, vivem em si mesmos esses fatos. Como não os podem descrever sob a linguagem exigida pela ciência acadêmica, os envolvem com figuras alegóricas que melhor recordem o espírito da predição. É por isso que João Evangelista menciona o sangue como símbolo do instinto animal; a púrpura como os poderes aristocráticos do mundo; o dragão como a violência e a brutalidade da matéria; a serpente configurando a astúcia, a perfídia, a tentação humana, e a besta como o desregramento sem conta.

O profeta é criatura normalmente dotada de um sistema admirável de "chacras" bem-desenvolvidos e fartamente luminosos, na figura de centros de forças distribuídos à periferia do corpo etérico, que é o intermediário entre o plano invisível e o físico. Uma vez que nos registros "akhásicos" do éter-cósmico se grava desde a queda de uma folha de árvore até o nascimento e a extinção de uma galáxia, inclusive os detalhes dos planos futuros elaborados pelos Arquitetos do Cosmo, os profetas se colocam em contato com essas matrizes etéricas e trazem para o estado de vigília, graças aos seus "chacras" apuradíssimos, os eventos que ainda estão fora do conceito de espaço e tempo. (Obra: *Mensagens do Astral*, 13ª edição, pp. 194-195)

Programa sideral – padagogia crística

Através de Jesus, o magnífico medianeiro humano, o Cristo pôde transmitir mais fielmente as normas para o homem desprender-se definitivamente de um mundo útil como educativo, porém, transitório e dispensável após a emancipação espiritual. Assim que o espírito alcança sua conscientização espiritual e deixa de ser dominado pelos instintos, libera-se do educandário físico, por ter devolvido à terra o "quantum" da animalidade que o imantava aos ciclos compulsivos das existências carnais.

E quem não realizar esse programa e não cumprir o esquema ascensional, esforçando-se para se libertar do jugo da matéria, também não logrará a união consciencial e definitiva com Deus, ou o "Nirvana", conforme a concepção dos orientais.[4] Sem dúvida, não irá ao Pai, quem não conseguir acompa-

---

4 Nirvana é um estado perene de consciência desperta, o autoconhecimento que

nhar Jesus no roteiro que viveu com absoluto desprendimento e consciência perfeita da missão, em demonstrar o caminho crístico do Amor para libertar as almas dos ciclos tristes das vidas transitórias na matéria. No madeiro da cruz, o símbolo do corpo físico, Jesus, o melhor ser do mundo, glorificou-se renascendo em "Espírito" e "Verdade", e pela libertação definitiva do instinto de conservação da personalidade humana abriu a clareira de luz para a salvação de todos os homens.

A vida e a paixão do inolvidável Mestre Jesus, em sua renúncia suprema e sob a inspiração do amor crístico, selaram sobre a face da Terra a síntese do curso sideral exato, que o espírito ignorante e simples deve cumprir na sua vivência didática, sob a pedagogia da vida carnal. (Obra: *O Evangelho à Luz do Cosmo*, 10ª edição, p. 176)

Proteção oculta – sobrevivência das espécies

Realmente, caso o Alto assim o queira, os enfermos podem curar-se facilmente das doenças tradicionais do corpo físico. Que seria dos animais, se o instinto ou a Natureza não os atendesse tão carinhosamente, amparando-os desde o nascimento até à morte e guiando-os mesmo para encontrarem o vegetal medicamentoso que lhes alivia as dores e lhes cura as doenças?[5] Essa proteção misteriosa e oculta que mantém a sobrevivência de todas as aves, animais e seres, que a tudo provê, atende e corrige, cuida desde o filhote do pássaro dentro de um ninho pendurado precariamente na forquilha do arvoredo, até do filho do elefante nascido nas furnas da floresta e já onerado por severos problemas de alimentação.

Por que o homem também não poderia gozar dessa graça sublime da Vida, desde pressentir o alimento ou o remédio natural que lhe seja mais útil e proveitoso para mantê-lo fisi-

---

liberta. Não é um modo de aniquilamento do ser, como a gota de água se funde no oceano, porém, condição de plena consciência espiritual; é a vida do espírito liberto das limitações do tempo e do espaço.

5 Nota do Médium: É o caso dos cães, que, acometidos de cólicas intestinais, procuram um tipo de capim apropriado para aliviar suas dores, assim como os elefantes, que, pressentindo grave epidemia em sua espécie, viajam semanas a fio em busca de uma erva especial, cuja ingestão funciona à guisa de excelente vacina, livrando-os das doenças epidêmicas.

camente sadio na face do orbe terráqueo? Mas, infelizmente, em face de sua anomalia psíquica, fruto do truncamento do sentido harmonioso e progressista da existência humana, a maioria dos homens é obrigada a socorrer-se doutra minoria, com a responsabilidade de velar pela saúde sempre perturbada. Paradoxalmente, esta minoria encarregada da saúde dos demais também não logra muito êxito quando precisa curar-se a si mesma! (Obra: *Mediunidade de Cura*, 12ª edição, p. 82)

Psicometria – leitura das auras

É a faculdade que têm algumas criaturas de poderem "ler psiquicamente", em contato com objetos ou coisas, as impressões ou imagens em sua aura etérica pelas vibrações dos acontecimentos ou cenas a que os mesmos objetos "assistiram". Em cada objeto que usamos grava-se a imantação do nosso fluido no seu duplo etérico; e mais tarde possibilitará ao psicômetro treinado, identificar e descrever os fatos de nossa vida, ocorridos durante o tempo em que o possuímos. A psicometria, pois, consiste em se fazer a leitura da aura dos seres e das coisas, por intermédio de pessoas dotadas de especial sensibilidade, ou seja um hipersensitivo. (Obra: *Elucidações do Além*, 11ª edição, p. 120)

Psicometria – meditação e autodomínio

O que em Marte é conjunto de qualidades comuns, favorabilíssimas para o êxito da psicometria, em vosso mundo é aquisição excepcional. Os principais elementos para o bom psicômetra são os seguintes: habituar-se à meditação; dominar bastante as sensações pessoais, para ter bom controle mental. Deve saber isolar-se do mundo externo, físico, numa espécie de "auto-hipnotização", a fim de se tornar um núcleo receptivo, um captador de vibrações psíquicas. É um suave estado de passividade, de auscultação espiritual, permitindo que as imagens chegadas através da sua sensibilidade psíquica, despertem-lhe os ajustes do raciocínio identificador. Comumente, antes do psicômetra "ver imagens" na tela imponderável, a sua mente é invadida por idéias e imagens que lhe criam o estado mental de sintonia necessária à perfeita receptividade dos acontecimentos que vão manifestar-se. Em certos casos, é uma espécie de voz interior que parece enunciar, com antecedência, os detalhes mais relevantes aos fatos que serão projetados ou revelados pelo objeto em análise. (Obra: *A Vida no Planeta Marte e os Discos Voadores*, 17ª edição, p. 412)

Psicometria, radiestesia e "akasha"

Conforme já temos dito, os objetos, as substâncias, os cabelos, os órgãos dos seres vivos, as cartas, os apetrechos de vestuários, a água corrente ou estagnada, os lençóis radioativos ou minerais do subsolo tanto são portadores de vigorosos fluidos peculiares à sua natureza, como também captam ou acumulam no campo etérico de suas auras as emanações fluídicas do meio em que atuam ou de que participam.

O mineral, o vegetal e os seres vivos são constituídos simultaneamente de átomos etéricos e físicos, os quais se interpenetram numa contínua sucessão de forças, atritando-se e influenciando a manifestação da vida em ambos os planos etérico e material. Os átomos étericos formam o duplo etérico como o fiel e imutável registro de tudo o que se sucede em seu redor ou na sua intimidade. É justamente esse duplo etérico que o radiestesista ausculta pelo pêndulo no seu campo vibratório, identificando-lhe o teor vibratório positivo ou negativo, enquanto o psicômetro o lê de modo regressivo, isto é, de diante para trás.

Sob tal condição de lei sidérea, todos os acontecimentos já sucedidos no vosso planeta também se fixaram em definitivo no seu campo etérico ou no "akasha" da terminologia hindu; embora de modo imperfeito, eles podem ser lidos na sua aura pelos psicômetros invulgares ou sondados pelos radiestesistas. Esse fenômeno, embora se suceda noutro plano vibratório, lembra algo do processo com que a técnica terrena grava a voz e a música nos sulcos de cera de carnaúba ou de bronze das matrizes dos discos fonográficos ou fitas magnetizadas, para depois serem reproduzidos pela agulha de vitrola ou pelo alto-falante do gravador. O mesmo acontece com os filmes fonográficos, que gravam na sua emulsão virgem as imagens retratadas do

Mecanismos Cósmicos de A a Z

mundo e depois o fotógrafo as revela pela reação das substâncias químicas apropriadas. (Obra: *Elucidações do Além*, 11ª edição, pp. 135-136)

Psique total – causas ocultas das doenças

Entretanto, à medida que o homem for compreendendo a verdadeira função da dor e do sofrimento, como processo de limpeza psíquica da vestimenta perispiritual, é certo que as pesquisas e preocupações humanas também se voltarão mais atentamente para a causa mórbida milenária e enraizada no espírito. Visto que o organismo físico é um agregado de órgãos compondo um todo vivo, que deve pulsar coeso sob a combinação harmoniosa das energias mental, astral, etérica e física, reduz-se o êxito médico quando o examinam apenas pelas suas partes constituintes. O laboratório, em sua pesquisa louvável, fornece os elementos materiais para auxiliar o diagnóstico da "doença", mas não habilita o médico a conhecer o todo psicológico doente. Às vezes, malgrado a existência de vários exames negativos, de laboratório, assegurando a ausência de bactérias, bacilos, parasitas ou germes considerados ofensivos e que então negam a presença da enfermidade suspeitada, o paciente continua enfermo, pois é uma unidade orgânica perturbada em seu todo e não apenas em partes isoladas. São os vícios, os hábitos perniciosos, as emoções descontroladas, os pensamentos daninhos e os objetivos imorais que se constituem nos elementos fundamentais a se materializarem mais tarde na forma de prolongamentos enfermiços, que interpenetram morbidamente a admirável contextura celular do corpo humano. (Obra: *Fisiologia da Alma*, 13ª edição, pp. 395-396)

Psiquismo diretor e alma grupo

Cada psiquismo diretor é mais propriamente um "campo psíquico" total, que abrange, interpenetra, incentiva, inter-relaciona e aperfeiçoa os reinos mineral, vegetal e animal. Cada reino acima possui o seu "psiquismo diretor" responsável pelas criações e transformações ocorridas neste reino, bem como orienta a sua transposição para outro reino mais evoluído. O psiquismo do reino mineral determina a composição e a configuração de todos os minerais do orbe; o psiquismo diretor do reino vegetal plasmou as inumeráveis espécies pertencentes à flora; o psiquismo diretor do reino animal é o responsável global por todas as espécies zoológicas viventes na terra, no mar e no ar.

No entanto, a alma-grupo é já um comando mais pessoal, mais particularizado, que governa cada espécie. No reino mineral, por exemplo, existe uma alma-grupo para cada tipo de minério; no reino vegetal o psiquismo atua por diversos subcomandos psíquicos, conhecidos por almas-grupos, que regem a espécie pinheiro, pitangueira, orquídeas, carvalho, palmeira, mostarda, repolho ou cedro; e, finalmente, no reino animal, governam as almas-grupos das águias, serpentes, pombas, elefantes, lobos e peixes. E por haver diferença de nutrição e experimentações psíquicas, a alma-grupo de certo tipo de um mineral, uma espécie de aves, ou de animais, ainda pode substabelecer comandos psíquicos menores, com o critério de velar e desenvolver espécies variadas do mesmo gênero. Daí o motivo por que a ciência botânica do mundo classificou, também no reino vegetal, tipos que se afinam por características semelhantes, destacando, assim, maior ou menor compacidade do lenho; tonalidades ou durabilidades; tipos de reprodução e usos, como se diferenciam cientificamente as rosáceas, leguminosas, sapatáceas e outras.

Enquanto o psiquismo diretor comanda e incentiva a vida instintiva do reino vegetal ou animal, a alma-grupo trabalha e governa mais particularmente cada tipo caracterizado à parte, definindo-lhes as propriedades, que cumprem determinada função no esquema global da criação do mundo físico. Como o homem representa a síntese de toda a escala evolutiva, cada homem tem o seu psiquismo representado pelas experiências adquiridas e endereçadas para novas experiências a adquirir. (Obra: *O Evangelho à Luz do Cosmo*, 10ª edição, pp. 98-99)

Psiquismo e espírito – diferenças

Convém subentender que o espírito é já uma individualidade, um centro de consciência particularizada, com a capacidade analítica de sentir-se e saber-se existente por um raciocínio próprio. No entanto, o animal ainda vive e sente através de sua alma-grupo, a qual então poderia ser considerada o espírito global da espécie cão. Assim, todos os cães agem e reagem da mesma forma e entendimento, sem quaisquer ações definidas, ou à parte, que os distingam de sua alma-grupo. Para um cão ou um cavalo agir de modo individual, com características diferentes das que a sua alma-grupo impõe coletivamente, então seria preciso que ele já possuísse alguma substância mental, que é justamente a base fundamental do raciocínio, e, consequentemente, o princípio que permite a elaboração de uma consciência particularizada. Embora o pano de fundo da consciência psíquica coletiva dos reinos e das espécies de seres do mundo, tanto quanto as consciências individualizadas dos homens, seja a própria Consciência de Deus, o nosso intento é esclarecer que na nomenclatura transcendental há perfeita distinção entre o "psiquismo", que é a base da vida espiritual, e o "espírito", entidade já distinguida no tempo e no espaço. (Obra: *O Evangelho à Luz do Cosmo*, 10ª edição, p. 100)

Pulsação harmônica do Criador – carma

O Carma, como lei imutável, aliada à de Causa e Efeito, rege todo o processo da vida cósmica; é a própria pulsação harmônica do Criador manifestando-se tanto na composição dos astros como no aglomerado dos elétrons constitucionais dos átomos. Cada orbe e cada elétron ajusta-se perfeitamente a esse ritmo eterno e de aperfeiçoamento sideral, conjugando-se para harmonia do Cosmo. Há, pois, um entrosamento cósmico de ação e reação em todo o Cosmo; assim é que a Terra, movendo-se e consolidando-se sob a regência disciplinadora do seu Carma, só se aperfeiçoa em harmonia com o Carma da Constelação Solar a que pertence; mas esta, por sua vez, liga-se ao Carma de sua Galáxia, que também se submete ao Carma das demais Galáxias dependentes do Carma dos Hemisférios Cósmicos.

O globo terrestre está submetido ao metabolismo cármico de todo o sistema visível ou invisível do Cosmo; há uma rota definida e um ritmo ascensional, que o impulsionam para condições cada vez mais progressistas no cortejo planetário do seu sistema solar. Justamente devido à regência dessa lei cármica, que atua no sistema solar a que pertence a Terra, é que em certas épocas determinadas para a consolidação de sua massa planetária e o reajustamento de sua humanidade, se registram as sequências dos "juízos finais" corretivos, conforme atualmente já está sucedendo com o vosso orbe. (Obra: *Fisiologia da Alma*, 13ª edição, pp. 258-259)

Purgatório – vida na Terra

A fim de o espírito drenar a sua carga fluídica nociva de vidas anteriores, ele precisa retomar nova existência física, cujo corpo carnal, então, passa a funcionar como um "mata-borrão" vivo, capaz de transferir o residual tóxico do perispírito para o solo terreno, depois da morte. Daí o motivo porque o Catolicismo considera a Terra um "vale de lágrimas", no qual a alma lava-se dos seus pecados e purifica-se através do sofrimento, que é fruto oneroso ao efetuar a sua drenagem perispiritual terapêutica.

No decorrer de cada encarnação, desde a infância até a velhice, o organismo carnal do homem absorve as toxinas ainda aderidas ao seu perispírito, as quais se desprendem sob a própria lei de gravidade do magnetismo específico da Terra. A ação imantadora do corpo físico propicia a atração fluídica e purificadora do perispírito intoxicado, enquanto a morte carnal conduz esse "mata-borrão" vivo para o túmulo, onde a fauna dos sepulcros ultima a tarefa desintegrante dos miasmas e resíduos perniciosos, os quais terminam se incorporando no próprio campo etereofísico da Terra. (Obra: *O Evangelho à Luz do Cosmo*, 10ª edição, p. 295)

Purificação áurica – evangelização

Não há melhoria espiritual sob coação ou intervenção exterior. Nem o Cristo, que é Caminho, Verdade e Vida, poderá purificar-vos por processo "ex-abrupto", sem que antes tenhais sido digno pelo esforço e livre-arbítrio. Ele é o roteiro, a influência benéfica, o elo divino entre Deus e vós, para que modifiqueis a vossa conduta e purifiqueis os veículos que servem ao vosso espírito na forma física, a fim de despertardes para a consciência definitiva do "EU SOU". – Nunca podereis atingir o desiderato supremo de sentirdes, em vós, o esplendor da Luz Cósmica da Realidade Incriada, enquanto não seguirdes o caminho silencioso do "meu reino não é deste mundo". Cresceis, da consciência individual que atua subjugada pelos invólucros de vários planos vibratórios, para o ajuste definitivo à consciência cósmica de Deus, a fim de recuperardes a Verdade perdida na "descida angélica". – Sois centros microcósmicos de consciência macrocósmica, funcionando através de escotilhas vivas, abertas para os mundos astrais e físicos, na incessante e gradual procura do Todo Eterno. Os pensamentos dominantes nesses veículos em que agis, criam e modificam as cores áuricas, clareando-as ou escurecendo-as, conforme os raios mentais que se prismam pelo corpo "etérico-astral".

Que vos adiantariam as intervenções exteriores, na terapêutica de exterminar ou purificar as cores inferiores e dominantes, geradas pelo vosso orgulho, maldade, luxúria ou sensualidade, se depois as criaríeis novamente, sob os mesmos impulsos degradantes? Aquele que recebe o seu traje branco, lavado, tê-lo-á sujo, outra vez, assim que descer ao plano inferior das minas de carvão. (Obra: *A Vida no Planeta Marte e os Discos Voadores*, 17ª edição, p. 148)

Purificação perispiritual – "túnica nupcial"

Realmente, a "túnica nupcial" do "Festim de Bodas" corresponde, perfeitamente, ao perispírito enunciado por Allan Kardec no "Livro dos Espíritos",[6] porquanto se trata do corpo ou veículo imortal, que preexiste e sobrevive ao falecimento comum do homem físico. Há "corpo carnal" e "corpo espiritual", conforme dizia Paulo de Tarso, ao incentivar em suas epístolas, que o "homem novo" e renovado em espírito, também deve substituir o traje roto pelo egoísmo do "homem velho", o qual

---

6 "Envolvendo o gérmen de um fruto, há o perisperma; do mesmo modo, uma substância que, por comparação, se pode chamar perispírito, serve de envoltório ao Espírito propriamente dito." Comentário de Allan Kardec extraído da pergunta 93, tema "Perispírito", de *O Livro dos Espíritos*, 17ª edição em português, editada pela Livraria da Federação Espírita Brasileira.

ainda é o escravo das forças animais dominantes na vida física. Mas o perispírito não é exclusivamente um organismo produto da composição de forças vivas e sublimadas, que se fundem sob a vontade e o pensamento do espírito imortal. Além de ser a vestimenta que envolve, configura e identifica a chama espiritual, esta ainda o interpenetra onda por onda, vibração por vibração. Através de sucessivas materializações nas faces dos orbes físicos, o perispírito, sob a ação detergente da dor e do sacrifício, do estudo e da experiência da vida física, deixa os resíduos e aderências durante o intercâmbio íntimo e com o exterior. Finalmente, quando purifica-se até a diafanização e condição de maravilhosa figura alada, liberta de quaisquer influências inferiores e desimantada da atração animal, então retrata a imagem fascinante da "túnica nupcial", tão bem descrita por Jesus na parábola do "Festim de Bodas". (Obra: *O Evangelho à Luz do Cosmo*, 10ª edição, pp. 272-273)

Q

Qualidade espiritual da Terra – ciclos

Na distribuição da carga espiritual que há de constituir a humanidade terrícola, a "Administração Sideral" do orbe também escolhe certas épocas para a encarnação de espíritos benfeitores e sadios destinados a regerem ou governarem determinada nação ou povo. São verdadeiras intercessões de melhor quilate espiritual, a fim de que a humanidade não se atrofie num baixo nível intelectivo, artístico e moral. Esses magníficos condutores de povos traçam rumos sadios para o futuro e desalojam do meio os mandantes corruptos, egotistas e mercenários! Da mesma forma, outros, de menor graduação sideral, porém, corretos, dinâmicos e filantropos, são conduzidos à direção de indústrias, instituições culturais e científicas do mundo, apurando o sentido e os objetivos financeiros e econômicos de modo a servir às massas menos favorecidas!

Eis por que a humanidade terrena, em certas épocas, apresenta índices espirituais para melhor ou pior, comprovando quando predomina em seu seio uma carga de espíritos benfeitores ou defeituosos. A qualidade espiritual do orbe terráqueo, malgrado a sua natureza primária de escola roceira, tem em certo tempo o seu gráfico também comum acusando predominância de ascensão. Em determinadas fases, o planeta convulsiona-se pelos conflitos guerreiros e pela safra de tiranos e conquistadores dominados por instintos e paixões, enquanto desconhecem os sentimentos mais comuns. O terreno lavra-se e reponta a erva daninha sufocando os brotos tenros das boas sementes! No entanto, também ocorrem, por vezes, hiatos de paz entre as nações humanas, períodos pacíficos, laboriosos e até gentis, compensando as violências e destruições do passado. Cidades antigas, anti-higiênicas e impróprias para a natureza evoluída do cidadão terreno, depois de destruídas pelo "inimigo" ressurgem das ruínas sob traçados amplos e arejados, compatíveis com uma população carente de oxigênio, luz e jardins! Na Idade Média dominaram na Terra espíritos trevosos, cruéis e verdadeiros primatas da espiritualidade, que, no comando político e religioso do mundo, amordaçaram consciências, tolheram a liberdade, revolveram o lamaçal das paixões animais, vulgarizaram a arte, reduziram o direito de crença e obscureceram os mais singelos ideais humanos! Após essa experiência tenebrosa em afinidade com a carga espiritual encarnada, o Alto então frenou a descida em massa de espíritos de quilate diabólico, e, programando a encarnação de linhagem espiritual superior, renovou a face da Terra sublimando a arte, liberando a devoção religiosa e consagrando a bela vivência da Renascença![1] (Obra: *A Vida Humana e o Espírito Imortal*, 11ª edição, pp. 176-177)

Quarentena mental e processo gestacional

É necessário compreenderdes que a alma destinada a um sofrimento estigmático no vosso mundo, é entidade descontrolada em sua composição psíquica, descendo ao campo de formas na mais acerba alucinação espiritual. Desde que encontre um conteúdo equilibrado e harmonioso no campo mental materno, a que se achega, a sua corporificação se dará dentro dos ditames cármicos estabelecidos, embora dolorosos. Porém, se ainda surgirem impulsos de outra mente desgovernada, que é a futura genitora, tais desequilíbrios mentais atuarão a esmo e discriminatoriamente, estabelecendo recalques genéticos inferiores e culminando em gestar detestável figura teratológica. A medicina comum, entontecida, limita-se a considerar os "genes" e o curso físico "organogênico", distante da realidade

1 "E Deus tomou o dragão, a serpente antiga, que é o Diabo, Satanás, e o amarrou por mil anos" (Apocalipse, 20:2.) Sob o exame de pesquisadores do gênero, considera-se que tal acontecimento identifica perfeitamente o fim da Idade Média.

Mecanismos Cósmicos de A a Z   377

terrível, que é o produto de duas mentes adversárias e em atrito. Desnecessário vos recordar, então, o fundamento da "quarentena mental" marciana, durante a gestação, que estabelece, no campo ginecológico, a segurança para uma corporificação fundamentalmente humana mas perfeita. (Obra: *A Vida no Planeta Marte e os Discos Voadores*, 17ª edição, p. 80)

Quebranto – benzimento da touca da criança

Considerando-se que a matéria é energia condensada, é óbvio que todos os objetos e cousas do mundo material emitem ondas "eletromagnéticas" e radiações do seu corpo ou duplo etérico, de cujo fenômeno originou-se a ciência da radiestesia, ou seja, o estudo e a pesquisa dessas emanações radioativas. Conforme já explicamos nesta obra o radiestesista sensível consegue identificar até as doenças alheias e prescrever a medicação certa, quer o faça pelo exame pessoal, como pela auscultação de um pouco de cabelos, um anel, um lenço ou mesmo de qualquer objeto de uso pessoal do enfermo.

No caso do benzimento da touca da criança com quebranto, o benzedor potencializa o duplo etérico da mesma pelo exorcismo fluídico e acelera o seu circuito magnético para uma ação dispersiva no foco virulento. Atrai as energias fluídicas benfeitoras, concentra-as na touca e depois as dinamiza pela sua vontade e pelo treinamento incomum. Então, quando a touca é colocada na cabeça da criança com quebranto, o potencial vigoroso concentrado pelo benzedor dispersa as forças daninhas, tal qual o reator atômico ativa e acelera as órbitas eletrônicas no seio nuclear dos átomos.

Quebranto – descarga fluídica

A projeção do mau-olhado nas crianças causa o quebranto, uma "prostração, fraqueza ou suposto resultado mórbido", conforme diz o dicionário comum. O povo pressente que se trata de uma carga fluídica, pois quando uma pessoa boceja é costume dizer-se que ela está com quebranto. Em nossa esfera

378   Ramatís

espiritual o quebranto é conhecido por "anemia etérica", pois o duplo etérico, o veículo intermediário entre o perispírito e o corpo físico, é que recebe o impacto fluídico do mau-olhado ou do enfeitiçamento, sofrendo a desvitalização local.

Há criaturas que produzem o quebranto devido a inveja, ciúme ou frustração pela criança alheia, a qual é mais robusta, inteligente ou esperta do que seus filhos. Devido à sua inconformação e infelicidade, mães e pais de crianças aleijadas ou retardadas podem produzir e lançar fluidos mórbidos contra os filhos alheios sadios. (Obra: *Magia de Redenção*, 11ª edição, p. 170)

Quebranto e benzimento – mecânismos científicos

Embora a medicina e os cientistas terrenos considerem o "quebranto" uma velha e tola superstição, o certo é que ele exerce-se disciplinado por leis tão lógicas como as que também coordenam o curso e a estabilidade das órbitas eletrônicas no seio dos átomos. Os fluidos etéricos e malfazejos projetados pelas criaturas invejosas, ciumentas ou despeitadas podem acumular-se no perispírito indefeso das crianças e chicotear-lhes o duplo etérico, perturbando o funcionamento normal dos "chacras" ou centros de forças etéricas.[2]

O "chakra esplênico", situado à altura do baço, no duplo etérico, responsável pela vitalização e pureza sanguínea, é o centro etérico que mais sofre e se perturba sob os impactos ofensivos dos maus fluidos, pois reduz a entrada do fluxo prânico,[3] e afetando a saúde da criança, ela perde a euforia de viver, ficando triste e melancólica. Restringindo o tom energéti-

---

2 Nota do Médium: Existe em nossa família um caso algo singular nesse gênero comentado por Ramatís. Uma de nossas sobrinhas, menina robusta e atraente, foi vitoriosa num concurso de beleza e robustez infantil, aqui em Curitiba; e, no dia seguinte, amanheceu triste, apática e sonolenta.
Recusou alimentos, rejeitou brinquedos e guloseimas, mostrando-se indiferente aos próprios afagos dos pais. Enfim, uma senhora idosa, nossa vizinha, achou que era "quebranto" de inveja e despeito alheio, pela vitória da menina no concurso infantil. O fato é que ela benzeu a doentinha. Então a tristeza, sonolência e apatia sumiram--se como por encanto.
3 Nota do Revisor: Fluxo prânico ou "prana" é a soma total da energia cósmica; as forças vitais do corpo, principalmente as energias recebidas pela função respiratória e através do "chakra esplênico". É palavra sânscrita, que significa sopro, hálito de vida, combinando-se o prana com as próprias energias ocultas do Sol, na Terra, e provindas de outras fontes siderais próximas.

Mecanismos Cósmicos de A a Z   379

co do metabolismo etéreo ou magnético vital, o perispírito também é afetado no seu intercâmbio com a carne na sua defensiva natural. O fenômeno do "quebranto" lembra o que acontece com certas flores tenras e sensíveis, que murcham prematuramente sob as emanações mefíticas dos pântanos. E o benzimento é o processo benfeitor que expurga ou dissolve essa carga fluídica gerada pelo "mau-olhado" sobre a criança, ou mesmo exalada de certas pessoas inconscientes de sua atuação enfermiça sobre os seres e cousas. O benzedor do quebranto também bombardeia e desintegra a massa de fluidos perniciosos estagnada sobre a criança ou seres afetados desse mal, desimpedindo-lhes a circulação etérica. Embora os sentidos físicos do homem não possam registrar objetivamente o processo terapêutico de eliminação do quebranto, a criança logo se recupera. (Obra: *Mediunidade de Cura*, 12ª edição, pp. 182-183)

Queima do carma e purgatório

Nessa vertência cruciante de venenos para a matéria, que os hindus chamam a "queima do carma", a dor atroz escalda a carne e a febre ardente incendeia o sangue, criando na mente humana a idéia do purgatório ou do inferno, cujo fogo corresponde ao estado de comburência psíquica durante a purificação perispiritual. Em consequência, o espírito já vive na Terra o seu purgatório, cujo fogo pungente queima-lhe a carne no alastramento da doença, seja o câncer, a morféia, a tuberculose ou o "pênfigo selvagem", provenientes da drenação incessante dos tóxicos nocivos à estrutura da sua personalidade espiritual.

No entanto, há certa equivalência na concepção do purgatório católico, pois, na realidade, o homem que não consegue eliminar toda a carga fluídica deletéria do seu perispírito através do corpo físico, às vezes precisa aceitar o recurso extremo de purgar o saldo pernicioso nos charcos ou pântanos saneadores, de absorvência drástica, que existem no Além-túmulo. (Obra: *Mediunidade de Cura*, 12ª edição, pp. 50-51)

Queimar carma – virtudes

É uma definição pitoresca, muito usada no Oriente, do que acontece ao espírito que, através do sofrimento e das vicissitudes humanas, consegue reduzir o fardo de suas obrigações cármicas do passado. Quando a dor, a humilhação e as decepções pungem os vossos espíritos através da carne sofredora, é certo que isso promove a queima imponderável do visco pernicioso que ainda está aderido ao perispírito como produto gerado pelo psiquismo invigilante. O sofrimento acerbo é como o fogo purificador a queimar os resíduos cármicos do perispírito. Muitos espíritos que, em seguida à sua desencarnação, caem especificamente nos charcos de purgação do astral inferior, chegam muitas vezes a se convencer de que estão envolvidos pelas chamas avassaladoras do inferno! Ante a natureza absorvente e cáustica dos fluidos desses charcos, eles funcionam como implacáveis desintegradores dos miasmas e viscos deletérios incrustados na vestimenta perispiritual.

Desde muito cedo o espírito do homem é condicionado gradativamente para o sofrimento, que vai purgando as impurezas do seu perispírito, e a isso a tradição oriental chama "queimar" o Carma, isto é, pagar uma ou mais prestações de uma grande dívida que contraiu. Quando o espírito se resigna à ação cármica retificadora, ajusta-se à Lei e esta desenvolve-lhe a vontade e orienta-lhe o sentimento para a futura configuração angélica. É como acontece à criança que, sob a orientação dos adultos e adquirindo confiança em suas pernas, ergue-se e caminha, para explorar melhor o mundo ao seu redor. Mesmo Jesus, quando curava os enfermos, recomendava-lhes que queimassem o Carma, dizendo-lhes: "Não peques mais, para que não te aconteça coisa pior". E dizia assim porque, enquanto os pecados "engendram" mais Carma doloroso para o futuro, as virtudes o queimam, porque libertam a alma do jugo da matéria e evitam que ela cometa novos desatinos. A recomendação de que a alma deve substituir continuamente o que é péssimo pelo que é bom, o falso pelo verdadeiro ou a violência pela paz, tem por principal objetivo modificar carmicamente o teor futuro de vossa vida, como procede o homem prudente e cuidadoso, em

Mecanismos Cósmicos de A a Z

sua mocidade, para usufruir de uma velhice saudável e calma. (Obra: *Fisiologia da Alma*, 13ª edição, pp. 286-287)

Queima de pólvora – saneia a aura

Nos trabalhos mediúnicos sob o comando de pretos-velhos, índios e caboclos experimentados na técnica de física transcendental, as pessoas cujo perispírito sobrecarregado de fluidos perniciosos mostra-se com sinais de paralisia, são submetidas à "roda-de-fogo", ou queima de pólvora, cuja descarga de ação violenta no mundo etereoastral desintegra as escórias perispirituais e saneia a aura humanal.[4] O mesmo salitre, que os entendidos usam para dissolver a aura enfermiça dos objetos enfeitiçados, depois de misturado ao enxofre e carvão, constitui a pólvora, que ao explodir compõe um ovo áurico no mundo etéreo-astral, muito semelhante ao cogumelo da bomba atômica, desagregando miasmas, bacilos, vibriões e microrganismos psíquicos atraídos pelo serviço de bruxaria e obsessão. (Obra: *Magia de Redenção*, 11ª edição, p. 216)

Quiromância – ciência das mãos

As mãos revelam, em sua estrutura, a plasticidade, a temperatura e os movimentos identificadores dos estados físicos, nervosos e circulatórios, em absoluta correspondência com as manifestações ocultas das energias etéricas, astrais e mentais do espírito. Há considerável diferença entre a postura da mão que abençoa, e a daquela que maldiz ou fere; há, também, grande dispersão de energias fluídicas da mão do pródigo e voluptuoso, como há a proverbial reserva do egotista e do avaro. Na voz sábia do senso popular, o pródigo é considerado um "mão-aberta", porque deixa escapar tudo o que apanha; e

---

4 Vide o capítulo X, "O Fogo Purificador", da obra *Obreiros da Vida Eterna*, de André Luiz, da FEB, do qual destacamos os seguintes trechos em corroboração ao referido acima, por Ramatís: "Como você não ignora, as descargas elétricas do átomo etérico, em nossa esfera de ação, fornecem ensejo a realizações quase inconcebíveis à mente humana". – "O trabalho dos desintegradores etéricos, invisíveis para nós, tal a densidade ambiente, evita a eclosão das tempestades magnéticas que surgem, sempre, quando os resíduos inferiores de matéria mental se amontoam excessivamente no plano".

382   Ramatís

o segundo, avaro e egocêntrico, é o "mão-fechada", na feição de prudência e cautela. Há criaturas de cujas mãos flui um alento criador, que aviva e renova o que tocam, consideradas "mãos benéficas", favoráveis para o plantio, postura de aves e poda vegetal; outras, infelizes, exsudam fluido doentio por onde passam, ficando estigmatizadas de "mãos ruins". A cólera contrai os dedos, crispa-os; o júbilo, a alegria os afrouxa; a meditação atua inconscientemente nas mãos, motivo pelo qual o pensador foi sempre estruturado com a cabeça apoiada na mão cismadora. A sensualidade excita a mão e a deixa inquieta; a ansiedade faz mover os dedos incessantemente; as mãos são mansas e ternas como as pombas, quando acariciam com pureza espiritual; são traidoras, perigosas e coercitivas no crime, ou quando escondem a má intenção da alma que as move. No dizer bíblico, Deus pôs o destino do homem em suas mãos, advertindo que toda atividade emocional e psíquica deixaria nesse apêndice humano a sua marca, o seu selo definitivo. Recolhei-vos um instante e deixai-vos envolver pelo silêncio meditativo da alma; pensai em júbilo ou na cólera; imaginai abençoar ou esbofetear, e então sentireis fluir vigorosa e distintamente, pela palma das mãos, o fluido amoroso como a brisa das colinas ou os jatos anavalhantes produzidos pelos pensamentos raivosos e deprimentes. (Obra: (Obra: *A Vida no Planeta Marte e os Discos Voadores*, 17ª edição, p. 140)

R

Raças humanas – ensejos educativos

As raças, os povos e os homens são apenas ensejos educativos e transitórios, que revelam à luz do mundo material as aquisições feitas pelo espírito imortal. Poder-se-ia dizer que a face dos planetas serve para o espírito verificar e comprovar a sua consciência, o que ele já realizou em si mesmo. Deste modo, ele extrai ilações pessoais de sua capacidade, resistência, renúncia, individualidade e do seu talento espiritual. Apura o espírito e passa a cultuar as manifestações que mais se enquadram nos códigos morais dos mundos superiores. Esforça-se depois para anular ou mesmo evitar os ascendentes que lhe retardam a paz e a ventura definitivas.

Eis por que, reportando-nos ao passado, verificamos que inúmeras raças, depois de se imporem na face do orbe pelo fausto, cultura, comércio, descobertas ou conquistas belicosas desapareceram completamente, deixando raros vestígios. Assim é que Babilônia, Fenícia, Sodoma, Gomorra, Herculanum, Pompéia, Hititia, Caldéia, Cartago e as civilizações atlantes sumiram do mapa terráqueo. E a Pérsia, Etiópia, Hebréia, Egito e outras velhas nações também começam a oscilar nos seus alicerces, mal sustentando sua glória e poderes tradicionais do passado. (Obra: *O Sublime Peregrino*, 16ª edição, pp. 218-219)

Radiestesia – emanações magnéticas

Todos os corpos existentes na Natureza desprendem emanações que são os seus corpúsculos imponderáveis, tal como o rádio. Essas emanações fluídicas e infinitesimais passam despercebidas às criaturas, pois não há um dispositivo especial ou órgão para captá-las na forma de ondas eletromagnéticas, como mais propriamente elas se desprendem de todos os materiais e seres vivos. Quando armado da varinha ou do pêndulo, o radiestesista é semelhante a um aparelho receptor de rádio, em que o seu braço funciona como antena. O pêndulo, varinha ou forquilha representam o detector que transmite e amplia os movimentos espontâneos produzidos pelas emanações, ondas radiantes ou magnéticas que exsudam dos corpos.

O seu principal papel é o de revelar e depois ampliar aos sentidos físicos as vibrações imponderáveis que interceptam ou captam, mas de forma alguma esses objetos de sondagem e prospecção radiestésica podem criar a faculdade no homem, a qual lhe é congênita. Não há dúvida de que operando-se com pêndulos de material tanto mais neutro quanto possível, ou forquilhas e varas de vegetais mais seivosos e cortados no crescente, também se obtêm melhores resultados na pesquisa, porque eles assim permitem maior fluência e receptividade às ondas eletromagnéticas em pesquisa. No caso dos pêndulos de material mais neutro, eles também exercem menor influência no magnetismo, que se escoa em circuito fechado pelo perispírito do radiestesista, enquanto as forquilhas ou varas de árvores cortadas no crescente, isto é, na fase de melhor seiva, também ficam mais sensíveis, porque estão sobrecarregados do magnetismo e da eletricidade vegetal. (Obra: *Elucidações do Além*, 11ª edição, pp. 133-134)

Radioatividade – aura – feitiço no rastro

Os acontecimentos da vida estão intimamente ligados à ação da Energia sobre a Matéria. O conceito atual de matéria, aliás aceito pela vossa ciência acadêmica, é o de energia condensada ou força coagulada. Sendo assim, a matéria, embora partícula de força condensada, age vigorosamente em todos os campos vibratórios dos planos etéreo-astral e mental onde se originou. Desde que essa matéria ou energia acumulada seja acionada com mais veemência, ela aumenta a sua ação nos correspondentes planos vibratórios do seu natural "habitat". Essa atividade amplia-se tanto quanto seja a capacidade de se ativar ou excitar a substância material, fazendo-a repercutir em direção ao seu campo dinâmico natural. Atuando vigorosamente na matéria, atuareis concomitantemente nos planos energéticos de onde ela provém, porquanto houve uma "condensação" ou "aglomeração" para os sentidos físicos.

Consequentemente, essa energia presente em todos os corpos e aprisionada pelos limites da forma, extravasa continuamente, formando as "auras" dos minerais, vegetais e seres humanos. O campo magnético, à superfície dos corpos físicos, é rico de radiações, ou seja, partículas magnéticas que se desagregam continuamente de todas as expressões da vida material. Visto que as criaturas humanas são também "energias condensadas", elas então alimentam um campo radioativo em torno de si, e que deixa um rasto ou uma pista de partículas radioativas por onde passam, pelas quais os cães se orientam utilizando-se do "faro" animal. A tradição de que o enfeitiçamento feito no rasto da vítima é absolutamente eficiente e difícil de desmancho, é porque a condensação de fluidos perniciosos é feita diretamente no campo magnético da aura de energia em libertação do enfeitiçado. O lençol de partículas radioativas da vítima, ainda em ebulição e ativo na área do enfeitiçamento, então favorece uma imantação mais compacta e profunda na penetração áurica.

Embora considerando-se o extraordinário senso de orientação que a "mente-instintiva"[1] proporciona às aves e aos animais, ajudando-os na luta pela sobrevivência, com poderes ou faculdades que espantam o próprio homem, o certo é que, durante as suas deslocações de um lugar para outro, eles também despedem partículas radioativas e deixam verdadeiras pistas magnéticas vibrando no mundo oculto. Assim, os cães e os gatos, quando são afastados a quilômetros distantes de sua moradia, eis que retornam habilmente até o ponto de partida, porque seguem o contrário da própria pista radioativa que deixaram anteriormente. (Obra: *Magia de Redenção*, 11ª edição, pp. 39-40)

Recordações de existências passadas

Uma vez que o cérebro carnal não pode perceber acontecimentos que, durante a noite, são presenciados unicamente pelo perispírito, ou que se registraram em outras encarnações e só foram observados por outros cérebros já "falecidos", é evidente que também não poderá recordá-los através de nova consciência gerada no mundo físico e completamente alheia ao pretérito. Se não podeis transportar para o cérebro físico, em cada nova encarnação, a lembrança dos acontecimentos gravados exclusivamente no cérebro do perispírito imortal, é natural que, durante a nova existência carnal, também não possais recordar o passado, salvo por efeito de aguçada sensibilidade psíquica ou através de alguma experiência psíquica incomum, como no caso da hipnose. As evocações do passado, no entanto, tornam-se possíveis àqueles que se ausentam com facilidade do corpo físico, pois a libertação astral, quando assídua, muito ajuda a projetar a memória perispiritual para o cérebro de carne. A maior familiaridade dos orientais para com o fenômeno do mundo oculto e os seus labores iniciáticos permitem-lhes maior revivescência da memória etereoastral, fazendo-os recordar-se dos fatos mais importantes das suas vidas anteriores. (Obra: *A Sobrevivência do Espírito*, 8ª edição, pp. 250-251)

Reencarnação – bendita redenção

Sem dúvida, todos os filhos de Deus, mesmo os mais perversos, são dignos da magnanimidade divina e dos ensejos reeducativos para a sua redenção espiritual, embora suas provas devam ser disciplinadas pelo mesmo esquema espiritual de que "a colheita é de acordo com a semeadura"! É óbvio, pois, que as condições, os processos e o tempo empregado nessa retificação redentora, variam segundo o volume dos equívocos e delitos praticados pelos espíritos endividados. Os tiranos, os fazedores de guerras e os exterminadores de povos, depois da morte física enfrentam, por longo tempo, problemas terríficos e cruciantes de acordo com a extensão dos seus crimes e segundo a soma exata de todos os minutos que empregaram nos atos de perversidade,

Mecanismos Cósmicos de A a Z

vandalismo e prejuízo à humanidade. No entanto, depois de submetidos aos processos de retificação espiritual, mediante reencarnações sucessivas, que se processam através dos séculos, eles também logram a sua melhor graduação para os ensejos angélicos do futuro. (Obra: *Elucidações do Além*, 11ª edição, p. 25)

Reencarnação – benzimento – fé

O espírito encarna-se na Terra para corrigir as suas deficiências espirituais ocorridas no passado, assim como desenvolver as virtudes que lhe compensem os equívocos orgulhosos de outrora. Assim, o potentado de ontem pode retornar à carne para desempenhar a modesta função de lixeiro, ou viver existência enfermiça, dependendo da generosidade alheia e convocado a meditar sobre o abençoado sentimento da fraternidade humana! O médico presunçoso, que após adquirir o diploma acadêmico tornou-se frio e egotista, algo parecido a um computador eletrônico lidando com números vivos e não seres humanos, então pode renascer na figura do caboclo analfabeto ou do preto pobre, a fim de recuperar o tempo perdido pela antiga dureza do coração, atendendo hoje ao serviço humilde e até ridículo de benzedor! À guisa de condensador vivo dos maus fluidos alheios, espécie de ímã da sujeira do próximo, o homem orgulhoso do passado pode purificar a sua indumentária perispiritual na prática singela do benzimento. Assim como o pó-de-pedra purifica a água suja e a vela do filtro retém as impurezas, benzer sublima e melhora a qualidade psíquica.

Então a criatura desperta primeiramente em si a fé que subestimou no pretérito por excesso de cientificismo ou vaidade, aceitando a posição do homem humilde, que o destino inflexível desvia desde menino de todas as oportunidades de cultura e prestígio humano, para atender os enfermos da alma! Cientista, alhures, confiava exclusivamente no academicismo do mundo, e só sabia reger-se pelas "leis da física"; benzedor, depois, desenvolve proveitosamente a fé pelas curas que realiza, passando a viver somente as "leis do coração"! (Obra: *Magia de Redenção*, 11ª edição, p. 192)

Reencarnação – graduação angélica

É de senso comum que o pinheiro e o carvalho são apenas a "ressurreição" vegetal de arvoredos semelhantes, já extintos no cenário do mundo físico. Eles depois tornam a se reproduzir de forma visível, concreta e sob a mesma identidade vegetal, graças às próprias sementes geradas anteriormente, as quais conservam latente em sua intimidade a síntese das configurações dos futuros arvoredos "reencarnados". Sob igual processo, no gérmen da procriação do espécime humano, também já existe o esquema do futuro homem a se materializar carnalmente.

Em face da impossibilidade de o espírito primário do homem lograr a sua gloriosa angelitude numa só existência humana, e não podendo de imediato aperceber-se do "reino de Deus", ele, então, precisa de muitas vidas físicas ou encarnações em vários planetas das mais diferentes graduações. Lenta, sensata e conscientemente, o espírito, então, se gradua para a integração angélica, através das sucessivas existências físicas de aprendizado e educação espiritual. Eis por que Jesus enunciou, categoricamente, que "ninguém poderá ver o reino de Deus, se não nascer de novo", pois é de Lei que tanto quanto o espírito submete-se às lições educativas das formas físicas ele também afina e sublima o próprio perispírito.

Há um sentido de "renovação" ou "ressurreição" incessante, em todas as latitudes do Universo, e quando o espírito renasce em múltiplas existências na Terra, ele comprova no cenário do microcosmo humano a similitude de uma regra ou de um princípio, que atua em perfeita decorrência com a própria Lei de Renovação do Universo. (Obra: *O Evangelho à Luz do Cosmo*, 10ª edição, pp. 257-258)

Reencarnação – lições necessárias

Desconheceis, porventura, as chamadas reencarnações expiatórias em vosso próprio ambiente terrestre? Considerais involução ou retrocesso o fato de antiga alma de orgulhoso potentado, daninho à vida comum, reencarnar-se na figura do mendigo pustuloso? Ou o caso do notável escritor cuja pena foi

Mecanismos Cósmicos de A a Z

insidiosa, fescenina e degradante, que se reencarna na forma do imbecil, para a chacota dos moleques das ruas? Ou ainda o espírito do ex-atleta, que abusava da sua força física e que regressa ao mundo das formas na figura de um molambo de carnes atrofiadas? Há injustiça ou retrogradação, quando o fluente orador do passado, cuja palavra magnetizava os incautos e seduzia os ingênuos com falsas promessas políticas, retorna à Terra como a criatura gaga, ridícula e debicada por todo mundo? (Obra: *Mensagens do Astral*, 13ª edição, p. 337)

Reencarnação – minuciosa preparação

Há leis, organizações, disciplina no Além Túmulo. Portanto, todo o processo reencarnatório é estudado e programado pelos mentores espirituais, em todos os seus detalhes: progenitores, constituição física e mental, temperamentos.

São mobilizados todos os recursos possíveis para que o espírito, ao retornar à matéria, tenha êxito em seu projeto de vida; inclusive, com várias soluções secundárias. São programadas uma alternativa principal e outras secundárias, de modo a ser a vida material mais útil para o reencarnante. Mesmo os espíritos de consciência primária, que ainda são incapazes de traçar os programas de suas vivências na matéria, dominados pelos comportamentos decorrentes das forças coercitivas do instinto animal, são conduzidos à encarnação obedecendo a certo esquema "coletivo" e disciplinado pelos mestres da espiritualidade. Embora sejam, mais propriamente, "arrastados" pela lei gravitacional, em direção ao ventre da mulher terrena, os responsáveis por seus destinos na Terra vigiam-nos desde o seu nascimento, crescimento e até os derradeiros minutos de sua vida orgânica. São entidades que ainda renascem à luz da existência carnal entontecidos e ignorantes de sua destinação espiritual em individualização no seio do Universo. (Obra: *Sob a Luz do Espiritismo*, 1ª edição, p. 103)

Reencarnação – redução perispiritual

A fim de o espírito encarnar-se novamente no mundo físico, ele precisa submeter-se ao processo inverso de reduzir a sua forma perispiritual adulta, até plasmar a forma de um feto. Antes de atingir essa redução fetal, ele ainda trai o aspecto fisionômico herdado da família a que pertenceu na vida anterior. Mas essa aparência dilui-se no processo da nova materialização carnal, em que passam a predominar os ancestrais biológicos dos parentes aos quais se ajusta consanguineamente. Somente depois de conseguir a sua redução até alcançar a configuração exata de um feto perispiritual, é que, então, pode ser "encaixado" no ventre do próprio perispírito da mulher terrena, no qual o molde reduzido e ali ajustado principia a prover-se das energias "etereofísicas" herdadas da nova família terrícola e disciplinadas pelas leis da genética humana. Decorridos os nove meses da gestação normal, ou sete meses do nascimento prematuro, o feto perispiritual, encaixado no útero do perispírito da mulher, mostra-se completamente preenchido no útero físico, ou seja, materializado e apercebido pelos sentidos humanos.[1] (Obra: *O Evangelho à Luz do Cosmo*, 10ª edição, p. 282)

Reencarnação – restrição provisória

Para habitar a carne, o espírito deve reduzir o seu perispírito ou invólucro espiritual, que lhe dá a configuração humana, até alcançar a forma de um "feto" perispiritual, ou seja, a condição "pré-infantil", capaz de permitir-lhe o "encaixe" no útero-perispiritual da futura mãe encarnada, na contraparte imponderável do útero físico.

Não se trata de redução na sua faculdade mental ou capacidade astralina, já desenvolvidas no curso pretérito de sua evolução. Ele fica apenas temporariamente restringido na sua liberdade de ação durante o encolhimento perispiritual, colocado no ventre materno, onde deve materializar-se para atuar no ambiente físico. O espermatozóide, na sua corrida instintiva

---

1 N. de Ramatís - Sem dúvida, a futura mãe do espírito encarnante também é um espírito encarnado, isto é, uma entidade também portadora de um perispírito, que se materializou sob o mesmo processo de seu filho. Em consequência, o feto perispiritual do seu descendente é "encaixado" no vaso uterino também perispiritual e, ao nascer, a criança é mais propriamente o perispírito materializado a caminho de se desenlear, em vez do peculiar crescer. O perispírito, reduzido à forma de um feto e submetido interiormente à impulsão centrípeta, mais desperta do que cresce, mais retorna à sua verdadeira estatura do que conta tempo no calendário da vida física.

em direção ao ovário feminino, é tão-somente o "detonador psíquico", espécie de "elo" ou "comutador automático", que em sua essência ectoplásmica funciona ligando o mundo astral ao mundo físico. É apenas um microrganismo nutrido de "éter--físico" do orbe terráqueo, o qual desata o energismo criador nesse limiar oculto da vida e acasala as forças do espírito com o campo físico da carne. Em seguida, o molde perispiritual do encarnante situado no útero da mulher preenche-se gradualmente de substância física, ante o automatismo atômico e a contextura molecular própria da Terra.[2] (Obra: *A Vida Humana e o Espírito Imortal*, 12ª edição, p. 18)

Reencarnação – terapêutica divina

Porventura o ciclo das reencarnações não é uma terapêutica divina, que obriga o espírito a se retificar e a progredir compulsoriamente, situando-o nos ambientes hostis ou entre a parentela terrena adversária, para fazê-lo purgar suas enfermidades espirituais? Quantas vezes o homem é cercado pela deformidade física, por uma moléstia congênita ou uma paralisia orgânica ou, ainda, sujeito às vicissitudes econômicas e morais, obrigado a enquadrar-se nos ditames do Bem! Mas nem por isso o espírito perde o mérito de sua retificação espiritual pois, diante da escola implacável da vida física, é ainda a sua consciência que realmente decide quanto a aproveitar ou desprezar a inexorável terapêutica cármica, aplicada compulsoriamente pela Lei Justa, do Pai! (Obra: *Fisiologia da Alma*, 13ª edição, pp. 209-210)

Reencarnações – atuação no espírito

O espírito eterno e imutável jamais abandona o seu mundo

---

2 Não há uma encarnação ou desencarnação absolutamente semelhante a outra, acontecimento que depende, fundamentalmente, da especificidade magnética e do desenvolvimento psíquico do espírito encarnante ou desencarnante. Há casos em que os técnicos siderais aguardam primeiramente a cópula humana, para então processarem a redução perispiritual do encarnante até atingir a forma fetal. No caso de espíritos primários, que devem encarnar instintivamente atraídos pelas forças da carne, a redução do perispírito é feita com bastante antecipação à cópula e depois ligada imediatamente ao ato físico. (Nota de Ramatís.)

espiritual. Em verdade, ele se manifesta através de um corpo modelado pela sua própria configuração perispiritual milenária e original. Enfim, materializa-se pela aglutinação de átomos, moléculas e substâncias, que são herdadas da ancestralidade biológica da família onde deve se encarnar. Em cada existência carnal, o perispírito focaliza-se no cenário do mundo material sob a estrutura anatomofisiológica hereditária do novo conjunto familiar de que descende. A contextura do perispírito, então, lembra o arcabouço para se construir importante edifício, o qual sempre permanece o mesmo, seja qual for o aspecto exterior e as divisões interiores, conforme os padrões tradicionais modernos. A encarnação não significa perda de identidade espiritual, nem mesmo o espírito abandona a sua moradia sideral, onde é eterno e indestrutível. Não se funde nem se dilui na composição de cada organismo físico, mas ele apenas opera através do seu perispírito e das múltiplas conexões, que lhe proporcionam o ensejo de atuar com êxito e consciência no mundo físico. A entidade espiritual, nessa diminuição vibratória, vai confeccionando os elos necessários para atuar, coerente e eficientemente em cada campo subsequente mas movimentando o seu corpo carnal sem abandonar o mundo espiritual de onde se originou. (Obra: *O Evangelho à Luz do Cosmo*, 10ª edição, pp. 261-262)

Regiões trevosas – falsos diabos

Não resta dúvida de que, no esquema criativo do Universo, o homem participa com sua consciência em incessante produtividade. Em consequência, toda atividade humana que melhora, atribui-se a Deus, e toda atividade que piora ou destrói, ao Diabo. Assim, palpita no âmago do próprio homem, uma "fórmula básica", de que Deus é a evolução e o Diabo, a involução; Deus é a luz, o Diabo, as trevas; Deus, o positivo, e o Diabo, o negativo.

No entanto, o que mais justifica essa crença ou temor subjetivo do Diabo deriva-se do fato de que todos os espíritos, em sua incessante ascese angélica, passam, em algum estágio de predomínio da animalidade, pelas regiões trevosas do Astral Inferior, guardando reminiscências temerosas das entidades malformadas e sádicas dessas regiões de densidade mais pesada. Explicando melhor, no momento em que a centelha se individualiza no seio da Energia Cósmica, o seu psiquismo é dirigido no sentido daquilo que chamamos instinto, cuja função é criar uma nova consciência, que irá se estruturando lentamente até o Infinito. Nesses momentos de maior egocentrismo, a alma pode executar ações que a levem ao Astral Inferior, onde outras almas deformadas pelo ideomorfismo perispiritual, trazem configurações hediondas.

Sob a força desse magnetismo inferior, que imanta o psiquismo e o amordaça à atividade animal, as consciências primárias desencarnadas, e ainda algo inconscientes, quase sempre caem, "especificamente", nas regiões trevosas e muito densas do mundo astral. Nessas zonas, demasiadamente compactas em sua especificidade magnética, predomina uma vida quase física, que é liderada por espíritos brutalizados e excessivamente vitalizados pela animalidade, falsos diabos, perversos, despóticos e escravos indomáveis do sexo, entidades que não guardam qualquer escrúpulo para a sua satisfação ignominiosa, assim que escravizam as almas mais débeis e desguarnecidas pelos seus próprios pecados.

Trata-se de lembranças que todas as almas trazem gravadas em sua intimidade psíquica, desde o mundo astral "trevoso" ou "infernal" e, assim, traduzem, na tela embaçada da memória mental atual, as impressões de um passado impreciso. E, como Satã é cópia deformada do homem, a sua contextura peculiar também pode variar, conforme seja a psicologia e o temperamento de cada povo ou raça. (Obra: *Sob a Luz do Espiritismo*, 1ª edição, pp. 60-61)

Regras do Evangelho – síntese cósmica

A Lei de Deus é perfeita, sem jamais se modificar para atender a qualquer particularidade ou privilégio pessoal. Ela tem por função exclusiva a sabedoria e perfeição de todos os seres. Jesus, em sua fidelidade espiritual, exemplificou em si mesmo o desenrolar das paixões humanas e, depois, a sublimação, assegurando a ascese angélica. A sua vida no cenário do mundo físico é condensação das leis definitivas que regem o Cosmo. Ele proclamou-se com justiça o "Caminho, Verdade e Vida". As regras do Evangelho, ensinadas para a vivência correta e evolutiva das humanidades nos mundos físicos, correspondem aos mesmos esquemas disciplinadores da vida das constelações, dos planetas e asteróides pulsando no Universo. Assim, Jesus movimentou-se na Terra, sob a regência das mesmas leis que governam o Cosmo, e as revelou em perfeita equanimidade com as ações e transformações microcósmicas dos homens à luz do Evangelho.

Em consequência, o seu Evangelho é uma síntese para orientar o comportamento humano na Terra, na mais perfeita sintonia com os postulados científicos das leis do Macrocosmo. Aliás, no curto espaço de 33 anos, Jesus efetuou o resumo de toda a paixão humana, através de milênios e milênios de aprendizado e emancipação espiritual do homem. (Obra: *O Evangelho à Luz do Cosmo*, 10ª edição, p. 113)

Reino de Deus x mundo de Mamon

Já vos dissemos que Deus é único e o Universo monista. Assim, jamais pode haver conflitos na concepção de dois mundos, os quais permanecem constituindo o mesmo Cosmo. Trata-se apenas de um propósito educativo e conciliador, concebido pelos próprios líderes espiritualistas, a fim de se distinguir as diferentes operações legislativas que atuam em pólos opostos, mas visando sempre o melhor conhecimento da Unidade Divina. Não há separação absoluta entre o "reino de Deus" e o "mundo de Mamon", mas apenas se distinguem dois modos de vivência aparentemente opostos, entre si, e que, no entanto, não modificam a Unidade Fundamental da Vida Cósmica. Trata-se mais de um ponto de apoio mental humano, cujo contraste permite ao espírito limitado do homem efetuar pesquisas, análises e conclusões, que lhe são favoráveis para o mais rápido modelamento da própria consciência individual.

O espírito trabalha, objetivamente, no mundo de Mamon, numa pesquisa e observação centrípeta, a fim de ao mesmo tempo, organizar e aperfeiçoar a forma; mas, por intuição, ele sente cada vez mais e melhor a natureza centrífuga e real de

Deus. O instinto animal, que opera através das leis fisiológicas, mas é excessivamente cego, modela o organismo carnal para o espírito poder atuar no mundo de Mamon, exercendo a sua ação de modo particular e condicionado. Em consequência, na sua focalização humana no cenário do mundo físico, o espírito precisa lutar, veemente e sacrificialmente, para poder impor os seus princípios espirituais superiores sobre as tendências animais instintivas inferiores. É como o cavalo selvagem bravio, que tem de ser domado para, então, ser utilizado na tração útil de carros ou como montaria. (Obra: *O Evangelho à Luz do Cosmo*, 10ª edição, p. 193-194)

Reinos da Natureza – consciência instintiva diretora

Sem dúvida, há em cada reino da natureza uma consciência psíquica instintiva, que atua em determinada faixa e frequência vibratória, vinculada à Mente Universal. Cumpre-lhe, especificamente, aperfeiçoar as espécies minerais, vegetais e as próprias espécies animais. Sob tal comando e o progresso incessante, esse mesmo psiquismo instintivo amolda e apura os minerais incorporando-os aos vegetais e, em seguida, os ajusta às espécies animais, providenciando a contextura do organismo carnal anatomofisiológico, que deverá servir para o futuro homem. É por isso que a própria ciência terrícola comprova que existe uma direção, um sentido orientador e disciplinado na cristalização de alguns minerais. Observa-se uma espécie de "arquétipo" oculto, que além de proporcionar a necessária composição química, que se traduz por propriedades fisioquímicas, ainda confere aos minerais as características geométricas de cada tipo, a distribuição harmoniosa das cores; os aspectos e as variedades peculiares de cada espécie. (Obra: *O Evangelho à Luz do Cosmo*, 10ª edição, p. 96)

Reinos da Natureza – interligação

Já vos dissemos que o psiquismo é que plasma as formas do mundo, assim como o cientista não evolui sob a ação das formas do laboratório, mas o laboratório é sua criação e o ensejo de ele progredir no manuseio das substâncias em experimento. O psiquismo é que elabora todas as formas do mundo físico e intervém nessa atividade morfológica criativa, efetuando experiências e promovendo iniciativas para o incessante aperfeiçoamento da própria Criação.

Tudo evolui e tudo se transforma em expressões mais apuradas, donde se justifica o próprio postulado de Leibniz, em que "nada se cria nem se perde, mas tudo se transforma". A pedra sublima-se no vegetal, o vegetal no animal e o animal no homem. Por isso, a tartaruga já lembra uma pedra que nada; há borboletas, insetos e répteis que, pelo conhecido fenômeno de mimetismo, ainda são verdadeiros ramos de plantas ou cascas de árvores. O gafanhoto verde se confunde com uma folha que voa, a cascavel lembra o cipó rastejando e o sapo, um punhado de lodo que salta do solo. Onde termina um reino inicia-se o seguinte, mas intimamente ligados por uma consciência psíquica, que opera instintivamente no âmago de todas as espécies e objetivando sempre o apuro e a beleza da forma. (Obra: *O Evangelho à Luz do Cosmo*, 10ª edição, p. 106)

Religação – consciência de Deus

Sem dúvida, todas as criaturas constituem-se de centelhas emanadas de uma só Fonte Divina; e, portanto, mantêm-se indestrutivelmente ligadas com Deus. No entanto, ser a substância de algo é uma coisa e ter a consciência disso é outra. Todos os homens estão ligados a Deus porque sua contextura fundamental é emanação Dele; porém, como o espírito surge ignorante e inconsciente, embora esteja ligado ao Pai que o criou, todo o esforço que ele executa no sentido de ampliar sua consciência e abranger maior amplitude da Consciência Cósmica de Deus, é um processo "religioso" de "religar-se". O espírito já está ligado a Deus pela circunstância de ser criação Dele, mas depois procura a sua "religação" pelo desenvolvimento da consciência. (Obra: *A Missão do Espiritismo*, 11ª edição, p. 51)

Religião – ansiedade divina

Religião, no termo que comumente deveis empregar é

Mecanismos Cósmicos de A a Z

a ação de "religar" a criatura ao Criador. É bem o esforço da centelha de luz à procura da Fonte donde se originou. Em sua pureza iniciática, esse empenho ascensional é despido de características pessoais ou coloridos sectaristas, devendo ser considerado uma vibração harmônica e emotiva acessível a todos os seres. É uma ansiedade pura, extraterrena, que não pode ser definida ou disciplinada através de rituais, promessas ou atitudes estandardizadas. O "ego" humano, em êxtase, adivinha, pressente e busca ansiosamente a sua integração no "EGO DIVINO", no mais sublime mistério revelativo do "EU SOU". (Obra: *A Vida no Planeta Marte e os Discos Voadores*, 11ª edição, pp. 186-187)

Religiões – processo inato

Sabe-se que os homens e suas religiões evoluem de modo paralelo. Conforme o povo se faz cada vez mais civilizado, a sua religião também progride tanto em seus aspectos quanto na sua prática. À medida que a humanidade assimila e cultua ideais mais elevados, esforçando-se para uma realização moral mais sadia, também o seu culto e o seu entendimento da Divindade manifestam-se sob melhor compreensão e bom-senso. Assim, enquanto as religiões primitivas condizem com os povos atrasados, o homem civilizado do século XX requer uma doutrina religiosa compatível com o progresso atual.

Os estudiosos ateístas acham que a religião nunca teve uma origem além do entendimento e dos costumes do próprio homem; mas o homem não é exclusivamente um organismo carnal, porém, um espírito atuando do mundo oculto na composição provisória desse corpo denso. Em consequência, o sentimento religioso é inato no homem e o precede mesmo na sua adaptação ao mundo material, como o provam os selvagens na sua busca de Deus, adorando o vento, o sol e outros fenômenos da natureza. O homem civilizado e inteligente difere nessa mesma procura deísta, porque a sua devoção sublima-se em aspectos mais delicados, como a Luz, Energia, Divindade ou Absoluto.

Eis por que ainda há lugar para qualquer espécie de religião e doutrina religiosa no vosso mundo, uma vez que existem na humanidade tipos adequados aos mais exóticos e excêntricos movimentos de "procura" e "relação" com o mundo oculto. (Obra: *O Sublime Peregrino*, 16ª edição, pp. 252-253)

Reminiscências espirituais – subconsciente

Conforme detalhes que vos daremos depois, as almas trazem impressas em sua retina espiritual as recordações dos acontecimentos dolorosos que já viveram de modo catastrófico e, além disso, recebem instruções, no Espaço, sobre aquilo que está para acontecer. Todos vós estais devidamente avisados dos próximos eventos dos "tempos chegados"; conheceis, no subjetivismo de vossas almas, a sequência dos fatos que se desenrolarão sobre a crosta do vosso orbe. Embora reconheçais que sempre houve terremotos, vulcões, inundações, epidemias, furacões ou catástrofes gigantescas na Terra, sempre que tendes notícias a esse respeito domina-vos um estranho pressentimento de que "algo" já sabíeis no vosso psiquismo! Um fatalismo se desenha no horizonte e sempre vos adverte fortemente quanto à indiscutível instabilidade das formas e dos valores comuns do mundo. E, então, não tendes mais dúvidas no subconsciente, e pensais: os tempos chegaram!... Os menores acontecimentos trágicos parecem repetir aos vossos ouvidos a advertência de Jesus: "E todas estas coisas são princípio das dores". (Obra: *Mensagens do Astral*, 13ª edição, p. 107)

Renovação do Universo – lei de "Renascimento Cósmico"

Assim sucede-se, periodicamente, uma verdadeira ressurreição no Cosmo, ou seja, o advento de novos aspectos materiais pela incessante criação e, também, o "desfazimento" dos universos físicos, no eterno metabolismo Divino. Há um processo incessante de "materialização" de universos, em cada etapa do "Dia de Brahma" e, posteriormente, a desmaterialização da energia ali condensada nas fases denominadas de "Noite de Brahma". É, na realidade, uma "ressurreição morfológica", que se sucede em cada "Manvantara", ou "Grande Plano", abrangendo todos os setores astronômicos e todas as latitudes cósmicas. Assim, o fenômeno conhecido como "reencarnação" ou "ressurreição" na carne, enunciado por Jesus, e o renascimento do espírito em novos corpos físicos, reflete, também, na vivência humana algo equivalente da mesma Lei de Renovação do Universo, ou de "Renascimento Cósmico". Num sentido mais amplo, é a chama espiritual ressurgindo límpida da animalidade humana. (Obra: *O Evangelho à Luz do Cosmo*, 10ª edição, p. 257)

Renovação mental e emotiva – curas

Daí o motivo de nossa teimosa insistência em advertir-vos de que, ante qualquer surto de enfermidade, quer se trate da mais suave intoxicação hepática ou do câncer tão temido, a primeira medicação de urgência, mais aconselhada, ainda deve ser o restabelecimento do domínio mental do enfermo e a sua urgente renovação espiritual. As paixões violentas, quando domesticadas e sob o controle do espírito, tornam-se energias úteis e criadoras no campo do magnetismo do ser.

E, apesar de inúmeras descrenças e da ironia das criaturas chamadas mais intelectualizadas, é a evangelhoterapia o recurso mais eficiente para ajudar a alma no controle de suas impulsividades perigosas!

Não havendo doenças, mas doentes, estes devem-se esforçar o máximo possível para curar o seu espírito, embora comprovem que o tóxico descido da vestimenta perispiritual já lhes atingiu a carne pois, assim que se extinguir o foco maligno sediado na intimidade oculta da alma, é fora de dúvida que também se extinguirá a enfermidade, da mesma forma como a planta daninha morre assim que lhe cortem as raízes. É o próprio organismo que combate e vence a moléstia, atuando com os seus recursos naturais, e por esse motivo qualquer renovação mental e emotiva do enfermo transforma-se em salutar contribuição energética elevada, para a maior facilidade de cura. (Obra: *Fisiologia da Alma*, 13ª edição, pp. 402-403)

"Repastos vivos"– "médiuns"das trevas

Em face da Lei de correspondência vibratória, que rege as

400   Ramatís

afinidades ou a simpatia entre os seres, são os próprios encarnados que criam a receptividade favorável tanto para a presença angélica como para a produção do clima eletivo para a penetração perigosa das forças das sombras. Elevando-vos, criareis o ambiente vibratório receptível às emissões de ondas espirituais das altas hierarquias superiores; rebaixando-vos pela prática das paixões indignas e dos vícios degradantes, sereis então campo aberto às investidas solertes do Astral inferior.

Os malfeitores e os viciados do Além rebuscam todas as zonas morais e mentalmente vulneráveis das criaturas de tendências viciosas. Então, passam a explorá-las e infernar-lhes a existência, acrescendo-a de vicissitudes, desenganos e ingratidões do mundo, ao mesmo tempo que lhes insuflam sugestões malévolas para que busquem compensação no vício ou no desregramento moral. Interessam-se muitíssimo pelas criaturas negligentes, ociosas, levianas e adversas à oração ou à meditação superior; acercam-se perfidamente dos homens obscenos e sarcásticos, especialistas no anedotário que degrada a mulher, pois estes oferecem pouca resistência para sintonizar a sua frequência psíquica com as forças deletérias que, pouco a pouco, os moldam às suas condições inferiores. Avaliam todas as debilidades de caráter e probabilidades de aviltamento sob determinado vício perigoso, enquanto técnicos experimentados nas organizações do Astral degradado efetuam cuidadosa operação de auscultamento em torno dos encarnados invigilantes, baseando-se nas suas irradiações magnéticas ou nas cores variáveis de seus halos mentais em torno do cérebro. Pesquisam todo vício oculto, toda tendência perturbadora ou paixão perigosa, fazendo prognósticos e medindo a reação daqueles que oferecem perspectivas de se tornarem comparsas no repulsivo círculo vicioso, que é o intercâmbio funesto entre vivos e mortos para a mútua satisfação das sensações pervertidas da verdadeira vida espiritual.

O seu profundo conhecimento, treinado há séculos, faz com que esses técnicos malignos explorem psicologicamente todo o campo emotivo e mental da provável vítima, a fim de conseguirem a rigorosa afinidade e sintonia, que é de lei vibratória, entre os perispíritos a serem conjugados para o vício. Após focalizarem os seus "médiuns" eletivos para a produção da fenomenologia viciosa e enfermiça do mundo carnal, o processo então se lhes torna cada vez mais fácil, salvo quando, por motivos justos, ocorrem súbitas intervenções de hierarquias superiores, que salvam em tempo o candidato à humilhante função de "repasto vivo" das sombras. (Obra: (Obra: *A Vida Além da Sepultura*, 12ª edição, pp. 392-393)

Repastos vivos e "desejos dos trevosos"

As almas trevosas, além de cruéis e vingativas, vivem cheias de desejos inferiores carnais que ficaram impedidas de satisfazer pela morte corporal. Acresce que as condições vibratórias sutilíssimas, do Mundo Astral, acentuam as sensações do perispírito, que é a sede dos desejos da alma; então esses desejos ainda recrudescem e se tornam mais violentos, sem poder se saciar por intermédio do corpo físico destruído, ao qual estavam condicionados. O alcoólatra, por exemplo, tem a mente conturbada pelo desejo insofreável que vibra no seu perispírito, mas, quando na posse do corpo carnal, sacia-se em parte, pelas reações físicas produzidas pelo corrosivo e que depois repercutem no Mundo Astral dos desejos. No entanto, quando perde o corpo de carne, em verdade desmantela o seu alambique vivo, pois que, desencarnado, se vê obrigado a servir-se do corpo de um vivo na matéria para que este absorva a maior quantidade possível de álcool e lhe garanta a satisfação mórbida de poder aspirar a substância astral volatizada pelo corrosivo e exsudada pela aura.

Este é um dos motivos pelos quais os espíritos desregrados despendem tenazes esforços para conseguir os necessários "canecos vivos", que na Terra lhes possam transferir e volatizar a maior quantidade possível de bebidas alcoólicas, destinadas a acalmar-lhes a insaciabilidade viciosa superexcitada no Mundo Astral. E eis por que os desencarnados do Astral inferior não se cingem exclusivamente a desforras contra os seus desafetos encarnados, mas, depois de vingados, ainda envidam todos os esforços para conduzir as suas próprias vítimas a se tornarem intermediárias dos seus nefandos vícios e desejos torpes que trazem da matéria. Esses infelizes espíritos, constituindo-se na forma de verdadeiras agremiações delituosas, auxiliam-se mutu-

402   Ramatís

amente nas suas empreitadas vingativas, trabalhando em equipes que atuam ardilosamente sobre os encarnados, a fim de transformá-los em "repastos vivos" de suas insaciabilidades viciosas.

Ficam profundamente furiosos e aumentam o seu ódio contra as estirpes angélicas quando percebem que, pela liquidação cármica ou proteção superior, as suas vítimas estão sendo amparadas no campo vibratório do seu perispírito e imunizadas contra a ação deletéria do Mundo Astral inferior. Irrita-os a idéia de que mais um "prato vivo" lhes fuja vibratoriamente da ação indigna, muitas vezes depois de ter-lhes custado imenso trabalho para confeccioná-lo a contento de sua voracidade satânica. Daí o fato de preferirem desenvolver, em suas operações obsessivas sobre os encarnados, os desejos e vícios latentes do passado, que mais facilmente os fascinem. A vingança, quase sempre, é o pretexto com que mais tentam justificar suas ações sombrias do mundo trevoso, mas, em verdade, o que mais lhes interessa é o culto dos objetivos torpes e a busca das satisfações viciosas, que ainda os acicatam como fogo ardente e inconsumível. (Obra: *A Vida Além da Sepultura*, 12ª edição, pp. 233-234)

Respiração do Criador – Manvantara

Assegura a vossa ciência que o Universo se encontra em fase de contínua expansão; assemelha-se a gigantesca explosão dilatando-se em todos os sentidos. Efetivamente, a imagem está próxima da realidade; entretanto, como o tempo no vosso mundo é relativo ao calendário humano, não podeis avaliar essa explosão na eternidade da Mente Divina. Para Deus, esse acontecimento entre principiar e cessar a explosão é tão instantâneo como o explosivo que rebenta no espaço de um segundo terrestre. No entanto, desde os velhos iniciados dos Vedas e dos instrutores da dinastia de Rama, esse tempo de expansão, que é justamente quando Deus cria e depois dissolve o Universo exterior, é conhecido por "Manvantara", e significa um período de atividade e não de repouso, podendo ser concebido no Ocidente como um "Grande Plano" ou "Respiração" completa do Criador, dividida na diástole e sístole cósmica.[3] (Obra: *O Sublime Peregrino*, 16ª edição, p. 64)

---

3 Nota do Revisor: – Sob admirável coincidência, justamente quando revíamos as

Retrogradação do espírito – impossível

Na realidade, não existe nenhuma surpresa ou deficiência para o Comando Sideral, porquanto Deus, que edificou o Cosmo e criou os espíritos, possui todos os recursos possíveis para a consecução exata dos seus planos educativos. Não vos preocupeis! Deus fez o mais difícil e, consequentemente, ser-lhe-ia mais fácil corrigir os pequenos desmandos dum microcosmo como é a Terra! O engenheiro que edifica o "arranha-céu" não encontra nenhuma impossibilidade quando precisa eliminar alguma nódoa superficial nas paredes ou no piso encerado. A engrenagem cósmica movimenta-se sob rigorosa e disciplinada pulsação; o seu ritmo é perfeito. "Não cai um só fio de cabelo das vossas cabeças, sem que Deus o saiba" – diz o Evangelho.

A idéia da retrogradação do espírito, vós a confundis com as modificações que ocorrem nos veículos intermediários de sua ação, nos vários planos de aprendizado sideral. O espírito palpita integralmente atrás de todas as consciências humanas; é o próprio Criador, o Eterno Existir e que não retrograda, porque o perfeito não evolui! O homem é uma consciência à parte, mas acumula no tempo aquilo que o próprio Pai possui no seu Eterno Existir. Jesus mesmo faz diversas observações a esse respeito, quando afirma: "Eu e meu Pai somos um só" e, adiante: "O

provas do presente capítulo, surpreendemo-nos pelo artigo "Universo em Expansão", de Mendél Creitchinann, publicado no jornal *O Estado do Paraná*, de domingo, dia 17 de janeiro de 1965, cujo trecho de interesse transcrevemos a seguir: "UNIVERSO EM EXPANSÃO – A solução de Friedman, matemático russo, das equações de Einstein acerca do universo, conduziu à possibilidade de um Universo em expansão ou contração. Como relatamos em capítulo anterior, esse matemático descobriu um engano na solução final das equações sobre o universo elaboradas por Einstein. Um dos tipos de Universo que as equações indicam é o que chama Gamow de pulsante.
Admite este modelo que, quando o universo atingisse uma certa expansão máxima permissível, começaria a contrair-se. A contração avançaria até que sua matéria tivesse sido comprimida até uma densidade máxima, possivelmente a do material nuclear atômico, que é uma centena de milhões de vezes mais denso que a água. Que começaria então novamente a expandir-se, e assim por diante através do ciclo até o infinito."
Hosanas, pois, aos velhos mestres do Oriente, que há mais de 4.000 anos vêm ensinando o "Universo Pulsante" através dos Manvantaras, da Grande Respiração ou Pulsação de Brahma, ou Deus, cuja diástole e sístole cósmicas correspondem exatamente à concepção de um Universo em expansão e contração, da nova teoria científica dos astrônomos modernos. Pouco a pouco desvendam-se os símbolos da escolástica hindu, e graças à cooperação da própria ciência acadêmica, ergue-se o "Véu de Ísis" e surge o ensinamento ocultista oriental em todo o seu preciosismo e exatidão científica.

404   Ramatís

Reino de Deus está em vós". Esta verdade também se comprova no Gênesis, quando conceitua que "o homem foi feito à imagem de Deus". (Obra: *Mensagens do Astral*, 13ª edição, p. 408)

Revelação progressiva x síntese cristã

Deus, o Absoluto, o Infinito, jamais poderia ser enclausurado ou "comprimido" nas limitações da forma humana, assim como um pequeno lago não pode suportar e conter o volume das águas do oceano.

A Terra, planeta de educação primária a se mover entre bilhões de outros planetas mais evoluídos, jamais poderia justificar a derrogação das leis do Universo Moral, no sentido de o próprio Deus tomar a forma humana para "salvar" a humanidade terrícola, ainda dominada pela cupidez, sensualidade, avareza, ciúme e orgulho. Isso seria tão absurdo, como se convocar um sábio da categoria de Einstein para ensinar os rudimentos da aritmética aos alunos primários.

Deus jamais precisaria encarnar-se na Terra para despertar os terrícolas quanto aos objetivos superiores da vida imortal. A revelação espiritual não se faz de chofre; ela é gradativa e prodigalizada conforme o entendimento e o progresso mental dos homens. Assim, em épocas adequadas, baixaram à Terra instrutores espirituais como Antúlio, Numu, Orfeu, Hermes, Krishna, Fo-Hi, Lao-Tse, Confúcio, Buda, Maharishi, Ramakrishna, Kardec e Gandhi, atendendo particularmente às características e aos imperativos morais e sociais do seu povo. Jesus, finalmente, sintetizou todos os conhecimentos cultuados pelos seus precursores, e até por aqueles que vieram depois dele. O seu Evangelho, portanto, é uma súmula de regras e de leis do "Código Espiritual", estatuído pelo Alto, com a finalidade de promover o homem à sua definitiva cidadania angélica. (Obra: *O Sublime Peregrino*, 16ª edição, pp. 23-24)

Ritmo setenário – cor e música

Deus coordena os seus ciclos criadores pela manifestação setenária; seja o movimento atômico através dos sete ciclos cósmicos ou seja um movimento planetário, em suas sete cadeias planetárias. Desde a expressão mais sutil de onda, até o macrocosmo, ou deste para o microcosmo, no íntimo da essência divina, patenteia-se perpetuamente o ritmo setenário como base criadora de Harmonia e Evolução. A cor ou a música, em qualquer latitude cósmica, também se subordinam a essa diretriz setenária, apresentando os sete raios coloridos, fundamentais, que são prismados do "raio branco". Essas cores secundárias se combinam, adelgaçam ou formam novos matizes e tons claros ou escuros, na conformidade das disposições vibratórias do "éter". (Obra: *A Vida no Planeta Marte e os Discos Voadores*, 17ª edição, p. 289)

Rituais – desenvolvimento metódico

Deus, quando criou o mundo, também seguiu um determinado ritual, pois Ele não o fez de chofre, mas disciplinado por um procedimento gradativo e sensato, em que primeiramente surgiram as coisas fundamentais e depois as secundárias. Deus, de início, fez o planeta Terra, obedecendo ao ritual da criação; depois, veio a segunda fase, quando criou os mares, os rios e as florestas; então, surgiram os pássaros, os animais e os peixes. Mas haveria inexplicável insensatez, contrária ao rito da criação, caso os peixes aparecessem antes dos mares ou os animais antes das florestas.

É devido ao ritual já consagrado na cirurgia que o médico operador primeiramente troca suas vestes empoeiradas da rua pelo uniforme branco e limpo; em seguida, lava as mãos, depois faz a assepsia do enfermo, apanha o bisturi, faz a incisão periférica, aplica os grampos hemostáticos, e só então inicia a verdadeira intervenção com os instrumentos de ação profunda. O êxito de sua intervenção não se prende unicamente à sua sabedoria, experiência ou decisão, mas, também, à obediência ao ritual rigoroso que lhe disciplina as atividades cirúrgicas e já consagradas pelo tempo e experiência. O médico violentaria o ritual cirúrgico, caso, primeiramente, lavasse as mãos e só depois desvestisse o traje empoeirado; ou então usasse a tesoura cirúrgica de incisão interna antes do bisturi do corte periférico. O ritual, portanto, é o modo de fazer as coisas certas, um desenvolvimento metódico que evita o erro e a confusão.

É o ritual que não permite ao homem tirar as meias antes de descalçar os sapatos, porque ele também coloca as meias antes dos sapatos. (Obra: *Magia de Redenção*, 11ª edição, p. 38)

Ritual de enfeitiçamento e desmancho

No Universo tudo se move, vibra e circula através do Éter transmissor da vitalidade cósmica. Conforme seja a variação da escala e do modo das vibrações, também se manifestam os diferentes estados da matéria. O espírito do homem atua num campo de forças em perpétua ação vibratória, as quais se movem em todos os sentidos e também obedecem à von-tade potencializada dos que conheçam as leis de sua regência e atividade no Cosmo. Os magos antigos produziam fenôme-nos excêntricos, incomuns e atemorizantes, porque além de conhecerem profundamente o campo de forças manifestas pelo microcosmo e macrocosmo, eles eram senhores de uma vontade poderosa a serviço da Mente adestrada no comando do mundo oculto!

Em consequência, através de rituais que serviam para dinamizar essa vontade e aglutinar os campos de energias poderosas para "eletrizar" os seus trabalhos, eles transforma-vam objetos, aves e animais, conforme o quisessem, em fontes catalisadoras de fluidos benfeitores ou maléficos. O ritual prati-cado pelo feiticeiro é o mecanismo de exaltação de sua vontade malévola, enquanto os objetos enfeitiçados ou "encantados" desempenham a função de acumuladores ou condensadores de forças magnéticas, que funcionam no plano físico e etéreo-astral. Conforme seja o preparo no rito de enfeitiçamento, tais objetos podem funcionar à guisa de condensadores captando as ener-gias em torno do ambiente da pessoa enfeitiçada, e depois baixando a frequência vibratória até tornar-se enfermiça ou constritiva. Isso lembra o que acontece com certos aparelhos de rádio, cuja má qualidade receptiva ou péssimo funcionamento então distorcem, enrouquecem ou inferiorizam a música execu-tada e transmitida, de modo límpido, pela estação radiofônica.

O ritual, no enfeitiçamento, é apenas um processo dinâ-

Mecanismos Cósmicos de A a Z

mico que disciplina o desdobramento da operação contra a vítima. Alicia as forças selváticas do mundo astral inferior e ativa as reações em cadeia magnética, no objeto preparado para funcionar como um detonador contínuo no mundo fluídico. Aliás, o desmancho ou processo inverso do enfeitiçamento, também exige determinado rito, para depois inverter os pólos anteriormente firmados pela concentração de fluidos coercitivos. Alguns feiticeiros costumam usar fluidos tão agrestes nos enfeitiçamentos mais tenebrosos, que o "desmancho" também exige a mobilização de energias semelhantes para a sua solução. Mas o ritual, em sua noção específica, é um processo disciplinador da própria vida! (Obra: *Magia de Redenção*, 11ª edição, pp. 35-37)

408   Ramatís

S

Sapo – condensador bioelétrico na feitiçaria

O sapo é considerado pelos feiticeiros um excelente condensador vivo, "bioelétrico", para o melhor êxito da magia negra endereçada a determinada pessoa. O seu sistema vital-nervoso é poderosíssimo captador de energias etereomagnéticas do ambiente e das pessoas, assim como o filtro de pedra absorve e retém os detritos deixados pelas águas poluídas. O sapo enfeitiçado condensa os fluidos densos que vibram em torno de si, mas, depois, ele os degrada pelo abaixamento vibratório, durante a sua função de aparelho vivo de filtração mórbida. Acicatado pelo sofrimento, ele exala uma aura fluídica residual enfermiça no meio ambiente onde o situam, essa atmosfera magnética, densa e viscosa, alimenta a fauna psíquica inferior para atuar positivamente no plano material. A atmosfera eletromagnética inferior irradiada pelo sapo e potencializada pelo feiticeiro, depois transforma-se num lençol corrompido e nutritivo de miasmas, embriões, bacilos, larvas e elementos primários do astral inferior.

Os objetos colocados nas entranhas do sapo, furtados à própria vítima do enfeitiçamento, funcionam como "canais psíquicos" ou "pontos" de referência, congregando as correntes de maus fluidos que se projetam em direção à aura do embruxado, sob a própria lei de que "os semelhantes atraem os semelhantes"! Esses fluidos buscam, naturalmente, a aura da vítima da bruxaria, através dos endereços vibratórios que são dispostos para tal malefício. (Obra: *Magia de Redenção*, 11ª edição, pp. 106-107)

Sapos – endereços vibratórios

O feiticeiro submete o sapo ao processo de "eletrização", mas o faz no sentido de transformá-lo num campo magnético subversivo. Em seguida, coloca-lhe no ventre os objetos roubados ou desmaterializados da vítima, como botões, fragmentos de cigarros, fotografias, cabelos, moedas, medalhas, abotoaduras, anéis ou agulhas, que estão impregnados do éter-físico da mesma. Esses objetos servem de veículo, elo ou endereço vibratório para projetar os impactos do feitiço, e que vibram nas entranhas do sapo na frequência comum do seu próprio dono. Eles induzem ou orientam, qual o objetivo a que devem projetar-se as correntes fluídicas enfermiças produzidas pelo sofrimento atroz do sapo! Semelhante à lei física que disciplina o fenômeno dos vasos comunicantes, os fluidos algo densos emitidos pelo sapo e acasalados às emanações dos objetos da vítima tendem a buscar a sua fonte original num circuito fechado e de resultados perniciosos. Os "endereços vibratórios" são os próprios objetos da vítima colocados no ventre do sapo e que funcionam à guisa de "cartão de visita" do seu portador! (Obra: *Magia de Redenção*, 11ª edição, p. 107)

Saúde – postura mental e emocional

É na intimidade oculta da alma que realmente tem início qualquer impacto mórbido, que depois perturba o ritmo e a coesão das células na organização de carne.

É por isso que também se distinguem a natureza, a frequência e a qualidade das suas energias, tanto quanto elas agem mais profundamente no seio do espírito humano. Assim, a força mental sutilíssima que modela o pensamento é muitíssimo superior à energia astral, mais densa, que manifesta o sentimento ou a emoção, da mesma forma que, na matéria, o médico também reconhece que a força nervosa do homem é superior à sua força muscular. Eis por que, durante a enfermidade, seja uma simples gastralgia ou o temido câncer, o raciocínio, a emoção e a resistência psíquica de cada doente apresentam consideráveis diferenças e variam nas reações entre si. Enquanto o homem predominantemente espiritual e de raciocínio mais apurado pode encarar o seu sofrimento sob alguma cogitação filosófica confortadora ou aceitá-lo como justificado pelo objetivo de sua maior sensibilização, a criatura exclusivamente emotiva é quase sempre uma infeliz desarvorada, que materializa a dor sob o desespero incontrolável, devido à sua alta tensão psíquica.

O certo é que as energias sutilíssimas, que atuam no mundo oculto da criatura humana e se constituem na maravilhosa rede magnética de sustentação do edifício atômico de carne, só podem manter-se coesas e proporcionar tranquila pulsação de vida desde que também permaneça o equilíbrio harmonioso do espírito. Só então a saúde física é um estado de magnífico ajuste orgânico; o ser não sente nem ouve o seu pulsar de vida, porque o seu ritmo é suave e cadenciado pelo mais leve arfar de todas as peças e funções orgânicas. Manifestando-se admiravelmente compensadas em todo o seu metabolismo, elas não perturbam a consciência em vigília, porque não provocam o desânimo, a inquietação ou a angústia, que se geram durante a desarmonia do espírito. (Obra: *Fisiologia da Alma*, 13ª edição, p. 365)

Saúde e enfermidade – harmonização x desarmonização

A saúde e a enfermidade são o produto da harmonização ou desarmonização do indivíduo para com as leis espirituais que do mundo oculto atuam sobre o plano físico; as moléstias, portanto, em sua manifestação orgânica, identificam que no mundo psíquico e invisível aos sentidos da carne, a alma está enferma! O volume de cólera, inveja, luxúria, cobiça, ciúme, ódio ou hipocrisia que porventura o espírito tenha imprudentemente acumulado no presente ou nas existências físicas anteriores forma um patrimônio "morbo-psíquico", uma carga insidiosa e tóxica que, em obediência à lei da Harmonia Espiritual, deve ser expurgada da delicada intimidade do perispírito. O mecanismo ajustador da vida atua drasticamente sobre o espírito faltoso, ao mesmo tempo que o fardo dos seus fluidos nocivos e doentios vai-se difundindo depois pelo seu corpo físico. (Obra: *Fisiologia da Alma*, 13ª edição, p. 178)

Segunda vinda do Cristo e a transição planetária

Haverá maior apuração de sensibilidade. Os acontecimentos trágicos que se aproximam do vosso orbe, na feição de catástrofes de ordem física, econômica, moral e na modificação do eixo do orbe, tendem a aguçar o sentimento, apurar as vibrações da alma. A dor e o sofrimento acerbos irmanarão os de "boa vontade"; as angústias insolúveis lançarão criaturas, umas nos braços das outras, ante a necessidade de socorro e alento fraterno. A derrocada das civilizações, a inutilidade das jóias, dos tesouros e das gloríolas políticas ou sociais, na hora do "juízo final", despertarão as almas para os valores definitivos dos mundos superiores. A virulência das paixões, os egoísmos brutais, a impiedade desenfreada terminarão se fundindo em lágrimas dolorosas, em aflições intermináveis; os mais rudes corações sentir-se-ão chagados e partidos pelos infortúnios dantescos. Só haverá um recurso, um alívio, uma esperança – Deus!... Então, se processará a hiper-sensibilização do humano para o espiritual; elevar-se-á o padrão vibratório para as altas frequências morais; far-se-á maior aproximação com a aura planetária do Arcanjo Planetário e, consequentemente, com Jesus. A Sua segunda vinda, será, portanto, pelo reino interno do espírito, graças ao aceleramento vibratório, que a dor inevitável dos "tempos chegados" há de efetuar na hora profética do "juízo final". Primeiramente, o sublime Jesus de Nazaré vos fez o convite pela mansuetude, pelo amor e renúncia; viveu essas virtudes na plenitude humana a fim de que não desconfiásseis de suas realidades; presentemente, em face da rebeldia e da recusa à subida pela paz e renúncia, o vosso canal planetário já não pode ser condicionado para Deus mediante novo "sacrifício alheio" que tanto desprezastes. Vós mesmos sereis os sacrificados e vivereis as dores necessárias, para o encontro à "segunda vinda" do Cristo. Antes, Ele fez-se vibrátil no vosso mundo, mas na hora atual vós O sentireis através do vosso próprio holocausto. A Lei Suprema que é justa, sábia e magnânima, funciona perfeitamente equânime e disciplinadora em todas as latitudes cósmicas e longitudes vibratórias. A recusa ao Bem pelo Bem, implica no reajuste do Bem pela Dor! ... Afastastesvos do Cristo, na primeira vinda pelo Amor; então O encontrareis, na segunda vinda, por meio da Dor!... (Obra: *A Vida no Planeta Marte e os Discos Voadores*, 17ª edição, pp. 23-24)

Sentimentos amorosos – aura benéfica e protetora

Os sentimentos amorosos e pacíficos, o desejo ardente de proteger e servir o próximo criam uma aura benéfica protetora matizada de cores agradáveis, nítidas, claras e quentes! Os "pensamentos-formas" e as ondas mentais de alta vibração espiritual, além de se revelarem no mais belo colorido à visão transcendental, transformam-se em verdadeiros guardiães luminosos em torno do ser! Quando as mães se devotam amorosamente aos filhos, e os cuidam atentamente em estóica vigilância, produzem uma formosa aura de suave lilás-róseo e refulgente, que encanta pela sua beleza incomum!

Os pensamentos e sentimentos movem-se revestidos de cores inerentes à sua origem boa ou má; uma pessoa, quando mergulhada num ardente desejo de oração, envolve-se num azul claro e atraente, a dominar os demais matizes de sua aura; os impulsos de simpatia produzem tons agradáveis de um verde-seda, brilhante e afável, enquanto os raciocínios elevados vibram em matizes de amarelo puro e franjas douradas. Daí, a necessidade de o homem dominar o corpo mental e astralino, a fim de evitar a criação de formas-pensamentos degradantes e ofensivas, porque elas vagueiam em busca de outras mentes afins e depois retornam centuplicadas em sua força perniciosa de origem. A projeção resistente de uma certa cor sobre outra pessoa pode despertar-lhe estímulos e associações de idéias que geram tal cor. (Obra: *Magia de Redenção*, 11ª edição, pp. 23-24)

Sentir Deus – internamente

Vós sois almas imanentes na mesma essência que é o Criador, pois Ele vibra e palpita na vossa intuição psíquica. Cada alma é uma pulsação da Alma Total e Deus está, pois, permanentemente vibrátil na sensação dessa alma. Na vossa consciência sentis Deus; a Sua Voz imaterial e silenciosa cresce, uníssona, tanto quanto vos libertais das contingências ou recalques grosseiros dos mundos de formas. O auscultamento interior vos aumenta a sensação do Eterno na consciência; abrange-vos e transborda; arrasta-vos para o mistério, para o ignoto, mas pressentis que esse é o verdadeiro caminho para sentirdes o Divino. Se não fora a hipnose sedutora da matéria, sentiríeis facilmente a plenitude da voz do "Eu Sou". E Deus vos seria mais compreensível, independente das fórmulas dos credos, seitas, doutrinas ou filosofias que tentam explicá-Lo por configurações exteriores. Os que não sentiram o Pai em si mesmos, não vos poderão transmitir a experiência que não viveram. No silêncio augusto da alma, no abandono indagativo a essa sensação de plenitude que vos toma a consciência sensibilizada, podereis sentir esse "algo" indescritível, inconfigurável ou ilimitado; porém, existente, poderoso e potencialmente justo. Não podereis medi-Lo no espaço e no tempo, mas Deus é sempre contemporâneo convosco. (Obra: *A Vida no Planeta Marte e os Discos Voadores*, 17ª edição, pp. 500-501)

Sinfonias – espetáculos feéricos

Os clarividentes do vosso mundo devem compreender que, fundamentalmente, as sete notas musicais correspondem a sete sons e sete cores diferentes e igual a mesmo número de perfumes, temperaturas astrais, densidades e até volumes assináveis no éter. As incontáveis combinações melódicas que se produzem numa orquestração sinfônica, proporcionam aos olhos clarividentes verdadeiros espetáculos feéricos de luzes, cores e perfumes, em face de os sons corresponderem a inúmeras outras vibrações. O "dó" é vermelho-fogo e corresponde à vibração física do mundo material; o "lá" é de um verde-seda e desperta o sentimento poético pela natureza terráquea; o "si" é azul-celeste e se refere ao êxtase, à emoção espiritual. A composição musical em "dó maior" apresenta um fundo constante de vermelho, que oscila entre o chamejante, claro, até a cor de sangue escuro; predomina ao olfato clarividente a tonalidade de um perfume enérgico, parecido ao cravo; a tessitura astral é compacta no volume, áspera no tato e bem aquecida à recepção etérica. Sob tais aspec-

414   Ramatís

tos, a música sob a regência de "dó maior" se manifesta para os espíritos primitivos do vosso mundo, livres no astral, como expressão sonora enérgica e mais ou menos física. No entanto, a composição em "fá menor", além de sua suavidade no campo físico para o ouvinte, no plano "etereoastral" manifesta sedativa e tranquila mensagem pastoral, lembrando o perfume das rosas, as cores das campinas verdejantes e uma temperatura refrescante. É mais um convite à doçura e à poesia, enquanto a tonalidade "dó maior" expressa acentuada força algo física. (Obra: *A Vida no Planeta Marte e os Discos Voadores*, 17ª edição, pp. 250-251)

Subconsciente – complexo de culpa

O indivíduo que foi carrasco em vidas passadas estratifica no seu psiquismo a figura dantesca do cutelo sangrento, do cepo da guilhotina ou da sala de torturas; e pode manifestar um "complexo de culpa" freudiano, nas reencarnações futuras, ao defrontar, por exemplo, um açougue, o matadouro ou os instrumentos do açougueiro. A lei de afinidade ou correspondência vibratória desperta-lhe as idéias acessórias: o tronco onde o magarefe retalha os despojos animais pode associar-lhe o cepo sangrento da decapitação; um simples braseiro de churrascaria evoca-lhe a tortura do ferro em brasa. O seu espírito, já um pouco sensibilizado, pode ter melhorado em reencarnações posteriores às de carrasco, contudo, no seu subconsciente ainda se agita a censura ao verdugo do passado. É o "complexo de culpa" que não pode ser identificado nem definido pela psicoterapia que se restringe ao círculo de uma vida única. (Obra: *A Vida no Planeta Marte e os Discos Voadores*, 17ª edição, pp. 190-191)

Sutilidades psíquicas – brechas para obsessores

Inúmeras contradições e sutilidades psíquicas, que escapam à percepção do espírito encarnado, os astutos das trevas conseguem explorar tão sorrateiramente, que só depois da sua desencarnação é que se consegue avaliar com indizível espanto o seu trabalho. Trata-se de estados íntimos tão dissimulados no recesso do psiquismo humano, que somente não os ignora o homem dotado de profundo senso de autocrítica espiritual muito aguçada.

O homem terreno, pela sua grande ignorância espiritual, ainda é muito influenciado pelo meio em que habita e ao qual se apega com excessivo prejuízo para sua futura libertação. Ele vive no cenário da Terra algo hipnotizado pelos seus interesses egocêntricos e paixões violentas; encarcera-se nas grades das prisões econômicas para cercar-se de bens que terá de abandonar à beira do túmulo, ao mesmo tempo que fica algemado ao sentimentalismo que o liga egoisticamente à parentela consanguínea. Raras criaturas se decidem pelo reino do Cristo, tentando se libertar das formas do mundo material e reconhecer que a verdadeira família é constituída por toda a humanidade.

E, como o homem terreno ainda possui em sua estrutura psíquica fragmentos de todos os vícios e vulnerabilidades perigosas provindas da sua herança animal, fragilmente reprimidas pelas leis sociais, torna-se um débil instrumento que, habilmente explorado, pode materializar na Crosta a vontade pervertida dos espíritos inferiores. (Obra: *A Vida Além da Sepultura*, 12ª edição, p. 322)

T

Tabaco – terapêutica psíquica

O fumo é a erva mais tradicional da terapêutica psíquica praticada nos terreiros pelos pretos-velhos e caboclos, os quais logravam curas surpreendentes, na sua aplicação terapêutica, no tempo da escravidão.

Fisicamente, é uma erva originária da América, portadora do alcalóide "nicotina tabacum", que excita os nervos, provoca contrações dos intestinos e vasos sanguíneos, aumentando a pressão arterial. É uma planta narcótica; e o órgão mais prejudicado é o cérebro, devido à intoxicação do sistema neuroespinhal. Mesmo sob a forma comum de cigarro, os homens podem pressentir a ação pronunciada do fumo atuando no mundo oculto, enquanto algumas cerebrações terrenas o condenam como um vício desprezível, outras, paradoxalmente, o elogiam como catalisador do psiquismo humano!

O fumo, ou tabaco, condensa forte carga etérea e astralina, que ao ser libertada na queima ou defumação, pelo mago, "pai-de-santo" ou espíritos entendidos, liberta energias que atuam positivamente no mundo oculto. Os pretos-velhos, tarimbados na velha magia africana, concentram o campo de forças do tabaco incinerado, e através do sopro praticam uma espécie de "ionização" rudimentar, mas proveitosa e capaz de acelerar a função catalisadora do perispírito. (Obra: *Magia de Redenção*, 11ª edição, p. 212)

Talismãs e amuletos – magnetismo

Ambos são objetos de formas extremamente variáveis e feitos com substâncias diversas, espécie de acumuladores de energias magnéticas dinamizadas por entendidos. Eles catalisam ou dinamizam pela sua composição etérica o campo benéfico de defesa fluídica dos seus portadores. Há pequena diferença de interpretação entre ambos, pois os talismãs eram confeccionados com o fito exclusivo de criar uma aura protetora em torno do seu possuidor, para então ressarcir os impactos de fluidos perniciosos. Aos amuletos cabia a função de absorver as emanações maléficas e evitar a sua disseminação etérica na aura do seu portador.

O talismã era exclusivamente "defensivo" e próprio para desviar as cargas fluídicas negativas contra o seu dono; o amuleto exercia a mesma atividade, mas podia catalisar os fluidos bons ou maus do próprio dono. Em consequência, quando os talismãs eram usados por outras pessoas, eles se tornavam inofensivos, porque a sua frequência vibratória estava intimamente vinculada ao seu primeiro dono, enquanto os amuletos podiam transmitir a outrem as influências boas ou más do seu antigo possuidor. Daí, a conveniência de se conhecer a procedência de amuletos ou jóias, antes de usá-los, porque propagam em torno as influências benéficas ou maléficas de que estão revestidos como condensadores de fluidos gerados pela alma humana! Malgrado o cepticismo moderno, é quase inconcebível a diferença de aura vibratória de uma jóia usada por Jesus ou Francisco de Assis, se a compararmos com outra pertencente a um Nero ou Torquemada. (Obra: *Magia de Redenção*, 11ª edição, pp. 181-182)

Técnicos em desencarnes – necessidade de preces

Realmente, os espíritos técnicos e assistentes de desencarnações, quando auxiliados pela prece, conseguem reduzir grandemente a cota de sofrimentos dos agonizantes, agravada pelos laços enfermiços dos familiares e amigos, bem como ajudam o expurgo final. As vibrações dinâmicas da oração ajudam a dissolver esses fluidos imantadores da mente dos familiares desesperados, e ainda ignorantes da realidade espiritual. Caso seja mesmo conveniente prolongar por mais tempo a vida do moribundo, proporcionando-lhe drenagem de maior lastro de toxinas e acentuando a purificação perispiritual, isso ainda é mais fácil num ambiente calmo e energizado, positivamente, pelo poder sublime da prece. O certo é que as angústias e a atitude inconformada dos amigos e familiares, na hora da desencarnação, produzem forças negativas, dificultando ainda mais a libertação espiritual. (Obra: *Sob a Luz do Espiritismo*, 1ª edição, p. 100)

"Tempos chegados" – purificação planetária

Trata-se de ciclos periódicos, previstos pelos mentores siderais, bilhões de anos antes do vosso calendário, reguladores de modificações planetárias que se sucederão em concomitância com alterações que também deverão ocorrer com os habitantes do vosso orbe. São "fins de tempos" que, além das seleções previstas para as humanidades físicas ou para os desencarnados adjacentes aos respectivos orbes, requerem, também, a limpeza psíquica do ambiente, a fim de que seja neles eliminado o conteúdo mental denegrido das paixões descontroladas. (Obra: *Mensagens do Astral*, 13ª edição, pp. 82-83)

Tendências hereditárias e instinto da carne

As tendências hereditárias refletem-se na alma reencarnada. Os instintos da carne continuam a fazer pressão no espírito que lhe toma a forma; se os princípios espirituais do reencarnante ainda não são vigorosos, passam a ser comandados implacavelmente; e, consequentemente, a impor a sua tara inferior. É como a laranjeira cultivada, de qualidade superior, que, enxertada na espécie selvagem, no chamado "cavalo selvagem", se não impuser as suas propriedades distintas, será fatalmente subjugada pela seiva bruta e agressiva do tronco selvático. Ou a espécie superior domina e produz frutos sazonados e delicados, ou prevalece a energia selvagem e brotam laranjas amargas e bravias. O instinto da carne, na sua hereditariedade comprovada, atua vigorosamente no espírito, lembrando essa força agreste dos troncos bravios, que servem de veículo intermediário às espécies superiores. (Obra: *A Vida no Planeta Marte e os Discos Voadores*, 17ª edição, p. 431)

Teratologia – cerceamento do suícida

Em virtude de a alma ficar impedida de aniquilar o seu corpo carnal em nova tentativa de rebeldia – pois que o seu psiquismo se encontra oprimido pela força da animalidade, que é toda instinto de sobrevivência – pouco a pouco acostuma-se à existência de que pouco participa, à qual a Lei do Carma o habitua, como um exercício recuperador da vontade que se encontra subvertida. Desse modo, o inveterado suicida, que era vezeiro em destruir os seus corpos físicos nas vidas anteriores, passa novamente pelo mundo, porém traumatizado pela mesma Lei que violentou, impossibilitado de viver a sua própria existência ou vontade psíquica perigosa. É obrigado a viver apenas a vontade instintiva do corpo atrofiado ou imbecil, que então lhe cerceia o espírito e o obriga a permanecer impotente, no seio da mesma vida animal que desprezou outrora.

Em face de ter sido sempre um espírito viciado ao suicídio, com desprezo pela vida humana, eis que a Lei o coloca exatamente no limiar dessa mesma vida que tanto subestimou, impedindo-o de agir e intervir contra ela a seu talante. Diante da vida em eterno progresso e responsável pela angelitude de todos os filhos de Deus, os suicidas rebeldes estacionam nas fronteiras perigosas de suas próprias insânias, mas novamente se reeducam, sob a paradoxal terapêutica de desenvolver a vontade de viver, pelo próprio impedimento da vida! (Obra: *A Sobrevivência do Espírito*, 8ª edição, pp. 310-311)

Teratologia – mecanismo perispiritual

Quando por culpa da alma o perispírito superexcita-se em demasia no trato do mundo inferior, o recurso aconselhado é a sua reencarnação compulsória e sua submissão a um freio carnal com atrofia do sistema endocrínico do corpo físico e desvio

420   Ramatís

do timo-tiróide, o que, então, lhe retarda no tempo justo o progresso do desenvolvimento natural na matéria, demorando-lhe o reajustamento da memória etérica ao raciocínio comum da nova existência.

O organismo carnal funciona, então, como um biombo ou filtro poderoso, que tanto reduz a excitação selvagem do perispírito, como ainda o força a acomodar-se dentro do campo de forças ordenadas, das quais ele abusou no passado. Toda a excitação pré-reencarnatória que, por excessiva paixão na vida anterior, descompassava o ritmo da consciência espiritual, termina por ser frenada vigorosamente pela constituição biológica do imbecilizado. O cérebro letárgico do imbecil ou retardado mental não corresponde prontamente aos impactos violentos de um perispírito desorientado pelas suas tropelias anteriores, pois que em sua atrofia nervosa demora-se em atender às solicitações desatinadas.

A glândula pineal, delicadíssima antena do sistema psiconervoso, central elétrica ou usina piloto do organismo humano, funciona nesse caso com certa dificuldade, oprimida como está em sua atuação, tornando-se incapaz de transmitir com clareza a mensagem racional dirigida pelos neurônios e que constituem o aparelho receptor e transmissor do espírito para a matéria.

O corpo retardado, e com um sistema nervoso letárgico, reduz a superexcitação trepidante e perniciosa do perispírito vítima dos seus próprios descalabros pretéritos e habitua-o, pouco a pouco, à pulsação normal, efetuando-lhe as correções vibratórias que o tornam acessível ao controle da consciência do espírito. (Obra: *Fisiologia da Alma*, 13ª edição, pp. 288-289)

Terceira idade – doenças libertadoras

Notamos a sabedoria das inteligências que regem o Universo quando, primeiramente, o ser cumpre o ciclo biológico de nascer, crescer, reproduzir-se, ajudar na criação da prole, pagando o seu tributo à vida, para, depois, saldar os seus débitos do pretérito, o que é facilitado pela pouca resistência do organismo ao escoamento do residual venenoso do perispírito para a matéria. Como é uma ação planejada, então, se esgotam todos os procedimentos médicos. E as terapêuticas não têm efeito, ou podem agravar o estado geral, quando empregadas de maneira agressiva.[1]

Desesperada, não encontrando uma solução científica, a criatura entrega-se aos mais pitorescos métodos do curandeirismo amador. Sendo católica, recorre ao socorro do padre; protestante, procura o pastor exorcista; em última instância, recorre ao médium kardecista ou ao "aparelho" de Umbanda. Nessa busca, há o contato com as filosofias dos credos, o conhecimento de novas doutrinas; há o efeito salutar da prece, num conjunto de ações que podem mudar o modo de pensar do sofredor, permitindo mais entendimento de seus males e a consequente modificação de suas doenças anímicas, como o egoísmo, a vaidade, o orgulho, transformados em fraternidade e humildade. À guisa de um vaso vivo, a colher em seu bojo a carga venenosa vertida do perispírito pelo mecanismo drenador e purificador, o corpo carnal do homem torna-se um excêntrico "fio terra" dessa limpeza cruciante, mas benéfica. (Obra: *Sob a Luz do Espiritismo*, 1ª edição, pp. 92-93)

Terra de cemitério e bruxaria

A terra do cemitério é muito impregnada de tônus vital ou resíduos vitais, que exsudam-se durante a decomposição dos cadáveres, pois o homem é um corpo impregnado de eletricidade animal e de éter físico haurido na fonte solar. O cadáver, ao decompor-se no seio da sepultura, também libera a energia condensada na forma de matéria e ali aprisionada para compor o edifício atômico do corpo de carne. A terra saturada de "húmus" magnético e fluidos mórbidos dos cadáveres, transforma-se num excelente veículo para firmar a bruxaria e fortalecer a obsessão. Certas falanges da Umbanda trabalham exclusivamente no ambiente de cemitério, porque os seus chefes são

---

1 N. do espírito Victor Leferriere: Eis um dos motivos por que a terapêutica homeopática atua com mais eficiência nessas condições enfermiças, pois, sendo "energia" dinamizada das substâncias, dos ácidos e até de tecidos mórbidos, ela age diretamente no campo das energias inferiores acumuladas pelo homem nos seus momentos pecaminosos. Em verdade, a medicação homeopática é um poderoso campo de frequência eletro-biológica superior, capaz de não só apurar a descida das toxinas do perispírito, como ainda volatiza mais breve qualquer residual energético inferior.

hábeis especialistas e técnicos experimentados, que sabem operar com a terra impregnada de fluidos de defuntos no processo de feitiçaria![2] (Obra: *Magia de Redenção*, 11ª edição, p. 99)

Tonalidades áuricas – retrato anímico

Em sua maioria, os homens passam pelas ruas das cidades metidos nas suas auras ovóides constituídas pelo baixo eterismo animal da Terra, como se fossem pitorescos carregadores de barracas confeccionadas com fluidos cinzentos e oleosos. Alguns destacam-se pelos tons lamacentos e arroxeados das manchas extensas que lhes fulgem sombriamente sobre a aura nevoenta, a trair-lhes o desejo sexual subvertido; noutros é a cor escarlate chamejante, identificando-lhes o ódio que ainda nutrem contra prováveis adversários da vida em comum. No manto de fluidos densos que os envolve como a cerração opaca das manhãs frias coleando sobre a superfície do rio lodoso, pintalgam e atiçam-se os fragmentos coloridos de todos os tons inimagináveis!

São as tonalidades que marcam os bons e os maus pensamentos, os desejos impuros ou os sentimentos altruístas. Algumas cores clareiam sob as idéias benevolentes; outras enodoam-se no fluido pegajoso que se exsuda da efervescência do instinto animal, revelando aos desencarnados o caráter dos homens. Os espíritos gozadores seguem no encalço daqueles que ainda são usinas vivas dos maus fluidos e alimentam-lhes voluptuosamente as piores intenções, projetando os quadros mais sensuais na mente deseducada. Sugerem as aventuras condenáveis e estimulam o ódio, a violência, a cupidez, a desonestidade ou a vingança; exaltam o orgulho, ativam o amor próprio ferido

---

2 Trecho extraído da obra *Obreiros da Vida Eterna*, edição da FEB, capítulo XV, "Aprendendo Sempre", de André Luiz, que assim diz: "Nos cemitérios costuma congregar-se compacta fileira de malfeitores, atacando as vísceras cadavéricas, para subtrair-lhes resíduos vitais". – "Jerônimo inclinou-se piedosamente sobre o cadáver, no ataúde momentaneamente aberto antes da inumação, e, através de passes longitudinais, extraiu todos os resíduos de vitalidade dispersando-os, em seguida, na atmosfera comum, através de processo indescritível na linguagem humana".
É muito conhecido, entre quase todos os umbandistas, o famoso caboclo Veludo, hábil e experiente técnico do mundo astral, que trabalha em "cascão", nos cemitérios, dando cumprimento a certo tipo de Carma terrícola, que ali se processa através de tarefas repulsivas.

Mecanismos Cósmicos de A a Z   423

ou subvertem a consciência no julgamento das intenções mais inofensivas e dos gestos mais inocentes do próximo. (Obra: *Mediunismo*, 13ª edição, p. 94)

Trabalho – atividade redentora

Consideramos o trabalho uma atividade redentora, além de sua ação dinâmica, pois, realmente, ele desperta as qualidades laboriosas e latentes do espírito imortal. A incessante atividade nos diversos planos da vida humana ajusta o homem a frequências mais sutis e próprias dos mundos angélicos. O trabalho familiariza a criatura com as virtudes da perseverança, resignação, paciência e o estoicismo, as quais se desenvolvem nela por força da continuidade laboriosa. Quem se obriga a tarefas num tempo dado e para um certo objetivo, que lhe exige constância, submissão e disciplina, desenvolve outros valores correlatos, meritórios. Aliás, no caso da escravidão dolorosa, que por vezes conduz até ao martírio, o trabalho, sem dúvida, oferece características místicas!

O trabalho, como ação preliminar, ativa o psiquismo primário do homem e opera compulsoriamente na sua transformação interior. O prazer, a ociosidade, o excesso de conforto e a liberdade do mando atrofiam mais facilmente as virtudes divinas e latentes no espírito do homem, porque o cristalizam na despreocupação de centralizar suas forças para fins proveitosos. Mas durante o treino laborioso, que afasta do espírito as elucubrações censuráveis e os desperdícios da mente acéfala, há determinada concentração de energias convergindo para um fim útil, seja científico, técnico, artístico e até religioso. Por isso, o homem de espírito esclarecido não encara o trabalho como coisa detestável e humilhante, mas o considera um ensejo energético para despertar o seu conteúdo espiritual superior, adormecido.

Embora não se verifique um sentido doutrinário na simples função laboriosa do trabalho, trata-se de uma ação disciplinadora e que proporciona o ajuste, o progresso ou a realização das concepções mentais do homem. No metabolismo evolutivo da vida humana, cada coisa atua de um modo peculiar, mas vinculada a toda manifestação da vida. O importante é ninguém interferir extemporaneamente na vivência alheia, nem perturbar o labor do próximo. Isso lembra a harmonia e sabedoria com que funciona o próprio organismo humano, onde cada órgão exerce a sua função laboriosa sob o mesmo comando cerebral, mas respeitando sempre o trabalho e o objetivo dos demais componentes orgânicos. O fígado não intervém nas funções do coração, nem este pretende modificar a composição da bílis produzida pela vesícula; o baço purifica o "quantum sanguíneo", os rins drenam as substâncias tóxicas, a medula compõe o sangue, o pâncreas produz a insulina e os fermentos de praxe. Cada órgão trabalha disciplinado e entrega a sua cota de produção assumida para com todo o organismo. Cada "plexus" nervoso funciona na sua região familiar, mas embora distribua os estímulos de sua competência, não tenta influenciar ou modificar os demais campos de ação dos seus irmãos ganglionares. O mínimo deslize, a mais sutil negligência, podem gerar transtornos perigosos ao equilíbrio e à harmonia do edifício celular do corpo humano e dificultar a manifestação do espírito encarnado na matéria.

Portanto, a alegria e a fartura do corpo dependem da alegria e da fartura do espírito, cuja vontade, ânimo e disciplina controlam e coordenam o labor das células e dos órgãos num ritmo progressista, o qual também se conhece por trabalho. (Obra: *A Vida Humana e o Espírito Imortal*, 11ª edição, pp. 153-155)

Trabalho – processo de desenvolvimento

Entre os diversos planetas habitados no Universo ou entre as diversas moradas da "Casa de Meu Pai" enunciadas por Jesus, a Terra é um dos incontáveis mundos de educação espiritual primária. Em consequência, o trabalho é o principal tema de vida e progresso terreno, pois o homem deve abastecer-se a si mesmo e ganhar pessoalmente o necessário para viver. É o aluno primário que ainda precisa aplicar todos os seus dons e esforços para alfabetizar-se sem esperar que isso lhe caia do céu na forma de um bem prematuro.

O trabalho, na Terra, é uma lei de biologia inerente ao tipo do orbe educativo. Constitui-se no meio de o homem desenvolver as suas energias primárias e preparar-se para viver futuramente em esferas superiores até libertar-se das exigências dos mundos físicos e desenvolver a sua consciência para tornar-se um espírito eminentemente criador. Mas não basta ao homem viver na Terra apenas acumulando bens e objetos, como um proprietário de quinquilharias que, ao morrer fisicamente, tem de renunciar aos seus bens por não poder transportá-los para o Além-Túmulo. Todos os acontecimentos e fenômenos da vida terrena compõem o curso letivo da alfabetização do espírito para, no futuro, manusear a língua sublime das humanidades siderais.

Por isso, os espíritos que habitam a Terra ainda enfrentam a natureza de uma vida primária, justificando perfeitamente o versículo do Gênesis que assim diz ao homem: "Tu comerás o teu pão com o suor do teu rosto, até que te tornes à terra de que foste tomado; porque és pó, e ao pó hás de tornar".[3] Evidentemente, ao dirigir-se a Adão, o símbolo da humanidade terrena, Deus o adverte de que teria de viver do suor do seu rosto até se tornar o senhor em espírito e desenvolver a consciência espiritual, "porque o corpo é pó e em pó se tornará"!

Mas o trabalho, na Terra, apesar de exigir do homem um esforço árduo e indesejável, é uma condição transitória. Ela existe só enquanto o espírito desenvolve e fortalece a sua consciência individual, proporcionando-lhe o ensejo de ativar a paciência, a resignação, a perseverança e dinamizando iniciativas criadoras. Malgrado a fadiga e a obrigação, o labor humano adestra o espírito para a vida superior e o conduz a tarefas agradáveis e prazenteiras noutros planos mais saudáveis. O trabalho terrícola não é castigo nem desperdício, mas um processo de desenvolvimento, assim como o aluno primário só pode gozar a alegria futura de ler e compreender as coisas do mundo depois do sacrifício e da resignação em alfabetizar-se na escola primária! Após a sua alfabetização no curso dos mundos primários, o espírito do homem também poderá usufruir de sublimes venturas na sua escalonada sideral. Terminando o curso na Terra, ele então pode habitar Marte, onde o principal motivo de vida é a Técnica; em seguida, Júpiter, o planeta da Arte; e, mais tarde, Saturno, cuja humanidade vive exclusiva-

---

3 Gênesis, cap. 3:19.

mente para a Filosofia. (Obra: *A Vida Humana e o Espírito Imortal*, 11ª edição, p. 140)

Trabalho – processo dinâmico da evolução

Um cardume de peixes, move-se instintivamente e obedece ao mesmo ímpeto da consciência do espírito grupal, que os dirige. Um peixe ou mil peixes, não diferem do conjunto; manifestam sempre a mesma reação que é comum a todo o cardume daquela espécie. A multiplicidade de "corpos-peixes" ainda constitui um só "organismo", o qual é subordinado e obediente aos imperativos do instinto. É uma reação coletiva, uniforme, nivelada por uma vontade única, sem a luz da consciência individual que se estratifica na grandeza ou sublimação do "eu sou". No entanto, na espécie do cão, que é mais evoluída, já podeis notar maiores fragmentações de "consciência individual", que formam reações particularíssimas e já se destacam, numa auto-emancipação, da uniformidade fundamental da consciência grupo-da-espécie. Existe o cão que se torna habilidoso e inteligente às mãos de perseverante amestrador de animais; encontra-se o que não esquece, na sua retina psíquica, o malvado que o feriu; impõe-se o animal de fibra, leal e corajoso, que enfrenta adversário mais poderoso, mas surge o traiçoeiro, amigo de emboscada, que ataca em silêncio e fere até na hora do carinho. O noticiário anota o herói canino que salva o combatente ou a criança afogada; a tradição registra aquele que morre de saudade e amor, sobre o túmulo do seu dono, como aconteceu ao cão fiel, amigo de Mozart. Consequentemente, pouco a pouco, do espírito grupal, fragmenta-se a centelha, que vai compondo sua própria consciência; que se distingue, centraliza-se; contempla e pensa, compara e reage. Desprende-se, adquire sensibilidade psíquica à parte; destaca-se em atos mais pessoais e mais distantes da psicologia geral do "espírito-grupo". É já o vislumbre da consciência psíquica-indivíduo, que delineia os primeiros traços do seu destino e ausculta em si mesma as tendências inatas criadoras. Num movimento centrípeto, forjando, crescendo e emancipando-se, esse novo conteúdo consciencial encorpa-se e expande-se aceleradamente, até descobrir o divino mistério do "ser", a magia de "sentir mas saber". A operação é laboriosa na incorporação ainda vacilante e nas conclusões dos fenômenos externos; mas é o caminho certo e definitivo. O novo microcosmo se absorve em feroz egocentrismo, a fim de constituir-se em um "centro específico de consciência individual"; ajusta-se e expande-se em direção à consciência macrocósmica que é o Absoluto. No entanto, qual é o processo único, exato, poderoso que acelera o pequenino "eu sou" para o grande "Eu Sou"? Qual o meio que ativa a fragmentação do espírito-grupo para formar um novo ser à parte? Não tenhais dúvida: é o trabalho, como processo dinâmico, que opera gradualmente e vai desenvolvendo maior elasticidade mental e espiritual. Considerais como uma posição tediosa, enervante ou aflitiva a disciplina do trabalho, porque ignorais a sua ação na sutileza formativa da própria consciência. (Obra: *A Vida no Planeta Marte e os Discos Voadores*, 17ª edição, pp. 494-496)

Trama cármica das encarnações – afinidades

Na trama cármica das encarnações físicas, os espíritos interligam-se por afinidade espiritual ou através dos vínculos culposos de vidas anteriores. Assim, a vivência humana agradável, ou desagradável, frustrada ou acertada, é uma consequência da natureza boa ou má do espírito encarnado! Os espíritos só se reencarnam sob um esquema traçado pelos instrutores e técnicos competentes, no Além, onde intercambiam emoções, sentimentos afins ou ostensivos, e ajustam os seus propósitos aos interesses do conjunto. Espíritos nobres ou sórdidos, sábios ou ignorantes, bondosos ou malignos, santos ou delinquentes, ligam-se na trama da existência física e se agrupam sob diversos motivos de interesses recíprocos movimentados no passado e trazendo resíduos corretivos. Em consequência, há espíritos bondosos e de boa estirpe espiritual, que ainda se imantam a entidades inferiores porque as exploraram em seu exclusivo bem e interesse pessoal. Embora tenham galgado mais alguns degraus na escadaria espiritual, terão de liquidar quaisquer saldos de contas devedoras do pretérito, ajudando os próprios comparsas à mais breve ascese para a frequência superior. Mas, como no Espaço também não há regras sem exceção, existem almas missionárias e benfeitoras, que não hesitam em abandonar o seu mundo de venturas e encarnarem-se para socorrer e auxiliar espíritos primários e até vingativos, junto aos quais comprovam a sua piedade e amor sob a égide do Cristo! (Obra: *A Vida Humana e o Espírito Imortal*, 11ª edição, p. 52)

Transformações da humanidade e Intuição Pura

Os espíritos que já atingiram um alto nível moral e que, portanto, integraram-se à vida psíquica superior, quando encarnados são mais sensíveis aos fenômenos do mundo oculto, embora isto não aconteça de modo ostensivo, mas apenas através da intuição pura. A sua faculdade mediúnica, então, é o sagrado corolário do seu próprio aprimoramento espiritual, em vez de uma "concessão" extemporânea. Eles transformam-se em centros receptivos das manifestações incomuns que transcendem os sentidos físicos. Sua alta sensibilidade, fruto de avançado grau espiritual, afina-se incessantemente com os valores psíquicos do melhor quilate, facultando-lhes não só o conhecimento instantâneo dos acontecimentos presentes, como ainda as revelações mais importantes do futuro. O abençoado dom da Intuição Pura, e que em alto grau o possuíam Antúlio, Hermes, Rama, Crisna, Pitágoras, Buda, Ramacrisna e Jesus, além de outros seres que passaram anonimamente pelo mundo terreno, foi a faculdade iniciática que serviu para esses grandes espíritos liderarem as transformações admiráveis do espírito do homem. Eles tanto aferiram os fenômenos imediatos do mundo invisível, como ainda descortinavam amplamente a síntese dos acontecimentos futuros mais importantes, da Terra. (Obra: *Mediunismo*, 13ª edição, p. 68)

Transformadores vivos – conciências arcangélicas

O Psiquismo Cósmico, que atua e interpenetra todo o Universo, possui as suas "subestações" de transformadores psíquicos, em ordem decrescente e conforme as necessidades dos departamentos da vida "psicofísica". As galáxias, constelações, os sistemas planetários, orbes e satélites são fabulosos núcleos de vida psíquica, que transitam pelo Cosmo sob o comando de entidades siderais arcangélicas e angélicas, que lhes penetram a intimidade física com o seu sublime psiquismo. Assim, essas indescritíveis consciências arcangélicas, que lembram fabulosos transformadores vivos e receptivos à elevada voltagem divina do Criador, passam a ser os doadores de energia sideral mais reduzida e adaptada às consciências menos capacitadas. O Psiquismo Cósmico, nessa transformação de voltagem sideral e sem qualquer alteração em sua Unidade Eterna, atinge a todos os núcleos de consciência e de vida. No decrescimento vibratório, desde o Arcanjo até a consciência humana, o Psiquismo abrange desde as partículas subatômicas até a estrutura física dos orbes e da singeleza unicelular e psíquica do vírus, e à complexidade do homem. E depois se faz o retorno pela "via interna", quando o potencial divino adormecido desperta no micro em incessante ascensão para o macrocosmo. (Obra: *O Evangelho à Luz do Cosmo*, 10ª edição, pp. 94-95)

Transmigrações de espíritos – rotina cósmica

Como a transmigração de espíritos é fenômeno rotineiro no mecanismo evolutivo do Cosmo, os mundos inferiores se renovam e progridem, espiritualmente, com mais brevidade, graças a esses intercâmbios, que são constantes. Só as humanidades libertas das paixões inferiores e devotadas ao Bem espiritual é que dispensam as transmigrações compulsórias. Os movimentos migratórios dos povos, realizados nas latitudes geográficas do vosso mundo, encontram analogia nas romagens de almas que se deslocam nas latitudes cósmicas. A diferença está em que estes acontecimentos siderais obedecem, inevitavelmente, a leis e processos da mais alta técnica de adaptações. (Obra: *Mensagens do Astral*, 13ª edição, p. 339)

Tratamentos dolorosos e reforma íntima

O tratamento médico do mundo terreno ainda é bastante

contraditório, sendo exercido à base de substâncias indesejáveis, da mutilação cirúrgica, das cauterizações cruciantes e perfurações nos músculos ou nas veias pelas agulhas hipodérmicas porque os terrícolas ainda são criaturas cujo primarismo espiritual as torna passíveis de uma terapêutica severa e aflitiva. A medicina terrena não é culpada pela sua impotência em não curar todos os pacientes, ou pela impossibilidade de exercer a sua missão de modo suave, indolor e infalível.

Tais contingências são uma decorrência psicomagnética oriunda dos recalques morais que residem no perispírito dos terrícolas, pois o corpo dos orgulhosos, egoístas, avarentos, vingativos, vaidosos, ciumentos, cruéis, hipócritas, maledicentes e lascivos ainda precisa sentir reações violentas e dolorosas, que repercutam no seu próprio espírito, de modo a condicioná-lo a uma reforma interior, que os sensibilize, no sentido de lhes despertar os sentimentos superiores, que são fundamentais para a sua evolução espiritual.

Mesmo as criaturas mansas de coração e até bondosas, mas que, no entanto, se encontram subjugadas por sofrimentos atrozes, como sejam os cancerosos, não passam de almas delituosas no seu passado, e ainda em transe de purificação perispiritual. (Obra: *Mediunidade de Cura*, 12ª edição, p. 83)

Treinamento do homem-espírito – o jejum

Sempre que evocais figuras delicadas, de função divina e exemplos angélicos, as encontrareis em absoluta correspondência com uma alimentação sadia, frugal e reduzida à necessidade imprescindível.

É Francisco de Assis, cuja bênção adoçava o coração dos lobos; Gandhi na singeleza do copo de leite; Vicente de Paula vivendo de migalhas, e, finalmente o Sublime Jesus abençoando o modesto retalho de pão que oferecia aos apóstolos. A palidez e a figura delgada dos jejuadores é imagem inofensiva, de movimentos tranquilos, de aspecto transcendental, com um brilho febril nos olhos extraterrenos e destituídos de desejos violentos. O costume secular das seitas religiosas, trapistas, nazarenas, apostólicas ou iniciáticas, que jejuam sob férrea

Mecanismos Cósmicos de A a Z   431

disciplina, embora não substitua a exemplificação cristã do Evangelho à luz do dia, no mundo exterior, é treinamento que auxilia o "homem-espírito" a dominar a ferocidade e a sensualidade do "homem-carne". O "homem velho" de Paulo de Tarso, extingue-se, quando se debilita a vitalidade telúrica que nutre o instinto animal da personalidade humana, para dar lugar à mansuetude e delicadeza do "homem novo", ou seja a individualidade do espírito puro.

Seria grande ironia para os puros de Deus o ingresso intempestivo, no Céu, do anjo alimentado a carne de porco, ou do santo nutrido de vísceras sangrentas das espécies inferiores. A Lei Suprema e Eterna do Cosmo não comporta transgressões dessa ordem. (Obra: *A Vida no Planeta Marte e os Discos Voadores*, 17ª edição, p. 214)

Tribunal Divino, consciência e o julgamento da direita e da esquerda

Assim, a Suprema Lei convocou a presença de todos os infratores e marginais encarnados e desencarnados, a fim de explicarem a sua ação lesiva no orbe terráqueo, e a sua recusa em cumprir os princípios e os estatutos da vida superior. A humanidade terrícola atinge o final do seu curso primário iniciado há 28 mil anos, na Atlântida e, por esse motivo, se encontra no limiar da mais severa e aflitiva "prestação de contas" ante o tribunal divino de sua própria consciência. Em face desse profético "Fim de Tempos", que promove o reajuste do planeta terreno e do homem seu habitante, o orbe será credenciado à condição de um futuro ginásio de educação espiritual, porém destinado tão-somente aos espíritos aprovados no atual "Juízo Final", já em franco processamento. Mas, considerando-se que todo exame requer a matéria ou um ponto sorteado para se verificar a capacidade dos examinados, portanto, desde a época de Jesus esse tema já foi anunciado por João Evangelista, de modo cabalístico, e que não vos é difícil de identificar como a "Besta do Apocalipse".

Sob o impacto ardente da força telúrica da carne ativada pelo erotismo animal, os regrados e limpos elevar-se-ão acima dos apetites e dos vícios e sentimentos malsãos tão próprios da vida instintiva, enquanto serão reprovadas as criaturas submersas no lodo das paixões violentas e desregradas, necessitadas do banho catártico espiritual no caldo de cultura de uma vida planetária, semelhante à sua própria frequência vibratória instintiva.

Oxalá as páginas sedativas, amorosas e libertadoras do Evangelho do Amado Mestre Jesus ainda possam inspirar muitos terrícolas para sustar em tempo os seus passos à beira do abismo, livrando-os da trágica imigração para um mundo inferior, inóspito e selvagem, onde a insânia, a brutalidade e crueldade justificam aquele conceito evangélico, que assim adverte através de João: "E aqueles que não se encontram no Livro do Cordeiro serão lançados no tanque de enxofre e nas regiões de uivos e ranger de dentes".

Sob o invólucro exterior dessa advertência atribuída ao Senhor, então, se verifica que as criaturas sem as virtudes assinaladas no Evangelho do Cristo-Jesus serão exiladas para um mundo expiatório simbolizado no "tanque de enxofre", isto é, um orbe tão primário e selvático, que sua vivência cruel e violenta da animalidade indisciplinada enquadra-se perfeitamente na descrição de uivos e ranger de dentes, que é a manifestação característica da vida inferior. (Obra: *O Evangelho à Luz do Cosmo*, 10ª edição, pp. 20-21)

Trindade – aspecto trifásico de Deus

O dogma da "Santíssima Trindade", adotado e cultuado pelos católicos, equivale ao dogma da "Trinamurti", admitido e proclamado pelos hindus, e por outros povos asiáticos, nessa tentativa de expor de modo compreensível os três principais aspectos da manifestação divina. Sem dúvida, muitas religiões exageram materializando em demasia o que é apenas simbólico, embora esse culto aos aspectos trifásicos de Deus não lhe modifique a identidade da Suprema Lei ou Princípio único.

Sob o invólucro místico e religioso das principais religiões de todos os povos, se proclama os "três aspectos" de Deus, porém derivados e não divididos da mesma Unidade. Os hindus devotam a trindade Brahma, Siva e Vishnu; o Budismo menciona Anútaba, Avalokiteshavara e Naudjousri; os germanos,

Vota, Friga e Dinar; os egípcios, Osíris, Ísis e Hórus; os persas, Orsmud, Arimã e Mitra. A Igreja Católica refere-se ao Pai, Filho e Espírito Santo, cujo aspecto trifásico também poderia ser admitido pela Ciência do mundo nos aspectos de Espírito, Energia e Matéria, ou ainda, Pensamento, Vontade e Ação, correspondendo, portanto, à Lei de equilíbrio, movimento e forma. (Obra: *O Evangelho à Luz do Cosmo*, 10ª edição, pp. 73-74)

Trindade – aspectos do divino

A pedagogia sideral ensina que há três princípios cósmicos, uníssonos, que constituem o próprio Deus; três manifestações absolutas do Ser Supremo e que na exiguidade desta obra assim resumiremos para um fugaz entendimento humano. São eles:

1) **O Princípio Incriado Gerante**; a Unidade Cósmica ou o Espírito Eterno; Deus, o Pensamento Original Cósmico;

2) **O Princípio Criado Criante**; o Cristo Cósmico, o Amor, que estabelece o equilíbrio entre os opostos, o divino "cimento" que une o pensamento cósmico à forma ou substância; o Elo entre o negativo e o positivo, entre a luz e a sombra; Espírito Eterno que harmoniza a Unidade Cósmica: é a coesão entre os astros, a afinidade entre as substâncias e o amor entre os seres;

3) **O Princípio Criado**, que é o Agente, a Ação que plasma o Pensamento de Deus Pai, no desejo do seu filho, o Cristo. É também conhecido na tradição esotérica como o Espírito Santo, que concebe com a "energia virgem" ou forças pré-cósmicas para a "gestação" na matéria.

Mas a pobreza dos vocábulos, desenhando na vossa mente situações limitadas e letárgicas, no tempo e no espaço, de modo algum pode caracterizar-vos a Realidade Cósmica. Trata-se de esforço conceitual para o treinamento do homem, a fim de que, em sucessivas romagens siderais, termine assimilando o "espírito" e não a "forma" da revelação.

No equívoco de excessiva materialização daquilo que é configuração simbólica, já incorreram as religiões tradicionais, motivo pelo qual ainda se discute sobre as três "pessoas" da Santíssima Trindade ou a pomba "física" do Espírito Santo, pousada na cabeça de Jesus, olvidando-se que tais expressões são sínteses alegóricas de acontecimentos siderais.

Referindo-nos aos três princípios cósmicos, às três emanações distintas do mesmo Ser único e Absoluto, aludimos às fases conhecidas como "involução", "descida vibratória" ou "descenso angélico", quando o espírito atinge o estado substancial distinguível pelos sentidos humanos. Em sentido inverso, o processo denomina-se "evolução", "aceleração vibratória" ou "subida angélica" em direção à origem iniciática do princípio original.

Essas operações, assim classificadas e algo humanizadas, para o melhor entendimento possível à precariedade da vossa mente, sucedem-se dentro da ocorrência completa de cada Grande Plano, fazendo-se a descida em o Dia de Brama, quando Deus gera e daí resulta o princípio criante, que produz então o princípio criado, para que se cumpra o que é planeado no Pensamento Cósmico Gerante.

A Noite de Brama, ou a "desmaterialização" do panorama objetivo do Cosmo e a libertação do espírito para o seu estado original completam, então, o Grande Plano ou o Manvantara atuante nos sete mundos. (Obra: *Mensagens do Astral*, 13ª edição, pp. 440-441)

U

"Usina viva" de energias – o ser humano

O homem, em verdade, é uma usina viva que pode exercer função terapêutica em si mesmo ou no próximo, conforme as expressões da sua própria vontade, conhecimento e treino. Então, ele produz estados vibratórios semelhantes às ondulações dos modernos aparelhos de radioterapia ou eletroterapia da vossa ciência médica, que projetam raios de ultra-som, infravermelho ou ultravioleta. A mente ajusta e controla o comprimento de ondas, enquanto o coração age como fonte de energia curadora, cujo potencial é tão intenso quanto seja o grau amoroso e a pureza espiritual do seu doador.

Assim, a aura fluídica do eczema, do cobreiro, da impingem ou do quebranto desintegra-se sob o bombardeio da carga viva do magnetismo hiperdinamizado pelo passista ou benzedor. E os fluidos nocivos da infecção, desintegrando-se, retornam à fonte do astral inferior. No entanto, mesmo depois de curado pelo benzimento ou pelos passes, o paciente só evitará as recidivas caso também serene a sua mente e adoce o coração endurecido.

Quando os passistas, benzedores ou médiuns são criaturas abnegadas e desprendidas de quaisquer interesses mercenários, eles têm a assistência dos bons espíritos, que os ajudam a obter êxito na sua tarefa socorrista aos enfermos do corpo e da alma. (Obra: *Mediunidade de Cura*, 12ª edição, p. 194)

V

Valioso veículo do espírito – perispírito

O perispírito é patrimônio admirável e produto de indescritíveis labores e adaptações efetuadas na esteira do tempo, que o ritmo divino e criador desenvolveu desde o reino mineral até à forma ereta do homem, por cujo motivo guarda em sua intimidade gloriosa a síntese de todos os eventos da própria evolução da natureza. Servindo-se da substância energética e vital do magnetismo da Terra, pouco a pouco a Sabedoria Divina orientou-o sob inteligente automatismo para que pudesse organizar-se desde as escalas mais primitivas e transitórias, consolidando-se desde o impulso e irritabilidade, sensação e instinto, até à conquista da razão humana, a caminho da consciência angélica. Em consequência, é o mais valioso veículo que o homem tanto pode usar para o bem como para o mal, enquanto o corpo físico significa apenas o agente e o reagente, que o represa na carga e ação no ambiente físico, como um reflexo carnal provisório e não um anteparo absoluto. (Obra: *A Vida Além da Sepultura*, 12ª edição, p. 336)

Vampirismo – proteção

Sem dúvida, é a conduta moral superior, que se fortalece pelo equilíbrio mental e emotivo. Enquanto os estados pecaminosos geram fluidos nutritivos para os vampiros do astral inferior, as virtudes próprias das emoções e dos pensamentos sublimes são a cobertura protetora contra o vampirismo. Na verdade, a melhor proteção contra os vampiros do Além ainda provém da integração do homem à vivência incondicional dos preceitos do Cristo-Jesus, pois a cristificação vacina contra quaisquer práticas de vampirismo, obsessão e bruxaria! Sabe-se, até hoje, que jamais as vibrações agressivas e mórbidas de processos enfeitiçantes puderam atingir ou modificar o campo vibratório de alta frequência espiritual de Jesus, Buda, Francisco de Assis e outros luminares! (Obra: *Magia de Redenção*, 11ª edição, p. 271)

Vampirismo etílico – mecanismo

De acordo com a lei de afinidade espiritual, é preciso que o candidato à função de "caneco vivo" vibre na mesma faixa vibratória do malfeitor desencarnado, pois só deste modo é que este consegue agir com êxito e interceptar qualquer inspiração superior que possa ser enviada à sua vítima no sentido de se livrar do vício. Assim que o obsessor consegue domínio completo sobre o bêbado encarnado, trata de cercá-lo de cuidados e protegê-lo contra outras entidades desencarnadas que também o possam usar como "caneco vivo".

O álcool ingerido pelo alcoólatra terreno, depois que lhe atinge o estômago, volatiliza-se em operação progressiva, até alcançar a sua forma etéreo-astral, momento em que os espíritos viciados podem então sugá-lo pela aura do infeliz beberrão. Trata-se de uma espécie de repulsiva operação de vampirismo que, para satisfazer em parte aos desencarnados, exaure a vitalidade da vítima. Certas vezes aglomeram-se várias entidades viciadas sobre a aura de um mesmo bêbedo, constituindo uma grotesca e degradante cena de sucção de álcool! Elas se mostram irascíveis e irritadas quando os seus pacientes não as atendem a contento deixando de beber a quantidade desejada para a sua satisfação mórbida completa. Trabalham furiosamente para que o infeliz aumente a sua dose de álcool, pois ele representa o transformador que deve saturar-se cada vez mais a fim de cumprir a repulsiva tarefa de dar de beber aos viciados do Além. (Obra: *Fisiologia da Alma*, 13ª edição, p. 137)

Vampiros do Além – desejo e corpo astral

Os vampiros de Além-túmulo não se preocupam se as suas vítimas são adversários, amigos ou parentes, pois, na condição de viciados em desespero, eles buscam o tônus vital para a sua revitalização e satisfação dos vícios e perversões a que estavam habituados na Terra. Os ladrões, quando furtam os vossos lares, não o fazem por questão de vingança, mas roubam por necessidade ou porque são vagabundos! Da mesma forma, os espíritos inescrupulosos e viciados do Além, que se aproveitam de sua invisibilidade para saciar as paixões incandescentes do seu corpo perispiritual, são homens que já viveram na face da Terra, possuíam família e amigos, trajavam à moda do mundo, frequentavam praias, cassinos, cinemas, igrejas e estações de água. Sem dúvida, eles aviltaram-se na vida material sob as algemas dos vícios e das paixões carnais, que os superexcitam após a desencarnação, porque os desejos estão na alma e não no corpo físico!

Quando o desejo atroz, estimulado nos vícios do mundo, domina o espírito sem corpo, ele é capaz das piores vilanias e degradações para a sua satisfação mórbida, assim como acontece com os viciados na cocaína, morfina ou álcool, na Terra. Então, ele avilta-se e vai à inescrupulosidade de furtar as forças nervosas e vitais dos seus próprios familiares! (Obra: *Magia de Redenção*, 11ª edição, p. 270)

Vampiros e chacras

O vampirismo pode provir do enfeitiçamento praticado na Terra através de objetos preparados no rito da bruxaria ou ser facilitado pela imprudência das criaturas, que vivem em desacordo com os princípios sadios da vida espiritual. Durante o sono, quando o corpo descansa e dispensa a maior soma de energias, polariza-se, justamente , à altura do cerebelo, certa quantidade de tônus vital ou emanação do éter-físico do duplo etérico impregnado de "prana", cujos peso específico e frequência vibratória dependem muito das atitudes mentais e dos sentimentos assumidos durante o dia. No caso de irreflexões, violências ou desarmonias mentais ocorridas no estado de vigília, esse "tônus" será mais grosseiro e denso, tornando-se sensível e vampirizável pelo mundo astral inferior. Mas se houve equilíbrio psico-nervoso e comportamento evangélico, durante o dia, a exsudação vital se processa em frequência ou campo tão sutil, que se sobrepõe a qualquer ação menos digna do Além. As turbações mentais e emotivas são impactos ofensivos na contextura delicada do perispírito, e repercutem também na fisiologia do duplo etérico ou corpo vital do homem. Em geral, o chacra ou centro de forças frontal, quando é perturbado por impactos mentais violentos, se desarmoniza com a função vitalizante do chacra esplênico, à altura do baço, encarregado da purificação sanguínea, resultando um extravasamento de tônus vital facilmente absorvível pelos vampiros!

A energia vital adulterada durante o dia pelo descontrole emotivo e mental do homem adensa-se à superfície dos "plexos nervosos" dos chacras esplênico, cardíaco e genésico, refluindo para a zona do cerebelo por atração do comando de onde o espírito exerce a sua maior atividade pensante, e ali se coagula como a nata do leite! (Obra: *Magia de Redenção*, 11ª edição, pp. 272-273)

Vegetais – influência lunar

Sabeis que a Lua regula o desenvolvimento e a vitalidade das vossas plantações, através do magnetismo gravitacional, permitindo-vos a natureza dos tipos nutritivos, conforme as fases lunares. O "crescente" desenvolve a parte da planta que se encontra à superfície, sendo o indicado para as hortaliças e legumes, cujas folhas ou talos sejam comestíveis, enquanto o "minguante" é escolhido para que se desenvolvam os tubérculos e polpas que se reproduzem no seio da terra. A força magnética, atrativa, da Lua compele a seiva da planta a subir e a se derramar pelas folhas, fazendo-as crescer em detrimento das raízes que ficam reduzidas. Enfraquecendo-se esse magnetismo lunar, no minguante, domina então o magnetismo terrestre, que obriga as raízes a se desenvolverem no interior da terra, criando-se, então, os nutritivos tubérculos de vossas mesas. (Obra: *A Vida no Planeta Marte e os Discos Voadores*, 17ª edição, pp. 304-305)

Vegetais – propriedades curativas

Os hindus, em meditação, costumam recorrer à ingestão de azeitonas; e os árabes, às tâmaras, certos de que essas frutas são perfeitos "gânglios" vegetais, que lhes fornecem o magnetismo desejado para as suas concentrações esotéricas. Algumas tribos de índios brasileiros conheciam o poder do aipo para enrijecer as fibras musculares que, aliás, também se lhe assemelham; os sertanejos litorâneos afirmam que a cana-de-acúcar, na sua feição exótica de coluna vertebral, é o melhor alimento para a sua congênere humana. Os estigmas do milho desimpedem os bacinetes dos rins, em perfeita sintonia capilar; a melancia, na sua feição de enormes gengivas vermelhas a sustentar dentes na forma de sementes, goza fama de conter vitaminas essenciais à dentadura humana. As sementes de abóbora, parecidíssimas aos fragmentos expelidos da conhecida solitária ou tênia intestinal, são um poderoso medicamento para a expulsão desse parasita; a chamada erva-piolheira, específica na homeopatia como "estafiságria", evidencia a propriedade de alimentar ou nutrir os espermatozóides debilitados pelos excessos de antibióticos, revigorando-os para a sua função genética.

Assim como a espécie vegetal que dá o quinino nasce, prodigamente, nas zonas litorâneas mais atacadas pela malária, imensa quantidade de frutas, vegetais e flores têm sua correspondência astrológica e vibratória com órgãos, glândulas, tecidos e disposições temperamentais humanas. Existem milhares de espécies vegetais criadas pela bondade de Deus, para que a ciência humana as descubra e utilize em benefício dos enfermos. E não vão tardar os ciclos de pesquisas em que os vossos cientistas encontrarão pequenas glândulas vegetais que atendem, perfeita e fisiologicamente, às insuficiências hipofisárias, aos hiper ou hipotireoidismos, às anomalias do timo, aos conflitos "tireóidicos-ovarianos", às exaustões da supra-renal e a outras demais insuficiências do sistema físico do homem. (Obra: *A Vida no Planeta Marte e os Discos Voadores*, 17ª edição, pp. 316-317)

Mecanismos Cósmicos de A a Z   441

Vegetal – energia e luz

Sabeis que o vegetal, flexível e receptivo, é o representante do reino mineral em metamorfose mais avançada e substancialmente "mais vivo", no campo da biologia terrena. Todos os derivados dos minerais possuem em sua intimidade as qualidades intrínsecas no mineral primitivo, de onde provieram, como sejam ductilidade, maleabilidade, rigidez, radiações ou magnetismo. O vegetal, portanto, que é o próprio mineral "aperfeiçoado", guarda em si, também, a qualidade básica do reino de que se originou. Os agrupamentos moleculares mais rígidos, fixos e constantes do mineral, adquirem, igualmente, mais liberdade radioativa e mais expansividade eletrônica, quando transferidos para o reino vegetal, assim como o vapor de água é mais energético do que o gelo, embora ambos sejam água. Na intimidade seivosa do vegetal estão os primitivos componentes do reino mineral, de onde provieram, apresentando, no entanto, "melhor qualidade" dinâmica, pela maior liberdade de suas órbitas eletrônicas. Lembrando-vos que a luz é produto de aperfeiçoamento em todos os campos da manifestação cósmica, e sendo o vegetal o mineral aperfeiçoado, seus átomos são mais energéticos e aceleradamente vibráteis, proporcionando aumento de luz no campo visual. Na concepção da vossa ciência, de que a matéria é energia condensada, compreendereis que o vegetal, sendo "menos matéria" que o mineral, há de apresentar melhor conteúdo de energia em liberdade, para ser transformada em luz. Partindo do exterior para a intimidade da matéria é óbvio que sempre encontrareis melhor essência energética, ante o conceito de que matéria é "energia acumulada". (Obra: *A Vida no Planeta Marte e os Discos Voadores*, 17ª edição, p. 302)

Vegetarianismo e espiritualização

A preferência pela alimentação vegetariana, no Oriente, fundamenta-se na perfeita convicção de que, à medida que a alma progride, é necessário, também, que o vestuário de carne se lhe harmonize ao progresso espiritual já alcançado. Mesmo nos reinos inferiores, a nutrição varia conforme a delicadeza e sensibilidade das espécies. Enquanto o verme disforme se alimenta no subsolo, a poética figura alada do beija-flor sustenta-se com o néctar das flores. Os iniciados hindus sabem que os despojos sangrentos da alimentação carnívora fazem recrudescer o atavismo psíquico das paixões animais, e que os princípios superiores da alma devem sobrepujar sempre as injunções da matéria. Raras criaturas conseguem libertar-se da opressão vigorosa das tendências hereditárias do animal, que se fazem sentir através da sua carne. (Obra: *Fisiologia da Alma*, 13ª edição, pp. 21-22)

Veículo do espírito – a mente

O homem ainda não distingue a positiva ação mental sobre o seu corpo físico; e, por isso, o julga mais importante do que a mente. Mas, em verdade, a mente é o veículo poderoso do Espírito, pois, o corpo carnal é, apenas, a vestimenta provisória, que, minuto a minuto, envelhece e se encaminha, fatalmente, para o "guarda-roupa" do cemitério.

Nada se pode fazer sem pensar, porque a mente é a fonte imutável de toda a criação. Mesmo aquilo que se faz por instinto já foi pensado antes e automatizado no "depósito" da memória; e se revela, no momento propício, na forma de ações instintivas. O pintor, o escultor ou o compositor só criam suas obras depois de produzi-las, em pensamento. Mesmo quando julgam produzir algo por "inspiração" alheia à sua mente, eles recebem sugestões de outras mentes encarnadas, ou libertas no Além, resultando, às vezes, surgirem descobertas e invenções semelhantes, produzidas ao mesmo tempo, por autores diferentes.[1]

Em certos casos, os gênios, artistas, poetas ou cientistas, compõem verdadeiros arranjos "inéditos", mas, em parte, obedecem aos impulsos instintivos do subconsciente, o perispírito que lhes transmite "velhas cousas", em conexão com fragmentos de novos pensamentos, realmente, originais. Jamais, pode ser criada alguma coisa no mundo das emoções ou da matéria, sem que, antes, tenha sido criado pela mente. (Obra: *Sob a Luz do Espiritismo*, 1ª edição, p. 141)

---

1 Vide o capítulo "Um chafariz da alta função terapêutica", da obra *A Sobrevivência do Espírito*, de Ramatís e Atanagildo, **EDITORA DO CONHECIMENTO.**

Ventura do reino de Deus – libertação

A verdadeira alegria e o júbilo do espírito hão de ser firmados e derivados de um estado de absoluta libertação de quaisquer fatores ou valores ainda determinados pelo tempo e espaço. Há de ser, pois, o que o espírito realiza em si mesmo e através do manuseio e comando dos fatores autênticos e jamais modificáveis. Uma libertação absoluta não pode depender de nenhum valor "alfa" ou "ômega" no Universo. Não é o que existe além de si mesmo que causa a felicidade, porém, o que existe e jamais se fragmenta na própria intimidade, o espírito. A ventura do reino de Deus é um estado do espírito de "absoluta libertação" sem qualquer vislumbre de posse, aquém ou além de si. A beatitude ou o nirvana da tradição oriental não é a imobilidade ou fusão com o Espírito Cósmico de Deus; porém, o poder absoluto sem a posse; a liberdade absoluta sem o desejo; a paz de existir sem ferir-se ou ferir. A paz do espírito da consciência divinizada é como uma lâmpada translúcida, jorrando eternamente a luz do Senhor. A ventura impossível de ser delineada sob a veste das palavras humanas, é a inconcebível doação criativa incondicional, num eterno ser pulsando na mesma diástole e sístole do Criador. (Obra: *O Evangelho à Luz do Cosmo*, 10ª edição, p. 191)

Verbo de Deus – a vida

A própria Natureza possui a sua linguagem, que se expressa em sons diversos através dos motivos e das funções dos seus reinos, onde cada coisa, ser ou vegetal pode ser considerado como uma letra viva e compor divinas palavras. Que é a vida, senão o Verbo de Deus? A linguagem humana deriva-se de uma só expressão linguística primitiva, que constitui a sua base ou alicerce, e por esse motivo todos os idiomas traem sinais indeléveis de que são provindos de um só tronco. As letras não foram invenções a esmo nem produtos de caprichos extemporâneos; elas nasceram como símbolos necessários para identificação dos estados interiores da alma, e por isso estão impregnadas do espírito e das idéias que as originaram. (Obra: *A Sobrevivência do Espírito*, 8ª edição, pp. 208-209)

444   Ramatís

"Veteranos" do Astral inferior – obsessores

Há, no baixo Astral uma verdadeira associação de espíritos malfeitores, espécie de mercenários, que aceitam qualquer encargo e atendem às mais ignominiosas solicitações, em troca de outros serviços recíprocos para a exploração dos encarnados. São os conhecidos "veteranos", responsáveis pela lenda dos demônios, constituindo as fileiras de obsessores, com sua permanente agressividade, exploração e perturbação dos "vivos". Às vezes, agem de modo eficiente, impedindo qualquer interferência defensiva na região onde operam com pleno êxito e conseguem dificultar as providências socorristas dos espíritos benfeitores. Os espíritos evoluídos não lutam com as mesmas armas dos atrasados; em consequência, ante as porfias violentas que requerem o uso de métodos maquiavélicos ou ataques brutais, as entidades de bom gabarito espiritual preferem recuar e esperar, evitando cair no mesmo campo vibratório inferior, gerado pelas forças do instinto animal. Ademais, o espírito sublimado encontra dificuldade para atuar no seio do nevoeiro dos fluidos muito densos, por causa da especificidade eletromagnética de cada ser, em todos os âmbitos da vida. (Obra: *Sob a Luz do Espiritismo*, 1ª edição, p. 135)

Viagem astral e percepção espiritual

A saída em corpo astral não é condição absolutamente exigível para que só então o espírito possa penetrar no "outro lado" da vida; em verdade, os nossos espíritos nunca se afastam de qualquer plano da vida cósmica, na qual estamos permanentemente integrados. O corpo físico – aliás, conforme a conceituação moderna de que a matéria é energia condensada – também vive interpenetrado pelas forças vivas de todos os planos do Cosmo. A "saída em astral", portanto, é apenas aumento de visão e de mobilidade que o espírito encarnado consegue usufruir no campo da energia mais sutil do plano astral, mas nunca o abandona, nem mesmo quando "desce" vibratoriamente para mergulhar na carne. O corpo físico reduz a visão astral e obscurece a memória etérica, mas nem por isso exige o afastamento da alma do seu plano interior correspondente. Quando o homem limpa as lentes dos seus óculos, ofuscadas pelas gorduras ou obscurecidas pelo pó, é óbvio que, após isso, ele não penetra num outro mundo de que fora isolado, mas apenas clareia a sua visão e aumenta o seu campo de percepção comum. O organismo carnal é realmente um cárcere, que reduz a consciência astral e a ação mais ampla do espírito no meio eletivo de sua própria origem, mas de modo algum o afasta do seu mundo familiar. (Obra: *A Sobrevivência do Espírito*, 8ª edição, pp. 259-260)

Vícios – escravidão no Astral

Após a desencarnação, é a lei de correspondência vibratória que realmente regula o sofrimento ou o prazer de cada criatura, em conformidade com sua escravidão ou libertação dos vícios da carne; assim, o sofrimento causado pela impossibilidade de fumar, entre as almas desencarnadas, varia conforme o grau de sua escravidão ao vício do fumo. As pessoas que fumam acidentalmente ou por esporte, isto é, que só de vez em quando tomam de um cigarro, não contribuem para a criação do desejo astral que mais tarde as poderá acicatar com veemência no Além. Mas convém saberdes que, embora a bondade, o amor, a pureza, a renúncia e a honestidade proporcionem às almas desencarnadas uma situação de paz e entendimento espiritual, a saudade ou os estigmas dos vícios adquiridos na terra continuarão a acicatar-lhes o perispírito, malgrado sejam elas dignas da admiração do mundo! Daí a conveniência de se abandonar o vício do fumo antes da desencarnação, pois o vício terreno é assunto individual, cuja solução requer a decisão interior do próprio espírito e não depende da mudança de um para outro plano da vida. (Obra: *Fisiologia da Alma*, 13ª edição, p. 121)

Vida – transformações contínuas

Poder-se-ia dizer que a vida rudimentar se dissolve em favor da vida superior, ou a vida imperfeita na perfeita, assim como o adubo da terra desintegra-se no solo e recompõe a bele-

446   Ramatís

za floral da espécie superior. A vida persiste sob a aparência de "degradação energética", mas sem extinção, pois ela termina plasmando estados superiores, que são alimentados pelo próprio energismo em fuga e ebulição sob a vestimenta das formas. A vida morfológica comprovada pelos cinco sentidos do homem, sob a metamorfose energética, então, alcança dimensões mais amplas e precisas. A roupagem grosseira da matéria sublima-se na vestimenta imponderável e superior, para atuar num campo mais dinâmico da criação Cósmica. A dissolução do gelo, comparativamente, produz a imponderabilidade do vapor de água e, através de nova transformação, ainda atinge o estado de gases componentes, os elementos simples hidrogênio e oxigênio. Por isso, a vida parece mais real, tanto quanto mais simples são as coisas e os indivíduos. Seja a pedra ou o elefante, porque preenchem mais o sentido visual e o próprio tato do homem, em face de suas formas compactas e ostensivas. A visão do homem satisfaz-se, de imediato, com as formas densas e sólidas, aparentemente mais cheias de vida do que a mais vigorosa manifestação energética, malgrado ainda ser a vida primária e rudimentar. No entanto, essa predominância ou concepção do poder vital que sacia plenamente os sentidos humanos e exalta a morfologia física pode ser desmentida, cientificamente, ante a comprovação de que o estado puro energético é ainda mais vivo porque todo o potencial é, basicamente, original e criador. A matéria é estática e limitada, enquanto a energia é dinâmica e transformativa; mas a primeira de transformações lentas e limitadas, a segunda de transformações rápidas e variadas, em face de sua maior amplitude de poder e liberdade. (Obra: *O Evangelho à Luz do Cosmo*, 10ª edição, pp. 254-255)

Vida etérea, astral, mental e espiritual

Quando o homem pratica um ato pacífico ou produtivo, em favorecimento do próximo, ele apenas revela em público e através das diversas fases ou escalas descendentes, que separam o espírito da matéria, o que realmente se sucedeu de modo positivo no seu mundo mental e a consequente repercussão na esfera do sentimento. Não é o ato puramente físico que lhe retrata a boa obra ou bondade interior, mas, tal sentimento foi acionado primeiramente no campo definitivo da mente, isto é, da principal instrumentação do espírito imortal. Assim, a sequência é perfeitamente científica e disciplinada num prosseguimento matemático, que opera gradativamente em cada plano da manifestação do espírito. A prática da mais singela virtude no mundo físico, movimenta cientificamente leis de controle criativo em todos os planos ou campos da vida etérea, astral, mental e mesmo espiritual. Lembra, rudimentarmente, a nuvem invisível de vapor de água que, pouco a pouco, se condensa sob condições adequadas de temperatura e pressão que regem os princípios da física. Isso acontece desde o plano imponderável até formar a mesma nuvem, que em suspenso e pejada de líquido, daí por diante e pelo aumento de peso sofre mais intensamente os efeitos gravitacionais do mundo físico até se transformar na nuvem benfeitora.

Sob o sol mais rutilante e o céu mais límpido e mais azul, a tempestade gera-se, gradativamente, até eclodir impressionando os sentidos físicos do homem. Mas isso só acontece depois de obedecer às leis e aos princípios impercebíveis aos sentidos humanos. (Obra: *O Evangelho à Luz do Cosmo*, 10ª edição, p. 214)

Vida na Terra – experiência

A porfia do espírito algemado ao organismo de carne terrena é o mais eficiente fator para ele acelerar a sua dinâmica de pensar e desenvolver a pureza de sentir. Os problemas econômicos e as vicissitudes morais, que se apresentam cotidianamente à perplexidade do espírito reencarnado, têm por função obrigá-lo a movimentar os recursos da razão e afinar a emotividade do coração.

Não é preciso "morrer" fisicamente para "sobreviver" espiritualmente, pois sempre viveis na eternidade, a qualquer momento, sem que se quebre o elo de sustentação interior que garante a imortalidade de vossa consciência espiritual. Mesmo quando submetido à lei de retificação cármica, em que o espírito "dorme", asfixiado no corpo de um imbecil ou delira no corpo do doido furioso, ainda se pode comprovar a sua indiscutível

448 Ramatís

presença, quer durante os fugazes reflexos de consciência, quer na experimentação comum da hipnose. (Obra: *A Sobrevivência do Espírito*, 8ª edição, pp. 13-14)

Virtudes, pecados e defesas áuricas

A impaciência, ira, inveja, intolerância, maledicência, o ciúme, despeito, orgulho, ódio, egoísmo e amor-próprio e demais pecados semelhantes geram substância mental perniciosa e de ruim qualidade. Então, as criaturas vivem "momentos de animalidade", pois dominam no seu perispírito as energias inferiores que, além de causarem um abaixamento vibratório no campo de defesa eletromagnético, tornam-se uma fonte de atração para fluidos semelhantes. Em tal caso, as cargas enfeitiçantes agem à vontade e alimentadas pela própria lei de que "os semelhantes atraem os semelhantes"! Mas, nos "momentos angélicos", o homem só vive emoções e sentimentos superiores como o amor, altruísmo, a renúncia, bondade, tolerância, humildade, alegria e confiança, confeccionando forte couraça de substância mental protetora, que rechaça os impactos malévolos do enfeitiçamento.

A mesma lei vibratória que impede os raios do Sol de se fixarem no vaso de lodo, também evita que os pensamentos sublimes se infiltrem nas auras sujas, viscosas, densas e alimentadas pelo magnetismo primário dos homens animalizados. No entanto, assim como o lodo nauseante não pode obscurecer o Sol, porque o astro-rei vibra em frequência mais elevada, os fluidos daninhos de baixa vibração também não podem afetar a aura refulgente dos espíritos excelsos. (Obra: *Magia de Redenção*, 11ª edição, pp. 154)

Z

Zoantropia – alcóolatras do Além

Certos vícios deformam e estigmatizam terrivelmente as figuras humanas, e por isso, quando depois as encontrais no Além-Túmulo, muito dificilmente reconheceis entre elas algumas que na Terra atravessavam as ruas das cidades reclinadas em luxuosos veículos ou envergando caríssimos trajes, a ostentar o vultoso charuto entre os dedos carnudos e decorados por esplêndidos anelões! As vítimas da sanha alcoólica, depois de desencarnadas, causam espanto e horror aos seus próprios parentes mais íntimos, que se compungem ao encontrá-las transformadas em vampiros sedentos de álcool! Isso acontece porque qualquer desejo incontrolável e subvertido pela degradação viciosa corrompe as linhas estéticas do perispírito, visto que o aviltamento psíquico tende a processar o retorno da figura humana às formas bestiais dos animais inferiores, que alhures já foram habitadas pela alma, na sua evolução primária, dependendo os contornos da intensidade do vício alimentado. Então o espírito exuma à superfície de sua fisionomia a velha plasticidade da animalidade ancestral, que serviu para constituir o fundamento da sua configuração humana.

E como a ação nefasta do álcool não respeita a posição social, intelectual ou econômica da criatura, mas prejudica insidiosamente qualquer organismo, as deformidades teratológicas produzidas pelo agente etílico tanto estigmatizam o beberrão que se degrada pela cachaça barata como aquele que se embriaga constantemente com a mais cara bebida do orbe.

(Obra: *Fisiologia da Alma*, 13ª edição, p. 141)

Zona protetora – aura humana equilibrada

Assim como o fogo, à noite, atemoriza as feras e protege os caçadores, a aura humana, quando de frequência sadia pelo seu elevado energismo prânico, também forma uma zona protetora em torno do homem, mantendo à distância a fauna mórbida de bacilos, vibriões, larvas e miasmas psíquicos invisíveis. Em virtude da relação muito íntima entre o duplo etérico e o sistema nervoso, qualquer ação exercida sobre a aura etérica repercute imediatamente sobre este e, simultaneamente, atinge o sistema endocrínico e a circulação sanguínea. Quando ocorrem frinchas ou rupturas na aura etérica embebida de prana muito pobre, isso então permite a invasão das espécies microbianas astralinas e enfermiças, com a consequente alteração no comando do sistema nervoso. Tais germens nutrem-se e fortificam-se penetrando na corrente sanguínea, não tardando em causar a desarmonia fisiológica e os surtos de enfermidades físicas. Obviamente, é a harmonia emotiva, mental e espiritual, que assegura a estabilidade orgânica humana e fortifica a aura vital contra as investidas perigosas do mundo astralino inferior.

Enquanto as virtudes dinamizam o prana ou a vitalidade humana, os pecados baixam-lhe a qualidade e enfraquecem o tom defensivo, estabelecendo as condições mórbidas. Também os excessos glutônicos de mesa, alcoólicos e vícios degradantes, inferiorizam a rede prânica de sustentação energética na orga - nização psicofísica do homem! (Obra: *Magia de Redenção*, 11ª edição, p. 152)

Mecanismos Cósmicos de A a Z

Universalismo de A a Z - Um só rebanho
RAMATÍS / HERCÍLIO MAES
Formato 14 x 21 cm • 226 p.

Nesta nova coletânea, Ramatís nos demonstra que Universalismo não é uma "colcha de retalhos" confeccionada por pedaços de cada religião, mas sim o entendimento sobre as propostas e ideais de cada um e a convivência pacífica entre aqueles que, apesar de pensarem de forma diferente, são filhos de um mesmo Pai, em busca do mesmo desiderato: a felicidade. Mostra que é hora de a humanidade dar um passo à frente, não modificando as bases magistralmente edificadas pelos luminares que aportaram na carne terrena, mas sim abrindo um leque de alternativas de compreensão e entendimento da realidade maior, a fim de unir as pessoas e não separá-las. Explica ainda que esse esforço fraterno necessita de vozes fortes e decididas que possam demonstrar às criaturas a importância e a beleza que se encontram encerradas em todas as religiões e em todas as doutrinas filosóficas, porque tudo vem de Deus, a "causa primária" de todas as coisas. E que, por isso, o ser não deve ficar confinado em sectarismos e ortodoxias, sob pena de cristalizar-se em uma "nova inquisição", exigindo o *imprimatur* para vislumbrar a felicidade.

Esta obra busca, portanto, a conscientização dos seres no sentido do soerguimento de uma humanidade mais unida, fraterna e solidária. Que esta fagulha de luz possa despertar reflexões e engajamentos nesta cruzada, tornando-se mais uma força na construção do planeta de regeneração tão aguardado por todos.

MECANISMOS CÓSMICOS DE A A Z - O AMOR DO PAI
foi confeccionado em impressão digital, em novembro de 2022
Conhecimento Editorial Ltda
(19) 3451-5440 — conhecimento@edconhecimento.com.br
Impresso em Luxcream 70g - StoraEnso